Alan O. Ross und Franz Petermann
Verhaltenstherapie
mit Kindern und Jugendlichen

Verhaltenstherapie mit Kindern und Jugendlichen

Methoden und Anwendungsgebiete

Alan O. Ross und
Franz Petermann

10 Abbildungen

Hippokrates Verlag Stuttgart

CIP-Kurztitelaufnahme der Deutschen Bibliothek

Ross, Alan O.:
Verhaltenstherapie mit Kindern und Jugendlichen: Methoden und Anwendungsgebiete / Alan O. Ross und Franz Petermann. [Die Übersetzung besorgte Meinolf Noeker]. – Stuttgart: Hippokrates Verlag, 1987
Einheitssachtitel: Child behavior therapy <dt.>
NE: Petermann, Franz [Bearb.]
ISBN 3-7773-0807-2

Titel der Originalausgabe: »Child Behavior Therapy« by Alan O. Ross

Die Übersetzung besorgte Herr Dipl.-Psych. Meinolf Noeker (Bonn);
die folgenden Seiten wurden gekürzt aus dem Original übernommen:
Seite 11–20, 23–26, 31–32, 34–40, 43–87, 90–113, 138–168, 172–183.

Anschriften der Verfasser:

Alan O. Ross, Ph.D.
Dept. of Psychology
State University of New York at Stony Brook
Stony Brook, New York, 11794-2500, USA

Prof. Dr. Franz Petermann
Psychologisches Institut der Universität Bonn
Römerstraße 164
5300 Bonn 1

ISBN 3-7773-0807-2

Printed in Germany 1987.
Umschlaggestaltung: Bruno Feuerbacher, 7000 Stuttgart.
Satz: Fotosatz Sauter GmbH, 7334 Süßen.
Druck: Druckerei Sommer, 8805 Feuchtwangen.
Schrift: 9/10 Punkt Times (Berthold)

Inhaltsverzeichnis

Kapitel 3: Sprachstörungen

Kapitel 4: Aufmerksamkeitsstörungen

Kapitel 5: Hyperaktivität

Kapitel 6: Einnässen und Einkoten

Kapitel 9: Somatische Störungen

Kapitel 10: Chronische Krankheiten im Kindes- und Jugendalter

Kapitel 11: Verhaltenstherapeutische Ansätze in der Arbeit mit Familien

Vorwort

Das vorliegende Buch bildet die erste umfassende deutschsprachige Einführung in die Verhaltenstherapie mit Kindern und Jugendlichen. Dies ist dadurch zu erklären, daß in unserem Kulturraum Kinder- und Jugendlichenpsychotherapeuten immer noch vorwiegend tiefenpsychologisch geprägt sind. Die meisten Kollegen bevorzugen Konzepte der Spieltherapie, um psychische Störungen im Kindesalter anzugehen. Viele dieser Bemühungen sind wenig strukturiert, kaum auf die Symptomatik zugeschnitten und dem Kind gegenüber eher gewährend als gezielt fördernd. Unser Ansatz ist dagegen für Kind, Familie und Therapeut oft aufwendig: Wir gehen davon aus, daß massive psychische Störungen nur durch gezieltes und strukturiertes Vorgehen behoben werden können; in diesem Punkt unterstützen uns empirische Befunde eindeutig.

Psychotherapeuten für Kinder und Jugendliche müssen sich seit gut zehn Jahren der familientherapeutischen Herausforderung stellen. Hier liegt ein Vorteil der Verhaltenstherapie, da sie psychische Störungen nicht durch innerpsychische Konflikte erklärt, sondern schon immer die Lerngeschichte, soziale Einflüsse und die Umwelt des Kindes im Blick hatte. Ein Verhaltenstherapeut für Kinder und Jugendliche arbeitet selbstverständlich familienbezogen, um stabile Veränderungen zu bewirken. Das vorliegende Buch zeigt dies an verschiedenen Stellen auf.

Zur Entstehungsgeschichte des Buches gibt es folgendes anzumerken: Mehr als zwei Drittel des Inhaltes basieren auf dem Buch »Child Behavior Therapy« von *Alan O. Ross,* das 1981 im Verlag *John Wiley* erschienen ist. Dieses Buch beinhaltet einen wissenschaftlichen Bericht über Methoden der Verhaltenstherapie, der die empirische Substanz der Verhaltenstherapie sehr reflektiert würdigt. Der zweitgenannte Autor hat als Bearbeiter der amerikanischen Ausgabe diese empirische Substanz bewußt »ausgedünnt«, ohne damit die Begründungen des praktischen Vorgehens zu verzerren.

Der Wissenschaftler wird somit in dem vorliegenden Buch die Bewertung von Einzelfallversuchsplänen vermissen; auch auf wissenschaftstheoretische und forschungsmethodische Aspekte wird nicht eingegangen. Hierzu liegen jedoch vom zweitgenannten Autor entsprechende Bücher in deutscher Sprache vor (vgl. etwa *Petermann,* 1982); der interessierte Leser sei darauf verwiesen.

(1) Das vorliegende Buch wurde gegenüber der amerikanischen Ausgabe nicht nur gekürzt, sondern durch den zweitgenannten Autor in fünffacher Weise erweitert:

(2) Das Einleitungskapitel, das sich mit den Grundlagen der Verhaltenstherapie beschäftigt, wurde erheblich erweitert; so wurde besonders die moderne Lerntheorie berücksichtigt.

(3) In einem Kapitel über aggressives Verhalten bei Kindern und Jugendlichen, das auf Arbeiten von *Petermann* u. *Petermann* (1984) zurückgeht, wird ein komplexes Training vorgestellt, das sehr viele Bausteine verhaltenstherapeutischer Arbeit umfaßt. Vor allem wird gezeigt, wie flexibel man im Rahmen der Verhaltenstherapie arbeiten kann.

(4) Ein Kapitel über Elternberatung und familienbezogene Arbeit wurde aufgenommen.

(5) Ein Kapitel über chronische Krankheiten im Kindes- und Jugendalter wurde eingefügt, in dem gezeigt wird, wie man mit Hilfe verhaltensmedizinischer Ansätze die psychosozialen Folgen solcher Beeinträchtigungen mindern kann.

Eine Vielzahl von Therapiematerialien wurde neu aufgenommen, die die Ausführungen illustrieren und dem Leser konkrete Arbeitsmaterialien im Umgang mit Kindern und Familien an die Hand geben sollen. Die von uns empfohlene therapeutische Arbeit steht und fällt mit solchen attraktiven und gut einsetzbaren Arbeitsmaterialien. An diesem Punkt wird schon äußerlich ein Unterschied zwischen der Verhaltenstherapie mit Kindern und der mit Erwachsenen erkennbar.

Über diese Einfügungen hinaus wurde der Text durch neuere Literatur ergänzt und vor allem in den zusammenfassenden Schlußkapiteln durch einige praxisnahe Literaturempfehlungen aus dem deutschen Sprachraum aktualisiert.

Um das vorliegende Buch nicht zu überfrachten, wurden Überlegungen zur Verhaltens- und Differentialdiagnostik weitgehend ausgeklammert; hierzu sei der interessierte Leser auf ein schon 1982 bei Hippokrates erschienenes Lehrbuch des Erstautors verwiesen.

Zum Schluß noch einige persönliche Bemerkungen, die zugleich die Geschichte des vorliegenden Buches erhellen. Beide Autoren, die sich aufgrund eines ausführlichen Briefwechsels kennenlernten, verbindet vieles – und dies auf verschiedenen Ebenen: Zunächst der Wunsch, Theorie und Praxis der Verhaltenstherapie zu verknüpfen, dann der Wunsch, zu objektiven und empirischen Trainings zu gelangen, die Kindern und Familien nachhaltig helfen. Diese optimistische Haltung wird ergänzt durch die Sorge um die Rechte des Kindes in der Therapie. Dazu kommt das Bestreben, nicht vor schwierigen Problemen, wie Aggression, psychosomatischen und chronischen Krankheiten im Kindes- und Jugendalter, zu resignieren. An dieser Stelle soll auch noch eine private Gemeinsamkeit erinnert werden: Beide Autoren werden von ihren Ehefrauen durch deren bemerkenswerte Sensibilität für die klinische Praxis unterstützt. Ihnen sowie den Kindern und Familien, die unsere Klienten waren, gilt unser Dank. Für die Übersetzung der englischsprachigen Teile danken wir Herrn Dipl.-Psych. *Meinolf Noeker* (Bonn), für die Unterstützung bei der Fertigstellung des Manuskriptes Frau *Dorothee Seiz* vom Hippokrates Verlag.

Im September 1986
Alan O. Ross, New York
Franz Petermann, Bonn

1 Grundlagen der Verhaltenstherapie

1.1 Verhaltenstherapie bei Kindern und Jugendlichen

Die Verhaltenstherapie zeichnet sich durch ihre empirische Herangehensweise an psychologische Probleme aus. Sie erfordert eine kontinuierliche Überprüfung der therapeutischen Interventionen und setzt daher objektive Begriffe und meßbare Verfahren voraus. Der Verhaltenstherapeut geht davon aus, daß psychische Störungen anhand psychologischer Erkenntnisse aus den Forschungsbereichen Entwicklung, Lernen, Wahrnehmung, Denken und sozialer Interaktion zu erklären sind. Durch die Anwendung dieser Erkenntnisse kann man Verhalten verändern. Verhaltenstherapeuten stellen den Anspruch, daß ihre Behandlungsmethoden durch den aktuellen Stand der psychologischen Grundlagenforschung abzusichern sind, und wollen dadurch psychische Belastungen bei Kindern lindern. So betrachtet, befindet sich die Verhaltenstherapie im Fluß und wird sich ständig weiterentwickeln.

Selbstverständlich ist die Verhaltenstherapie nicht gleichzusetzen mit irgendeiner bestimmten Technik oder Theorie, genausowenig wie sie mit einer bestimmten Person oder »Schule« zu identifizieren ist. Häufig wird der Begriff »Verhaltenstherapie« mit einem Verfahren in Verbindung gebracht, das man als »klassische Konditionierung« bezeichnet. Dieses wird oft anhand des historischen Falles »Peter« von *Mary Cover Jones* (1924a) erläutert. Verhaltenstherapie ist jedoch mehr als die Anwendung von Techniken des klassischen Konditionierens. Ebenso erschöpft sich Kinderverhaltenstherapie nicht in operantem Konditionieren, ungeachtet der Tatsache, daß das Werk von *Skinner* einen großen Einfluß auf Kinderverhaltenstherapeuten ausübte. Zur Entwicklung der Verhaltenstherapie bei Kindern haben viele Psychologen beigetragen. Besonders ist hier *A. Bandura* (1976; 1979) zu nennen, dessen soziale Lerntheorie und Arbeiten zum Beobachtungslernen in den folgenden Kapiteln immer wieder aufgegriffen werden. In den letzten Jahren haben Forscher wie *Meichenbaum* (1979) und *Kanfer* (1978) aufgezeigt, wie vorteilhaft Verfahren der Selbstverbalisation zur Modifikation von Problemlöseverhalten und Bewältigungsstrategien bei Kindern eingesetzt werden können. *Gibson* u. *Levin* (1975) wiederum haben die Beziehung zwischen der Entwicklung der Wahrnehmung und dem Lesen aufgezeigt und deren Relevanz für die Arbeit mit leseschwachen Kindern *(Ross,* 1976) betont.

Da sich der Anwendungsbereich von Verhaltenstherapie ständig erweitert, liegt die Frage nach ihren Grenzen nahe. Manche strengen Verhaltenstherapeuten sind bestrebt, jede Methode auszuschließen, die nicht auf den Prinzipien des klassischen oder des operanten Konditionierens basiert. Andere halten es für notwendig, daß Verhaltenstherapeuten sich auf offenes Verhalten beschränken und vermittelnde Prozesse wie physiologische Erregung oder kognitive Prozesse außer acht lassen. Eine solch engherzige Haltung schränkt diejenigen unnötig ein, die die Wirksamkeit verhaltenstheoretischer Ansätze durch empirische Befunde erweitern möchten, die über die Konditionierungstheorien hinausweisen. Prüfstein eines verhaltenstherapeutischen Verfahrens ist, ob es beobachtbare Bezugsgrößen aufweist, die uns eine empirische Prüfung erlauben - und nicht, ob es nahtlos in das Korsett einer bestimmten Theorie paßt.

Selbstverständlich ist nicht alles, was ein Verhaltenstherapeut im Laufe eines Trainings oder auch nur in einer einzigen Therapiestunde in Angriff nimmt, direkt aus empirischen Grundsätzen ableitbar. Letztlich ist ein Verhaltenstherapeut eine Person, die als Mensch mit einem Klienten interagiert. Daher ist es unvermeidbar, daß auch ein geschickter Kliniker im Verlauf einer Therapiestunde etwas macht oder sagt, das in dem Moment seiner Intuition entspringt. Der weitere Umgang mit solchen Situationen unterscheidet jedoch Verhaltenstherapeuten von Therapeuten mit geringerem Interesse an empirischer Fundierung des Handelns. Wenn die intuitive, zufällig entdeckte Intervention den gewünschten Effekt zu zeigen scheint, fahren Verhaltenstherapeuten nicht blindlings fort, diese Interventionen zu praktizieren, nur weil sie zu funktionieren scheint. Stattdessen stellen sie genauere Fragen. Bezog sich der beobachtete Effekt wirklich auf diese Intervention? Welcher Aspekt dieser Intervention war verantwortlich für den Effekt? In welcher Beziehung steht diese Intervention zu anderen Methoden und welches sind die Prinzipien, die ihre Wirksamkeit begründen? Natürlich können Antworten auf solche Fragen nur gefunden werden, wenn systematische Nachforschungen angestellt werden. So tragen Verhaltenstherapeuten Fragen, die in der klinischen Praxis aufgeworfen wurden, zurück in das Labor, genauso wie sie Methoden, die aus der Laborforschung heraus entwickelt wurden, in den klinischen Bereich mitnehmen. In der Verhaltenstherapie besteht zwischen Wissenschaft und Praxis ein zweigleisiges Verhältnis, und es ist genau dieser Aspekt der Verhaltenstherapie, der ihr stets neue Impulse gibt.

Verhaltenstherapeuten beziehen sich in ihrem Handeln zwar wesentlich auf psychologische Konzepte, leugnen allerdings dabei nicht die Rolle von biologischen Faktoren. Sie erkennen an, daß genetisch bedingte, konstitutionelle Faktoren den Rahmen bilden, innerhalb dessen psychologische Gesetzmäßigkeiten sowohl angepaßtes als auch unangepaßtes Verhalten hervorbringen. Manchmal können diese biologischen Bedingungen Lernen behindern, aber auch eine bestimmte Form des Lernens bzw. Lehrens als besonders effektiv nahelegen. Alle Interventionen sind laufend aus biologischer, psychologischer und sozialer Warte zu überprüfen, damit der Therapeut nicht einen Ansatz weiterverfolgt, aus dem der Klient möglicherweise keinen Nutzen ziehen kann. Verhaltenstherapeuten erkennen an, daß eine biochemische Störung oder eine körperliche Krankheit das Verhalten einer Person in Mitleidenschaft ziehen kann, so daß die Zusammenarbeit mit Spezialisten aus diesen Bereichen oft sehr wichtig wird. Umgekehrt erwartet der Verhaltenstherapeut von diesen Spezialisten, daß sie die Wechselwirkung zwischen biologischen und psychologischen Prozessen akzeptieren und ebenfalls bereit sind, ihr eigenes Vorgehen anhand objektiver Kriterien zu bewerten.

1.2 Historischer Hintergrund und gegenwärtige Entwicklungen

Autoren der Verhaltenstherapie neigen bei der Diskussion der geschichtlichen Wurzeln dazu, sehr weit zurückzublicken. Die Möglichkeit, sich auf *Aristoteles* oder zumindest *John Locke* als geistige Ahnen berufen zu können, scheint Ansehen zu verschaffen. Wir müssen nicht so weit zurückgehen. Der Begründer einer psychologisch ausgerichteten Kinderverhaltenstherapie ist zugleich der Begründer der klinischen Psychologie: *Lightner Witmer*.

Im Jahre 1896 eröffnete *Witmer* die Psychologische Klinik an der Universität von Pennsylvania und prägte den Begriff »klinische Psychologie«. *Witmer* wandte sich in Diagnostik und Therapie dem beobachtbaren Verhalten und nicht verdeckten inneren Prozessen zu. Sein erster bekanntgewordener Fall bezog sich auf die Behandlung eines lerngestörten Jungen, in deren Rahmen er experimentelle Befunde aus Wahrnehmungs- und Lernpsychologie umsetzte (*Witmer,* 1907). *Witmer's* psychologisches Vorgehen bei diesem Kind stellt – historisch betrachtet – einen Sonderfall dar, der seiner Zeit um mehrere Jahrzehnte voraus war. Man findet keinen weiteren Versuch, Erkenntnisse aus dem psychologischen Labor bei der Behandlung psychischer Probleme von Kindern anzuwenden, bis zu dem Zeitpunkt, als *Mary Cover Jones* (1924a, 1924b) systematisch Methoden zur Behandlung kindlicher Ängste erkundete. Ihre frühe Arbeit ist am besten durch den oft zitierten Fall *Peter* (*Jones,* 1924a) bekannt geworden, dessen Furcht vor pelzartigen Gegenständen sie unter Anwendung der Prinzipien des klassischen Konditionierens behandelte. Sie hat weiterhin untersucht, wie kindliche Ängste durch Überredung, beispielhaft gezeigtes furchtloses Verhalten und direkte Konfrontation beeinflußt werden können. Diese Methoden, die Verhaltenstherapeuten heute als kognitive Umstrukturierung, Modellernen bzw. Reizüberflutung bezeichnen würden, erwiesen sich damals als weniger erfolgreich als die Konditionierungstechnik, die man heute als systematische Desensibilisierung oder Gegenkonditionierung bezeichnen würde.

Obwohl *Jones* (1924b) die Vorteile der Konditionierungsverfahren bei der Löschung unbegründeter Ängste nachwies, war die Zeit noch nicht reif, daß dieser Ansatz von Kinderpsychotherapeuten aufgegriffen worden wäre. Sogar ein damals so einflußreicher Autor wie *Arnold Gesell* (1938) konnte sich kein Gehör verschaffen, als er auf die Bedeutung der *Pavlov'*schen Konditionierung bei der Behandlung psychischer Störungen hinwies. Zu dieser Zeit wurde die »Child guidance movement«, die stark durch das Werk von *Sigmund Freud* beeinflußt war, zur bestimmenden Kraft bei der Behandlung von Kindern (*Ross,* 1959) und ließ keinen Raum für andere Ansätze. Als *Mowrer* u. *Mowrer* (1938) die Behandlung des Bettnässens mittels Konditionierungstechniken beschrieben, fanden sie fast keine Resonanz, obwohl ihr Papier in der »American Journal of Orthopsychiatry« veröffentlicht wurde, die damals das Organ der »Child guidance movement« war.

Da sich ein Großteil der heutigen Kinderverhaltenstherapie auf die schulischen Aktivitäten der Kinder bezieht, ist es interessant, daß parallel zu den Bemühungen, psychologische Erkenntnisse in die klinische Arbeit mit Kindern einzuführen, ähnliches schon früh im Bereich der Erziehung stattfand. *Graziano* (1978) verweist auf *J. Stanley Gray* (1932), der den Begriff der Verhaltensmodifikation als erster verwendete. Dieser hatte in einem an Erzieher gerichteten Artikel darauf gedrungen, besonderes Augenmerk auf das kindliche Verhalten und auf die Variablen zu richten, die das Lernen kontrollieren. In demselben historischen Rückblick erinnert *Graziano* uns daran, daß *Sidney L. Pressey* schon im Jahre 1919 einen Prototypen dessen entwickelte, was später als Lehrmaschine bekannt wurde. Allerdings gab er dieses Projekt im Jahre 1932 auf, weil es von den Erziehern nicht akzeptiert wurde. Sicherlich ist es aufschlußreich, nachzuforschen, aus welchen Gründen diese frühen Autoren unbeachtet blieben, und welche historischen Entwicklungen und sozialen Veränderungen den fruchtbaren Boden bereiteten, auf den etwa 20 Jahre später die Schriften von *Skinner* (1953), *Eysenck* (1957), *Wolpe* (1958) und *Bandura* (1961) fielen. Solch eine Analyse ist an dieser Stelle jedoch nicht zu leisten.

Ein weiteres interessantes historisches Phänomen ist allerdings bemerkenswert: Als die Verhaltenstherapie endlich von Klinikern akzeptiert wurde, bezog sich dieses Interesse vorrangig auf Erwachsene und nicht auf Kinder. Obwohl sich psychologische Erkenntnisse schon sehr früh in der Kinderpsychotherapie niederschlugen *(Witmer,* 1907; *Jones,* 1924b), tauchten etwa 20 Jahre später, nachdem *Jones* den kleinen *Peter* behandelt hatte, nur noch gelegentlich Berichte über die Arbeit mit Kindern in der Fachliteratur auf *(Ross,* 1964). Zwar hatten einige Publikationen aus Südafrika *(Lazarus,* 1959) und aus Großbritannien *(Jones,* 1960) über verhaltensorientierte Behandlung von Kindern berichtet; breitere Anwendung erfuhr die Verhaltenstherapie jedoch erst, als operante Methoden in die Arbeit mit institutionalisierten, schwer gestörten Kindern *(Ferster* u. *DeMyer,* 1962) Eingang fanden. Schließlich konnten *Gelfand* u. *Hartmann* (1968) bei der Erstellung der ersten Übersicht zu diesem Bereich ca. 70 Artikel finden; heute ist die Literatur kaum noch überschaubar.

In der Anfangszeit stieß die Verhaltenstherapie im klinischen Bereich auf großen Widerstand bei den Therapeuten und Autoren, die den damals gängigen Behandlungsansätzen anhingen. Sie betrachteten die Verhaltenstherapie mit Skepsis und zweifelten den Nutzen diese neuen Ansatzes an. Viele hielten die Verhaltenstherapie für eine Modeerscheinung und sagten ihr voraus, daß sie bald in Vergessenheit geraten würde. Als Reaktion auf diesen Widerstand sprachen und schrieben die frühen Vertreter der Verhaltenstherapie in ziemlich arroganter und dogmatischer Weise und trafen übertriebene Voraussagen im Hinblick auf die Wirksamkeit und den Anwendungsbereich ihrer Behandlungsform.

Jetzt, da die frühen Angriffe verwunden und verhaltensorientierte Methoden sogar bei sehr orthodoxen Institutionen umfassend anerkannt sind, können Verhaltenstherapeuten es sich leisten, umsichtig neue Verfahren zu erkunden. In gewisser Hinsicht ist man über das Stadium eines missionarischen Eifers hinausgewachsen und befindet sich jetzt in einer reifen Form der Selbstprüfung, wie sie einem gut eingeführten Forschungsbereich angemessen ist.

Wir finden jetzt verstärkt Berichte über Forschungsprojekte, die den Wirkgrößen therapeutischer Methoden nachgehen und die Bedingungen untersuchen, unter denen Therapieerfolge aufrechterhalten und gesteigert werden können. Es gibt vielversprechende Publikationen, deren Autoren sehen, daß andere therapeutische Verfahren nicht gänzlich falsch liegen können. Sie versuchen, die wirksamen Inhalte dieser Verfahren aufzudecken, und hoffen, diese in die eigenen Methoden integrieren zu können (*Goldfried* u. *Davison,* 1976).

Das Spektrum der psychischen Phänomene, die verhaltenstherapeutisch angegangen werden können, hat sich beträchtlich erweitert. Anfangs bestanden Verhaltenstherapeuten darauf, nur dem beobachtbaren, offenen Verhalten Aufmerksamkeit zu schenken. Ein solcher Standpunkt mußte jedoch zwangsläufig darüber hinwegsehen, daß die von ihnen am umfassendsten angewendete Methode, die systematische Desensibilisierung, einen nicht beobachtbaren, verdeckten Prozeß voraussetzt: die eigene Vorstellungskraft des Klienten. Heute ziehen Verhaltenstherapeuten die kognitiven Prozesse des Klienten mit in Betracht und versuchen auch, diese therapeutisch zu beeinflussen, wobei von Selbstkontrolle, Selbstinstruktion und Selbstverstärkung gesprochen wird.

Die Psychologie hat sich mit den verschiedenen Aspekten menschlichen Verhaltens in unterschiedlicher Weise auseinandergesetzt. Die Untersuchung von Lernprozessen stand von jeher in der Laborforschung im Blickpunkt. Es überrascht daher nicht, daß sich Verhaltenstherapeuten bei ihren therapeutischen Bemühungen auf die Ergebnisse bezogen, die diese Studien geliefert hatten, und darauf abzielten, den Klienten beim Lernen, Verlernen und Umlernen bestimmter Verhaltensweisen zu unterstützen. Hätte die frühe Laborforschung sich hauptsächlich mit Entwicklung, Wahrnehmung oder sozialer Interaktion beschäftigt, so hätte sich die Verhaltenstherapie auf diese Forschungsgebiete gestützt. Auch heute noch stehen in der Verhaltenstherapie Lernprozesse im Mittelpunkt des Interesses. Sobald andere Bereiche der Psychologie das Niveau erreichen, das die Lernforschung etwa um 1960 erreicht hatte, ist zu erwarten, daß Verhaltenstherapeuten auch diese in ihre Arbeit miteinbeziehen.

1.3 Was will die »Verhaltens-Therapie?«

Die Kinderverhaltenstherapie profitierte, wie wir erwähnten, auch von den Entwicklungen im pädagogischen Bereich. Während aber in den dreißiger Jahren weder die Klinik noch die Schule bereit waren, fachlichen Empfehlungen zu folgen, so hatte sich diese Situation in den sechziger Jahren grundlegend verändert. Heute werden psychologische Verfahren nicht nur dort angewandt, wo Kinder behandelt, sondern auch, wo sie erzogen und unterrichtet werden. In der Schule gehen diese Verfahren bereits weit über die Anwendung von sogenannten »Lehrmaschinen« und »programmiertem Unterricht« (der auf operanten Prinzipien beruht) hinaus; weitere Methoden finden wir etwa bei Verstärkungsprogrammen für den Schulunterricht *(O'Leary* u. *O'Leary,* 1976) und der Arbeit mit Lernbehinderten *(Hallahan* u. *Kaufman,* 1976). Hier taucht wieder die Frage nach den Grenzen der Verhaltenstherapie und ihrer Abgrenzung zur Verhaltensmodifikation auf.

Im vorliegenden Buch gehen wir von einer sehr weiten Definition der Verhaltenstherapie aus, und der Begriff »Therapie« wird beträchtlich weiter gefaßt werden, als dies üblicherweise der Fall ist. Kinder sind in weiten Bereichen anfällig für psychische Probleme, die sich aus ihrer Entwicklung und ihrer starken Abhängigkeit von der Familie ergeben. Mit psychologischen Verfahren können wir diese psychischen Probleme des Kindes behandeln und ihnen vorbeugend begegnen. Die Verwendung des Begriffes »Therapie« bezieht sich auf eine umrissene Anzahl von möglichen Verfahren; so wird beispielsweise die Hilfe, die man einem leseschwachen Kind bietet, nicht als Therapie, sondern als Training bezeichnet. Ebenso könnte man von »Lehren« sprechen, wenn man einem Kind anhand psychologischer Lerntheorien hilft, sich angemessener mit Gleichaltrigen oder Geschwistern auseinanderzusetzen. Wie wir in den folgenden Kapiteln sehen werden, umfaßt *Verhaltenstherapie jede Form des Lernens, Verlernens oder Umlernens, unabhängig vom eingesetzten psychologischen Verfahren.* In der Tat ist der Begriff »Verhaltenstherapie« nicht dazu geeignet, all diese Verfahren abzudecken, und wir bleiben ihm im vorliegenden Buch nur »treu«, weil er mittlerweile eine weite Verbreitung gefunden hat und es unsinnig wäre, einen anderen, aber angemessenerer Ausdruck wie etwa »Verhaltensänderung« oder »Verhaltensbeeinflussung« zu verwenden. Sogar der Begriff »Verhalten« ist in diesem Zusammenhang ein unglückliches Relikt aus früheren Tagen. Lesenlernen, Sprechenlernen oder Angst vor der Schule zu verlieren läßt sich in dem Begriff des Verhaltens nur fassen, wenn dieser Begriff auch kognitive Prozesse berücksichtigt. Auch hier schließt die herkömmliche, zentrale Stellung des Verhaltensbegriffes die Einführung eines vielleicht treffenderen Ausdruckes von vornherein aus.

Abschließend wollen wir noch versuchen, unsere Unterscheidung zwischen Verhaltenstherapie und Verhaltensmodifikation darzustellen. Da von Verhaltenstherapie im Kontext der Verhaltensänderung gesprochen wird, könnte man Verhaltenstherapie unter den allgemeineren Begriff der Verhaltensmodifikation einordnen. Allerdings kann Verhalten auf vielerlei Art und Weise modifiziert werden, so durch chemische Mittel (z.B. Pharmaka), durch chirurgische Eingriffe (wie etwa in der Neurochirurgie) oder auch durch körperliche Gewalt. Diese Vorgehensweisen basieren ebensowenig auf psychologischen Grundlagen wie gewisse brutale Disziplinierungsmaßnahmen gegenüber Kindern, die man ab und zu versuchsweise als Verhaltensmodifikationsprogramme ausgibt, um sie zu legitimieren und aufzuwerten. Um die Themastellung des vorliegenden Buches von den oben genannten Maßnahmen abzugrenzen, werden wir von Verhaltens*therapie* sprechen, und zwar auch dann, wenn es sich um Anwendungsbereiche außerhalb von Klinik und Krankenhaus handelt und die Behandlung sich nicht unbedingt auf das offene Verhalten des Kindes richtet.

1.4 Theoretische Grundlagen der Verhaltenstherapie

Immer wenn sich die psychologische Grundlagenforschung mit dem Verhalten auseinandersetzt, ist sie für die Verhaltenstherapie bedeutsam. Wichtige Grundlagen liegen zusätzlich in den Bereichen »Entwicklung«, »Lernen«, »Wahrnehmung«, »Denken« und »sozialer Interaktion«. Eine erschöpfende Übersicht über die Grundlagen der Verhaltenstherapie käme einem Bericht über die gesamte Psychologie gleich, einer Aufgabe, die natürlich über den Rahmen dieses Buches hinausgeht! Wir werden deshalb den Überblick auf das Gebiet beschränken, welches den dominierenden Einfluß auf die Entwicklung der Verhaltenstherapie ausgeübt hat, die *Lernforschung.* Dabei gehen wir davon aus, daß jeder, der ein kompetenter Kinderverhaltenstherapeut werden möchte, sich ein gründliches Wissen in Psychologie, mit dem besonderen Schwerpunkt in Entwicklungspsychologie, aneignet.

1.4.1 Klassisches Konditionieren

Wie schon erwähnt, wendete *Jones* (1924 a) bei der Behandlung von *Peters* Ängsten vor pelzartigen Gegenständen die Prinzipien des klassischen Konditionierens an. (Zu den Details dieser Behandlungsform vgl. *Kap. 8*). Auch als *Pavlov*sche oder respondente Konditionierung bezeichnet, geht es bei ihr um die Veränderung der Bedingungen, unter denen ein angeborener Reflex ausgelöst werden kann. Ein angeborenes oder *unkonditioniertes Verhalten (Reaktion)* wird üblicherweise durch einen *unkonditionierten Reiz (Stimulus)* ausgelöst. Bei der Konditionierung wird dieser unkonditionierte Reiz durch einen konditionierten Reiz ersetzt, der jetzt ebenfalls in der Lage ist, das *konditionierte Verhalten* auszulösen. Das konditionierte Verhalten ist grundsätzlich dasselbe Verhalten wie das unkonditionierte Verhalten, nur daß dieses jetzt durch den konditionierten Reiz ausgelöst wird. Ursprünglich trat das Verhalten nur dann auf, wenn der unkonditionierte Reiz vorlag. Der Prototyp dieser Prozedur ist die bekannte Versuchsanordnung nach *Ivan Petrovich Pavlov*, der den Speichelfluß eines Hundes als Reaktion betrachtete, deren Auftreten er an das Läuten einer Glocke konditionierte. *Watson* u. *Rayner* (1920) versuchten, die Wirksamkeit dieser Form der Konditionierung in Bezug auf emotionale Reaktionen beim Menschen nachzuweisen.

Sie nahmen ein neun Monate altes Kind, den kleinen *Albert*, und konditionierten bei ihm ein ängstliches Verhalten, wenn ihm eine weiße Ratte gezeigt wurde. Zu Beginn des Experimentes zeigte *Albert* keine Furcht, wenn man ihm die Ratte präsentierte. Allerdings konnte eine Angstreaktion, die sich in Erschrecken, Weinen oder anderen Anzeichen von Unwohlsein äußerte, durch plötzlichen, lauten Lärm ausgelöst werden. Derartiger Lärm ist wohl ein unkonditionierter Reiz, der von Geburt an das unkonditionierte Verhalten auslösen kann, das wir Furcht nennen.

Nachdem die Versuchsleiter die Ratte und den Lärm sieben Mal gemeinsam darboten, zeigte sich, daß *Albert* auch ängstlich reagierte, wenn ihm nur die Ratte gezeigt wurde. In diesem Fall war der Lärm der unkonditionierte Reiz gewesen, der die unkonditionierte Angstreaktion auslöste, während die Ratte, die bis zu diesem Zeitpunkt ein neutraler Reiz gewesen war, zum konditionierten Reiz wurde, der nun auch Angst auslösen konnte.

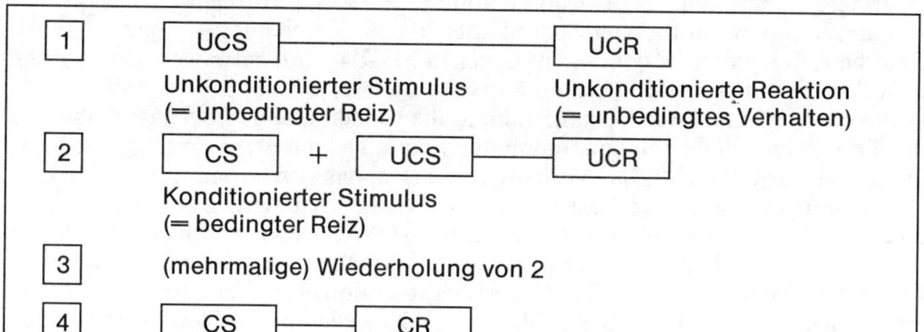

Abbildung 1: Vier Stufen des klassischen Konditionierens

Für das klassische Konditionieren gilt, daß ein Verhalten bzw. ein Reflex, der einem Menschen angeboren ist, durch einen Reiz *ausgelöst* wird, der ihm *vorausgeht,* und daß die Person auf diesen Reiz *passiv antwortet.* Wie wir sehen werden, liegt hier ein fundamentaler Unterschied zum operanten Lernen, bei dem das Individuum aktiv sein Verhalten steuert, welches die Umwelt mit bestimmten Konsequenzen beantwortet. Sollte der Anschein aufgekommen sein, daß ein Individuum, das einer klassischen Konditionierung ausgesetzt ist, vollkommen der Macht der Person unterliegt, die über den konditionierten Reiz verfügen kann, so muß klargestellt werden, daß eine solche Konditionierung nur durchgeführt werden kann, wenn der Klient kooperationsbereit ist. Klienten verantwortungsbewußter Therapeuten befinden sich nicht in einer so hilflosen Situation wie *Pavlovs* Hunde, oder der neun Monate alte kleine *Albert,* hinter dem ein Versuchsleiter auftauchte, um mit einem Hammer auf einen Stahlbarren zu schlagen. Einem Kind, das behandelt wird, bleibt es unbenommen, nicht auf den Reiz zu schauen, den ihm der Therapeut darzubieten versucht, sich die Ohren zuzuhalten oder Lärm zu machen, um den Ton nicht zu hören, oder ganz einfach den Raum zu verlassen. Wie wir bei der späteren Diskussion eines häufig angewandten Konditionierungsverfahrens zur Behandlung des Bettnässens sehen werden, kann sich ein Kind ohne weiteres der Prozedur entziehen, indem es die Weckvorrichtung abstellt, vom Bett räumt oder ganz einfach auf dem Boden schläft.

Beim klassischen Konditionieren ist gewöhnlich das autonome Nervensystem beteiligt, und es tritt wahrscheinlich immer dann auf, wenn emotionale Reaktionen, wie etwa Angst, an vormals neutrale Reize angebunden werden. Verschiedene Aspekte des klassischen Konditionierens sind eingehend im psychologischen Labor erforscht worden und für den Verhaltenstherapeuten von Bedeutung. Kurze Definitionen der gebräuchlichsten Phänomene sollen die spätere Diskussion erleichtern.

Zu Beginn einer Konditionierungsabfolge kann das konditionierte Verhalten nur durch einen speziellen Reiz mit bestimmten Eigenschaften ausgelöst werden. Wenn das Verhalten später ebenso durch Reize ausgelöst werden kann, die dem ursprünglichen in gewisser Hinsicht gleichen, so bezeichnen wir dieses Phänomen als *Reizgeneralisierung.* Bei der klassischen Versuchsanordnung bei *Pavlov* konnte eine Glocke, die zunächst den Speichelfluß nur bei einer bestimmten Tonfrequenz oder einer bestimmten Lautstärke auslösen konnte, den gleichen Auslösemechanismus in Gang setzen, wenn Frequenz oder Lautstärke leicht verändert wurden. Je ähnlicher die Reizeigenschaft dem ursprünglichen Muster wird, desto wahrscheinlicher wird das Verhalten in der gleichen Stärke ausgelöst.

Wenn ein konditioniertes Verhalten durch die wiederholte gleichzeitige Gabe des konditionierten mit dem unkonditionierten Reiz aufgebaut ist, so kann der konditionierte Reiz jetzt ebenfalls das Verhalten auslösen, das sich vorher nur bei Darbietung des unkonditionierten Reizes einstellte. Der konditionierte Reiz wird das Verhalten zwar eine gewisse Zeit auslösen, nach einer Weile jedoch nachlassen, falls der unkonditionierte Reiz nicht gelegentlich gleichzeitig in Erscheinung tritt. Dies bezeichnen wir als *Löschung (Extinktion)* des konditionierten Verhaltens. Löschung drückt sich in der graduellen Abnahme und dem eventuellen Verschwinden des konditionierten Verhaltens aus. Im klassischen Beispiel des Speichel produzierenden Hundes wird die konditionierte Speichelflußreaktion nach und nach abnehmen, falls der Glockenton, der zum konditionierten Reiz geworden ist, wiederholt ohne die gleichzeitige Gabe von Futter dargeboten wird. Ab und zu wird das alte konditionierte Verhalten sich beim Klingeln einer Glocke wieder einstellen, ein Phänomen, das *spontane Erholung* genannt wird. Wenn bei einer dieser Gelegenheiten der unkonditionierte Reiz ebenfalls gegenwärtig ist, wird das konditionierte Verhalten leicht wieder in seiner alten Stärke aufgebaut. Dies legt nahe, daß ein gelöschtes Verhalten nicht ganz verschwindet oder getilgt wird, sondern durch auftretende Reize gehemmt wird. Dieser Prozeß wird deshalb *konditionierte Hemmung* genannt.

Ein akustischer konditionierter Reiz wie eine Glocke kann in verschiedenen Lautstärken dargeboten werden. Durch Reizgeneralisierung kann eine konditionierte Reaktion sowohl durch eine leise, als auch durch eine laut klingende Glocke hervorgerufen werden. Ebenso ist es möglich, eine differenziertere Reaktion aufzubauen, die nur abläuft, falls die Glocke laut, aber nicht leise läutet. Dies erreicht man, indem man den unkonditionierten und den konditionierten Reiz paarweise darbietet, wobei der letztere eine vorbestimmte Eigenschaft aufweist; z.B. findet eine Kombination der beiden Reize nur statt, falls die Glocke leise läutet. Solch ein Konditionierungsmuster stellt eine Form des *Diskriminationslernens* dar und beruht auf dem Prinzip der *differentiellen Hemmung*, bei der das konditionierte Verhalten bei einer der Reizbedingungen nicht mehr hervorgerufen (sondern gehemmt) wird.

Wir haben bislang am Beispiel des Speichelfluß produzierenden Hundes nur die Situation betrachtet, bei der ein konditioniertes Verhalten mit einem konditionierten Reiz (der Glocke) verbunden wird. Wenn eine solche Konditionierung einmal stattgefunden hat und die Glocke zu einem fest eingeprägten konditionierten Reiz geworden ist, besteht die Möglichkeit einer Paarung mit einem weiteren konditionierten Reiz, z.B. einer Lichtquelle. Das Licht kann auf diese Weise ebenso das konditionierte Verhalten auslösen, auch wenn es ohne Glocke erscheint. Dieses Phänomen nennt man *Konditionierung zweiter Ordnung*. Jenseits dieser Stufe gibt es noch *Konditionierungen höherer Ordnung*.

Im Laufe der Konditionierungsgeschichte einer Person werden viele verschiedenartige Verhaltensweisen an verschiedenste Reizbedingungen geknüpft. So kann eine Blume vielleicht ein schönes Gefühl wie Freude erwecken, während eine Hornisse einen konditionierten Reiz für ein negatives Verhalten wie Furcht bildet. Unter Bedingungen der Freude neigen wir zur Annäherung an den Reiz; unter Bedingungen der Furcht tendieren wir zur Vermeidung. Wenn wir eine Hornisse in einer Blume entdecken, werden wir wahrscheinlich die Blume meiden. Bei solchen Konfliktsituationen wird deutlich, daß verschiedene konditionierte Reaktionen verschiedene Stärken aufweisen können, die z.T. auf den Besonderheiten der ursprünglichen Konditionierungssituation und dem Ausmaß der Generalisierung beruhen. Die Tatsache, daß zwei Verhaltensweisen gleichzeitig ausgelöst werden können, führte *Wolpe* (1969) und andere Verhaltenstherapeuten bei der Behandlung unangepaßter emotionaler Reaktionen wie Angst zu einem Prinzip, das heute verschiedentlich *Gegenkonditionierung* oder *reziproke Hemmung* genannt wird. *Andrew Salter* (1949), einer der Pioniere in diesem Bereich, sprach von *konditionierter Reflextherapie*. Heute wird dieser Zweig der Verhaltenstherapie unter der Bezeichnung »systematische Desensibilisierung« behandelt. Sie ist aus den dargestellten Prinzipien *Pavlovs* hergeleitet und fußt – zumindest in der Theorie – auf dem Versuch, die unangepaßte emotionale Reaktion (in den meisten Fällen Angst), die mit bestimmten Reizbedingungen verknüpft ist, durch ein mit ihr unvereinbares Verhalten wie Entspannung zu ersetzen. Es bleibt jedoch die Frage, inwieweit die systematische Desensibilisierung wirklich nur auf dem Ersatz eines alten durch ein neues Verhalten aufbaut (vgl. z.B. *Davison* u. *Wilson,* 1973) bzw., wie wir sehen werden, andersgeartete Prozesse ins Blickfeld geraten, wenn ein Therapeut einem durch seine Angstgefühle beeinträchtigten Kind zu helfen versucht.

1.4.2 Operantes Konditionieren

Beim klassischen Konditionieren löst ein Reiz eine Reaktion bei einer Person aus, die sich relativ passiv gegenüber ihrer Umgebung verhält. Die Umwelt wirkt auf die Person ein und die Person antwortet darauf reflexartig. Im Fall des operanten Lernens liegt eine umgekehrte Situation vor. Hier operiert das Individuum aktiv in seiner Umwelt, bringt eine Handlung hervor, auf welche die Umgebung antwortet. Die *Reaktion* der Person steht daher in einem instrumentellen Verhältnis zu einem anvisierten Ereignis in der Umwelt; aus diesem Grund wird dieser Prozeß auch *instrumentelles Konditionieren* genannt. Von der Antwort der Umgebung auf die Reaktion der Person hängt es ab, ob diese Reaktion in Zukunft unter ähnlichen Begleitumständen mit größerer oder geringerer Wahrscheinlichkeit auftreten wird. Der Schlüssel zum operanten Konditionieren liegt demnach in den *Konsequenzen* auf das Verhalten. Nach *Skinners* Formulierung (1938) ist Verhalten eine Funktion seiner Konsequenzen. Wir werden die Bestandteile des operanten Konditionierens detailliert betrachten, denn es bildet die Grundlage der meisten Verfahren in der gegenwärtigen Verhaltenstherapie bei Kindern.

Eine Person zeigt in Gegenwart eines Hinweisreizes (auch diskriminativer Reiz genannt) eine Reaktion. Nehmen wir an, daß die Reaktion eine Konsequenz nach sich zieht, die von der Person registriert wird. Falls nun der Hinweisreiz nochmals dargeboten wird und die Person das gleiche Verhalten zeigt, können wir sagen, daß die erneut aufgetretene Konsequenz von der Person bemerkt wurde und alles, was wir bemerken, einen Reiz darstellt, so lautet der Begriff für diesen Verstärker *»Verstärkender Reiz«*.

Halten wir jedoch fest, daß wir die Konsequenz erst Verstärkenden Reiz nennen, wenn wir dessen Effekt auf die Reaktion der Person beim zweiten Auftauchen des Hinweisreizes registrieren. Wir werden auf diesen Punkt später zurückkommen.

An dieser Stelle bleibt zu betonen, daß die Funktion des Hinweisreizes nicht darin liegt, das Verhalten hervorzurufen, wie es beim klassischen Konditionieren der Fall ist. Wir müssen uns den Hinweisreiz vielmehr als ein Signal vorstellen, welches anzeigt, daß die früher erlebte Konsequenz sich wahrscheinlich wieder einstellen wird, falls das gleiche Verhalten wiederholt wird. Der Hinweisreiz steht daher zu der Verhaltenskonsequenz in einer Wenn-Dann-Beziehung: *wenn* das Verhalten in Gegenwart des Reizes wieder ausgeführt wird, *dann* wird die frühere Konsequenz wieder eintreten. Diese Form der Beziehung wird als *Kontingenz* bezeichnet. Wenn die *Wahrscheinlichkeit* des Verhaltens in Abhängigkeit von dieser Kontingenz variiert, hat *Lernen* stattgefunden.

Ein *Beispiel* mag die Beziehung zwischen Verhalten und seinen Konsequenzen verdeutlichen. Angenommen, eine Mutter beklagt sich, daß ihr Junge jedesmal, wenn sie ihm seinen Willen nicht erfüllt, mit dem Fuß aufstampft und einen »Wutanfall« bekommt. Ihr erscheint es so, daß ihr »Nein« den Wutanfall auslöst; im Sinn des klassischen Konditionierens wäre das »Nein« also ein konditionierter Reiz und der Wutanfall die konditionierte Reaktion. Dies ist jedoch nicht der Fall. Eine

Beobachtung der gesamten Abfolge macht deutlich, daß die Mutter bei einem Wutanfall des Jungen fast jedesmal kapituliert und dem Kind den Gegenstand überläßt, den es haben will. Hier trifft der operante Ansatz zu. Der Junge war wiederholt mit folgender Kontingenz konfrontiert: *wenn* er, auf ein »Nein« seiner Mutter hin (Hinweisreiz), einen Wutanfall zeigt (Verhalten), *dann* gibt sie nach (verstärkender Reiz). So ergibt es sich, daß der Wutanfall sich in vorhersagbarer Regelmäßigkeit einstellt; der Junge hat diese Reaktion angesichts der charakteristischen Umweltkonsequenz gelernt. Diese Aussage könnte überprüft werden. Hierfür wäre eine systematische Variation der vorausgehenden Bedingungen und der Konsequenz des Verhaltens sowie eine sorgfältige Erfassung seiner Frequenz, Intensität und Dauer erforderlich. Ein Ausblenden entweder des Hinweisreizes (die Mutter verweigert ihrem Jungen nie mehr etwas) oder des verstärkenden Reizes (die Mutter gibt bei einem Wutanfall nie nach) müßte zu einer Veränderung des wütenden Verhaltens führen. Ein Weg zur Behandlung dieses Problems wäre somit aufgewiesen.

Die nachfolgende Übersicht faßt die wichtigsten Grundbegriffe des operanten Lernens zusammen, die als Erinnerungsstütze dienen sollen und im weiteren Text vertieft werden. Auf den in dieser Übersicht enthaltenen Aspekt der Wiederholung werden wir in Kapitel 1.4.2.2 ausführlich eingehen, in dem wir uns mit Verstärkerplänen beschäftigen.

Bedingungen der Verstärkung

1. Verstärkungskontingenz

Das Lernen eines bestimmten Verhaltens ist abhängig von der direkt folgenden Konsequenz. Eine Bekräftigung muß *dann* einsetzen, *wenn* das zu lernende Verhalten auftritt, und *nur* bei ihm.

2. Kontinuität

Je *unmittelbarer* die Verstärkung auf zu lernendes Verhalten folgt, um so schneller ist das Lernziel erreicht.

3. Wiederholung

Eine kontinuierliche Wiederholung der Verstärkung und eine *intermittierende* Verstärkung führen zu einer hohen Stabilisierung des Lernzieles.

4. Reihenfolge

Eine Verstärkung darf *nie vor* dem erwünschten oder zu lernenden Verhalten gegeben, sondern erst im Anschluß an das Verhalten gewährt werden, und dann unmittelbar.

5. Folgerichtigkeit

Wenn ein zu lernendes Verhalten gezeigt wird, dann muß die Verstärkung beginnen, aber *sofort wieder aufhören,* wenn das erwünschte Verhalten zurückgeht, nicht weiter auftritt oder sogar unerwünschtes Verhalten wieder beobachtbar ist.

1.4.2.1 Einflüsse von Verhaltenskonsequenzen

Den Einfluß von Verhaltenskonsequenzen auf Art, Häufigkeit und Stärke des Verhaltens können wir erst einschätzen, wenn wir den Verlauf des Verhaltens in späteren Situationen weiterverfolgen. Wenn das Verhalten im weiteren Verlauf mit größerer Wahrscheinlichkeit und Stärke erscheint, können wir annehmen, daß die Konsequenzen das Verhalten *verstärkt* haben. Von einer *Bestrafung* spricht man hingegen, wenn die Reaktion unwahrscheinlicher und schwächer geworden ist (so haben die Konsequenzen die Funktion einer Bestrafung angenommen). Somit entscheidet immer der Einfluß auf zukünftige Reaktionen darüber, ob bestimmte Konsequenzen als Verstärkung bzw. Bestrafung aufgefaßt werden müssen. Dieser Einfluß kann immer nur rückwirkend erschlossen werden.

Für jede Situation und jedes Kind muß die Beziehung zwischen Konsequenzen und Verhalten ermittelt werden. Es ist nicht ratsam, eine Konsequenz im voraus als Belohnung oder Bestrafung aufzufassen. Häufig stellt sich eine vermutete Belohnung als Bestrafung heraus und umgekehrt.

Wir können Verstärkung und Bestrafung danach unterscheiden, ob ein Verhalten das bestimmte Ereignis nach sich zieht, zu- oder abnimmt. Ein solches Ereignis bezeichnet man als *verstärkenden Reiz* (kurz: *Verstärker*) bzw. *Strafreiz.* Eine *positive Verstärkung* liegt dann vor, wenn ein verstärkender Reiz (z.B. eine Belohnung) das Verhalten bestimmt. Hingegen spricht man von *negativer Verstärkung,* wenn ein unangenehmer Reiz als Folge eines Verhaltens verschwindet. Eine negative Verstärkung liegt vor, wenn ein ängstliches Kind durch einen Wutausbruch seine Angst verringert. Negative Verstärkung kann aber auch einfache alltägliche Handlungsweisen beeinflussen: so etwa, wenn wir uns bei einem aufziehenden Gewitter unterstellen (=Reaktion), um uns vor dem unangenehmen (=aversiven) Regen (=Konsequenz) zu schützen. Negative Verstärkung hält also eine Reaktion aufrecht und macht sie wahrscheinlicher; sie sollte daher nicht mit Bestrafung verwechselt werden, bei der ein Verhalten immer seltener auftritt.

Auch die Bestrafung weist zwei unterschiedliche Formen auf. Zum einen kann sie bedeuten, daß ein unangenehmer Reiz wie Schmerz zugefügt wird (positive Bestrafung), zum anderen kann auch ein angenehmer Reiz wegfallen (negative Bestrafung). Die zweite Form liegt beispielsweise vor, wenn einem Kind eine gewohnte Vergünstigung (z.B. abends lange aufbleiben) plötzlich entzogen wird. In der Verhaltenstherapie wird die negative Bestrafung gewöhnlich als »time-out« bezeichnet, worunter man das Aussetzen einer positiven Verstärkung versteht. Durch negative Bestrafung oder das »time-out« wird - wie bei positiver Bestrafung - ein Verhalten aufgebaut.

Folgende Übersicht verdeutlicht die verschiedenen Formen der Verstärkung:

	Positive Verstärker	Negative Verstärker
Darbieten	= belohnen → Verhaltensaufbau (= positive Verstärkung)	= bestrafen → Verhaltenslöschung (= positive Bestrafung)
Entfernen	= bestrafen → Verhaltenslöschung (= negative Bestrafung)	= belohnen → Verhaltensaufbau (= negative Verstärkung)

Zusammenfassend können wir feststellen, daß jedes Verhalten fünf mögliche Arten von Konsequenzen nach sich ziehen kann: positive und negative Verstärkung mit dem Ziel, ein Verhalten stärker auszuprägen, weiterhin positive Bestrafung durch einen unangenehmen Reiz und schließlich eine negative Bestrafung, bei der ein angenehmer Reiz entzogen wird; bei den beiden letztgenannten wird ein Verhalten abgeschwächt. Zudem besteht noch die fünfte Möglichkeit, bei der das Verhalten ohne Konsequenzen bleibt. Hierdurch wird das Verhalten gleichfalls abgeschwächt. Dieser Prozeß wird *Löschung (Extinktion)* genannt.

Ähnlich wie beim klassischen Konditionieren tritt auch beim operanten Konditionieren eine spontane Erholung des Verhaltens dann wieder auf, wenn es zu bestimmten Gelegenheiten erneut verstärkt wird.

1.4.2.2 Verstärkerpläne

Wenn nun die Konsequenzen darüber entscheiden, ob sich ein Verhalten zukünftig verringert oder ob es zunimmt, so rücken die Umstände, in welche die Konsequenzen eingebettet sind, ins Blickfeld. Sie lassen sich in sogenannten *»Verstärkerplänen«* darstellen, die über die Konsequenzen Aufschluß geben. So wird ein Kind, wenn es das Wörtchen »bitte« ausspricht, um eine Süßigkeit zu bekommen, mit Süßigkeiten nur verstärkt, wenn es sich auf diese höfliche Weise verhält. Die Verstärkung erfolgt hier unmittelbar (kontingent). Verstärkerpläne geben auch Hinweise darüber, wie oft eine Verhaltensweise ausgeführt werden muß, bis ein Verstärker zu erwarten ist. Manchmal wird ein Verstärker erst dann vergeben, wenn eine Reihe von Bemühungen erfolgt ist. So muß vielleicht ein Kind erst zwei Stunden lang seine Hausaufgaben erledigen oder drei Seiten in seinem Rechenbuch bearbeiten, bevor ihm erlaubt wird fernzusehen.

Wir sprechen hier von *episodischer* Verstärkung im Unterschied zu *konjugierter* Verstärkung, bei der ein Verstärker zeitlich unmittelbar auf ein Verhalten folgt. Die letztere spielt bei sozialen Kontakten eine große Rolle, wenn die Reaktionen des einen Interaktionspartners die Konsequenzen für den jeweils anderen bilden. Die unmittelbaren, wechselseitigen Verstärkungs- und Bestrafungsprozesse steuern so den Kommunikationsverlauf.

Verstärkerpläne lassen sich weiterhin danach unterscheiden, ob konstante oder intermittierende Verstärkung vorliegt. Wenn ein Kind jedesmal, wenn es drei Seiten in seinem Rechenbuch bearbeitet hat, die Erlaubnis erhält, eine halbe Stunde fernzusehen, so wird es *konstant* verstärkt. Wenn es manchmal die Erlaubnis erhält und manchmal nicht, so liegt eine *intermittierende Verstärkung* vor. Die Verstärkungsrate bei der intermittierenden Verstärkung kann *fix* sein (Verstärkung nach einem bestimmten Zeitintervall oder einer bestimmten Anzahl von gezeigten Reaktionen) oder *variabel* (unsystematische Verstärkergabe).

Wenn eine Verhaltensweise neu gelernt und aufgebaut wird, erweist sich die konstante Verstärkung als die effektivste Methode. Intermittierende Verstärkung ist zu bevorzugen, wenn man erreichen möchte, daß ein neugelerntes Verhalten stabilisiert wird und auch in Situationen aufrechterhalten bleibt, in denen nicht immer eine Verstärkung erfolgt. Verstärkerpläne müssen daher so gestaltet werden, daß sie den Lernprozeß am nachhaltigsten beeinflussen. Als optimal erweist sich, zu Beginn eine Verstärkung konstant zu verabreichen und anschließend, nachdem das Verhalten aufgebaut ist, zu einer intermittierenden Verstärkung überzugehen. Die Verstärkung wird dann ab und zu nicht gegeben (*ausgeblendet*).

Spezifisches Verhalten kann operant aufgebaut werden, indem zunächst alle Äußerungen verstärkt werden, die dem gewünschten Zielverhalten ähnlich sind. Allmählich kann der Verstärkerplan differenzierter gestaltet werden. Zum Beispiel muß ein sprachbehindertes Kind anfangs nur das Wort »Keks« sagen, um seine Belohnung zu erhalten. Angestrebt wird natürlich, daß das Kind einen vollständigen Satz spricht (»Ich möchte gerne einen Keks, bitte!«). Dieses Vorgehen einer sukzessiven Annäherung an das Zielverhalten wird *Verhaltensformung* genannt. Auch der anglo-amerikanische Begriff »shaping« wird bei uns verwendet.

Ein weiterer wichtiger Aspekt bei Verstärkerplänen betrifft die Zeitspanne, die zwischen der Ausführung des Verhaltens und dem Erhalt des Verstärkers liegt. Im allgemeinen wirkt eine Konsequenz um so kräftiger, je unmittelbarer sie erfolgt. Dies gilt sowohl für Verstärkung als auch für Bestrafung. Eine zeitliche Verzögerung verringert die Wirkung!

Wenn man ein Verhalten aufbauen und gleichzeitig ein anderes unerwünschtes abschwächen möchte, so kann man zu diesem Zweck einen bestimmten Verstärkerplan entwickeln. Das erwünschte Verhalten wird konsequent verstärkt, während man das unerwünschte entweder nie verstärkt bzw. durch Bestrafung unterdrückt. Für eine solche *differentielle Verstärkung* mag folgendes Beispiel stehen: Eine Mutter will ihrem Kind beibringen, wie es auf sozial angemessene Weise nach Süßigkeiten fragt. In diesem Falle würde die Mutter Sätze wie »Gib mal Schokolade!« nicht verstärken, indem sie derart formulierte Bitten konsequent nicht beachtet. Einer Bitte der Form »Würdest du mir bitte etwas Schokolade geben?« würde sie nachgeben und somit das erwünschte Sprechverhalten festigen. Eine solche Strategie wird als *differentielle Verstärkung eines neuen Verhaltens* bezeichnet. Wird hingegen nur eine hohe, aber keine niedrige Auftrittsrate eines Verhaltens bekräftigt, dann spricht man von einer *differentiellen Verstärkung großer Häufigkeit* bzw. im umgekehrten Sinne, wenn eine niedrige Rate belohnt wird, von einer gezielten Verstärkung des seltenen Auftretens.

Die differentielle Verstärkung ähnelt dem sogenannten *Diskriminationstraining.* Bei diesem Vorgehen müßte man die Bitte des Kindes »Würdest du mir einen Keks geben?« nur unter bestimmten Bedingungen verstärken; so z.B., wenn das Kind aus der Schule nach Hause kommt, jedoch nicht, wenn die Familie sich gerade an den Mittagstisch setzt.

1.4.2.3 Verzögerte Belohnung

Verstärker sind nicht nur materielle Dinge, die Kinder für ein bestimmtes Verhalten erhalten. Manchmal kann auch ein Verhalten ein anderes belohnen. Dies hängt mit der unterschiedlichen Auftretenswahrscheinlichkeit von verschiedenen Verhaltensweisen zusammen. Wenn ein Kind aus der Schule kommt, schaltet es vielleicht eher den Fernseher an als seine Hausaufgaben zu machen; das eine Verhalten ist somit wahrscheinlicher als das andere. *Premack* (1959) formulierte als erster den Grundsatz, daß ein Verhalten mit einer hohen Auftrittswahrscheinlichkeit ein Verhalten mit einer geringen Wahrscheinlichkeit bekräftigen kann *(Premack-Prinzip)*. Eltern, die von ihrem Kind verlangen, daß es erst seine Hausaufgaben erledigt, bevor es den Fernseher anschaltet, wenden dieses Prinzip an. Sie stellen eine Verknüpfung zwischen dem weniger und dem eher wahrscheinlichen Verhalten her und bekräftigen dadurch die weniger wahrscheinliche Reaktion, also das Erledigen der Hausaufgaben.

Obwohl die empirische Begründung für das Premack-Prinzip noch Fragen offenläßt *(Knapp,* 1976), so erlaubt es doch eine beträchtliche Erweiterung der Verstärkungsmöglichkeiten. Wir können so auf eine Vielzahl von Lieblingsaktivitäten der Kinder als Verstärker zurückgreifen. Wir lernen diese wirkungsvollen Verstärker am leichtesten und besten kennen, wenn wir ein Kind bei freien Spielaktivitäten beobachten. Um dieses Prinzip anwenden zu können, muß man die Bedingungen kontrollieren können, unter denen Verstärker gegeben bzw. entzogen werden. Im obengenannten Beispiel kann das Fernsehen nur als Verstärker eingesetzt werden, wenn die Eltern verhindern können, daß der Fernseher schon vor dem Erledigen der Hausaufgaben eingeschaltet wird. Hier liegt jedoch kein grundsätzlicher Unterschied zu anderen Methoden des operanten Konditionierens vor.

Die Fähigkeit, die Bedingungen des Handelns steuern zu können, ist eine unabdingbare Voraussetzung. Diese kann bei Kindern viel einfacher erfüllt werden als bei unabhängigeren Jugendlichen oder Erwachsenen.

1.4.2.4 Was versteht man unter Reizbedingungen?

Reizbedingungen lassen sich nur anhand ihrer Funktion innerhalb einer Abfolge mehrerer aufeinanderfolgender Verhaltensweisen definieren. In einem Ferienlager stellt die Essensglocke nur für die Kinder, die diese Glocke auch hören können, einen Hinweis dar, in den Eßsaal zu kommen. Für diejenigen, die sich außerhalb des Hörbereichs aufhalten, hat die Glocke keine Wirkung. Ebenso kann die Glocke keine Zusammenkunft mehr bewirken, wenn die Kinder nach dem Essen gerade den Eßsaal verlassen haben. Um aus einem einfachen Signal, wie einem Glockenläuten, einen verhaltenssteuernden Reiz zu machen, müssen Bedingungen (etwa Hunger oder Sättigung) vorhanden sein. Beim operanten Konditionieren werden vornehmlich Konsequenzen auf ein Verhalten verändert; Verstärker werden dargeboten oder zurückgehalten, Bestrafungen auferlegt oder zurückgenommen. Hierbei verliert man oft den Hinweisreiz (diskriminativen Reiz) aus dem Auge, der ebenfalls sehr geeignete Ansatzpunkte zur Verhaltenssteuerung bietet. Wenn ein bestimmtes Verhalten durch einen Hinweisreiz gesteuert wird, kann das Verhalten gelöscht werden, indem man den Reiz ausblendet. Ebenso kann ein Signal, das als Hinweisreiz für ein operant bedingtes Verhalten nicht deutlich genug ist, dadurch wirksamer gestaltet werden, daß es feiner und differenzierter abgestimmt wird oder daß neue Signale hinzugenommen werden. So können Worte solche neuen Hinweisreize bilden. Der Satz »Es ist jetzt Essenszeit!« kann einem Kind z.B. helfen, zwischen passenden und unpassenden Gelegenheiten zu unterscheiden, um um eine Süßigkeit zu bitten.

Wie schon beim klassischen Konditionieren spiegelt auch beim operanten Lernen der Begriff der *Reizgeneralisation* die Möglichkeit wider, daß nicht nur der Hinweisreiz, an den das Verhalten ursprünglich gekoppelt war, sondern eine Bandbreite ähnlicher Reize in der Lage ist, das Verhalten hervorzurufen. Auch hier finden wir die Regel: Je ähnlicher die neuen Reize dem ursprünglichen Hinweisreiz sind, desto größer ist die Wahrscheinlichkeit, daß das Verhalten auftritt.

Das Phänomen der Generalisierung ist nicht nur auf Hinweisreize beschränkt, sondern trifft auch für den verstärkenden Reiz zu. Die Bedeutung eines Verstärkers muß nicht über die Zeit konstant bleiben; andere Reize können diese Funktion übernehmen. Dabei ist es durchaus möglich, ursprünglich neutralen Reizen die Qualität eines Verstärkers zu verleihen, indem man einen neutralen und einen verstärkenden Reiz paarweise darbietet. Wenn die Schokolade, die das »Bittesagen« verstärkt, regelmäßig mit der Aussage »Du bist ein guter Junge« verbunden wird, so kann diese Aussage eine eigene Verstärkerqualität entwickeln. Der vormals neutrale Satz ist zum *konditionierten, erworbenen Verstärker* geworden. Aus diesem Grunde können wir Verhalten von Kindern nicht nur durch *primäre Verstärker* wie Nahrung, sondern auch durch *soziale Verstärker (Verstärker zweiter Ordnung)* wie Zuneigung, Aufmerksamkeit, Lob, Lächeln oder durch Dinge wie Schulnoten bekräftigen, die zunächst nicht motivieren können.

Ähnlich wie neutrale Reize durch Paarung mit wirkungsvollen Verstärkern eigene Verstärkerqualitäten annehmen können, können neutrale Reize allerdings auch zu Strafreizen werden, wenn sie mit unangenehmen Reizen gekoppelt werden. Beispiele von erworbenen Strafreizen sind Tadel, mißbilligendes Stirnrunzeln, Schimpfen oder Drohungen. Um diese so zu gestalten, daß sie wirksam Verhalten unterdrücken können, müßten sie mit der Ausübung direkter, körperlicher Bestrafung, dem Wegfall von Vergünstigungen oder dem Entzug von sozialen Verstärkern (wie Aufmerksamkeit und Zuwendung) verbunden werden. Da es sich hier um Konditionierungen zweiter Ordnung handelt, die erworben werden, wird erklärlich, warum Ermahnungen für einige Kinder bedeutsame Strafreize darstellen und für andere nicht. Ebenso ist leicht einsehbar, warum einige Kinder aufgrund ihrer persönlichen Verstärkungsgeschichte durch Lob oder Lächeln zu verstärken sind, während andere davon vollkommen unberührt bleiben.

Die nachfolgende Übersicht umfaßt die bislang in diesem Abschnitt ausgeführten Arten von Verstärkern anhand kurzer Definitionen und einiger Beispiele.

Verstärkerarten

1. Soziale Verstärker
= Verstärker, die in einem angenehmen zwischenmenschlichen Kontakt bestehen
z.B. Loben, Streicheln, aufmerksames Zuhören, Beifall klatschen, Zulachen, ermunternd Zurufen

2. Materielle Verstärker
= Verstärker, die irgendwie aus Material bestehen
z.B. Geld, Süßigkeiten, Spielsachen, Blumen, Schallplatten

3. Handlungsverstärker
= Verstärker, die darin bestehen, eine angenehme Handlung durchzuführen
z.B. Spielen, Fernsehen, Lesen, Basteln, ins Kino gehen, Musik hören

1.4.2.5 Bestrafung

Verschiedentlich ist auf die Bestrafung als eine Form der Konsequenz im Rahmen des operanten Konditionierens eingegangen worden. Da Bestrafung sicherlich sehr kontrovers bewertet wird, ist eine fundierte Diskussion am Platz, besonders dort, wo es sich um körperliche Strafen handelt.

Wenn körperliche Strafe als Konsequenz auf ein Verhalten erfolgt, dann wirkt sie als Strafreiz im Sinne des operanten Lernens, d.h., sie verringert die Auftretenswahrscheinlichkeit des Verhaltens. Gleichzeitig stellt der zugefügte Schmerz einen unkonditionierten Reiz im Sinne des klassischen Konditionierens dar, denn er kann zur Angst führen (= angeborene physiologische Erregung). Diese Verbindung von Schmerz und Angst kann gut belegt werden, auch wenn die Bedeutung von Strafe beim menschlichen Lernen im allgemeinen noch Fragen offen läßt. Offensichtlich vermeiden Kinder ein früher einmal bestraftes Verhalten, da die mit dem Verhalten verknüpften Reize Angst auslösen, die das Kind dadurch verringern kann, indem es das bestrafte Verhalten aufgibt. Dieses ist ein Beispiel für *Vermeidungsverhalten.* Ein angstauslösender Reiz kann auch die bestrafende Person selbst sein. Eine solche Person würde in Zukunft gemieden werden. Je nachdem, um wen es sich hierbei handelt, mag dieser Nebeneffekt der Bestrafung wünschenswert sein oder nicht.

Wir müssen jetzt klären, ob mit Bestrafung ein problematisches Verhalten tatsächlich aus der Welt zu schaffen ist. Bestrafung führt bestenfalls zur Unterdrückung dieses Verhaltens durch konditionierte, unangenehme Reize. Sind diese Reize nicht mehr präsent, tritt das bestrafte Verhalten wahrscheinlich wieder hervor, besonders wenn andere Konsequenzen auftauchen, die es bekräftigen. Aus diesem Grund haben u.a. *Lichstein* u. *Schreibman* (1976) herausgearbeitet, daß, wenn man mit Bestrafung Verhalten von Kindern beeinflussen will, es wichtig ist, dieses Vorgehen um Methoden zu ergänzen, die einen Aufbau von gewünschten Verhaltensalternativen gewährleisten (vgl. *Petermann* u. *Petermann,* 1984).

Wenn wir den Nutzen der Bestrafung als ein Verfahren der Kindertherapie angemessen einschätzen wollen, so ist es aufschlußreich, sich an die Definition der Bestrafung zu erinnern. Derzufolge senkt sie die Auftretenswahrscheinlichkeit eines Verhaltens. Bestrafung umfaßt also eine breite Spanne von Gegenständen und Ereignissen, unter denen zugefügter Schmerz nur die Variante darstellt, die aufgrund ihrer erwähnten emotionalen und zwischenmenschlichen Auswirkungen am problematischsten ist *(Reinecker,* 1980). Zunächst sollten positive Bekräftigungen unterlassen, Vergünstigungen entzogen oder Geldbußen auferlegt werden, bevor man als letzte Möglichkeit Schmerz zufügt. Sicherlich ist zugefügter Schmerz in den Fällen zu rechtfertigen, in denen eine konkrete Gefahr für die Gesundheit oder die Sicherheit des Kindes besteht und keine andere Möglichkeit gegeben ist, dies abzuwenden.

1.4.2.6 Welche Bedingungen halten ein Verhalten aufrecht?

Wir sehen aus den bisherigen Ausführungen, daß verschiedene Einflüsse den Lernprozeß bestimmen und in vielfältiger Weise die Entwicklung eines Kindes prägen. In der Praxis wird der Verhaltenstherapeut versuchen, diese ein Problemverhalten aufrechterhaltenden Bedingungen herauszufinden. Für eine solche lerntheoretische Ursachenanalyse bietet sich die sogenannte Verhaltensanalyse an, die in der Regel anhand einer Elternbefragung durchgeführt wird. Wie der nachfolgend abgedruckte Fragebogen zeigt, muß der Verhaltenstherapeut einen weitgefaßten Zugang wählen, um keine Aspekte zu übersehen. In einem solchen Elterngespräch, das mindestens 60 Minuten dauert, werden zu sechs Bereichen Fragen gestellt:

Sie betreffen

- die Entwicklung des Kindes
- soziale Beziehungen des Kindes
- Kennzeichung des Problems
- schulisches Verhalten
- Beziehungen zu Geschwistern und Gleichaltrigen
- Eltern-Kind-Beziehung

Die wichtigsten Detailfragen einer solchen Verhaltensanalyse enthält der folgende Leitfaden zur Elternbefragung.

Die durch eine Verhaltensanalyse erfragten Fakten sollten immer durch eine Verhaltensbeobachtung ergänzt werden, um dadurch einen besseren Einblick in die Problemlage zu gewinnen. Solche Verhaltensbeobachtungen müssen vor Beginn der Therapie über einen längeren Zeitraum erhoben werden. In der Regel führen Eltern, Lehrer oder das Kind solche Einschätzungen durch. Der Verhaltenstherapeut möchte dadurch Anhaltspunkte gewinnen, unter welchen Bedingungen ein Problem auftritt und vor allem wie massiv und durchgängig es zu Buche schlägt. Einführungen in das Gebiet der Verhaltensbeurteilung bei Kindern und Jugendlichen liegen von *Schulte* (1974) und *Berger* et al. (1985) vor.

Fragebogen zur Verhaltensanalyse aufgrund von Elternbefragungen

(Kurzgefaßte Form; ausführlichere Fassungen liegen von *Redlin,* 1975 oder *Petermann* u. *Petermann,* 1984, vor)

A. Entwicklung des Kindes

1. Wie war der Gesundheitszustandes Ihres Kindes? Wie oft war Ihr Kind im Jahr krank (Infektionskrankheiten)?
2. Welche Kinderkrankheiten hatte Ihr Kind?
3. Gab es Besonderheiten in der Entwicklung Ihres Kindes? (Besondere Kinderkrankheiten, schwierige Geburt, Entwicklungsverzögerungen, längere Krankenhaus- bzw. Kuraufenthalte)
4. Hat Ihr Kind irgendwann einen schweren Unfall erlitten?

B. Soziale Beziehungen des Kindes

1. Wer verbringt die meiste Zeit mit Ihrem Kind?
2. Mit wem ist Ihr Kind besonders gerne zusammen?
3. Mit wem ist Ihr Kind weniger gerne zusammen (z.B. aus Angst, Eifersucht etc.)?
4. Spielt Ihr Kind gerne alleine und wie verhält es sich dabei?
5. Was spielt Ihr Kind am liebsten (zu Hause, im Freien)?
6. Welche Personen waren früher – sind jetzt – an der Erziehung Ihres Kindes beteiligt?

C. Kennzeichnung des Problems

1. Wie sah der Tagesablauf Ihres Kindes gestern aus?
2. Wie kann man Ihrer Meinung nach das problematische Verhalten Ihres Kindes bezeichnen?
3. Wie häufig, wie lange und wie stark tritt das problematische Verhalten auf?
4. Unter welchen Bedingungen tritt das problematische Verhalten auf (bei bestimmten Situationen, Personen, zu bestimmten Zeiten)?
5. Wann trat das problematische Verhalten Ihres Kindes zum ersten Mal auf?
6. An welche besonderen Bedingungen, Ereignisse und Veränderungen von damals können Sie sich erinnern (z.B. Unfall, Trennung der Eltern, Geburt eines Geschwisters)?
7. Können Sie sich an Zeiten erinnern, in denen Ihr Kind deutlich mehr Schwierigkeiten hatte bzw. machte als heute?
8. An welche besonderen Umstände von damals können Sie sich erinnern (z.B. Trennung von einer geliebten Person, Krankheit)?
9. Kann Ihr Kind sein Verhalten irgendwo gesehen und von daher nachgeahmt haben?

D. Schulisches Verhalten

1. Wie verlief die Einschulung?
   Gab es eine Zurückstellung von der Einschulung?
   Ist Ihr Kind vorzeitig eingeschult worden?
2. Sind Sie mit den schulischen Leistungen Ihres Kindes zufrieden?
3. Welche Vorstellungen haben Sie über die weitere schulische Laufbahn Ihres Kindes?
4. Kennt Ihr Kind Ihre Vorstellungen?
5. Helfen Sie bzw. Ihr Ehepartner bei den Hausaufgaben?
6. Wenn ja, helfen Sie regelmäßig? Wie lange?
7. Haben Sie den Eindruck, daß Ihr Kind gerne zur Schule geht?
8. Wenn »nein«: Woran liegt es Ihrer Meinung nach, daß Ihr Kind nicht gerne zur Schule geht?

E. Beziehungen zu Geschwistern und Gleichaltrigen

1. Wie gestalten sich Freundschaften zu Gleichaltrigen?
2. Hat Ihr Kind öfters Streit mit anderen Kindern?
   Um was geht es bei solchen Streitereien?
3. Greifen Sie in einen Kinderstreit zu Hause ein?
   Wenn ja, in welcher Form?
4. Wie verhält sich Ihr Kind, wenn es mit anderen Kindern und Geschwistern zu Hause ist (friedlich, streitsüchtig, ängstlich ...)?
5. Können Sie Gründe für dieses Verhalten nennen?
6. Wie beliebt ist Ihr Kind bei Gleichaltrigen?

F. Eltern-Kind-Beziehung

1. Welche Freizeitaktivitäten unternehmen Sie mit Ihrer Familie?
2. Mit welchen Problemen ist Ihr Kind schon zu Ihnen gekommen?
3. Redet Ihr Kind mit Ihnen über Freunde oder die Schule?
4. Wofür belohnen Sie Ihr Kind?
   Wer belohnt? Wann (sofort, am Abend, eine Woche später)?
5. Womit belohnen Sie Ihr Kind? Was ist am wirkungsvollsten?
6. Wie häufig belohnen Sie?
7. Wie reagiert Ihr Kind auf Belohnung?
8. Wofür bestrafen Sie Ihr Kind?
   Wer bestraft? Wann (sofort, am Abend, eine Woche später)?
9. Womit bestrafen Sie Ihr Kind? Was ist am wirkungsvollsten?
10. Wie häufig bestrafen Sie?
11. Wie reagiert Ihr Kind auf Bestrafung?
12. Kommt es vor, daß Sie Ihrem Kind ein Vorbild vor Augen halten (z.B. »Dein Freund ... macht seinen Eltern bestimmt mehr Freude als Du uns!«)?

1.4.3 Soziale Lerntheorie

Im Gegensatz zum klassischen und operanten Konditionieren wird von *Bandura* (1979) Lernen als ein Prozeß aufgefaßt, in dem Menschen aufgrund ihrer bisherigen Erfahrung ihr Handeln aktiv planen und bestimmen. Wesentlich ist dabei, daß Menschen *stellvertretend* lernen können, indem sie aus den Erfahrungen ihrer Mitmenschen profitieren. Auf diese Weise kann man sich ohne Aufwand und Risiko komplexes Verhalten aneignen. Man nennt diesen Vorgang *Beobachtungs- oder Modelllernen,* manchmal auch einfach *stellvertretendes Lernen.* Wenn nun Menschen nicht mehr ausschließlich durch gezielt einsetzbare Verstärkungen gesteuert werden, sondern ihr Verhalten in vielen Bereichen selbst bestimmen, stellt sich die Frage nach der *Motivation* menschlichen Handelns. Ein wesentlicher Aspekt in diesem Kontext bildet die *Selbstkontrolle.* Diesen von der modernen (sozialen) Lerntheorie begründeten Ansätzen wollen wir uns jetzt zuwenden.

1.4.3.1 Beobachtungslernen

Beim Beobachtungslernen sind immer zwei Personen beteiligt: ein *Beobachter,* der einem *Modell* (Vorbild) bei der Ausführung eines bestimmten Verhaltens zusieht. Wenn Beobachtungslernen stattfindet, sind drei Effekte möglich.
(1) Der Beobachter kann sich *neues Verhalten aneignen,* das er ursprünglich noch nicht beherrscht hat. Üblicherweise wird dieser Vorgang als Imitation bezeichnet und hat als solcher das Interesse vieler Verhaltensforscher auf sich gezogen.
(2) Weiterhin können die Konsequenzen, die das Modell erfährt, entsprechendes *Verhalten beim Beobachter begünstigen oder hemmen.* Ein Kind kann beispielsweise eine spezifische Angst entwickeln, ohne eine direkte Erfahrung mit dem angstauslösenden Objekt zu machen; es reicht, wenn es sieht, wie ein anderes Kind Negatives mit diesem Gegenstand erfährt. Andererseits kann ein ängstliches Kind sich einem gefürchteten Objekt wieder mit erhöhter Zuversicht zuwenden, wenn es beobachtet, wie ein anderes Kind Positives erfährt. *Jones* (1924 b) hatte bereits auf diesen Vorgang aufmerksam gemacht, und *Bandura* et al. (1967) haben ihn eingehend erforscht.
(3) Der *dritte mögliche Effekt* beim Modellernen liegt darin, daß ein vom Beobachter *schon gelerntes* Verhalten aufgrund des Verhaltens, das das Modell zeigt, *besser ausgeführt oder erweitert* werden kann. So kann ein Kind, das schon gelernt hat, mit einem bestimmten Spielzeug umzugehen, sich eine neue Spieltechnik aneignen, wenn ein anderes Kind ihm diese vorführt.

Im Unterschied zum klassischen und operanten Lernen, die wir anhand klar definierter Begriffe analysiert haben, wird Beobachtungslernen allgemeiner behandelt. *Bandura* (1979) differenziert zwischen der *Aneignung* einer Verhaltensweise und ihrer *Ausführung.* Ein Beobachter kann sich ein Modellverhalten aneignen, ohne selbst zunächst die entsprechenden Verhaltensweisen auszuführen. Dagegen bildet beim operanten Lernen immer die (mehr oder weniger zufällige) Ausführung eines Verhaltens die Basis dafür, daß ein neues Verhalten über Verstärkungsprozesse in das Verhaltensrepertoire einer Person Eingang findet; hier geht die Ausführung der Aneignung voraus. Beim Modellernen fließen Verstärkungsprozesse ein, wenn ein von einer anderen Person übernommenes Verhalten ausgeführt werden soll. Ein

Kind mag ein gelerntes Modellverhalten erst dann einsetzen, wenn es mit großer Wahrscheinlichkeit verstärkt wird (*Bandura* et al., 1973).

Über Modellernen können u.a. motorische Fertigkeiten, persönliche Einstellungen oder emotionales Erleben angeeignet werden. Die Konfrontation mit einem Modell reicht jedoch nicht aus, damit Lernen stattfindet. Vier weitere Bedingungen müssen erfüllt sein, damit ein Verhalten des Modells übernommen werden kann: Der Beobachter muß die bedeutsamen Reize aufmerksam wahrnehmen und das Gelernte im Gedächtnis behalten, er muß die intellektuellen und motorischen Fähigkeiten zur Ausführung des Verhaltens besitzen und motiviert sein, ein Verhalten einzusetzen.

Die damit angesprochenen Aspekte stellen ineinandergreifende Prozesse des Beobachtungslernens dar, die man kurz als

- Aufmerksamkeit,
- Gedächtnis,
- Einüben und
- Motivation bezeichnen kann.

Aufmerksamkeit. Soll etwas durch Beobachtung gelernt werden, dann muß es genau und präzise wahrgenommen werden. Will man einem Kind ein neues Verhalten nahebringen, so muß man ihm zeigen, wie es sich verhalten soll. Dies kann durch ein Vorbild im Alltag (Eltern, Lehrer), einen Film oder den Verhaltenstherapeuten selbst geschehen. Je genauer das Kind beobachtet, desto bessere Bedingungen für ein erfolgreiches Lernen sind gegeben.

Die Aufmerksamkeit wird durch eine Reihe von Faktoren beeinflußt, so etwa durch die Merkmale der dargebotenen Modellperson. Man sollte eine attraktive Modellperson auswählen, die die Kinder als nachahmenswert empfinden; als besonders geeignet haben sich gleichaltrige und einflußreiche Modellpersonen erwiesen (*Odom* u. *Strain,* 1984). Die dem Kind demonstrierte Rolle der Modellperson sollte sehr konkret ausgestaltet sein, so daß sie Betroffenheit beim Kind auslöst und sich daraus eine erhöhte Aufmerksamkeit ergibt. Diese Betroffenheit hängt jedoch auch von der bisher für ein Verhalten erfahrenen Verstärkung ab. Wurde zum Beispiel das ängstliche Verhalten eines Kindes bislang immer mit Zuwendung bedacht, so braucht man sich nicht darüber zu wundern, wenn ein solches Kind keine Anstrengungen unternimmt, das Kontaktverhalten einer Modellperson aufmerksam wahrzunehmen.

Gedächtnis. Nachdem das gewünschte Verhalten wahrgenommen wurde, muß es auch gespeichert werden, damit es später ausgeübt werden kann. Verhaltensabläufe können so komplex sein, daß man sich nicht mehr einzelne Details merkt, sondern nur noch allgemein, was passiert ist. Es findet eine *Kodierung* statt, die bewirkt, daß Verhalten durch Worte und Symbole verschlüsselt und in dieser Form gespeichert wird (verbale und bildhafte Kodierung). So merkt sich ein aggressives Kind, »schnelle Handbewegungen« bedeuten »körperlicher Angriff«. Diese Verkürzung hat dann zur Folge, daß aggressives Verhalten sehr häufig auftritt. Fragt man das Kind, warum es sich aggressiv verhielt, so wird es in der Regel nur mitteilen, daß es angegriffen wurde. Solche Kodierungsprozesse, bei denen der tatsächliche Sachverhalt nicht behalten wird, sondern nur die innere Übersetzung (= subjektive Bedeutung) bestimmen unseren Alltag. Um diese Inhalte korrekt und langfristig behalten zu können, müssen sie erkennbar oder verdeckt wiederholt werden.

Einüben. Erst durch Einüben wird neues Verhalten eingehend geformt. Ein solches Üben besitzt noch nicht zwingend Ernstcharakter und vollzieht sich oft unbewußt, wie zum Beispiel das Einstudieren einer Verbeugung vor einem Spiegel. Üben setzt die für die entsprechenden Handlungen notwendigen körperlichen Fähigkeiten und Teilreaktionen eines komplexen Verhaltens voraus. Erst die Kombination bereits früher gelernter oder neu beobachteter Teilreaktionen schafft komplexes Verhalten; dieser Tatbestand spricht dafür, neues Verhalten schrittweise einzuüben. Beim Üben sollte das Kind vom Verhaltenstherapeuten oder seinen Bezugspersonen eine Rückmeldung darüber erhalten, ob das gezeigte Verhalten gelungen ist. Einüben kann sowohl aufgrund dargebotener als auch erinnerter Verhaltensweisen sowie anhand detaillierter Anweisungen (z.B. durch den Therapeuten) erfolgen. Ein geeignetes Vorgehen bildet auch das gelenkte Rollenspiel, das sich in der Kinder- und Jugendlichenverhaltenstherapie vielfach bewährt hat (vgl. *Petermann* u. *Petermann,* 1984; *Pielmaier,* 1980).

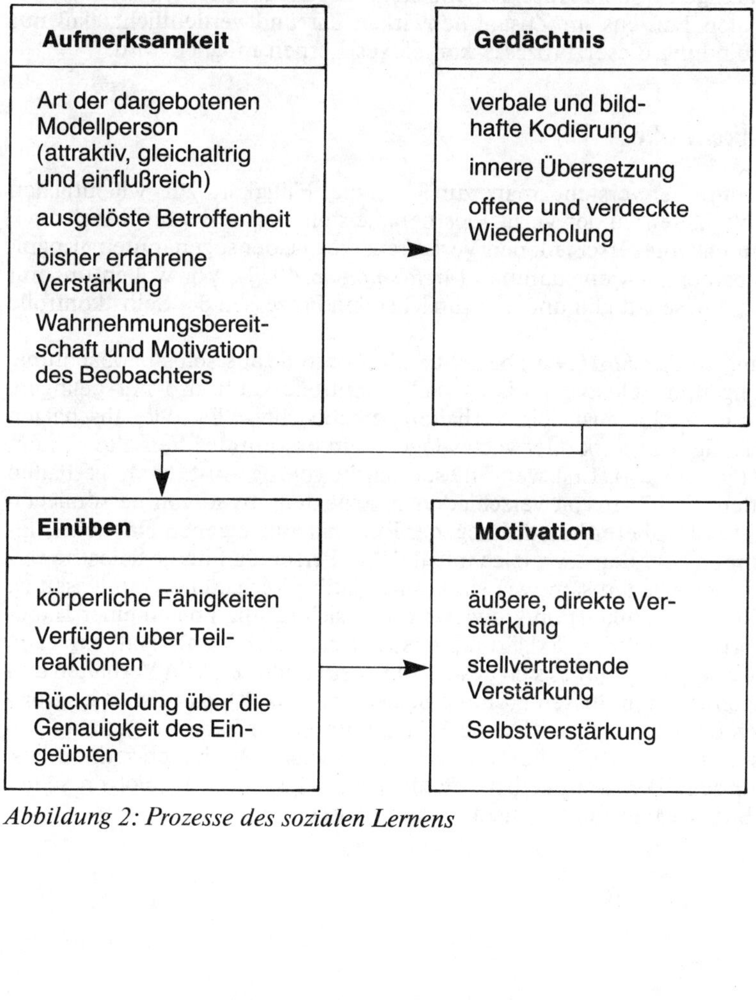

Abbildung 2: Prozesse des sozialen Lernens

Motivation. Ein beobachtetes und eingeübtes Verhalten wird kaum ausgeführt, wenn äußere Bedingungen keine Bekräftigung erwarten lassen oder Strafen erfolgen können. Die Bekräftigung steuert das Verhalten einer Person genauso wie die vorgeschalteten Prozesse (vgl. Abb. 2). Ohne Verstärkung wird kein Verhalten gezeigt, wobei eine Verstärkung für Außenstehende oft schwer zu erkennen ist. Man unterscheidet drei Formen der Verstärkung: Die *erste Form* bildet die direkte, äußere Verstärkung, die wir bereits kennengelernt haben (vgl. materielle und soziale Verstärkung sowie Münzverstärkung), *die zweite* nennen wir stellvertretende Bekräftigung - sie wurde ebenfalls schon ausführlich dargestellt. Die *dritte Möglichkeit* ist zweifellos die eleganteste: Sie ist von äußeren Bedingungen weitgehend unabhängig und man nennt sie Selbstverstärkung; sie resultiert aus der Beobachtung der eigenen Person und orientiert sich an den Zielen, die sie für ihr Handeln abgeleitet hat. Selbstverstärkung tritt immer dann auf, wenn eine Person ihr gezeigtes Verhalten an ihren Maßstäben mißt. Erfüllt man die eigenen Maßstäbe, dann wird man sich belohnen, indem man sich einen Wunsch erfüllt. Wird das Ziel nicht erreicht, bestraft man sich dadurch, daß man sich keine Wünsche zugesteht, an seiner Person zu zweifeln beginnt und generell eine pessimistische Sichtweise entwickelt.

Selbstverstärkung ist ein entscheidender Aspekt der Selbstkontrolle, mit der wir uns jetzt beschäftigen wollen. Abschließend stellt jedoch Abbildung 2 die vier Prozesse des sozialen Lernens im Zusammenwirken dar und verdeutlicht, daß nur durch die Verbindung dieser Prozesse komplexes Lernen möglich wird.

1.4.3.2 Selbstkontrolle

Unter Selbstkontrolle versteht man zunächst die Fähigkeit zur willentlichen Lenkung von Verhalten; in der Verhaltenstherapie steht dieser Begriff jedoch auch für eine Sammlung von verschiedenen Verfahren, die alle der sogenannten »Kognitiven Verhaltenstherapie« entstammen (*Meichenbaum,* 1979). Wir wollen uns mit beiden Aspekten beschäftigen und uns zunächst den Prozessen der Selbstkontrolle zuwenden.

In Anlehnung an *Bandura* (1979) besteht Selbstkontrolle aus Selbstbeobachtung, Selbstbewertung und Selbstverstärkung. Selbstkontrolle kann also nur gelingen, wenn ein Kind in der Lage ist, sein Verhalten zu beobachten. Es sollte abschätzen können, wie häufig, wie stark oder wie zwingend ein bestimmtes Verhalten einem anderen folgt (*vgl. Abb. 3*). Erst wenn dieser Schritt vollzogen ist, kann Verhalten bewertet werden. Er hängt von verschiedenen Aspekten ab; so von persönlichen Standards aufgrund früherer Verstärkung, der Einschätzung eigenen Handelns aufgrund von Normen oder dem Vergleich mit anderen Personen. Für die Selbstbewertung ist jedoch noch bedeutsam, wie stark man glaubt, Verhalten beeinflussen zu können (= Selbstwirksamkeit) und inwieweit man sich für die Folgen einer Handlung verantwortlich fühlt (= Erklärungsversuche für Verhalten). Hat ein Kind Erfolge aufzuweisen und traut es sich deshalb auch zukünftig zu, sein Verhalten und seine Leistungen zu beeinflussen (= hohe Selbstwirksamkeit), dann wird es große Anstrengungen unternehmen und seine Selbstkontrolle wird auch angesichts großer Hindernisse und Mißerfolge Bestand haben. Ein solches Verhalten setzt voraus, daß es sich für sein Verhalten selbst verantwortlich fühlt und die Folgen seiner Handlung (z.B. bei Mißerfolgen) nicht anderen zuschreibt.

Alle genannten Aspekte prägen die Form der Selbstverstärkung. Wir können drei Formen der Selbstverstärkung unterscheiden: Selbstbelohnung, Selbstbestrafung und keine Selbstreaktion. Selbstbelohnung führt zu Selbstzufriedenheit und Stolzgefühlen - man belohnt sich für das Erreichte und ermutigt sich zu weiteren Anstrengungen. Ständige Selbstbestrafung bewirkt entsprechend ein Gefühl der Wertlosigkeit, Antriebschwäche und chronische Mutlosigkeit. Fühlt man sich für das Geschehen nicht verantwortlich, dann tritt keine Selbstreaktion auf. Für den Prozeß der Selbstkontrolle ist wesentlich, wie genau ein Kind sich einschätzt und mit welchen Maßstäben es sein Verhalten bewertet. Verzerrte Selbstwahrnehmungen und -bewertungen können zu verschiedenartigen psychischen Störungen beitragen, wie *Bandura* (1979) eindrucksvoll belegt.

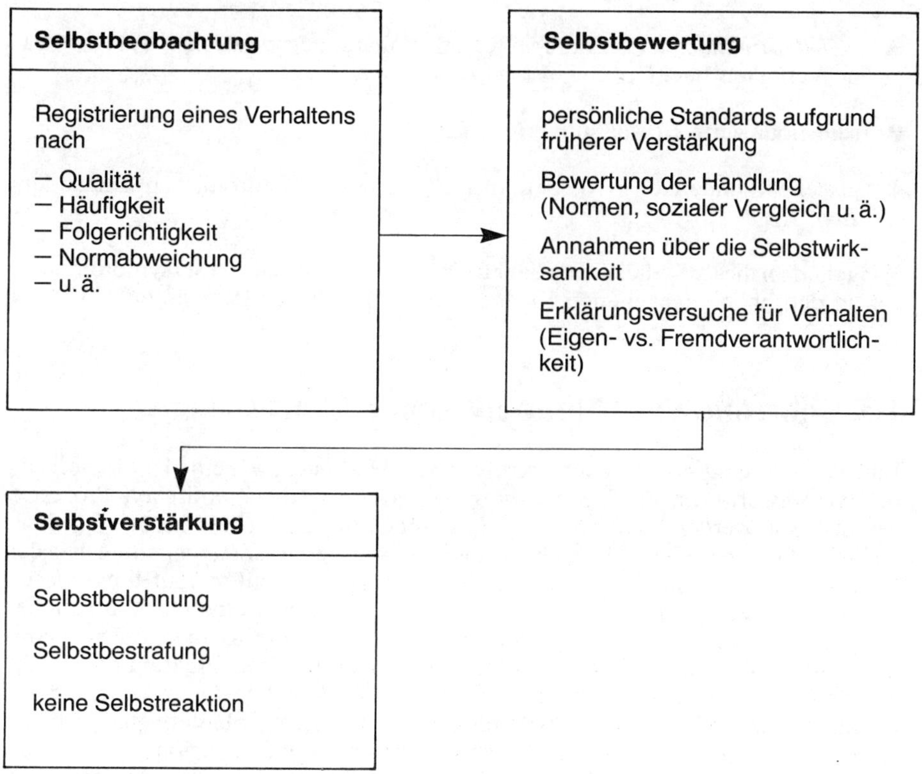

Abbildung 3: Prozesse der Selbstkontrolle (nach Bandura, 1979)

Die graphische Verdeutlichung führt uns auch vor Augen, durch wieviele Aspekte der Prozeß der Selbstkontrolle geprägt ist. Einige dieser Aspekte lassen sich durch verhaltenstherapeutische Verfahren beeinflussen. Gemeinsam ist diesen Verfahren, daß durch *eigenverantwortliches Handeln* ein Problemverhalten *verhindert, unterbrochen* oder zumindest *verzögert* gezeigt wird. Durch Selbstkontrolle wird ein Kind bzw. Jugendlicher vom Verhaltenstherapeuten unabhängig und kann selbständig eigene Schwächen und Mängel ausmerzen. Viele Ziele können nur mit anfänglicher Hilfe und in kleinen Schritten erreicht werden, wobei es wichtig ist, daß Teilerfolge das Kind ermuntern, den begonnenen Weg weiter zu beschreiten.

Folgende Verfahren der Selbstkontrolle sind auch in der Kinder- und Jugendlichenverhaltenstherapie einsetzbar:

- *Selbstverstärkung* als grundlegende »Selbst-Motivation«, die jedem eigenständigen Lernen zugrundeliegt *(vgl. Kap. 7.4.2).* Prozesse der Selbstverstärkung spielen bei fast allen Symptomen, die in diesem Buch behandelt werden, eine Rolle.

- *Reizkontrolle,* wobei Situationen, die ein unerwünschtes Verhalten hervorrufen, eingeengt bzw. vermieden werden *(vgl. Kap. 9.4)*

- *Selbstinstruktion,* bei der durch offen erkennbares oder verdecktes Sprechen das eigene Verhalten beeinflußt wird *(vgl. Kap. 6 und 7),*

- selbstinduzierte Entspannung *(vgl. Kap. 7.3.3),*

- gezieltes Umdenken (z.B. bei Anstrengungen und bedrohlichen Zuständen; *vgl. Kap. 11.4).*

Wir gehen an dieser Stelle nicht weiter auf diese Verfahren ein, da sie symptombezogen in den oben angegebenen Kapiteln ausführlich behandelt werden.

1.5 Kontrolle des therapeutischen Prozesses

Eine detaillierte Diskussion der Prinzipien und Methoden, wie eine kontinuierliche und verantwortungsvolle Überprüfung des verhaltenstherapeutischen Prozesses gewährleistet werden kann, sprengt den Rahmen dieses Buches. Bevor wir jedoch auf die therapeutischen Methoden eingehen, die Verhaltenstherapeuten bei der Behandlung von Kindern und Jugendlichen einsetzen, muß darauf hingewiesen werden, daß jedem Therapieversuch eine sorgfältige Bewertung der Maßnahmen vorausgehen muß. Es ist unverantwortlich, das Verhalten eines Kindes oder Jugendlichen zu manipulieren, ohne die Eigenheiten der spezifischen Situation untersucht zu haben. Dies trifft in besonderem Maße für die Verhaltenstherapie zu, die gut definierte, schnell wirkende Behandlungsmaßnahmen anbietet, die sich zu »Behandlungspaketen« schnüren lassen. Diese können auf leichtsinnige Weise von Leuten ohne solide Ausbildung oder Erfahrung eingesetzt werden, um damit den Leidensdruck von Eltern oder Lehrern zu verringern.

Die erste Frage vor jeder Behandlung lautet, ob das Kind, das als behandlungsbedürftig eingeschätzt worden ist, wirklich ein Problem hat, das sich für eine verhaltenstherapeutische Behandlung eignet. Um hier richtig entscheiden zu können, dürfen wir uns auf keinen Fall allein auf die Informationen von Eltern oder der Lehrer des Kindes verlassen. Das Kind muß unmittelbar in verschiedenen Umweltbezügen beobachtet werden. Wir sollten uns also bemühen, die Ganzheit der gegenwärtigen Lebenssituation des Kindes zu erfahren, nicht nur, weil Verhalten sehr stark situationsspezifisch variiert, so daß ein Junge, der in der Schule negativ auffällt, zu Hause ein Musterknabe sein kann. Das Gelingen einer Therapie hängt vielmehr oft von dem familiären oder sozialen Rahmen ab, in den sie eingebettet ist, und von den Bezugspersonen des Kindes, die oft aktiv bei der Therapie mitarbeiten müssen.

Wenn das problematische Verhalten schließlich hinreichend bestimmt ist, müssen die vorausgehenden und nachfolgenden Bedingungen des aktuellen Verhaltens (= *Verhaltensanalyse)* und die des Zielverhaltens aufgeschlüsselt werden. Es muß überlegt werden, welche Bedingungen die günstigsten Ansatzpunkte für eine Therapie bieten. Wir müssen uns für bestimmte Beobachtungs- und Meßverfahren entscheiden, um die Häufigkeit, das Ausmaß und die Intensität des Verhaltens festzustellen; Verstärkerpläne müssen entwickelt und die Behandlungsziele schrittweise präzisiert werden. Wir müssen überlegen, wie wir dem Kind angemessenes vorbildliches Verhalten anbieten können oder wie es um seine Fähigkeiten steht, Selbstinstruktionen zu verwenden. Hierzu liegen eine Reihe von Lehrbüchern vor (vgl. *Hersen* u. *Bellack,* 1976; *U. Petermann,* 1985; *Ross,* 1982).

Eine sorgfältige Therapieplanung geht der Intervention nicht nur voraus, sondern begleitet sie während des gesamten Verlaufs. Planung, Durchführung und Überprüfung der Behandlungsschritte bilden einen Regelkreis (vgl. *F. Petermann,* 1982). Nur eine fortlaufende Überprüfung des therapeutischen Prozesses, die objektiven Kriterien folgt, kann verläßlich darüber Aufschluß geben, ob die therapeutischen Maßnahmen auch den gewünschten Effekt zeigen. Wenn ein therapeutisches Ziel erreicht und die Intervention somit zunächst abgeschlossen erscheint, so sollte darüberhinaus über einen gewissen Zeitraum verfolgt werden, ob das neu gelernte Verhalten sich im Alltag des Kindes stabilisiert hat. Die weitere Entwicklung des Kindes zu beobachten, ist Bestandteil einer verantwortungsbewußten Therapie.

1.6 Die Rechte des Kindes in der Therapie

In der Verhaltenstherapie müssen wir immer wieder unsere Annahmen überprüfen, die wir unserer Arbeit zugrunde legen. So formulieren wir in der Verhaltensanalyse Annahmen darüber, wodurch das problematische Verhalten des Kindes bedingt ist. Die Annahmen sind dabei vorläufig und können verworfen werden. Wir müssen uns weiter fragen, ob die konkreten Verhaltensziele, die wir uns gesetzt haben, dann noch sinnvoll sind. Es muß auch geklärt werden, ob sich die therapeutische Vorgehensweise ändern muß. Gewährleistet die therapeutische Vorgehensweise, daß das Kind das in der Therapie Gelernte auf sein Verhalten in der Familie, bei Freunden oder in der Schule überträgt? Und schließlich: Sind die therapeutischen Fortschritte tiefgreifend genug, daß sie über die Behandlungszeit hinaus Bestand haben?

Wir müssen uns diese Fragen immer wieder neu stellen und sicherstellen, daß die Maßnahmen, für die wir uns entschieden haben, mit den therapeutischen Zielen in Einklang stehen.

Die Sorgfalt bei der Therapieplanung ersetzt jedoch nicht die Diskussion ethischer Probleme. Hier steht die Verantwortungsbereitschaft des behandelnden Therapeuten im Vordergrund. Mit Beginn jeder Therapie werden Werturteile gefällt, die sich aufgrund der Erkenntnisse der Verhaltenstherapie weder begründen noch widerlegen lassen. Letztlich geht es darum, wie innerhalb einer Verhaltenstherapie gewährleistet werden kann, daß die Rechte des Kindes beachtet und gewahrt werden. Es handelt sich hierbei um ein Problem, dem sich alle psychotherapeutischen »Schulen« stellen müssen. So enthebt etwa das selbstgewählte Etikett »humanistisch« manche Therapieform nicht der Verpflichtung, sich die gleichen Fragen zu stellen, wie wir sie hier für die Verhaltenstherapie behandeln. Jede psychologische Behandlung zielt letztlich auf die Veränderung von Menschen, ihrem Erleben und Verhalten. Verhaltenstherapie gerät dabei leichter als viele andere therapeutische Ansätze in den Ruf, Patienten zu manipulieren. Manchmal haben Verhaltenstherapeuten entsprechenden Vorwürfen Vorschub geleistet, weil sie eine Begriffswelt entwickelt haben, die man leicht falsch verstehen kann (z.B. »Verhaltensänderung«, »Verhaltensmodifikation«, »jemanden konditionieren«). Verändert und beeinflußt wird in jeder Therapie, auch wenn man als ihre Ziele »Selbstverwirklichung« oder »Bewußtmachung« angibt. Es kann auch nicht darum gehen, sich dieser Veränderungsabsicht zu schämen. Veränderung von Menschen ist schließlich nicht notwendiges Übel, sondern ureigenes Anliegen jeder psychotherapeutischen Behandlung. Entscheidend ist jedoch, wie sehr man diesen Aspekt der Therapie offenlegt und damit einer verantwortlichen und bewußten Kontrolle zugänglich macht.

In der Psychotherapie von Kindern muß damit noch vorsichtiger umgegangen werden als bei der Behandlung von Erwachsenen. Durch eine Therapie ändern wir ein Kind in vielfältiger Weise, wir beeinflussen die Erziehung und das schulische Lernen. Ob ein Kind eine Behandlung wünscht, ist nicht immer sofort erkennbar. Bei Erwachsenen ist dies in der Regel einfacher: sie suchen selbst einen Therapeuten auf und wünschen einen Rat, eine Hilfestellung oder Behandlung. Wird jemand zwangsweise in eine Klinik eingewiesen, übernimmt das Gericht die Rolle, über die Angemessenheit einer Behandlung zu entscheiden. Bei Kindern und Jugendlichen liegt der Fall anders. In den seltensten Fällen sind sie es selbst, die um therapeutische Hilfe nachfragen. Fast immer werden sie von ihren Eltern oder anderen Personen, die für sie verantwortlich sind, einer Behandlung zugeführt. Je geringer die Wahlfreiheit einer Person in bezug auf ihre Behandlung ist – und die Wahlfreiheit eines Kindes ist in dieser Hinsicht meistens stark eingeschränkt –, desto größer ist die Verantwortung des Therapeuten. Kinder können im Unterschied zu Erwachsenen nicht nur selten darüber bestimmen, ob sie eine Therapie beginnen wollen, sondern können ebenso selten eine Therapie abbrechen, wenn ihnen danach zumute ist.

Hat ein Kind das Recht, eine Behandlung zu verweigern? Dürfen Eltern darüber entscheiden, was ihrem Kind gut tut, oder haben sie sogar die Verpflichtung, eine solche Entscheidung an Stelle des Kindes zu treffen? Welche Rolle kommt dem Therapeuten zu? Ist er der Beauftragte, der »verlängerte Arm« der Eltern? Wessen Urteil hat Vorrang, das der Eltern oder das des Therapeuten? Diese Fragen stellen sich in der Praxis in unterschiedlicher Weise, und man kommt nicht umhin, sich um eine Antwort zu bemühen. Vorgefertigte, schablonenhafte Antworten gibt es nicht.

In unserer Gesellschaft herrscht eine zwiespältige Haltung vor, wenn es darum geht, die Rechte von Kindern gegenüber denen ihrer Eltern abzugrenzen. »Die Eltern wissen immer noch am besten, was für ihr Kind gut ist« ist immer noch ein weit verbreiteter und akzeptierter Wahlspruch, der nur dann nicht mehr als verbindliche Regel gilt, wenn Kinder erkennbar vernachlässigt oder mißbraucht werden. Der Kinderpsychotherapeut muß sich ein eigenes Urteil darüber bilden, ob die Behandlung, um die die Eltern ihn ersuchen, wirklich im Interesse des Kindes liegt; falls dem nicht so ist, muß er die Therapie ablehnen.

Leider ist in den meisten Fällen nicht so leicht erkennbar, was im Interesse des Kindes liegt. Schauen wir uns den Fall eines siebenjährigen Jungen an, den seine Mutter mit den Worten zu einem Therapeuten bringt: »Er gehorcht einfach nie; er läßt seine Sachen herumliegen, räumt nie sein Zimmer auf und hat schreckliche Tischmanieren!«. Er benimmt sich »bockig«, wenn sie ihn bittet, ihr einen Gefallen zu tun oder etwas für sie zu erledigen. Er möchte immer, daß Aufforderungen erklärt und gerechtfertigt werden. Dies alles führt zu einer stark belasteten Kommunikation zwischen Mutter und Sohn. Dies wiederum führt zu Unstimmigkeiten in der Ehe der Eltern. Wenn der Vater von der Arbeit nach Hause kommt, ist die Mutter noch »geladen«, und er will nichts von ihren Sorgen mit dem Kind hören.

Beim Erstgespräch fragt der Therapeut den Jungen, ob er Probleme habe, für deren Lösung er sich Unterstützung wünsche. Wie erwartet, verneint der Junge diese Frage und gibt zur Antwort, daß »zu Hause alles in Ordnung ist«, was ihn angehe. Zaghafte Versuche, der Mutter zu vermitteln, sie möge toleranter mit dem Verhalten ihres Kindes umgehen und sich weniger um sein unordentliches Zimmer kümmern, schlagen fehl. Sie glaubt zu wissen, was richtig ist, und der Junge solle gehorchen lernen. »Kinder«, so sagt sie, »sollen Vater und Mutter ehren und ihnen gehorchen«.

Wie geht ein Therapeut mit einer solchen familiären Situation um und wie reagiert er auf das Ersuchen der Mutter, den Sohn mit Hilfe von therapeutischen Maßnahmen gefügiger zu machen? Soll er das Recht des Jungen auf Selbstbestimmung respektieren und folglich eine Behandlung verweigern oder kann er einem siebenjährigen Jungen eine solche Selbstbestimmung nicht zusprechen? Haben die Eltern, die für die Behandlung bezahlen, nicht einen Anspruch auf eine entsprechende Dienstleistung, die der Therapeut öffentlich anbietet? Wie finden wir in einer solchen Situation das ureigene Interesse des Kindes heraus? Liegt es vielleicht in seinem Interesse, eine konfliktgeladene Kindheit zu erleben, weil ein Therapeut glaubt, das Recht des Kindes auf Selbstbestimmung anerkennen zu müssen? Man könnte unterstellen, daß er sich durch die scharfen Auseinandersetzungen mit seiner Mutter zu einem reifen Erwachsenen entwickelt, der gelernt hat, seine Rechte gegenüber einer sich irrational gebärdenden Autorität zu vertreten. Eine solche Vorhersage erscheint jedoch recht unsicher; es ist zudem fraglich, ob es gut ist, sich auf solche Art durchzusetzen. Auf der anderen Seite ließe sich argumentieren, daß es im Interesse des Kindes liege, in der Familie streß- und konfliktfrei aufzuwachsen; ein Ziel, das nahelegen würde, eine Behandlung zu beginnen, die ihm hilft, sich an die familiären Verhältnisse anzupassen. Aber auch die Aussage, wonach es vorteilhaft sei, Streß und Konflikte möglichst gering zu halten, stellt ein Werturteil dar. Antworten auf diese vertrackten Fragen zu finden ist nicht leicht; dennoch ist jeder Therapeut in seiner Arbeit gezwungen, sich mit diesen Fragen auseinanderzusetzen. Er muß sie in Beziehung zu seinen eigenen Werten setzen und diese offenlegen.

In der beschriebenen Situation ist es hilfreich, einige konkrete Rechte herauszuarbeiten, die wir Kindern zugestehen müssen, die zu uns in eine Behandlung kommen (*Petermann* u. *Petermann,* 1984; *Ross,* 1980; 1982). Die nachfolgenden Rechte dienen als Richtlinien, die in der Praxis manchmal relativiert werden müssen. Übergreifende Gesichtspunkte, wie z. B. die Sicherheit eines Kindes, können sich sehr rasch in den Vordergrund schieben und Kompromißlösungen erzwingen.

Wir werden die Rechte des Kindes dennoch absolut formulieren, um für die Situationen einen Blick zu bekommen, in denen sie vielleicht verletzt werden. Die angesprochenen Rechte des Kindes decken vier grundlegende Prinzipien ab:

- das Recht, die Wahrheit zu erfahren;
- das Recht, als Person mit Würde behandelt zu werden;
- das Recht, ernst genommen zu werden;
- das Recht, an den Entscheidungen beteiligt zu werden, die das Kind unmittelbar betreffen.

Das Recht, die Wahrheit zu erfahren, ist ein allgemein gültiges Prinzip, das jedem zwischenmenschlichen Kontakt zugrundeliegen sollte, sei es in therapeutischer oder einer anderen Beziehung. Es gibt kaum einen stichhaltigen Grund dafür, ein Kind zu belügen. Auch das Recht, als Person behandelt zu werden, ist ein immer gültiges Recht, das Kindern in gleichem Maße wie Erwachsenen zusteht. Jedes menschliche Wesen hat einen Anspruch darauf, daß seine Würde respektiert wird, unabhängig davon, wie alt, wie behindert oder wie gestört es sein mag. Das Recht, gegen das bei Kindern vielleicht am häufigsten verstoßen wird, ist das Recht, ernst genommen zu werden. Wenn Kinder ihre Bedürfnisse oder ihre Ansichten äußern, neigen Erwachsene oft dazu, solche Äußerungen zu ignorieren und mit den Schultern zu zucken. »Sie sind zu jung, um zu verstehen, worum es geht; sie wissen nicht, was sie sagen!« ist häufiger von Erwachsenen zu hören, wenn sie über Kinder sprechen. Das Recht, an Entscheidungen teilzuhaben, ergibt sich aus den drei vorherigen Rechten. Wenn man ehrlich zu Kindern ist, sie würdevoll behandelt und ernst nimmt, kommt man nicht umhin, sie in Entscheidungen einzubeziehen, die sie unmittelbar angehen. Dies bedeutet nicht notwendigerweise, daß alle Wünsche des Kindes unbedingt Vorrang haben und erfüllt werden müssen. Ehrlichkeit gegenüber dem Kind erfordert aber, ihm deutlich und früh genug mitzuteilen, wenn man ihm Wünsche nicht erfüllen kann, so daß man ihm die Möglichkeit gibt zu reagieren.

Wenn Verhaltenstherapeuten bei »Kinderproblemen« um Hilfe gebeten werden, dann können wir zwei verschiedene Anlässe unterscheiden, die jedoch nicht immer klar voneinander zu trennen sind. Zum einen kann das Problem daran liegen, daß das Kind in einer bestimmten Weise »gestört» oder »behindert« ist. Wir können, zumindest vordergründig, das Problem »im« Kind festmachen, etwa wenn es Sprachschwierigkeiten hat oder unter Asthma leidet. In dem oben geschilderten Fall des »ungehorsamen« Jungen ist das Problem anders gelagert. Hier handelt es sich weniger um eine Störung, die wir ausschließlich an dem Kind festmachen können, sondern eher um einen sozialen Konflikt zwischen Mutter und Kind. An diesem Problem sind zumindest zwei Personen beteiligt. Als Therapeut wird man leicht in solche Konflikte hineingezogen und muß sich deshalb entsprechend abgrenzen. Die Rechte des Kindes sind in solchen Fällen eher gefährdet als bei kindlichen Störungen im engeren Sinne.

Soziale Konflikte in der Familie können durch operantes Konditionieren besonders nachhaltig von dem beeinflußt werden, der Zugang zu Verstärkern besitzt. Verstärker sind dabei so grundlegende Lebensbedingungen wie Nahrung, Kleidung, Unterkunft und Sozialkontakt. Setzt man diese Verstärker gezielt ein, dann kann fast jedes Verhalten erzwungen werden. Bei Erwachsenen ist jedoch der soziale Druck, den diejenigen ausüben können, die über den Zugang zu Verstärkern verfügen, sehr begrenzt. Als Erwachsene haben wir die Chance, Verstärker notfalls aus anderen Quellen zu beziehen. Wenn uns jemand zu etwas zwingen will und uns droht, wichtige Verstärker zu entziehen, können wir normalerweise unseren Arbeitsplatz wechseln, in eine andere Stadt ziehen oder uns von unserem Partner trennen. Ein Kind dagegen befindet sich in einer Abhängigkeitsbeziehung, besitzt nicht solche Möglichkeiten. Wenn Eltern ihrem Kind Nahrung verweigern, es sozial isolieren oder es schlagen, wenn es ein bestimmtes Verhalten nicht zeigt, bleibt einem Kind nicht viel anderes übrig, als auf die Forderungen der Eltern einzugehen. Viele Eltern verfahren mit ihren Kindern so, ohne etwas über operantes Konditionieren zu wissen. Der springende Punkt liegt allerdings darin, daß ihre Kontrolle und ihre Macht über das Kind entscheidend zunimmt, wenn sie gelernt haben, wie sie systematisch Bekräftigung, Auszeit (time-out) oder differentielle Verstärkung einsetzen können. In diesem Zusammenhang besitzt der Therapeut eine große Verantwortung, wenn er Eltern oder anderen Bezugspersonen Prinzipien der Konditionierung beibringt. Bevor man Eltern zu Therapiehelfern macht, muß man sich im klaren sein, daß sie die Verfahren nicht mißbrauchen, die man ihnen vermittelt. Der Kinderpsychotherapeut muß prüfen, ob er Eltern, deren Ziele und Werte er nicht teilt, gezielte Verhaltensratschläge geben soll. Allerdings können die Eltern das Wissen auch problemlos in einem Buchladen »kaufen«, in denen eine Vielzahl leicht verständlicher Anleitungen für den Umgang mit Kindern erworben werden können. Solches Wissen läßt sich nicht »verschließen«. Jede neue Erkenntnis über menschliches Verhalten sollte uns vor Augen führen, daß wir mit diesem Wissen verantwortlich umgehen müssen. Diese Verantwortung ist besonders groß, wenn wir mit Kindern arbeiten.

1.7 Zusammenfassung und weiterführende Literatur

Verhaltenstherapie bei Kindern und Jugendlichen zeichnet sich durch ihre empirische Begründung aus und wendet die Erkenntnisse der psychologischen Grundlagenforschung darauf an, psychische Störungen bei Kindern und Jugendlichen zu lindern. Die historische Entwicklung und die gegenwärtigen Strömungen der Verhaltenstherapie wurden dargestellt; wollen wir die gegenwärtige Bandbreite der theoretischen und praktischen Ansätze angemessen berücksichtigen, dann müssen wir sowohl den Begriff des »Verhaltens« wie auch den der »Therapie« weiterfassen.

Vorgestellt wurden die wichtigsten Lernprinzipien, die ihren Niederschlag in der Kinder- und Jugendlichenverhaltenstherapie finden. Dabei handelt es sich zunächst um das klassische und operante Konditionieren. Neuere Vorgehensweisen haben sich aus dem Konzept des Beobachtungslernens und der Selbstkontrolle entwickeln lassen. Schließlich wurde betont, wie wichtig eine umfassende Kontrolle des therapeutischen Prozesses ist. Hierbei sollten unsere Annahmen, wie das Verhalten des Kindes bedingt ist, welche Ziele die Behandlung verfolgen soll und ob die gewählten Interventionen angemessen sind, überprüft werden. Dessen ungeachtet muß der Therapeut bei all seinen Bemühungen die Rechte des Kindes achten.

Deutschsprachige Einführungen in die Grundlagen der Lerntheorie und Verhaltenstherapie liegen von *Ross* (1982), *Lauth* (1983), *Fliegel* et al. (1981) und *Baade* et al. (1983) vor; hierbei sind lediglich die beiden erstgenannten Bücher auf die Kinder- und Jugendlichenverhaltenstherapie bezogen. Eine gut lesbare, kurzgefaßte Einführung in die Kinder- und Jugendlichenverhaltenstherapie für Kinderärzte verfaßte *Matthaei* (1984).

2 Soziale Isolation

2.1 Was versteht man unter sozialer Isolation?

Beim Beobachtungslernen hatten wir zwischen Aneignung und Ausführung eines Verhaltens unterschieden. *Bandura* (1979) hatte herausgearbeitet, daß ein Kind sich ein Verhalten allein durch Beobachtung einer Modellperson aneignen kann, ohne daß es das fragliche Verhalten selbst ausführen muß.

Diese Feststellung *Banduras* wollen wir im Auge behalten, wenn wir über starkes Rückzugsverhalten sprechen. Wenn ein Kind ein spezifisches Verhalten nicht ausübt, können wir daraus noch nicht schließen, daß es das Verhalten nicht ausführen kann. Es kann ganz einfach sein, daß das Kind zwar über die entsprechende Fähigkeit verfügt, diese jedoch nicht anwenden kann, wenn es sich beobachtet fühlt. Bevor man eine Therapie durchführt, muß man sorgfältig prüfen, ob eine *Fähigkeit völlig fehlt* oder ob lediglich das *Ausmaß der Leistungsbereitschaft verringert ist.* Diese Unterscheidung ist wichtig, denn aus ihr resultieren unterschiedliche therapeutische Maßnahmen.

Kinder, denen es nicht gelingt, mit Gleichaltrigen in einer bestimmten sozialen Umgebung (z.B. im Kindergarten) befriedigend zu spielen, werden oft als zurückgezogen, schüchtern oder isoliert bezeichnet. Von ihnen wird ein gemeinschaftsbezogenes Verhalten erwartet, und die Eltern beklagen sich, daß ihr Kind keine Freunde hat. Ein solches Phänomen kann auf einem *Mangel an sozialen Fertigkeiten* oder auf einer *verringerten Leistungsbereitschaft* beruhen. Eine verringerte Leistungsbereitschaft im Sozialverhalten kann bedeuten, daß ein Kind zwar über die notwendigen sozialen Fähigkeiten verfügt, um mit anderen Kindern zu spielen, andere Aktivitäten jedoch attraktiver findet, wie wir es bei dem Fallbeispiel der vierjährigen *Anne* sehen werden. Ebenso liegt eine verringerte Leistungsbereitschaft bei Kindern vor, die sich zwar sozial geschickt verhalten können, vor anderen Kindern aber solche Ängste haben, daß sie den Kontakt mit ihnen meiden (vgl. Kap. 8).

Mängel im Sozialverhalten können verschiedene Formen aufweisen. So kann sich ein Kind Spielkameraden auf eine so ungeschickte Art nähern (etwa durch angreifendes oder beleidigendes Verhalten), daß es von ihnen immer wieder zurückgewiesen und gemieden wird. Manche Kinder weisen recht spezifische Mängel auf. Ein Kind mit geringem Durchsetzungsvermögen beispielsweise meidet eine Gruppe extrem aggressiver Altersgenossen. Andere Kinder weisen so tiefgreifende Mängel in ihren Fertigkeiten auf, daß sie kaum sozialen Kontakt mit Gleichaltrigen pflegen können. Ein Therapieplan muß diese Besonderheiten des Einzelfalles berücksichtigen.

Im folgenden wollen wir das therapeutische Vorgehen anhand der Behandlung der vierjährigen *Anne* praxisnah erläutern. *Allen* et al. (1964) haben den Verlauf der Therapie von *Anne* dargestellt. Die Verlaufskontrolle in der Verhaltenstherapie wird dabei deutlich. Die Autoren konzentrieren sich auf operante Methoden.

2.1.1 Fallbeispiel: Die vierjährige Anne

Anne verbrachte in ihrem Kindergarten fast keine Zeit mit anderen Kindern, entfaltete jedoch eine Reihe an Aktivitäten, die geeignet waren, die Aufmerksamkeit von Erwachsenen auf sich zu ziehen und zu binden. Sie vermittelte keinen ernstlich verschüchterten oder verängstigten Eindruck. Sie verfügte über gut entwickelte körperliche und geistige Fähigkeiten, über die sie ihre Erzieher für sich zu interessieren vermochte. *Anne* setzte diese Fähigkeit jedoch nicht im Umgang mit Gleichaltrigen ein, an deren Kontakt ihr offensichtlich wenig lag.

Die Aufmerksamkeit, die *Anne* von den Erwachsenen erhielt, begünstigte ihr erwachsenenbezogenes Verhalten und hielt dieses aufrecht. Daher wurde beschlossen, ihr nur noch dann Aufmerksamkeit zuzuwenden, wenn sie sich mit anderen Kindern beschäftigte, und ihr die Amerksamkeit zu entziehen, wenn sie ein isoliertes oder erwachsenenbezogenes Verhalten zeigte. Daraufhin wurde Annes Verhalten gegenüber Erwachsenen bzw. Gleichaltrigen systematisch beobachtet.

Zunächst wurde über fünf Tage das »normale« Verhalten Annes registriert, d.h. eine sogenannte »Vorbeobachtung« durchgeführt, ohne daß eine Intervention erfolgte. Dann wurden die Erzieher angewiesen, sich Anne nur noch zuzuwenden, wenn sie sich mit anderen Gleichaltrigen beschäftigte. Zu Beginn wurde jede Annäherung an ein Kind (in der Nähe eines anderen Kindes stehen, neben einem anderen Kind im Sandkasten spielen) durch persönliche, unmittelbare Aufmerksamkeitszuwendung der Erzieher belohnt (Prinzip der sukzessiven Verhaltensformung). Wenn *Anne* alleine spielte, wurde sie nicht beachtet, und wenn sie versuchte, allein mit einem Erwachsenen Kontakt herzustellen, wurde ihr minimale Aufmerksamkeit geschenkt.

Es wurde schnell offensichtlich, daß *Anne* sich vom Spiel mit Gleichaltrigen sofort zurückzog und sich ganz dem Erwachsenen zuwendete, wenn sie in einer gemeinsamen Spielsituation von einem Erzieher angesprochen wurde. Das ursprüngliche therapeutische Vorgehen wurde daher wie folgt verbessert: Die Erzieher sprachen *Anne* nicht mehr direkt und individuell an, sondern bezogen sich in ihren Äußerungen auf die Aktivitäten der Spielgruppe, in der *Anne* als ein Mitglied wahrgenommen und behandelt wurde. Wenn möglich, reichten sie z.B. *Anne* ein Spielzeug, das sie in das gemeinsame Spiel einbringen sollte. Immer wenn *Anne* die Gruppe verließ, wendete der Erzieher sich von ihr ab und beschäftigte sich mit anderen Kindern weiter. Dieses Vorgehen, das über sechs Tage praktiziert wurde, brachte *Anne* allmählich in stärkeren und länger anhaltenden Kontakt mit Gleichaltrigen.

Um sicherzugehen, daß die erzielten Verhaltensänderungen tatsächlich auf der Anwendung dieser Verstärkung beruhten, wurde für einen begrenzten Zeitraum der Zustand vor der Therapie wieder herbeigeführt. Somit wurden zurückgezogenes Verhalten und Kontakte mit Erwachsenen wieder attraktiv, da sie Zuwendung durch Erwachsene versprachen. *Anne* wurde wieder ignoriert, wenn sie Kontakt mit Spielkameraden pflegte, und ihr wurde nur eine minimale Aufmerksamkeit geschenkt, wenn sie in Begleitung eines anderen Kindes auf die Erwachsenen zuging. Durch dieses Vorgehen stellte sich wieder das urspüngliche Verhalten ein und der therapeutische Erfolg bildete sich wieder zurück.

Dann wurde erneut zum therapeutischen Vorgehen für neun Tage übergegangen. Dabei gaben die Erzieher

- maximale Zuwendung für alle Aktivitäten mit Gleichaltrigen,
- keine Zuwendung, wenn *Anne* alleine war,
- eine minimale Zuwendung, wenn sie ohne Begleitung eines anderen Kindes auf einen Erwachsenen zuging.

Als *Annes* Verhalten sich stabilisierte und sie für längere Zeitspannen Kontakt mit Gleichaltrigen hatte, wurde die Verstärkung durch die Erwachsenen nach und nach in intermittierender Weise gegeben, bis sie schließlich das in der Gruppe für alle Kinder übliche Maß an Zuwendung erhielt.

Eine Analyse der Beobachtungsdaten ergab, daß *Annes* Rückzugsverhalten durch die soziale Verstärkung von den Erwachsenen aufrechterhalten, wenn nicht sogar gefördert wurde. Die Erzieher hatten in Anlehnung an übliche Erziehungsmethoden, wie sie in Kindergärten angewendet wurden, liebevoll auf *Anne* reagiert, wenn sie Kontakt suchte, und unterhielten sich so lange mit ihr, wie *Anne* dies wünschte. Wenn *Anne* alleine und abseits stand, gingen sie zu ihr hin und versuchten, sie in das Spiel mit den anderen Kindern einzubeziehen. Wenn der Erzieher sich dann wieder zurückzog, stand *Anne* bald wieder abseits und wartete auf erneute Aufmerksamkeit von Erwachsenen. Am sechsten Tag, an dem die neue Verhaltensregel für die Erzieher vereinbart worden war, stellte sich eine stetige Veränderung ihres Verhaltens ein. Als das therapeutische Vorgehen am zwölften Tag wieder rückgängig gemacht wurde, fiel *Anne* sofort wieder in ihr altes Verhalten zurück. Die Annahme, daß *Annes* Verhalten operant durch die Verstärkung von Erwachsenen bedingt war, konnte als bestätigt angesehen werden, so daß das Erzieherverhalten wieder auf unmittelbare Bekräftigung des kontaktfreudigen Verhaltens ausgerichtet wurde. Zuletzt wurde der Verstärkerplan auf intermittierende Verstärkung hin abgewandelt.

Die Tatsache, daß *Anne* nach veränderten Verstärkungsbedingungen begann, mit anderen Kindern zu spielen, zeigt, daß bei ihr eine verringerte Leistungsbereitschaft vorgelegen hatte. Ihr mangelte es nicht an den notwendigen sozialen Fertigkeiten, sondern sie empfand den Kontakt mit Gleichaltrigen nur als weniger angenehm und verstärkend als den mit Erwachsenen. Wenn dem Kind grundlegende soziale Fähigkeiten gefehlt hätten, wäre ein vollkommen anderer Therapieplan angezeigt gewesen.

2.1.2 Therapeutisches Vorgehen und Schlußfolgerungen

Anne litt unter geringen Kontaktschwierigkeiten. Die therapeutischen Bemühungen haben vielleicht nur eine Entwicklung beschleunigt, die sich langfristig wohl auch ohne systematische Verhaltensänderungen vollzogen hätte. Mit dieser Studie ist jedoch der Nachweis gelungen, wie stark die Zuwendung durch Erwachsene als verstärkende Bedingung in der Verhaltenstherapie bei Kindern wirkt. Ob dieses Resultat jedoch auch bei Kindern Gültigkeit hat, bei denen eine schwere psychische Störung diagnostiziert worden ist, bleibt zunächst offen. Diese Arbeiten von *Romanczyk* et al. (1975) und von *Strain* u. *Timm* (1974) gehen auf diese Frage ein.

Romanczyk et al. erkannten, daß sich viele soziale Fertigkeiten bei Kindern im Rahmen ihres gemeinsamen Spielens entwickeln und daß schwergestörte Kinder, deren soziale Fähigkeiten beeinträchtigt sind, auch mit Spielsachen nicht angemessen und kreativ umgehen können. Sie erprobten daher die Möglichkeit, die sozialen Fertigkeiten solch schwergestörter Kinder zu verbessern, indem sie eine Gruppe von ihnen in ihrem Spielverhalten unterstützten.

Die erste Gruppe, bei der sie diesen therapeutischen Ansatz versuchten, bestand aus vier Kindern im Alter von fünf bis sieben Jahren. Ihre Diagnosen reichten von schwerer neurologischer Schädigung, infantiler Schizophrenie bis zu frühkindlichem Autimus. Die Kinder kooperierten fast gar nicht mit den Erwachsenen oder Gleichaltrigen, zeigten ein hohes Maß an Selbststimulation und waren sehr unselbständig.

Die Kinder wurden täglich für eine halbe Stunde zu einer Spielfläche mit vielen Spielsachen in ihrem Klassenzimmer geführt. Zunächst wurde das Verhalten vor der Behandlung aufgezeichnet. Während dieser Zeit wurde ihnen nur mitgeteilt, daß jetzt Zeit zum Spielen sei, sonst wurde auf jede Instruktion verzichtet. Beobachter notierten die Prozentzahlen der Zeiten, die die Kinder mit bestimmten Aktivitäten verbrachten. Die zu diesem Zweck erstellten Kategorien umfaßten Singen, isoliertes Spielen, gemeinsames Spielen, Anbieten oder Entgegennehmen eines Spielzeuges, Aggression, Bewegung und Untätigkeit.

Nachdem das problematische Verhalten ermittelt war, wurde systematisch verstärkt, wenn ein Kind für sich allein spielte. Die Verstärker bestanden aus Essen und verbalem Lob wie »Es ist schön, wie du mit den Bauklötzen einen Turm baust«.- Während der Verstärkungsphase stieg das Ausmaß des isolierten Spielens kontinuierlich an, während das gemeinsame Spielen, welches ohnehin nur schwach ausgeprägt war, noch weiter abnahm. Durch die Verstärkung lernten die Kinder, gemeinsames und isoliertes Spielen zu unterscheiden.

Danach wurde umgekehrt vorgegangen: gemeinsames Spielen wurde belohnt, isoliertes Spielen ignoriert. Da gemeinsames Spielen spontan kaum noch auftrat und somit die Voraussetzung für eine Bekräftigung fehlte, um die Häufigkeit des Verhaltens wieder zu erhöhen, wurde wie folgt vorgegangen: Wenn ein Kind alleine mit einem Spielzeug beschäftigt war, wurde ein anderes Kind hinzugeholt. Dabei hielten sich die Forscher zurück und boten keine verstärkenden Reize an. Bekräftigt wurde nur, wenn die Kinder begannen, das Spielzeug gemeinsam zu benutzen. Gemeinsames Spielen stieg nach dieser Intervention stark an, während das isolierte Spiel sehr zurückging.

Um zu sehen, ob sich dieses neue Sozialverhalten als stabil erweisen würde, wurden die Verstärker wieder entfernt. Ergebnis war, daß sowohl gemeinsames als auch isoliertes Spielen sich wieder etwa bei dem ursprünglichen Ausgangsniveau einpendelten, das vor den therapeutischen Maßnahmen bestanden hatte. Die Bemühungen reichten in dieser Form also noch nicht aus, um das Sozialverhalten langfristig zu stabilisieren. Es ist jedoch bemerkenswert, daß von der Vielzahl der oben genannten Verhaltensweisen nur die des Spielens (gemeinsam vs. isoliert) systematisch mit den therapeutischen Bemühungen variierte. Die Therapie übte eine sehr spezifische, abgrenzbare Wirkung aus. Ebenfalls interessant ist, daß der Lernprozeß bei allen Kindern ähnlich verlief, obwohl sie nicht homogen waren hinsichtlich Alter oder Art der Störung.

Als zentrales Resultat der Studie ist festzuhalten, daß sich das Spielverhalten nicht als löschungsresistent erwies, sondern schnell wieder in sich zusammenfiel, wenn die Verstärkung unterblieb. Die Forscher führten daher eine weitere Studie durch, um zu prüfen, ob durch ein verändertes Vorgehen das Zielverhalten nachhaltiger stabilisiert werden könnte.

Die zweite Untersuchung von *Romanczyk* et al. (1975) wurde mit vier Kindern im Alter von sieben bis zwölf Jahren mit ähnlichen Diagnosen wie in der ersten Studie durchgeführt. Auch sie zeigten ein sehr stark ausgeprägtes selbststimulierendes Verhalten, waren kaum selbständig, allerdings aufgrund ihres höheren Alters intellektuell weiter entwickelt als die Kinder der ersten Untersuchungsgruppe. Der Therapieplan der ersten Studie wurde erneut angewendet, mit dem einzigen Unterschied, daß die Phase der Verhaltensformung (zwei Kinder werden mit einem Spielzeug zusammengeführt) länger ausgedehnt wurde. Mit diesem Vorgehen wurde geprüft, ob diese Phase den Kindern eine Hilfestellung bot (»prompting«). Unter *prompting* versteht man ein Vorgehen, mit dem über operantes Lernen der Aufbau von neuem Verhalten unterstützt wird. Der Therapeut hilft z.B. einem Kind zunächst aktiv, aus Bauklötzen einen Turm zu bauen, und zieht dann seine Unterstützung allmählich wieder zurück, je mehr das Kind eigene Fertigkeiten entwickelt.

Romanczyk et al. nahmen an, daß man diese Hilfestellung (das Zusammenführen der Kinder) zu schnell zurückgezogen hatte, so daß die Kinder keine Gelegenheit hatten, sie durch eigene Lernfortschritte auszugleichen. Auf diese Weise konnte ein gemeinsames Spielverhalten nicht aufrechterhalten werden.

Nachdem man dann auch in der zweiten Studie die Bekräftigungen unterließ, blieb die Häufigkeit des gemeinsamen Spielens doppelt so hoch wie vor der Behandlung. Die Autoren betrachten ihre Untersuchungen als vorläufige Erkundungsstudien, die jedoch die Lernfähigkeit von schwergestörten Kindern in bezug auf Spiel- und Sozialverhalten belegen können.

In der Arbeit von *Allen* et al. (1964) war das große Verstärkungspotential deutlich geworden, das Erwachsene aufgrund des Ausmaßes der Aufmerksamkeit, das sie Kindern zukommen lassen, besitzen. Auch *Strain* u. *Timm* (1974) haben sich in einer Studie dieses Phänomen zunutze gemacht. Sie arbeiteten in einer Vorschulklasse von siebzehn Kindern mit zum Teil schwerwiegenden Sprach- und Verhaltensstörungen. Ein drei Jahre und acht Monate altes Mädchen namens *Martha,* das eine Außenseiterposition in der Klasse einnahm, sollte in seinem sozialen Umgang mit den Klassenkameraden therapeutisch unterstützt werden. Während der ersten acht Tage, in denen nur beobachtet und aufgezeichnet, aber noch nicht therapiert wurde, kam es spontan fast nie dazu, daß *Martha* auf andere Kinder oder diese auf sie zugingen. In den nächsten neun Tagen wurden ihre Mitschüler bekräftigt, wenn sie Kontakt mit *Martha* suchten bzw. auf ihre Annäherungen positiv eingingen. Die Häufigkeit der Kontakte stieg stark an, ging jedoch bald wieder auf das ursprüngliche Niveau zurück, als die Verstärkung wieder unterblieb.

Die zweite therapeutische Bemühung richtete sich an *Martha* selbst. Sie bekam Zuwendung in Form von verbalem Lob oder Körperkontakt, wenn sie positiven Kontakt mit anderen Kindern herstellte. Die Kontakthäufigkeit stieg noch höher als bei der ersten Intervention, fiel jedoch ebenfalls wieder zurück, als die Aufmerksamkeit der Erwachsenen wieder nachließ.

In welchem Umfang dieses Vorgehen soziale Beziehungen bei kontaktgestörten Kindern fördern kann, bleibt zunächst noch offen. Es sind jedenfalls längerdauernde Bemühungen erforderlich, die schrittweise mit einer konstanten Verstärkung von erwünschtem Sozialverhalten beginnen, dann zu intermittierender Verstärkung übergehen und eventuell langsam zurückgenommen werden können.

2.2 Gleichaltrige als Therapiehelfer

Bei der oben dargestellten Studie von *Strain* u. *Timm* (1974) zeigte sich, daß bei den behandelten sprach- und verhaltensgestörten Kindern kein grundlegender Mangel an sozialen Fertigkeiten vorlag; diese kamen vielmehr im Alltag nicht zum Tragen, weil sie nicht ausreichend verstärkt wurden. Es lag also eine verringerte Leistungsbereitschaft vor. Die Kinder können diese notwendige Bekräftigung ihres Sozialverhaltens erhalten, wenn sie einen positiven Sozialkontakt mit normal entwickelten Kindern erleben. Der Kontakt mit anderen gestörten Kindern ist oft nicht tragfähig genug, um wechselseitige Verstärkung zu bieten. Schwergestörte Kinder brauchen daher über den Kontakt mit anderen isolierten Kindern hinaus Unterstützung von Außenstehenden. Dies können Erwachsene, aber auch normal entwickelte Kinder sein. Solche Kinder können - als Therapiehelfer - das Sozialverhalten zurückgezogener und isolierter Kinder verbessern helfen (vgl. auch *Hendrickson* et al., 1982; *Kerr* et al., 1982; *Strain* u. *Fox,* 1981).

Strain et al. (1977) arbeiteten mit sechs zurückgezogenen Vorschulkindern im Alter von drei bzw. vier Jahren. Diese Kinder wiesen nicht nur Mängel in ihrem Sozialverhalten auf, sondern waren auch in ihrer Sprach- und besonders Intelligenzentwicklung weit zurückgeblieben. Drei solcher Jungen wurden jeweils in ein Spielzimmer geführt. Dort trafen sie auf einen Jungen, der genaue Anweisungen besaß, wie er mit den Kindern Spiele initiieren könne. Dieser Junge schlug Spiele vor (z.B.: »Laßt uns ein wenig Ball spielen«) und bot den anderen Kindern entsprechendes Spielzeug an. Die Therapiehelfer waren aufgeweckte , vier Jahre alte Jungen; die Jungen hatten allesamt selber behinderte Geschwister, die in demselben Trainingszentrum, jedoch nicht in der betreffenden Gruppe behandelt wurden. Sie wurden vier Mal à zwanzig Minuten darin angeleitet, wie sie es am besten anstellen könnten, daß die Kinder ihre Spielangebote aufgreifen. Es wurde ihnen gesagt, daß sie sich nicht verunsichern und entmutigen lassen sollten, wenn die Kinder nur geringes Interesse bekunden würden. Der anleitende Therapeut übte das Vorgehen mit dem Jungen im Rollenspiel und bekräftigte ihn sowohl nach dem Rollenspiel als auch nach jedem Kontakt mit den kontaktgestörten Kindern.

Vor der gezielten Maßnahme wurde der Therapiehelfer von den kontaktgestörten Kindern weitgehend ignoriert und gemeinschaftsbezogene Aktivitäten traten kaum auf; durch die Bemühungen stieg das positive Sozialverhalten der Kinder drastisch an. Sie gingen nicht nur auf den Therapiehelfer ein, sondern entfalteten eigenständig Spielaktivitäten. Nach neun Tagen wurden die Therapiehelfer angewiesen, selbst keine Spiele mehr anzuregen und sich auf normale Art zu verhalten, wenn ein anderes Kind sich ihnen mit einem Spiel nähert (Rückkehr zur Ausgangsbedingung). Das aktive Sozialverhalten der Kinder sank wieder beträchtlich und stieg wiederum stark an, als die therapeutischen Bemühungen wieder einsetzten.

Diese Studie teilt uns nichts darüber mit, ob die Bemühungen Auswirkungen auf das Verhalten der Kinder außerhalb des Spielzimmers hatten. *Strain* (1977) ging dieser Frage in einer weiteren Untersuchung nach, bei der er sich des gleichen Vorgehens und des gleichen Raumes bediente, allerdings mit drei anderen, unterschiedlich stark isolierten Kindern arbeitete. Ihr Verhalten wurde nicht nur im Spielzimmer, sondern auch in ihrem Klassenzimmer während freier Spielzeiten aufgezeichnet. Die beiden Kinder, die die größten Fortschritte in ihrem Sozialverhalten machten, zeigten auch deutliche Verhaltensfortschritte im Alltag. Auch hier, ähnlich wie in der Studie von *Strain* et al. (1977), sprachen die Kinder sehr unterschiedlich auf die Bemühungen an. In allen Studien zeigten die Kinder mit dem am meisten gestörten Sozialverhalten auch die geringste soziale Aktivierung durch den Therapiehelfer. *Strain* (1977) schlägt für diese extremen Fälle von sozialer Isolation vor, daß zunächst auch die sozialen Fertigkeiten als solche trainiert werden, bevor sie über Verstärkung gefestigt werden. Für solche Trainings bieten sich die Verfahren der Verhaltensformung und der differentiellen Verstärkung an. Im folgenden sollen Beispiele solcher Vorgehensweisen vorgestellt werden (vgl. auch *U. Petermann,* 1986).

2.3 Der Aufbau sozialer Fertigkeiten

Gottman et al. (1976) entwickelten und überprüften ein Training für kontaktgestörte Kinder. Um die Mängel solcher Kinder zu präzisieren, orientierten sich diese Autoren an den Fertigkeiten normal entwickelter Kinder. So hatten *Gottman* et al. (1975) in einer früheren Studie herausgefunden, daß Kinder im Alter von etwa neun Jahren, die von ihren Mitschülern nur wenig akzeptiert wurden, sich von anderen Kindern wie folgt unterschieden: sie wußten nicht recht, wie man Freundschaften aufbaut, sie gingen weniger auf andere Kinder zu und wurden auch weniger angesprochen, ihre verbale Kommunikation war schwerfälliger. Aus diesen Ergebnissen leiteten *Gottman* et al. (1976) die spezifischen Fertigkeiten ab, die sie zwei sozial isolierten Kindern aus der dritten Schulklasse vermitteln wollten.

Jedes der Kinder wurde mit einem Psychologiestudenten zusammengebracht, der trainiert worden war, die genannten drei spezifischen Fähigkeiten aufzubauen. Das Kind und der Student arbeiteten eine Woche lang jeden Tag eine halbe Stunde lang zusammen. Das Training war in drei Stufen gegliedert:

- In der *ersten Phase* schaute das Kind einen Videofilm an, der zwei Kinder zeigte, die sich nach einigem Zögern und Überlegen dazu entschieden, an einem Spiel mit anderen Kindern teilzunehmen. In dem Film folgten auf den Entschluß der Kinder und ihre Aktivität positive Konsequenzen. In den Filmszenen wurden laufend die Gedanken der Kinder mitgeteilt. Sie drückten zunächst den Wunsch aus, an dem Spiel teilzunehmen, machten sich dann Sorgen über mögliche negative Konsequenzen, überlegten hin und her, entschlossen sich schließlich, gingen auf die anderen Kinder zu, begrüßten sie und fragten, ob sie mitspielen dürften.Die Kinder in dem Film zeigen somit ein modellhaftes Problemlösungsverhalten. *Meichenbaum* u. *Goodman* (1971) hatten in ihrer Pionierarbeit mit impulsiven Kindern diesen therapeutischen Ansatz unter dem Namen »Selbstverbalisationstraining« eingeführt. Ähnliche Trainingsfilme sind von *O' Connor* (1969, 1972), *Jakibchuk* u. *Smeriglio* (1976), *Weinrott* et al. (1979) und *U. Petermann* (1986) herausgegeben worden.

- In der *zweiten Phase* übte der Student mit dem Kind im Rollenspiel, wie es auf andere Kinder zugehen und Freundschaften schließen kann. Dabei wurde das übliche Verhalten sozial kompetenter Kinder zugrunde gelegt. Die Spielsequenzen umfaßten mehrere Phasen des Kontakts, wie sich begrüßen, Mitteilen von Informationen, sich einladen zum Mitspielen und Abschied nehmen. Dem Kind wurde gezeigt, wie es eine positive und anregende Atmosphäre mit anderen Kindern erreichen kann. Dies bedeutet konkret, Interesse an den Äußerungen des Partners zeigen, dem anderen etwas geben, Zustimmung äußern, Bitten nachgeben und Zuneigung zeigen.

- In der *dritten Phase* wurde die Fähigkeit des Kindes trainiert, sich in seinen Partner hineinzuversetzen. In jeder Phase des Trainings wurde es dem Kind zur Aufgabe gemacht, die geübten Fertigkeiten mit einem Kind aus seiner Schulklasse weiter zu vertiefen.

Die therapeutische Arbeit war in mehrfacher Hinsicht erfolgreich. So war die Position und das Ansehen der Kinder nach neun Monaten beträchtlich verbessert. Das Kontaktverhalten stieg zwar nicht an, jedoch waren die behandelten Kinder »wählerisch« geworden: einige Kinder suchten sie verstärkt auf und vernachlässigten gleichzeitig andere.

Die Ergebnisse dieser Studie verblüffen, da sie nahelegen, daß schon durch fünf 30minütige Sitzungen anhaltende Erfolge bei kontaktgestörten Kindern erzielt werden können, wenn konzentriert spezifische soziale Fertigkeiten vermittelt werden. Wie oft bei empirischen Studien bezog sich auch diese Arbeit nur auf einen Ausschnitt dessen, was sich in einer umfassenden Behandlung ereignet. So bleibt ungeklärt, welche Erfolge ein solcher Behandlungsansatz erzielen kann, wenn er über längere Zeit in der klinischen Praxis durchgeführt wird. Die Untersuchung von *Gottman* et al. (1976) hat leider nicht erfaßt, in welchem Ausmaß die therapeutischen Erfolge wirklich darauf beruhten, daß die Kinder die fraglichen Fertigkeiten gelernt hatten und auch langfristig beherrschten. »Trainings zur Entwicklung sozialer Fertigkeiten müssen zwei Dinge nachweisen: erstens müssen sie die angestrebten Fertigkeiten vermitteln und zweitens muß sich dieser Lernprozeß in Erfolgskriterien klar niederschlagen« (*Gottman* et al., 1976, S. 195).

Weinrott el al. (1979) entwarfen ein Training für zurückgezogene Kinder und brachten als neuen Aspekt ein, Lehrer zu unterweisen, mit isolierten Kindern in ihren Schulklassen zu arbeiten. Im Rahmen einer Fortbildungsmaßnahme arbeiteten *Weinrott* et al. (1979) mit fünfundzwanzig Lehrer-Schüler-Paaren aus vielen verschiedenen Schulen zusammen. Die Schüler besuchten die erste bis dritte Schulklasse und waren anhand eines Verhaltensfragebogen ausgewählt worden, in denen die Lehrer ihre Schüler einschätzten. Die Fragebogenergebnisse wiesen die ausgewählten Kinder als sehr zurückgezogen aus und eine Behandlung erschien angezeigt. Sie meldeten sich fast nie im Unterricht, begannen kaum Gespräche mit ihren Mitschülern und verbrachten viel Zeit mit Tagträumen. Unmittelbare Beobachtungen im Klassenzimmer bestätigten die Lehrerurteile und erbrachten auch Beobachtungswerte für die übrigen Schüler als Vergleichsmaßstab. In den wöchentlichen Fortbildungen wurden die Lehrer mit Behandlungsverfahren vertraut gemacht (u.a. zielgerichtete Zuwendung, Modellernen, Rollenspiel). Im Klassenzimmer wurde das Verhalten der Kinder vor, während und nach der Maßnahme fortlaufend beobachtet. Es wurde aufgezeichnet, wie häufig die folgenden Verhaltensweisen auftraten: Selbststimulation, Herumschauen im Klassenzimmer, angemessenes Umgehen mit den Mitschülern, Sichmelden im Unterricht und Ansprechen des Lehrers.

Die massivste Veränderung war im Kontaktverhalten mit den Mitschülern zu verzeichnen, das ja auch im Mittelpunkt der therapeutischen Bemühungen gestanden hatte. Die behandelten Kinder unterschieden sich gegen Ende der therapeutischen Maßnahme im Kontaktverhalten nicht von ihren »normalen« Mitschülern und konnten diese Verhaltensänderung auch in der Folgezeit konstant halten. Obwohl keine statistischen Daten zur Übertragung dieses Erfolges auf den Alltag vorlagen, berichteten die Lehrer, daß das neue Verhalten der Kinder sich vom Klassenzimmer auch auf ihr Benehmen auf dem Spielplatz und im Eßsaal übertragen hatte; auch die Kontakte außerhalb der Schule hatten zugenommen, die Kinder machten einen zufriedenen Eindruck und waren eher bereit, verantwortungsvolle Aufgaben zu übernehmen.

Es sei daran erinnert, daß die Lehrer, die an diesem Projekt teilnahmen, die erlernten Verfahren in ihrer Arbeit auch über das Projektende hinaus weiter anwendeten. Das eigentliche Training hatte zehn Wochen gedauert, von denen die ersten fünf sich auf Maßnahmen bezogen, die gezielt auf das jeweilige Kind zugeschnitten waren (z.B.: zielgerichtete Zuwendung des Lehrers). Der zweite Block von fünf Wochen war gruppenzentriert gestaltet. Die Mitschüler wurden vom Lehrer verstärkt, wenn sie Kontakt mit dem »Problemkind« suchten.

Eine detaillierte Analyse der empirischen Daten macht deutlich, daß die entscheidenden Fortschritte im zweiten Block auftraten. Es erscheint daher sinnvoll, das Vorgehen von *Strain* et al. (1977), bei dem Gleichaltrige als Therapiehelfer teilnahmen, und den Ansatz von *Weinrott* et al. (1979), bei dem Lehrer als Mediatoren mitarbeiten, miteinander zu kombinieren. Solche Verfahren könnten sich als sehr erfolgreich bei der Behandlung zurückgezogener und kontaktgestörter Kinder erweisen.

2.4 Schwierigkeiten mit der eigenen Geschlechtsrolle

Zu Beginn dieses Kapitels hatten wir bei der Diskussion von Mängeln im Sozialverhalten herausgestellt, daß ungenügend ausgebildete soziale Fertigkeiten bewirken, daß Kinder verstärkt von Gleichaltrigen zurückgewiesen und abgelehnt werden und somit die Gefahr der Vereinsamung besteht, wenn es dem Kind nicht gelingt, sich auf angemessene und akzeptable Weise anderen Kindern zu nähern. Ein wichtiges Kriterium, nach dem eine Gesellschaft Verhalten als angepaßt oder unangepaßt bezeichnet, stellt das Geschlechtsstereotyp dar. Ein Kind, dem geschlechtsspezifische soziale Fertigkeiten fehlen und das sich anderen Kindern konstant auf geschlechtsuntypische Weise nähert, setzt sich leicht der Gefahr aus, von seinen Kameraden oder Kameradinnen abgelehnt und gemieden zu werden und folglich ein Rückzugsverhalten zu entwickeln. Um die Beziehungen eines solchen Kindes zu seinen Altersgenossen zu verbessern, muß es sich die geschlechtsspezifischen Verhaltensweisen aneignen, die in seinem Verhaltensrepertoire fehlen. Wenn diese, der eigenen Geschlechtsrolle angemessenen Verhaltensweisen einmal gelernt sind, wird das Verhaltensspektrum erheblich bereichert. Nach *Rekers* (1977) besteht gerade ein vordringliches Ziel der Kinder- und Jugendlichenverhaltenstherapie darin, das Verhaltensrepertoire zu vergrößern und damit dem Kind bzw. Jugendlichen vielfältigere Handlungsmöglichkeiten zu eröffnen. Somit besteht das Behandlungsziel nicht in der Beseitigung des unangepaßten, geschlechtsuntypischen Verhaltens, sondern im Aufbau von geschlechtstypischen Verhaltensweisen. Wenn die neuen Verhaltensweisen ausgebildet sind, dann ist zu vermuten, daß die Bezugspersonen, vor allem die Altersgenossen, selektiv das geschlechtstypische

Verhalten verstärken. In der Folge wird das unangepaßte Verhalten allmählich gelöscht, ohne jemals direkt Gegenstand der therapeutischen Bemühungen gewesen zu sein. Daraus bezieht sich das Konzept von *Rekers,* das er und einige Kollegen zur Diskussion stellen *(Rekers,* 1975; *Rekers* u. *Lovaas,* 1974; *Rekers* et al. 1974).

Ob ein Verhalten als angepaßt bzw. unangepaßt angesehen wird, hängt von der öffentlichen Meinung, sozialen Bewertungsmaßstäben und zeitabhängigen, also sich verändernden kulturellen Werten ab. Es gibt keine absolut gültige Definition dessen, was als gestört und was als normal anzusehen ist; dies betrifft sowohl Geschlechtsrollen als auch Sozialverhalten im allgemeinen. Da Geschlechtsidentität und Geschlechtsrolle besonders heikle Themen darstellen, wird oft die kritische Frage gestellt, wer darüber entscheidet, ob und wie ein Kind therapeutisch behandelt wird. Wir werden auf diese Probleme zurückkommen, wenn wir uns einige Beispiele angeschaut haben, wie Verhaltenstherapeuten in der Praxis Kinder mit augenscheinlich geschlechtsuntypischem Verhalten behandeln.

2.4.1 Fallbeispiel: Der achtjährige Karl

Ein acht Jahre und acht Monate alter Junge, der im folgenden *Karl* genannt wird, wurde von *Rekers* et al. (1974) aufgrund seiner sogenannten »femininen Verhaltensweisen« behandelt. *Karls* Sprache hatte eine ausgeprochen feminine Stimmodulation, und seine Gesten wirkten extrem weiblich. Er verhielt sich unsicher gegenüber Gleichaltrigen, spielte lieber mit Mädchen und den Spielsachen von Mädchen und gab oft zu erkennen, daß er lieber als Mädchen angesehen wurde. Die Jungen seines Alters nannten ihn »tuntig« und »schwul« und grenzten sich von ihm ab. Seine soziale Isolation verstärkte sich, man machte sich oft über ihn lustig, und *Karl* wurde zusehends unglücklicher.

Karls Problemverhalten war nicht auf bestimmte Situationen beschränkt, sondern trat zu Hause, in der Schule und in der Klinik gleichermaßen auf. Es handelte sich somit um ein umfassendes Problemverhalten, das in viele voneinander differenzierbare Verhaltensweisen zu untergliedern ist.

Rekers et al. entschlossen sich, Karls Problematik zunächst nur in einem Umweltbereich zu behandeln. Dies erlaubte ihnen, zu beobachten, in welcher Form sich Behandlungseffekte von einem Bereich (z.B. zu Hause) auf andere (z.B. Klinik und Schule) übertragen. Die Autoren leiteten die Mutter des Jungen an, einen bestimmten verhaltensorientierten Fragebogen zu Hause auszufüllen, und verfügten daher auch über relativ objektive Daten aus dem häuslichen Bereich. Beobachtet wurden sehr konkrete Verhaltensweisen, zum Beispiel »feminine Gesten und Manierismen«. Diese Kategorie umfaßt acht verschiedene spezifische Verhaltensweisen, wie »femininer Gang«, der definiert war als »Gehen mit einer rhythmischen Seitenbewegung des Rückens und der Hüften, wobei die Arme vom Körper weggestreckt sind oder die Ellenbogen so gebeugt sind, daß der Winkel zwischen Unter- und Oberarm kleiner als 90 Grad ist« *(Rekers* et al., 1974, S. 102). Eine solche Genauigkeit bei der Beschreibung des zu verändernden Verhaltens ist charakteristisch für die Verhaltenstherapie. Vage und verschwommen formulierte Kategorien wie »verweichlichtes Verhalten«, »Unsicherheit« oder »Identitätsverwirrung« eignen sich nicht als Grundlage für systematische Beobachtungen und für die Therapieplanung.

In der Klinik wurde *Karls* geschlechtsuntypisches Sprechverhalten in den Mittelpunkt der Behandlung gestellt. Zuerst wurde *Karl* aufgefordert, sechs Geschichten frei zu erzählen, um über seine männlichen bzw. weiblichen Sprachinhalte Aufschlüsse zu erhalten. Dann wurde mit differentieller sozialer Verstärkung interveniert. Wenn *Karl* männlich oder neutral klingende Sätze äußerte, dann reagiert der Therapeut aufmerksam; wenn *Karl* auf feminine Inhalte zu sprechen kam, verringerte der Therapeut seine Zuwendung. Dieses Therapeutenverhalten wurde über drei Sitzungen aufrechterhalten, wobei *Karls* feminines Sprechen von 21 Prozent auf 2,5 Prozent seines gesamten Sprachverhaltens sank. Mit der Abnahme des femininen stieg gleichzeitig das maskuline Sprachverhalten.

Bemerkenswerterweise erstreckten sich die Veränderungen sowohl auf die (männlichen vs. weiblichen) Sprachinhalte als auch auf *Karls* Stimmodulation. Allerdings schlugen sich die Behandlungseffekte nicht auf die anderen Umweltbereiche nieder. Zu Hause und in der Schule blieb *Karls* Sprache deutlich feminin; dies betraf die geäußerten Inhalte ebenso wie die Modulation. Zu diesem Zeitpunkt wurde der Behandlungsschwerpunkt auf die Situation zu Hause verlegt.

Karls Mutter wurde in ein Behandlungsprogramm einbezogen, das auf einem *Münzverstärkungsprogramm (Token-Programm)* beruhte. Zu Beginn wurde dem Jungen angeboten, daß er jedesmal einen blauen »Token« verdienen würde, wenn er mit seinem Bruder typisch jungenhafte Spiele unternehmen würde. Die Token konnten später gegen »echte« Verstärker wie Süßigkeiten oder Erlaubnis zum Fernsehen eingelöst werden. Nach zwei Wochen wurde ein Verfahren des Verstärkerentzuges *(response-cost)* hinzugenommen. Immer wenn *Karl* eine feminine Geste zeigte, wurde ihm ein roter Token gegeben. Ein roter Token, so wurde ihm erklärt, hebt bei dem Eintauschen gegen echte Belohnungen einen der blauen Token auf.

Im Rahmen der Gesamtbehandlung wird aus den Beobachtungsdaten deutlich, daß neben dem Anstieg des jungenhaften Spielens mit seinem Bruder auch eine deutliche Abnahme seiner femininen Gesten, seiner femininen Sprachinhalte bzw. entsprechender Stimmodulation und des Spielens mit seiner Schwester zu verzeichnen war. Allerdings blieb auch dieser Behandlungserfolg auf den Umweltbereich beschränkt, in dem die Maßnahme stattfand (zu Hause). Das neue Verhalten wurde nicht auf die schulische Situation übertragen. Aus diesem Grund wurde die Behandlung im nächsten Schritt auf die Schule ausgedehnt. *Karls* Lehrer setzte ein Verfahren des Verstärkerentzuges ein, wenn *Karl* seine weiblichen Manierismen und störenden Verhaltensweisen zeigte. Jeden Morgen vor dem Unterricht erhielt *Karl* automatisch zehn Punkte. Von diesem »Konto« verlor er jedesmal sofort einen Punkt, wenn er den Unterricht störte, sich grob gegenüber dem Lehrer verhielt oder ein anderes Kind herumkommandierte oder hänselte. Nachdem diese Reaktionen nachgelassen hatten, wurde das System auf seine femininen Manierismen ausgeweitet. Auch dieses Vorgehen zeigte erfreulich positive Effekte, aber auch hier konnte keine Veränderung im nicht-schulischen Bereich festgestellt werden. Als *Karl* im Zuge einer üblichen schulinternen Veränderung in einem neuen Klassenzimmer bei einem neuen Lehrer saß, trat sein femininer und störender Verhaltensstil wieder auf, bis auch der neue Lehrer die beschriebene Maßnahme anwendete; sofort stellten sich die Behandlungserfolge wieder ein.

Das Token-Programm wurde nach insgesamt fünfzehn Monaten beendet. Von verschiedener Seite, unter anderem von zwei klinischen Psychologen, die eine Reihe Persönlichkeitstests und Interviews durchführten, konnte bestätigt werden, daß

Karls früheres feminines Verhalten bis auf gelegentliche Situationen stark zurückgegangen war. Anhaltspunkte für eine Identifikation mit dem anderen Geschlecht waren nicht mehr gegeben. *Karl* hatte männliche Interessen herausgebildet, und in seiner sozialen und emotionalen Anpassung waren erhebliche Fortschritte zu beobachten. Als er in eine andere Schule überwechselte, um seinen Ruf loszuwerden, »tuntig und schwul« zu sein, sah ihn sein neuer Lehrer als ebenso gut angepaßt und sozial akzeptiert an wie jedes andere Kind in der Klasse.

Da *Karl* über eine Reihe geschlechtstypischer männlicher Fertigkeiten nicht verfügte, folgte ein weiterer Behandlungsabschnitt, in dem er in Spielen und Sportarten unterrichtet wurde, die in unserer Gesellschaft als typisch für Jungen seines Alters gelten. Nach einem weiteren Jahr bestätigte eine Nachkontrolle, daß die therapeutischen Erfolge bei *Karl* sich stabilisiert hatten. Er war jetzt zwölf Jahre und zwei Monate alt.

2.4.2 Therapeutisches Vorgehen und Schlußfolgerungen

Das Vorgehen von *Rekers* et al. (1974) erlaubt eine Schlußfolgerung darüber, ob das gewählte Vorgehen ursächlich für die therapeutischen Erfolge verantwortlich war. Im Therapieverlauf stellten sich die neuen Verhaltensweisen erst ein, als die entsprechenden Verstärkungen zielgerecht in einem spezifischen Umweltbereich und auf bestimmte Verhaltensweisen bezogen eingeführt wurden.

Die Übertragung von Behandlungserfolgen von einem Verhaltens- oder Umweltbereich auf einen anderen ist ein kritischer Punkt innerhalb einer Kinder- und Jugendlichenverhaltenstherapie und verdient besondere Beachtung. Viele problematische Verhaltensweisen treten nur in einem ganz bestimmten Umweltbereich auf. Ein Kind, das in der Schule durch andauerndes Stören auffällt, mag sich zu Hause sehr kooperativ und verständig verhalten oder umgekehrt. In solchen Fällen kann man sich im Therapieplan ganz auf den Umweltbereich konzentrieren, in dem die Störung auftritt, und kann die Intervention abschließen, wenn das Verhalten in diesem Bereich in der gewünschten Weise verändert ist. Andere problematische Verhaltensweisen schlagen sich jedoch in einer Vielzahl von Umweltbereichen nieder, wie es auch bei *Karl* der Fall war. Hier reicht es nicht, nur in einem Bereich anzusetzen. So führte der Aufbau von geschlechtstypischem Verhalten in der Klinik bei *Karl* zu keiner Verbesserung zu Hause oder in der Schule. In diesem Fall hat der Therapeut dafür zu sorgen, daß sich die Effekte auch auf die übrigen problematischen Umweltbereiche übertragen.

Das Fallbeispiel zeigt ein wichtiges Ergebnis für die Kinder- und Jugendlichenverhaltenstherapie: Bezugspersonen – vornehmlich Eltern – müssen in den Therapieplan einbezogen werden. Die Behandlung hat nur wenig Aussicht auf Erfolg, wenn sie auf die regelmäßigen Kontakte zwischen Kind und professionellem Therapeuten beschränkt bleibt. Wir können von einer traditionellen, 50minütigen und wöchentlich durchgeführten Sitzung nicht erwarten, daß sie alle übrigen verhaltenssteuernden Einflüsse aus den übrigen 10000 Minuten der Woche ausgleicht. Verhaltenstherapeuten kooperieren daher gern mit wichtigen Bezugspersonen des Kindes bzw. des Jugendlichen (Lehrer und Eltern). Hierbei müssen die Eltern systematisch einbezogen werden; es reicht nicht, ihnen zu empfehlen, ein Buch über Verhaltensmodifikation zu lesen. Wie *Karls* Mutter muß eine Bezugsperson lernen, das problematische Verhalten zu erkennen, die Wechselwirkung im Umfeld zu beobachten und aufzuzeichnen; weiterhin muß sie lernen, konsequent zu verstärken. Oft können Verhaltenstherapeuten für Kinder und Jugendliche ihre Arbeitszeit sinnvoller nutzen, wenn sie mit Bezugspersonen arbeiten und diese unterweisen, als im unmittelbaren, aber zeitlich begrenzten therapeutischen Kontakt mit dem Kind. Die Arbeit mit den Bezugspersonen gleicht dem therapeutischen Vorgehen beim Kind. Besonders effektvoll ist es, wenn gleich zu Beginn der Behandlung sich ein Erfolg schnell und leicht einstellt; dadurch werden die Bezugspersonen für die weitere Zusammenarbeit motiviert.

Will man ein unerwünschtes Verhalten abbauen, ist es ungeschickt, dieses durch Bestrafung zu unterdrücken (vgl. das Fallbeispiel *Karl*). Die eigentliche therapeutische Veränderung erfolgt über den Aufbau von erwünschtem, alternativem Verhalten, das das Kind noch nicht beherrscht. Ein differenziertes Alternativverhalten gestattet es dem Kind, auf unerwünschtes Verhalten zu verzichten. Im Fallbeispiel *Karl* genügt es nicht, seine femininen Sprachinhalte zu ignorieren und zu hoffen, daß dieses Verhalten dadurch verschwindet. Der Therapeut wendete sich systematisch gewünschtem Sprachverhalten zu und bekräftigte es. Ähnlich wurde in bezug auf *Karls* Interesse an weiblichen Spielen und Freundschaften vorgegangen. Dieses Verhalten wurde nicht nur gelöscht, sondern gleichzeitig wurden für Jungen typische Interessen und Fertigkeiten vermittelt, um es *Karl* zu ermöglichen, daß er von gleichgeschlechtlichen Altersgenossen akzeptiert wird. Der Aufbau neuer Verhaltensweisen begünstigt nicht nur den Therapieerfolg, sondern wird auch in stärkerem Maße ethischen Aspekten wie der Wahlfreiheit und Eigenverantwortlichkeit des Patienten gerecht.

Schließlich wirft der Fall *Karl* ein Licht auf ein Phänomen, dem wir in der Therapie immer wieder begegnen, über das wir aber erst relativ wenig wissen. Wir entdekken in der Praxis oft, daß einzelne, voneinander unabhängige Verhaltensweisen miteinander gekoppelt auftreten. Wir nennen sie deshalb *gekoppelte Verhaltensklassen*. Wenn wir ein Verhalten einer solchen Klasse verändern, dann treten auch bei anderen, der gleichen Klasse zugehörigen Verhaltensweisen Veränderungen auf. Bei *Karl* hatte sich die Behandlung in der Klinik auf die Inhalte seines Sprachverhaltens gerichtet, nicht aber auf die Stimmodulation. Aus den Aufzeichnungen des Beobachters geht klar hervor, daß der Anstieg maskuliner und die Abnahme femininer Sprachinhalte von einer klar verringerten femininen Sprachmodulation begleitet war. Sprachinhalt und Stimmodulation scheinen zu einer Gruppe zu gehören, innerhalb deren sich ein neues Verhalten sehr leicht auf einen anderen Bereich übertragen läßt.

Verhaltensprobleme bei Kindern lassen sich zwar anschaulich unterteilen, jedoch ist es nicht immer notwendig, jedes einzelne Verhalten zu verändern. Wird ein einzelnes Verhalten geändert, beeinflußt dies oft auch andere Verhaltensweisen positiv; bis jetzt wissen wir aber kaum, wie wir solche »Schlüsselverhaltensweisen« identifizieren können. Die Klärung dieser Fragen ist eine der vordringlichsten Aufgaben der Forschung im Bereich der Verhaltenstherapie bei Kindern und Jugendlichen.

2.4.3 Selbstkontrolle des Problemverhaltens

Bezugspersonen der Kinder (Lehrer, Eltern und Altersgenossen) können allein schon deshalb den therapeutischen Prozeß sehr positiv beeinflussen, weil sie mit dem Kind viel mehr Zeit als der Therapeut verbringen. Dieser Effekt könnte nur noch übertroffen werden, wenn es gelänge, das behandlungsbedürftige Kind zu seinem eigenen Therapeuten zu machen. Schritte in diese Richtung sind schon von Therapeuten unternommen worden, die sich der Erforschung von Selbstkontrolltechniken in der Verhaltenstherapie zugewandt haben (z.B. *Spates* u. *Kanfer,* 1977; *Kendall* u. *Braswell,* 1982).

Rekers u. *Varni* (1977 a) berichten über ihre Arbeit mit einem sechs Jahre alten Jungen, der ebenfalls Probleme mit seiner Geschlechtsidentität hatte. Nachdem es ihnen gelungen war, das geschlechtsspezifische Verhalten des Jungen über die soziale Verstärkung durch die Eltern zu steuern, zeigten sie dem Jungen, wie er selbst sich zu eher jungengemäßen Spielen anleiten konnte. Er bekam einen Zähler, den er am Handgelenk trug, um sein Verhalten zu registrieren. Das Training wurde in der Klinik durch ein weiteres Hilfsmittel (»Wanze« im Ohr) erweitert, mit dem das Kind über einen drahtlos funktionierenden Empfänger verbale Anweisungen empfing. Wie so oft, wenn Klienten anfangen, ihr Verhalten zu beobachten und aufzuzeichnen (vgl. *Borden* et al., 1971), so stieg auch hier das jungengemäße Spielen des Kindes allein schon aufgrund dieser Selbstüberwachung. Allmählich ließ dieser Effekt nach, so daß das Kind darauf hingewiesen werden mußte, daß es sich jedesmal eine Süßigkeit geben solle, wenn es einen Punkt auf dem Zähler zu registrieren hatte. Es zeigte sich, daß in der Tat die Selbstverstärkung für das zunehmende jungengemäße Spielen verantwortlich war. Hingegen blieben Verhaltensänderungen, die durch die soziale Verstärkung seitens der Eltern hervorgerufen wurden, in hohem Maße situationsspezifisch. Nur durch ein Selbstkontrollprogramm (Selbstbeobachtung, Selbststeuerung, Selbstverstärkung) konnten die Effekte auf andere Bereiche übertragen werden. Zwölf Monate nach dem Behandlungsende konnte bei dem Jungen festgestellt werden, daß er das geschlechtsuntypische Verhalten aufgegeben hatte. Ein unabhängiger Beurteiler schätzte ihn als gelösten, allgemein zufriedenen Jungen ein.

Eine ähnliche Kombination aus Selbststeuerung und Selbstbekräftigung wurde von *Rekers* u. *Varni* (1977b) bei einem vierjährigen Jungen angewendet, der stereotype feminine Verhaltensmuster ausgebildet hatte. Auch hier war man mit Selbstkontrolle in der Lage, Verhaltensweisen aufzubauen, die mit der eigenen Geschlechtsrolle konform gingen und sich noch nach zwei Jahren als stabil erwiesen.

Da die Anzahl der dokumentierten Fälle bis jetzt zu gering ist und Behandlungen dieser Art naturgemäß experimentiell nur schwer zu kontrollieren sind, ist es noch verfrüht, um die Selbstkontrollansätze abschließend zu bewerten. Selbstkontrollansätze weisen zumindest den Vorteil auf, daß sie effektiv und weitgehend unabhängig vom Therapeuten eingesetzt werden können. Auch ist es noch zu früh, um Aussagen über die langfristigen Effekte von verhaltenstherapeutischen Bemühungen bei Kindern zu treffen, die Schwierigkeiten mit ihrer Geschlechtsrolle haben; wir wissen noch nicht, wie sie sich als Jugendliche und Erwachsene verhalten.

2.4.4 Ethische Überlegungen

Wie anfangs erwähnt, handelt es sich bei den Themen »Geschlechtsrolle« und »Geschlechtsidentität« um schwierige Fragen, die umso heikler werden, wenn es darum geht, mit therapeutischen Mitteln geschlechtsspezifisches Verhalten zu beeinflussen. Jedesmal, wenn eine therapeutische Maßnahme in Betracht gezogen wird, sollte überlegt werden, ob und unter welchen Umständen eine Behandlung zu rechtfertigen ist. Wer sagt schließlich, daß ein Kind, das den Unterricht stört, »beruhigt« werden soll? Woraus geht hervor, daß ein Kind, das seine Mitschüler angreift, andere, weniger aggressive Umgangsformen lernen sollte? Warum soll denn ein Bettnässer trainiert werden, trocken zu bleiben? Bei den eben angesprochenen Verhaltensweisen ist man sich im großen und ganzen noch einig *(Winett* u. *Winkler,* 1972), wenn es jedoch um geschlechtsspezifisches Verhalten geht, werden die Ansichten kontrovers *(Davison,* 1976).

Im allgemeinen besteht Übereinstimmung darüber, daß ein Unterricht nicht gestört werden sollte, andere Kinder nicht geschlagen werden dürfen und Bettnässen ab einem bestimmten Alter eine Störung darstellt, die nach therapeutischer Hilfe verlangt. Hinsichtlich der Frage, welches Verhalten bezüglich der Geschlechtsrolle für Jungen und Mädchen angemessen ist, haben sich tradierte Normen jedoch aufgelöst. Viele fragen sich, was eigentlich mit Jungen nicht stimme, die mit Puppen spielen, und was an Mädchen auszusetzen sei, die sich gerne mit Spielzeugautos die Zeit vertreiben. Unsere Gesellschaft ist toleranter gegenüber Erwachsenen geworden, die sich nicht konform zu den traditionellen Vorstellungen über Geschlechtsrollen verhalten. Die klassische Aufteilung in Frauen- und Männerberufe löst sich allmählich auf. Da geschlechtsbezogene Normen immer stärker relativiert werden, wird auch angezweifelt, ob Kinder einer Behandlung unterzogen werden sollen, wenn man der Ansicht ist, daß ihr Verhalten nicht geschlechtstypisch ist. So fragten *Nordyke* et al. (1977), warum ein Junge nicht mit Puppen spielen solle und was einen Gang oder eine Stimme als »feminin« definiere. *Winkler* (1977) warf die Frage auf, wem gegenüber ein Therapeut sich zur Loyalität verpflichtet fühlen solle: Den Eltern des Kindes, den vorherrschenden sozialen Normen oder den eigenen Wertvorstellungen? Wer behauptet, daß ein Kind nicht berechtigt ist, gegengeschlechtliches Verhalten auszuüben? Was ist schlecht daran, als potentieller Transvestit oder Homosexueller aufzuwachsen? Warum haben die Therapeuten nicht den Versuch unternommen, die Eltern zu unterstützen, akzeptierender mit dem gegengeschlechtlichen Verhalten ihres Kindes umzugehen und gleichzeitig dem Kind zu helfen, selbstsicherer den Unannehmlichkeiten zu begegnen, denen es von seiten der Eltern und der Gleichaltrigen ausgesetzt ist?

Rekers (1977) zeigt, daß solche kritischen Fragen an der Problematik des betroffenen Kindes vorbeigehen und die Tatsache, daß ein solches Verhalten sozialen Ausschluß hervorruft, vollkommen verkennen. Betroffene Kinder werden von Gleichaltrigen beiderlei Geschlechts gehänselt, was zu Depressionen, Frustrationen und einer allgemein negativistischen Haltung des Kindes führen kann. *Rekers* (1977, S. 561) formuliert folgende These: Da die Intoleranz und Abweisung durch die Altersgenossen so verhängnisvoll ist, kann man am unmittelbarsten das Leiden des Kindes dadurch lindern, daß man sein individuelles Verhalten modifiziert. Seiner Ansicht nach ist das therapeutische Bemühen schon allein dadurch gerechtfertigt, daß das Kind vor sozialem Ausschluß und Leiden bewahrt wird. Über dieses Ziel hinaus sieht *Rekers* noch drei weitere Gründe, die solches Vorgehen rechtfertigen. Zunächst kann man ernsthaften psychischen und sozialen Fehlentwicklungen im Erwachsenenalter vorbeugen, die normalerweise mit Transsexualität einhergehen. Weiterhin kann man Problemen der Geschlechtsrollenidentität im Erwachsenenalter entgegenwirken, die sich höchstwahrscheinlich einstellen, wenn im Kindesalter eine Behandlung unterbleibt. Diese Argumentation beruht allerdings auf der kaum belegbaren Annahme, daß Schwierigkeiten mit der eigenen Geschlechtsrolle in der Kindheit zu ähnlichen Problemen im Erwachsenenalter führen.

Die dritte Überlegung besagt, daß ein Therapeut verpflichtet sei, »auf den berechtigten Anspruch der Eltern nach professioneller Hilfe« (*Rekers,* 1977, S. 560) ernsthaft einzugehen. Dieses Argument wirft die Frage auf, wo die Rechte des Kindes enden und welche Formen das Fürsorgerecht der Eltern annehmen kann. Haben Eltern das Recht, um therapeutische Hilfe nachzufragen, weil sie ein Verhalten des Kindes ändern wollen, das sie als homosexuell bezeichnen? Die Antwort auf diese Frage hängt weitgehend von persönlichen Werten und den jeweiligen gesellschaftlichen Normen ab. Wie auch bei anderen ethisch-moralischen Fragen lassen sich hier keine absolut gültigen Antworten festschreiben, und ein Therapeut ist auf sein eigenes Urteil angewiesen, das er nach möglichst sorgfältiger Meinungsbildung fällen muß. Wenn alle Überlegungen darauf weisen, daß die Behandlung eines Kindes wünschenswert erscheint, haben Therapeuten nicht nur das Recht, sondern auch die Pflicht, professionelle Hilfe anzubieten.

2.5 Zusammenfassung und weiterführende Literatur

Kinder und Jugendliche müssen eine Reihe von sozialen Fertigkeiten beherrschen, um angemessen und befriedigend mit Gleichaltrigen umgehen zu können. Oft wurden diese notwendigen Fertigkeiten nicht erlernt. Andere Kinder und Jugendliche verfügen zwar über soziale Fertigkeiten, es gelingt ihnen aber nicht, sie auch im Alltag sinnvoll einzubringen. Man sollte in diesem Kontext also zwischen fehlenden Fähigkeiten und fehlender Leistungsbereitschaft unterscheiden. Aufmerksamkeit und Zuwendung von Erwachsenen verstärken das Sozialverhalten von Kindern und Jugendlichen. Selbst stark behinderte Kinder können aus ihrer sozialen Isolation mit Hilfe von differentieller Verstärkung, Beobachtungslernen und Verhaltensformung herausgeführt werden. Viele dieser Verfahren können von Therapiehelfern durchgeführt werden, also Klassenlehrern, Studenten und sogar anderen Kindern.

Geschlechtstypisches Verhalten kann man ebenfalls als soziale Fähigkeit auffassen. Fehlen solche Fähigkeiten im Verhaltensrepertoire eines Kindes, dann sind oftmals die Beziehungen des Kindes zu seinen Altersgenossen beeinträchtigt. Wir stellten ein erfolgreiches Programm vor, mit dem geschlechtsuntypisches Verhalten verändert werden kann. Die Probleme und die Berechtigung eines solchen Vorgehens wurden eingehend diskutiert. In der deutschsprachigen Verhaltenstherapieliteratur liegen zum geschlechtstypischen Verhalten keine Arbeiten vor; zum Abbau von Kontaktproblemen, sozialer Unsicherheit u.ä. kann auf Arbeiten von *Döpfner* et al. (1981) und *U. Petermann* (1986) verwiesen werden.

3 Sprachstörungen

3.1 Was versteht man unter Sprachstörungen?

Sprache ist eine in der Natur einzigartige Fähigkeit des Menschen, die ihn deutlich vom Tier abgrenzt. Behavioristen wie *Skinner* (1957) fassen Sprache recht einfach als ein verbales, operantes Verhalten auf, das den gleichen Lerngesetzen und Verstärkungsprinzipien unterliegt wie jedes andere operant bedingte Verhalten. Die Schlichtheit dieses Konzeptes wird oft angesichts der Komplexität der menschlichen Sprache in psychologischen und linguistischen Diskussionen angegriffen. Diesem in sich schlüssigen, verhaltenstheoretischen Konzept werden hochkomplexe und differenzierte Theorien gegenübergestellt, die eine angeborene, umfassende Sprachfähigkeit des Menschen annehmen, die sich unabhängig von seiner Erfahrung entwickelt (z.B. *Chomsky,* 1965; *Grimm,* 1986).

Aus der Sicht des Klinikers, der mit sprachgestörten Kindern arbeitet, genügt es, sich auf die folgende praxisorientierte Frage zu beschränken: Welche Theorie liefert die besten Hilfsmittel, um Kinder ohne Sprache oder Kinder mit Sprachstörungen in ihrer Entwicklung zu unterstützen? Die für den Kliniker wichtige Frage lautet nicht, wie sich Sprache im Laufe einer normalen und gesunden Entwicklung herausbildet, sondern wie man einem sprachretardierten Kind helfen kann, möglichst schnell und umfassend seine Mängel auszugleichen. Von diesem Standpunkt aus betrachtet, sind die lerntheoretischen Ansätze jeder anderen Sprachtheorie überlegen.

O. Ivar Lovaas (1977) hat die verhaltenstherapeutische Auffassung von Sprache als operant bedingtem Verhalten sehr konsequent in die Praxis umgesetzt. Sein erstes Projekt geht auf das Jahr 1964 zurück und sollte die Sprachfähigkeit von behinderten, autistischen Kindern verbessern. In einem Überblicksartikel zu seinem Ansatz stellt *Lovaas* (1977) heraus, daß der Spracherwerb auf zwei sich beeinflussenden Prozessen beruht. Zunächst muß das Kind lernen, mit der Stimme bestimmte Laute hervorzubringen. Diese Sprachlaute, die Phoneme (Vokale und Konsonanten) und Morpheme (Worte), müssen in grammatikalisch sinnvoller Weise zu Sätzen zusammengefügt werden. Wir können diesen Prozeß als *Diskriminationslernen* interpretieren: korrekt artikulierte Sprachlaute werden im Kommunikationsprozeß verstärkt, nicht korrekte verschwinden über Löschung oder Bestrafung allmählich aus dem Sprachschatz.

Wenn ein Kind gelernt hat, die Phoneme richtig zu artikulieren und zu Morphemen zusammenzufügen, beginnt der zweite wichtige Prozeß des Spracherwerbs. Das Kind muß die formulierten Worte mit konkreten Gegenständen und Konzepten verbinden. Es muß sich Sinn und Bedeutung der Worte und Sätze immer genauer aneignen. Dieser Prozeß kann unter zwei Aspekten betrachtet werden. Zum einen wird die Berührung zwischen einem Wort und einem Reiz immer exakter; zum anderen führt jede sprachliche Änderung zu Verhaltensweisen in der sozialen Umwelt, die auf den Sprachgebrauch zurückwirken und ihn verändern. Zum Beispiel wird die Konstellation »nicht erreichbarer Ball«/»anwesender Erwachsener« nur dann zu dem Satz »Ich will den Ball« führen, wenn das Kind in der Vergangenheit erfahren hat, daß seine Worte dazu führen, daß der Erwachsene seiner Bitte nachkommt. Somit sind Gegenstände einerseits Hinweisreize für den Gebrauch bestimmter Worte, andererseits bilden Worte Hinweisreize für Verhaltensweisen mit bestimmten, gewünschten Konsequenzen. Diskriminationslernen findet auch statt, wenn ein Gegenstand mit einem bestimmten Wort im Hinblick auf eine erwünschte Konsequenz verbunden wird. Ein Kind lernt, daß der Satz »Ich möchte eine Puppe« nicht das angemessene Verhalten darstellt, um den gewünschten Ball zu bekommen; und ebenso lernt es, daß der Satz »Ich habe einen Ball« nicht bewirkt, daß der Erwachsene den Ball vom Regal nimmt und ihm reicht. Wenn allerdings der Erwachsene aus der Äußerung des Kindes »Ich habe einen Ball« schließen würde, daß das Kind den Ball haben möchte und ihm jedesmal auf diese Äußerung hin den Ball geben würde, so könnte das Kind nie den richtigen Sprachgebrauch lernen. Ein Erwachsener muß beim Spracherwerb eines Kindes darauf achten, nur den korrekten Wort- und Satzgebrauch zu verstärken. Solch *diskriminative Verstärkung* bildet auch die wesentliche Grundlage für den sprachtherapeutischen Ansatz der Arbeitsgruppe um *Lovaas.*

3.2 Training zum schrittweisen Spracherwerb

Lovaas (1977) hat ein hierarchisch aufgebautes Trainingsprogramm entwickelt, das ursprünglich für autistische Kinder konzipiert war, jedoch auch bei anderen Sprachentwicklungsstörungen erfolgreich angewendet werden kann. Das Training besteht aus neun unterschiedlichen Programmen mit steigender Schwierigkeit. Es besteht keine scharfe Abgrenzung zwischen den einzelnen Schritten, und je nach den vorhandenen, individuellen Sprachfähigkeiten eines Kindes kann auf der entsprechenden Ebene begonnen bzw. das Tempo des Vorgehens auf die Lernfortschritte des Kindes abgestellt werden. Im folgenden wird ein Überblick über das Training gegeben; detailliertere Ausführungen finden sich bei *Lovaas.*

Programm 1: Bei Kindern ohne jede sprachliche Äußerung beginnt das Training damit, erste Laute oder Worte hervorzubringen. Ein Lehrer macht bestimmte Töne vor und das Kind ahmt diese nach (Modellernen). Manchmal ist es sogar notwendig, dem Kind zunächst beizubringen, überhaupt einen Erwachsenen nachzuahmen *(Hewett,* 1965). Das Programm 1 besteht im wesentlichen aus Hilfestellungen (prompting) und Verhaltensformung (shaping), unterstützt durch konstante positive Verstärkung und Körperkontakt. Das Kind versucht, die Laute des Erwachsenen nachzusprechen, die auf dieser Stufe allerdings noch keine Sinnbedeutung besitzen. Wenn das Kind in der Lage ist, zehn verschiedene, wiedererkennbare Laute zu äußern, steigt man in Programm 2 ein und führt gleichzeitig Programm 1 weiter, um die Anzahl differenzierbarer Laute zu erhöhen.

Programm 2: Dem Kind wird geholfen, die schon gelernten Worte als Bezeichnung für bestimmte Aktivitäten oder Gegenstände zu benutzen. Sobald einige Begriffe beherrscht werden, werden sie abgefragt (»Was ist das?«).

Programm 3: Zu den Bezeichnungen für Gegenstände und Aktivitäten kommen jetzt abstrakte Begriffe hinzu. Pronomen, Präpositionen, Zeitbegriffe, Farben, Formen und Größen stellen Abstraktionen dar, die sich auf viele konkrete Objekte mit einer gemeinsamen Eigenschaft beziehen. Weitere Begriffe, die in diesem Trainingsschritt gelernt werden, sind »schnell und langsam«, »mehr und weniger«, »gleich und verschieden«, »ja und nein«. *Lovaas* betont, daß es für ein Kind unentbehrlich ist, über diese Begriffe zu verfügen, um auch nur minimal am sozialen Leben teilnehmen zu können. Dabei ist es sehr schwierig, diese Begriffe dem Kind zu vermitteln, denn sie weisen keine Bezüge zur konkreten Umwelt auf, die als Hinweisreize genutzt werden könnten. Daher kann es nötig sein, eine oder zwei Stunden täglich konzentriert zu üben, um nur ein einziges dieser Begriffspaare in der Vorstellungswelt des Kindes zu verankern. Bei zehn Lernproben pro Minute kann sich eine Gesamtzahl von 600 bis 1200 Proben pro Tag ergeben.

Programm 4: Bei Fortschritten in den Programmen 2 und 3 geht man allmählich auf Programm 4 über, das nach und nach Gesprächsform annimmt. Am Anfang stehen einfache Wortwechsel, bestehend aus der Frage des Lehrers »Wie heißt du?« und der Antwort des Kindes »Andreas«. Sehr viel später kann der Lehrer danach fragen, was das Kind heute in der Schule erlebt hat, worauf das Kind sehr ausführlich und langatmig die Ereignisse seines Schultages berichtet. Bevor ein Kind eine solche sprachliche Leistung erbringen kann, sind noch einige Zwischenschritte zu absolvieren.

Programm 5: Es wird eingeübt, wie das Kind benötigte Informationen suchen und erfragen kann, z.B. was es zum Mittagessen gibt oder wann die Schule aus ist. Parallel wird trainiert, auf eine Frage hin selbst Antwort zu geben bzw. zu sagen »Ich weiß es nicht«. Zu diesem Zweck stellt Person *A* dem Kind eine Frage; um diese beantworten zu können, muß sich das Kind an Person *B* wenden und Informationen einholen, wonach es sich wieder an Person *A* wendet und die Antwort mitteilt.

Programm 6: Auch Programm 6 kann schon eingeführt werden, während die Arbeit an den vorausgehenden Schritten noch andauert; es geht um die Entwicklung von grammatischer Kompetenz. Diese Fertigkeiten werden schon in Programm 2 eingeübt, in dem zwischen Singular und Plural differenziert werden mußte. Auch während Programm 4 werden grammatikalische Formen immer wieder bekräftigt bzw. korrigiert. Der Lehrer dient als Modell für die Fertigkeit, einzelne Worte syntaktisch richtig zusammenzufügen.

Programm 7: Bei der Darstellung von Programm 4 wurde die Fähigkeit des Kindes erwähnt, von eigenen Erfahrungen, z.B. aus dem Schulalltag, berichten zu können. Voraussetzung dieser Fähigkeit ist, daß das Kind vergangene Erlebnisse erinnern und aktualisieren kann. Programm 7 schult die Leistungsfähigkeit des kindlichen Gedächtnisses. Zu Beginn wird das Kind gefragt, was einige Sekunden zuvor vorgefallen ist, bis schließlich im Verlauf des Programmes auf den vorigen Tag rekurriert wird. So, wie die Erinnerungsfähigkeit des Kindes sich verbessert, steigen auch seine Möglichkeiten, mit anderen Menschen zu kommunizieren, da man sich nicht nur über Aktuelles, sondern auch über Vergangenes austauschen kann. Auf diese Weise erfährt das Kind von Ereignissen, die es selbst nicht unmittelbar erlebt hat.

Das Kind selbst entwickelt sich zu einem interessanteren Geprächspartner und erhöht damit die Wahrscheinlichkeit, in Gespräche einbezogen zu werden, die wiederum als Übungsfeld für seine weitere Sprachentwicklung von Nutzen sind.

Programm 8: Bis zu diesem Schritt war das Sprachverhalten des Kindes in mehr oder weniger differenzierte Frage-Antwort-Abfolgen eingebunden. Jetzt soll ein spontaneres Sprechen des Kindes initiiert werden. Der Lehrer eröffnet daher das Gespräch mit offenen Fragen wie z.B. »Erzähl mir etwas von dir!« und gibt dem Kind Hilfestellungen, wenn es ins Stocken gerät (»Was weißt du sonst noch?«). Die ursprünglichen konkreten Verstärker wie Essen haben jetzt Verstärkern Platz gemacht, die sich natürlich aus der Situation ergeben und den Geprächsfluß aufrechterhalten. Bekräftigend wirken vor allem Aufmerksamkeitszuwendung, Anregungen und Ermutigungen des Geprächspartners und die erhaltenen Informationen.

Programm 9: Das vorangegangene Programm wird ausgeweitet, und es werden ganze Geschichten erzählt. Der Bezug zu unmittelbar vorgegebenen Reizen wird verlassen, und im Geprächt werden Ideen und Vorstellungen ausgetauscht, die aus ganz unterschiedlichen Erfahrungen zusammengesetzt sind. Man kann die Phantasie des Kindes anregen, indem man sich gemeinsam Geschichten ausdenkt. Das Kind kann so eigenen Bildern und Vorstellungen Ausdruck verleihen. Auf diese Weise wird ein kreativer Umgang mit der Sprache angestrebt, den jedoch nicht alle Kinder erreichen.

3.3 Bewertung des Lovaas-Ansatzes

Der Umfang des aktiven bzw. passiven Sprachschatzes, den die nach *Lovaas* behandelten autistischen Kinder entwickelten, stand in enger Beziehung zu dem Alter des Kindes zum Zeitpunkt des Behandlungsbeginnes und dem ursprünglichen Stand der Sprachentwicklung des Kindes. Wie *Lovaas* et al. (1978) in einem Überblicksartikel zu ihrer Arbeit bemerken, erbringt das Training bei autistischen Kindern die größten Erfolge, wenn es begonnen wird, bevor das Kind vierzig Monate alt ist. Zu dieser Zeit können sich die Fortschritte im Spracherwerb umfassend auf soziale, affektive und intellektuelle Fertigkeiten übertragen lassen und sich langfristig stabilisieren. Dagegen gehen Entwicklungsfortschritte bei älteren Kindern, besonders bei mutistischen Kindern, langsamer vonstatten und führen nur noch selten zu einem kreativen Sprachgebrauch. Der Lernprozeß kann sich sogar wieder zurückbilden, wenn es nicht gelingt, die Verstärkungsbedingungen, die während des Programms eingeführt worden sind, für die Nachbehandlungsphase konstant zu halten (*Lovaas* et al., 1973). Damit die Erfolge aufrechterhalten bleiben und sich auf Bereiche außerhalb des Trainings übertragen, hat die Arbeitsgruppe um *Lovaas* die Eltern in das Programm bezogen. Die neuerworbenen Fertigkeiten können so zu Hause weiter geübt und verstärkt werden und in das vorhandene Verhaltensrepertoire des Kindes einbezogen werden.

Als *Lovaas* mit älteren autistischen Kindern arbeitete, gelang es ihm zwar, deren aktiven und passiven Wortschatz beträchtlich zu erweitern, jedoch entwickelten diese Kinder nicht die Gabe, mit Hilfe ihrer Sprache »ihr Verhalten selbst zu steuern«. So jedenfalls umschreibt *Lovaas* als Verhaltenstherapeut die Möglichkeit des Menschen, sich mit Hilfe seiner Sprache seiner selbst bewußt zu werden. In einfachen Worten ausgedrückt, geht es darum, ob Sprache das Denken anregt und differenziert. Bei den Kindern, mit denen die Sprachförderung durchgeführt wurde, war keine Auswirkung dieses Vorgehens auf das Denken festzustellen. *Lovaas* fragt sich, ob das von ihm entwickelte Programm in diesem Punkt unzulänglich sei. Er spekuliert weiterhin, welche Bedingungen den inneren Gebrauch der Sprache (Denken) steuern, wenn man sich die vielfältigen Denkabläufe vor Augen führt, für die eine Person von außen nicht verstärkt wird. Denken mag dadurch aufrechterhalten werden, weil es möglicherweise ein angeborenes Bedürfnis des Nervensystems nach kontinuierlicher Stimulation befriedigt. Das selbststimulierende, rhythmische Hin- und Herwippen, Zwirbeln oder die flapsigen Handbewegungen, die für autistische Kinder typisch sind, könnten beim autistischen Kind eine nicht-sprachliche Form dieser Stimulation bilden, die normalerweise durch inneres Sprechen (Denken) abgedeckt wird. Solche Überlegungen gehen jedoch über den vorliegenden Bereich hinaus und führen uns in ein von Spekulationen getragenes Gebiet, in dem wenige empirische Ergebnisse vorliegen.

3.4 Echolalie

Eine Form der Sprachstörungen kann darin bestehen, daß ein Kind zwar Worte syntaktisch richtig zusammenfügen kann, die Äußerungen jedoch für den Gesprächspartner unklar bleiben. Z.B. mag ein Kind auf die Frage »Möchtest du etwas Milch?« mit der Wiederholung des Satzes »Möchtest du etwas Milch?« antworten oder kürzer mit »Etwas Milch«. Wir nennen diese Art des Gebrauchs der Sprache *Echolalie*. Sie kann zwei verschiedene Formen annehmen. Bei der unmittelbaren Echolalie wiederholt das Kind den Satz oder einen Satzteil sofort, nachdem es ihn gehört hat. Bei der verzögerten Echolalie vergeht eine gewisse Zeitspanne, bis das Kind die gehörten Worte nachspricht. In jedem Falle verfehlt die Sprache ihre kommunikative Funktion in Richtung auf den Gesprächspartner, wenn auch Eltern oder Pflegepersonen des Kindes manchmal darüber nachsinnen, was das Kind gemeint haben könnte.

Da mit Echolalie keine Kommunikation möglich ist, bezeichnen wir sie nicht als Sprache, sondern ganz allgemein als *Sprechverhalten*. Da jedoch die Fähigkeit zur Äußerung von Lauten besteht, kann ein Sprachtraining auf höherem Niveau ansetzen als etwa bei autistischen Kindern, bei denen erst die Produktion von Stimmlauten und einzelnen Worten eingeübt werden muß. Auch Lernfortschritte sind nach *S. L. Harris* (1975) bei Kindern mit Echolalie schneller als bei mutistischen Kindern zu erreichen. Wie bei vielen anderen diagnostischen Klassifikationen im psycho- und sprachtherapeutischen Bereich bilden auch die vielen mit Echolalie bezeichneten Störungen keine in sich homogene Gruppe. Einer Analyse von *Goren* et al. (1977) folgend, stellt die Echolalie kein einheitliches Problem dar, sondern variiert je nach Kind und den vorausgehenden bzw. nachfolgenden Bedingungen des Sprechverhaltens. Häufig benutzt ein Kind in bestimmten Bereichen eine einfache, aber kommunikativ sinnvolle Sprache, zieht sich in anderen Bereichen jedoch auf Echolalie zurück. Es stellt sich die Frage nach den Variablen, die diese unterschiedlichen Sprachformen prägen. Sie hat nicht nur theoretische, sondern auch praktische Bedeutung, denn solange ein Kind Anweisungen seines Lehrers immer nur nachspricht und nicht auf sie reagiert, wird es schwierig sein, sinnvolles Sprachverhalten mit ihm zu trainieren.

Carr et al. (1975) haben einen wichtigen Beitrag zum Verständnis der Echolalie geliefert, indem sie bei mehreren psychotischen Kindern mit Echolalie Verhaltensanalysen des Sprachverhaltens durchführten, d.h. die Echolalie im Kontext der vorausgehenden und nachfolgenden Bedingungen untersuchten. Aus den Verhaltensanalysen geht hervor, daß ein Kind, dem ein Satz als Reiz dargeboten wird, diesen nicht automatisch nachspricht, wenn es lernt, ein anderes, angemesseneres und sinnvolleres Verhalten zu äußern. Es ist bemerkenswert, daß die Kinder in dieser Studie ihr stereotypes Nachsprechen aufgeben konnten, ohne mit negativen Konsequenzen dafür bestraft worden zu sein. Sobald ein alternatives Verhalten stabil aufgebaut war, verschwand die Echolalie vollständig. Echolalie und sinnvolles Sprechen scheinen einander auszuschließen. Die Schlußfolgerung aus dieser Erkenntnis für die klinische Praxis lautet, daß Echolalie gelöscht werden kann, wenn über positive Verstärkung ein alternatives, sinnorientiertes Sprachverhalten eingeleitet wird; time-out bzw. Bestrafung des stereotypen Nachsprechens sind überflüssig. Unter diesem Aspekt ist es zweifelhaft, die durch die Echolalie geäußerten Laute als Ausgangspunkt für ein Sprachtraining zu verwenden, wie es noch in der Pilotstudie von *Risley* u. *Wolf* (1967) empfohlen wurde. Ein solches Vorgehen dürfte eine Echolalie kaum abbauen.

Carr et al. (1975) hatten bei ihrer Untersuchung die Annahme zugrundegelegt, daß Echolalie von verbalen Reizen abhängt, die für das Kind unverständlich und sinnlos sind. Wenn diese Annahme zutrifft, dann wäre auch zu differenzieren, was das Kind jeweils zum Ausdruck bringt: »Ich verstehe das nicht«, oder »Ich kann es nicht sagen (oder tun)« oder »Ich weiß es nicht«. Ein Kind müßte demzufolge lernen, differenziert zu reagieren, anstatt stereotyp die vorgegebenen Worte zu wiederholen, wenn es aus irgendeinem Grunde nicht in der Lage ist, dem Gesprächspartner zu antworten. Es müßte lernen, auf alle Fragen, die es inhaltlich nicht beantworten kann, mit »Ich weiß es nicht« zu antworten und auf alle Aufforderungen, die es nicht ausführen kann, einfach mit »Was?« zu reagieren. Diese Technik des *Unterscheidungslernens* ist von *Carr* et al. vorgeschlagen worden, und sowohl *Schreibman* u. *Carr* (1978) als auch *Tucker* et al. (1978) haben nachweisen können, daß sich mit dieser Technik erfolgreich arbeiten läßt. In einer weiteren Phase hätte das Kind zu lernen, zwischen Fragen zu unterscheiden, auf die es keine Antwort weiß (»Ich weiß es nicht«) und solchen, die es einfach nicht nachvollziehen kann (»Was meinst du?«). Bei Aufforderungen wäre zu diskriminieren zwischen solchen, die es nicht versteht (»Was?«) und solchen, die es nicht ausführen kann (»Das kann ich nicht«). Training solcher Sprachfertigkeiten ist aber in der Regel deshalb so mühselig, weil ein effektives Arbeiten und Kommunizieren mit dem Kind diese Fertigkeiten voraussetzt. Trainings gehen immer von der Fähigkeit zum sinnorientierten Sprachgebrauch aus, die eigentlich erst geschult werden soll.

3.5 Ein nicht-sprachlich orientiertes Training

Das Gespräch stellt nur *eine* mögliche Kommunikationsform dar. In der Entwicklung des Kindes gehen nonverbale Formen dem Spracherwerb – sowohl phylogenetisch als auch ontogenetisch – voraus. Wenn wir schwerwiegende Sprachstörungen wie den kindlichen Autismus als Entwicklungsstörung auffassen, so könnten wir therapeutisch an dem Vorläufer des Sprachverhaltens, dem nonverbalen Ausdruck, ansetzen. Die Arbeit von *De Villiers* u. *Naughton* (1974) liefert ein Beispiel für einen solchen Ansatz. Sie führten in ihre Arbeit mit zwei sprachbehinderten, autistischen Kindern eine sogenannte »Partikel-Sprache« ein, um die retardierte Kommunikationsfähigkeit der beiden Kinder weiterzuentwickeln. Diese Methode erlaubte eine strikte Kontrolle der Lernmaterialien, mit denen gearbeitet wurde. *De Villiers* u. *Naughton* griffen auf eine Symbolsprache (ohne Worte) zurück, die *Premack* (1970) für seine Versuche mit einem Schimpansen erstellt hatte. Im Mittelpunkt des Unterrichts stand eine metallene Schautafel, auf der Magnetstücke (Partikel) befestigt werden konnten. Diese Partikel von unterschiedlicher Farbe und Aussehen waren mit Worten beschriftet und konnten auf der Schautafel zu Sätzen im Telegrammstil kombiniert werden (»Thomas gibt Marion Bretzel«, oder »Wer hat Keks?«).

Die Kinder, mit denen *De Villiers* u. *Naughton* (1974) arbeiteten, wurden als autistisch bezeichnet, hatten aber auch schon die Diagnose »Hirnschaden« erhalten. Der ältere Junge, *Adam,* war neun Jahre alt und äußerte sich sprachlich fast nur mit Echolalie. Seine Motorik konnte durch viele der für autistische Kinder typischen Bewegungen gekennzeichnet werden (Hin-und-Herwippen, auf den Zehenspitzen gehen, autoaggressives Schlagen auf den eigenen Kopf und weitere Formen der Selbststimulation). Das jüngere Kind, *Bobby,* war sechs Jahre alt. Er sprach nur in Form von kindlichem Murmeln und verbrachte die meiste Zeit des Tages damit, ziellos durch die Station, auf der er untergebracht war, zu laufen. Im Unterschied zu *Adam,* der recht aufmerksam war, war *Bobby* sehr leicht abzulenken. Mit jedem Kind wurde täglich zweimal je fünfzehn Minuten über einen Zeitraum von neun Monaten gearbeitet, und man bemühte sich darum, die sprachlichen Leistungen der Kinder mit Hilfe der Schautafel zu fördern. Zu Beginn des Trainings wurde ein Satz auf der Tafel vorgegeben, wobei man dabei Platz für ein Wort ließ, das das Kind aus einer Auswahl von etwa fünf oder sechs möglichen Worten einfügen sollte. Wenn beispielsweise der Therapeut *(»Josef«)* eine Brezel hochhielt und den Satz *»Josef* gibt *Adam«* auf der Tafel zusammenstellte, so sollte das Kind das Wort Bretzel unter sechs verschiedenen Bezeichnungen von Nahrungsmitteln aussuchen. Wenn das Kind das passende Wort einsetzte, erhielt es vom Therapeuten die Bretzel als Belohnung. Der Forscher las den vollständigen Satz laut vor, und *Adam* sprach den Satz nach. Bald konnte *Adam* den Satz ohne fremde Hilfestellung »lesen« und wurde unmittelbar verstärkt, wenn der Satz vervollständigt und richtig ausgesprochen wurde. Zum Ende des Projekts konnte *Adam* die Sätze auch sprechen, ohne die Schautafel zu sehen, und Sätze mit vier Worten bilden bzw. verstehen, während er vor dem Training maximal Zwei-Wort-Sätze spontan formulieren konnte. Die Arbeit mit *Bobby* erbrachte nicht solche Fortschritte. Wie man auch bei anderen autistischen Kindern beobachtete *(Lovaas* et al., 1973), erleichtert schon das geringste Maß an vorhandener Sprache den Erwerb von Sprachfertigkeiten mit Hilfe eines Trainings beträchtlich, selbst wenn es sich dabei nur um Echolalie handelt.

Der Einsatz der »Partikel-Sprache« ist zwar sehr aufwendig, sie besitzt jedoch einige wichtige Vorteile im Vergleich zum üblichen Sprachtraining. Da Sprachstörungen sehr heterogen sind, sollte ein verhaltenstheoretisch orientierter Sprachtherapeut über die Palette unterschiedlichster Methoden und Techniken verfügen. Eine Symbolsprache kann in manchen Fällen ein wertvolles Instrumentarium sein. Die Partikel, die konkret auf der Schautafel bewegt werden, haben den Vorteil, daß sie die Aufmerksamkeit des Kindes binden können. Mit der Schautafel kann visuell gearbeitet werden, während die üblichen Sprachtrainings auf den akustischen Kanal beschränkt sind. Die Schautafel erleichtert es, die Aufmerksamkeit des Kindes zu steuern und entsprechend zu verstärken; bei ausschließlich akustischen Reizen können wir nie sicher sein, ob das Kind tatsächlich zuhört. Ein weiterer Vorteil der Schautafel liegt darin, daß sich das Kind immer wieder auf die konstanten Vorgaben auf der Tafel beziehen kann. Für Kinder mit Gedächtnisproblemen stellt dies eine wichtige Stütze dar. Als günstig erweist sich auch, daß der Therapeut die Antwortmöglichkeiten steuern kann, wenn Sätze ergänzt werden sollen. So kann ohne viele sich wiederholende Fehler gelernt werden. Wenn, wie bei *Bobby,* das Kind große Schwierigkeiten hat, das passende Wort herauszusuchen, kann der Therapeut alle Antworten außer der richtigen von der Tafel nehmen oder die richtige Antwort schon recht nahe der Lücke im Satz plazieren. Wenn ein Fehler des Kindes auf diese Weise ausgeschlossen wird, ergibt sich sicher die Gelegenheit, korrektes Verhalten zu verstärken. Der Schwierigkeitsgrad kann sukzessive erhöht werden, indem unterstützende Hinweise allmählich ausgeblendet werden.

3.6 Verbesserung schwach ausgeprägter Sprachfertigkeiten

Wir kennen verschiedene Grade von Sprachbehinderung. Manche Kinder sind vollkommen stumm, andere äußern sich nur durch Echolalie, und wiederum andere verfügen über schwach ausgeprägte Sprachfähigkeiten. Bei den letztgenannten soll durch das therapeutische Bemühen das Sprachvermögen altersgemäß ergänzt werden. *Wheeler* u. *Sulzer* (1970) berichteten über ihre Arbeit mit einem sprachschwachen achtjährigen Jungen, der ein Englisch im »Telegrammstil« sprach, d.h. die meisten Artikel und Hilfsverben ausließ. Früher hatte er sich nur in Echolalie ausgedrückt und war mehrfach als hirngeschädigt, autistisch und retardiert bezeichnet worden. Nach zwei Jahren Sprachtraining beherrschte er einen umfangreichen Wortschatz, vermochte jedoch die Worte nicht sinnvoll zu Sätzen zusammenzufassen.

Wheeler u. *Sulzer* wollten untersuchen, inwieweit spezifisches Sprachverhalten, das in einem operanten Sprachtraining erworben wurde, sich auf andere sprachlichen Ausdrucksformen übertragen läßt, die nicht unmittelbar Gegenstand des Trainings waren. Diese Frage zieht wichtige theoretische Schlüsse nach sich. Es ist unwahrscheinlich, daß jede sprachliche Äußerungsform sich durch Verstärkung herausbildet. Wenn der Spracherwerb nach den Gesetzen des operanten Lernens verläuft, so müssen sich sprachliche Fertigkeiten auf verschiedene Bereiche übertragen. Dementsprechend muß jedes Training für sprachbehinderte Kinder diese Übertragungsmöglichkeiten berücksichtigen, um die Sprachentwicklung zu normalisieren.

Beim Spracherwerb kann man davon ausgehen, daß viele sprachliche Äußerungsformen eng miteinander verknüpft sind. Solche Verknüpfungen bestehen im Bereich der Grammatik und Syntax. Konjugation und Deklinationen müssen beispielsweise nicht für jedes Wort des Sprachschatzes gelernt werden. Wenn ein Kind die Regeln an einigen Beispielen erfaßt hat, wird es dieses Wissen leicht auf neue Worte übertragen können *(Baer* u. *Guess,* 1971; *Schumaker* u. *Sherman,* 1970).

Der Junge, mit dem *Wheeler* u. *Sulzer* (1970) arbeiteten, ahmte schnell und leicht vorgeführtes Modellverhalten nach. Ihm wurde eine Serie von Bildern vorgelegt, die jeweils eine Person bei einer bestimmten Aktivität abbildeten. Der Wortschatz des Jungen enthielt alle notwendigen Begriffe, um jedes der Bilder beschreiben zu können, jedoch konnte er vor dem Training diese Worte nicht zu passenden Sätzen zusammenfügen, wie z.B. »Der Mann auf dem Bild raucht Pfeife«.

Dem Jungen wurde jeweils ein Bild vorgelegt und er wurde aufgefordert zu schildern, was er sieht. Bei der Erhebung der Ausgangsdaten wurde keine Anweisung und keine Verstärkung gegeben; während der Trainingsphase gaben die Therapeuten Hilfestellung und bekräftigten korrekte Anworten mit Hilfe eines Münzverstärkungsprogramms. In der Trainingsphase wurden einige Durchgänge ohne Hilfestellung und Verstärkung eingestreut, um das Ausmaß bestimmen zu können, in dem das neue Sprachverhalten auf andere Bereiche übertragen wurde.

Die empirischen Ergebnisse machen deutlich, daß die Leistung bei den Trainingsdurchgängen sowohl mit als auch ohne Hilfestellung und Bekräftigung gesteigert werden konnte, wobei das Ausmaß unterschiedlich hoch war. Als dem Jungen nach dreißig Sitzungen die ersten sechs Bilder noch einmal dargeboten wurden, zeigte der Vergleich der Ergebnisse, daß sich die Fähigkeit, Sätze zu bilden, die die Bilder treffend wiedergeben, im Verlauf des Trainings grundlegend verbessert hatte. *Wheeler* u. *Sulzer* (1970) betrachten diese Ergebnisse als Beleg dafür, daß beim Spracherwerb Fertigkeiten wirksam auf andere Bereiche übertragen werden können. Die Autoren ziehen daraus den Schluß, daß es genügt, das Sprachverhalten exemplarisch einzuüben, wenn man das Repertoire eines sprachlich zurückgebliebenen Kindes erweitern will.

3.7 Übertragung von Behandlungserfolgen auf den Alltag

Wie bei jeder verhaltenstherapeutischen Behandlung muß auch bei sprachtherapeutischen Interventionen gewährleistet sein, daß die Behandlungserfolge auch im Alltag wiederzufinden sind und sich nicht nur in der Klinik oder Therapie feststellen lassen. Die Äußerungen von Kindern werden von Bezugspersonen durch Zuwendung verstärkt. Man kann also ein Sprachtraining beschleunigen, indem man viele sozial erwünschte Äußerungen einbaut. Hierzu zählen auch einfache Fragen und Bitten, mit denen ein Kind andere Menschen dazu bewegt, ihm zu antworten. Wenn das Kind jemanden begrüßt, setzt es soziale und somit auch sprachliche Interaktion in Gang *(Stokes* et al., 1974). Neues Sprachverhalten wird besser auf verschiedene Situationen übertragen, wenn man wichtige Personen aus der natürlichen

Umgebung des Kindes instruiert, wie sie das Kind bei angemessenem Sprachgebrauch zu Hause, in der Schule etc. verstärken können. Jede Behandlung sollte in dem Bereich ansetzen, in dem das gestörte Verhalten sich am stärksten zeigt. Wenn ein Kind dem Unterricht nicht folgen kann, so arbeitet man mit ihm daran im Klassenzimmer; der Lehrer unterstützt den Therapeuten.

Im Unterschied zu den Sprachproblemen von autistischen und retardierten Kindern, bei denen eine unzureichende Sprachfähigkeit vorliegt, kann bei Mutismus auch eine verringerte Leistungsfähigkeit vorliegen. Manche mutistischen Kinder zeigen nur in bestimmten Situationen Sprachverweigerung. Ein Junge, den *Bauermeister* u. *Jemail* (1975) behandelten, konnte zu Hause mit seinen Angehörigen frei und flüssig sprechen, blieb in der Schule aber vollkommen stumm und sprach nie mit seinem Lehrer und seinen Mitschülern.

Bei *Bauermeister* u. *Jemail* wird deshalb vom Lehrer des Jungen Sprachtraining durchgeführt und dabei so angelegt, daß es den Unterrichtsablauf nicht stört. Nachdem das problematische Verhalten des Jungen näher beobachtet worden ist, werden vier zu ändernde Verhaltensweisen festgelegt. Die konkreten Ziele bestanden darin, daß

- sich der Junge im Unterricht meldet,
- er auf Fragen des Lehrers antwortet,
- er laut vorliest und
- Aufgaben für seine Klasse übernimmt.

Zwei Lehrer führen die Behandlung durch. Sie unterteilt sich in vier Phasen.

In der ersten Phase werden von den Lehrern Daten erhoben, die angeben, wie oft und in welchen Situationen das betreffende Verhalten vor der Behandlung auftrat. In der zweiten Phase werden die Lehrer dazu angehalten, den Jungen zur aktiven Teilnahme am Unterricht zu ermutigen und ihn durch Loben jedesmal zu verstärken, wenn er das angestrebte Zielverhalten umfassend oder annähernd zeigt. Aus den Aufzeichnungen der Lehrer geht hervor, daß sie das Zielverhalten des Jungen nicht einheitlich und konsequent genug bekräftigt haben, so daß die therapeutischen Vorgaben für die Lehrer in der dritten Phase verfeinert und präzisiert werden. Einer der Lehrer stellt jetzt konkrete Ziele für jede Unterrichtsstunde auf, belohnt dazu den Jungen immer unmittelbar durch soziale Verstärkung und überreicht ihm zum Schluß der Stunde einen Stern, wenn er das vereinbarte Ziel erreicht hat. In dieser Phase werden zusätzlich die Eltern in das Training einbezogen. Die Mutter gibt dem Jungen für jeweils fünfzehn Sterne, die er von der Schule mit nach Hause bringt, einen »Superstern«. Für drei solcher Supersterne kann der Junge einen »echten« Verstärker (ein Fahrrad) eintauschen. Dieses Vorgehen zeigt sehr gute Erfolge, so daß in der vierten Phase auch der zweite Lehrer sein Vorgehen auf das seines Kollegen umstellt. Es ergeben sich weitere konkrete Fortschritte: So meldet sich der Junge, wenn Fragen an die gesamte Klasse gerichtet werden, antwortet auf Fragen der Lehrer und liest laut vor, wenn er dazu aufgefordert wird. Seine Schulnoten verbessern sich und er bittet seine Mitschüler um Hilfe, wenn er mit einer Aufgabe nicht zurechtkommt, anstatt wie früher untätig auf seinem Stuhl zu sitzen. In der Freizeit trifft er sich jetzt viel häufiger mit Klassenkameraden. Bei einer Nachkontrolle nach einem Jahr konnte man gute Erfolge in verschiedenen Bereichen erkennen: Obwohl der Junge zu diesem Zeitpunkt fünf verschiedene Lehrer hatte, stabilisierte sich in allen Unterrichtsfächern das neue, sprachgewandtere Verhalten.

Wie *Sanok* u. *Ascione* (1979) in einem Überblick zu verhaltenstherapeutischen Techniken bei Mutismus herausstellen, zeigt die Studie von *Bauermeister* u. *Jemail* – wie die meisten Untersuchungen in diesem Bereich – methodische Schwächen, die die Zuverlässigkeit der Aussagen dieser Arbeiten beträchtlich einschränken. Dennoch legt das Ergebnis dieser Studie für die sprachtherapeutische Praxis nahe, mit einer Behandlung möglichst dort anzusetzen, wo die Störung am deutlichsten auftritt, um zu optimalen, sich auf verschiedene Bereiche erstreckenden Effekten zu kommen.

3.8 Zusammenfassung und weiterführende Literatur

Sprachverhalten unterliegt den gleichen Gesetzmäßigkeiten wie andere Formen des Verhaltens. Demzufolge können durch verhaltenstherapeutische Verfahren Sprachschwierigkeiten auch behoben werden. Sprachschwierigkeiten von Kindern gehen oft mit grundlegenden Störungen wie Autismus oder geistiger Behinderung einher. Den therapeutischen Methoden und Techniken liegt oft das lerntheoretische Prinzip des Diskriminationslernens zugrunde, und man arbeitet deshalb oft mit differentieller Verstärkung. Die einzelnen Schritte und Ergebnisse solcher Trainings wurden vorgestellt. Sprachschwierigkeiten sind unterschiedlich stark ausgeprägt; einige Kinder sind vollkommen stumm (Mutismus), andere Kinder sprechen aufgeschnappte Äußerungen von Personen nach, ohne damit sinnvoll zu kommunizieren (Echolalie). Solche Echolalie-Sprachlaute können zum Ausgangspunkt von sprachtherapeutischen Programmen genommen werden: Verhaltensanalysen von Echolalie legen offen, daß das Kind genau dann auf diese Weise spricht, wenn es eine andere, angepaßtere Kommunikationsform nicht beherrscht. Wenn man also dem Kind neue, alternative Sprachformen beibringt, können diese nach und nach die Echolalie überlagern und ausblenden. Ein hoffnungsvoller Ansatz der Sprachbehandlung liegt in dem Zugang über die nicht-sprachlichen Kommunikationskanäle, die entwicklungspsychologisch dem sprachlichen Ausdruck vorausgehen. Hier wird über Zeichen und Symbole die Begriffsbildung des Kindes aktiviert. Gegenüber dem sprachorientierten Vorgehen bieten die nonverbalen Methoden den Vorteil, die dem Kind präsentierten Reize besser standardisieren und methodisch kontrollieren zu können. Bei einem nur in Ansätzen entwickelten Sprachschatz wird das Vokabular des Kindes dadurch erweitert, daß wir schrittweise neue, differenzierte Worte einbringen. Ein angemessener Sprachgebrauch erfordert weiterhin, daß das Kind sich Regeln der Grammatik und Syntax aneignet. Hierzu muß das Kind allgemeingültige Regeln entwickeln, die es auf die riesige Zahl von Satzbeispielen anwenden kann.

Wir stellen fest, daß erfolgreiche Sprachbehandlungen unmittelbar in der natürlichen Umgebung des Kindes stattfinden, wobei sich Lehrer bzw. Eltern des Kindes in der Rolle von Therapiehelfern befinden. – Empfehlenswerte neuere deutschsprachige Literatur zur Thematik der Sprachstörungen sind die Arbeiten von *Brack* (1978; 1986a; 1986b); ein Lehrbuch zum Bereich des Stotterns liegt von *Fiedler* u. *Standop* (1986) vor.

4 Aufmerksamkeitsstörungen

4.1 Was versteht man unter Aufmerksamkeitsstörungen?

»Gedächtnis«, »Informationsverarbeitung« oder »Aufmerksamkeit« stellen innerhalb der Verhaltenstherapie Begriffe dar, die wir aufgrund von Verhaltensbeobachtungen nur erschließen können. Es läßt sich darüber streiten, welcher von diesen Begriffen am besten geeignet ist, innere Prozesse abzubilden bzw. ob sie überhaupt etwas zur Erforschung menschlichen Verhaltens beitragen können. Solche grundlegenden Fragen wollen wir hier ausklammern.

»Aufmerksamkeit« bietet sich vor allem dann als hilfreicher Begriff an, wenn wir erklären wollen, warum ein Kind eine Reaktion nicht zeigt, die eigentlich zu erwarten gewesen wäre. Nehmen wir an, man fordert ein Kind auf, auf einen Knopf zu drücken, wenn auf einem Bildschirm vor ihm ein bestimmtes Signal erscheint, und man beobachtet, was es tut, wenn das Signal auftaucht. Dieses einfache Vorgehen kann so interpretiert werden, daß das Verhalten des Kindes vom Auftauchen des Reizes gesteuert wird. Wir umgehen mit einer solchen Formulierung Aussagen über innere Prozesse! Auf diese Weise bleibt also unbeantwortet, wie die Beziehung zwischen Aufforderungssituation und Verhalten genau aussieht. Diese Beziehung muß näher aufgeschlüsselt werden, wenn wir feststellen, daß das Signal als diskriminativer Reiz das Verhalten nur dann auslöst, wenn sich das Kind ihm mit seiner Aufmerksamkeit zuwendet. Aufmerksamkeit können wir als Verbindungsglied zwischen der Aufforderungssituation und dem Verhalten verstehen. Da wir Aufmerksamkeit nicht unmittelbar beobachten können, bildet sie für uns einen »verdeckten Prozeß«.

Zurück zu dem beschriebenen Vorgehen: Wenn das Kind nun nicht auf das Signal auf dem Bildschirm reagiert, so kann der Reiz in diesem Fall das Verhalten nicht steuern. Wie können wir uns diesen Sachverhalt erklären? Ist vielleicht das Signal zu schwach oder zu unpräzise dargeboten? Hat das Kind vielleicht die Instruktion nicht verstanden, konnte es sich im entscheidenden Moment nicht an sie erinnern oder ist das auszuführende Verhalten für das Kind zu schwierig? Hält es das Kind vielleicht nicht für lohnenswert, zu reagieren, hat es einfach keine Lust oder will es den Versuchsleiter damit ärgern, daß es untätig bleibt?

Die einfache Behauptung, daß die Aufforderungssituation das Verhalten nicht steuert, hilft uns nicht weiter, wenn wir Strategien entwickeln wollen, das Verhalten des Kindes im Hinblick auf zukünftige, ähnlich strukurierte Situationen zu verändern. Um einen Behandlungsplan zu entwerfen, müssen wir über die Beschreibung des Vorgangs hinaus erklären können, aus welchem Grunde ein Verhalten ausbleibt. Für eine solche Analyse erweist sich der Begriff »Aufmerksamkeit« als vorteilhaft.

Im vorliegenden Beispiel müssen wir uns zunächst davon überzeugen, ob das Kind die Anweisung verstanden hat, ob das Signal gut wahrnehmbar ist und ob das erwartete Verhalten vom Kind überhaupt beherrscht wird. Dann ist zu überprüfen, ob ausreichend Anreize (Verstärker) zur Verfügung stehen. Wenn all diese Voraussetzungen gegeben sind und das vorhergesagte Verhalten dennoch nicht eintritt, so ist zu überlegen, ob das Kind dem Signal Aufmerksamkeit schenkt.

Wir können unser Vorgehen weiter differenzieren, indem wir dem Kind jeweils einen von zwei möglichen Reizen auf dem Bildschirm anbieten, z.B. einem Pfeil, der entweder nach oben oder nach unten zeigt. Wir bitten dabei das Kind, einen Knopf nur dann zu drücken, wenn der nach unten zeigende Pfeil auftaucht. Das Kind ist aufgefordert, zwischen den beiden Pfeilen zu diskriminieren und nur auf eine bestimmte Variante hin in einer bestimmten Weise zu reagieren. Damit liegt eine Situation vor, in der Diskriminationslernen stattfindet. Wenn wir alle Störfaktoren ausschließen können, können wir erwägen, ob es dem Kind gelingt, dem zentralen Unterscheidungsmerkmal zwischen den beiden Reizen (der Richtung des Pfeiles) Aufmerksamkeit zu schenken. Das Kind muß nicht nur das Erscheinen des Pfeiles auf dem Bildschirm registrieren, sondern seine Aufmerksamkeit selektiv auf die Richtung des Pfeiles richten.

Wenn eine Person ihre Aufmerksamkeit auf Details einer Darbietung richten muß, sprechen wir von *selektiver Aufmerksamkeit.* Um solche Unterscheidungen treffen zu können, muß das Kind seine Aufmerksamkeit selektiv auf die wichtigen Teile der Darbietung ausrichten. Jede Beeinträchtigung dieser Aufmerksamkeitsfunktion hindert das Kind daran, aus Lernsituationen eine maximale Information abzuleiten.

4.2 Aufmerksamkeit und entwicklungspsychologische Befunde

Wenn wir selektive Aufmerksamkeit als eine Fertigkeit auffassen, können wir näher untersuchen, wie sich diese Fertigkeit in der Kindheit herausbildet und wie ein mangelhafter Entwicklungsstand durch geplante Lernprozesse vorangetrieben werden kann. Die Forschungsergebnisse zur Entwicklung der selektiven Aufmerksamkeit lassen erkennen, daß mit zunehmendem Alter sich entscheidende Verschiebungen hinsichtlich des Stils ereignen, wie Kinder ihre Aufmerksamkeit steuern und ausrichten *(Pick* et al., 1975). *Ross* (1976) hat ein umgreifendes Konzept zu diesen Entwicklungsprozessen vorgelegt und Verzögerungen in der kindlichen Entwicklung in Beziehung zu bestimmten psychischen Störungen gesetzt. Nach seiner Auffassung nimmt ein sehr junges Kind vornehmlich Reize wahr, die ihm als neu, ungewöhnlich, unbekannt und sich bewegend erscheinen. Die Aufmerksamkeit des Kindes wird von sich absetzenden, hervorstechenden Reizqualitäten gefangen und bleibt lange daran haften. Wir nennen diesen Stil, der sich auf wenige Reizmerkmale konzentriert und gleichzeitig andere Eigenschaften ausblendet, zu *grobe Aufmerksamkeit.* Schon in dieser Phase der Entwicklung treffen wir zwischen Kindern erhebliche Unterschiede an. Mit zunehmendem Alter, etwa beim Eintritt in die Schule, wandelt sich dieser Wahrnehmungsstil, und das Kind wendet sich vielen und verschiedenartigen Aspekten seiner Wirklichkeit zu. Die Aufmerksamkeitszuwendung verändert sich derart, daß wir jetzt von einer zu *feingliedrigen Aufmerksamkeit* sprechen können, die soviele Aspekte des Reizfeldes einschließt, daß das Kind Schwierigkeiten bekommen kann, mit spezifischen Anforderungen klar und effizient umzugehen. Wenn dem Kind dann in der Schule Konzentration auf wesentliche Lerninhalte abverlangt wird, pendelt sich die Genauigkeit seiner Wahrnehmung zunehmend besser ein. Um diesen Prozeß zu unterstützen, sollten Kinder z.B. beim Lesen- und Schreibenlernen aufgefordert werden, sich bei Buchstaben an ihren erkennbaren Unterschieden zu orientieren *(Gibson,* 1975). Ein normal entwickeltes Kind lernt mehr und mehr, seine Aufmerksamkeit aktiv zu steuern, unwichtige und redundante Reizqualitäten zu ignorieren und somit seine Informationsverarbeitung möglichst effizient zu organisieren. *Selektive Aufmerksamkeit* bildet sich heraus und ermöglicht dem Kind, situationsangemessen auf wechselnde Anforderungen zu reagieren.

Aus entwicklungspsychologischer Sicht sind die Veränderungen des kindlichen Wahrnehmungsstiles in einer Reihe von Forschungsarbeiten untersucht worden *(Adams* u. *Shepp,* 1975; *Shepp* u. *Swartz,* 1976; *Smith* et al., 1975); dabei sind verschiedene methodische Verfahren entwickelt worden *(Conroy* u. *Weener,* 1976; *Hale* u. *Taweel,* 1974), und der Schwerpunkt wurde auf verschiedene Sinnesmodalitäten gelegt *(Geffen* u. *Sexton,* 1978; *Hallahan* et al., 1974; *Henek* u. *Miller,* 1976). Alle diese Studien stellen die mit dem Alter zunehmende Fähigkeiten des Kindes heraus, aktiv und selektiv seine Aufmerksamkeit zu steuern. Bei allen Fähigkeiten, die einem Reifungs- und Entwicklungsprozeß unterliegen, beobachtet man Unterschiede sowohl hinsichtlich des Tempos der Entwicklungsfortschritte als auch hinsichtlich des Kompetenzgrades, der abschließend erreicht wird. Dies gilt auch für den Erwerb selektiver Aufmerksamkeit. Manche Kinder durchlaufen diese Entwicklung langsamer als andere, und einige erreichen schließlich ein höheres Niveau der Aufmerksamkeitssteuerung als andere. Wie es Entwicklungsunterschiede bei allen Fertigkeiten gibt, die sich ein Kind zum Zweck seiner Umweltanpassung aneignet, so bleiben manche Kinder in einer sehr frühen Phase ihrer Wahrnehmungsentwicklung stecken. Eine solche Verzögerung oder Fixierung in der Entwicklung von selektiver Aufmerksamkeit kann weitere psychische Störungen zur Folge haben. Die Symptome dieser Störungen lassen oft die zentrale Rolle, die die mangelnde Fähigkeit zur Regulation der Aufmerksamkeit spielt, nicht mehr leicht erkennen. Über das Training der Wahrnehmungssteuerung lassen sich diese Folgestörungen oft günstig beeinflussen.

4.3 Training mit unaufmerksamen Kindern

4.3.1 Zu grobe Aufmerksamkeit

Die Tendenz sehr junger Kinder, einen Aspekt aus einem vielfältigen Reizfeld herauszuheben, kann man auch bei geistig behinderten und bei autistischen Kindern feststellen *(Wilhelm* u. *Lovaas,* 1976). *Schover* u. *Newson* (1976), die das Phänomen mit dem Begriff »Überselektivität« bezeichnen, haben eine Gruppe von autistischen bzw. gesunden Kindern gebildet, die zwar unterschiedlich alt waren, aber in ihren geistigen Fähigkeiten als gleich weit entwickelt eingeschätzt werden konnten. Sie verglichen die Wahrnehmungsentwicklung beider Gruppen miteinander. In beiden Gruppen fand sich eine Überselektivität der Wahrnehmung, bei den autistischen

Kindern war sie jedoch besonders extrem ausgeprägt. Autismus und überselektive Wahrnehmung hängen also zusammen.

Zum ersten Mal ist der Nachweis einer zu groben (überexklusiven) Aufmerksamkeit bei autistischen und geistigbehinderten Kindern von *Lovaas* et al. (1971) erbracht worden. Aus ihrer Studie wird deutlich, daß eine retardierte Wahrnehmungsentwicklung die geistige Entwicklung ernsthaft beeinträchtigt. Die Forscher übten mit drei Gruppen von autistischen, geistigbehinderten bzw. normalen Kindern ein, auf einen komplexen Reiz zu reagieren, der gleichzeitig akustisch, visuell und taktil wahrnehmbar war. Das Training mit den Kindern dauerte so lange, bis die Darbietung des Reizes das Verhalten vollständig kontrollierte. Wurde der Reiz nur über einen Sinneskanal dargeboten (z.B. nur akustische, nicht aber mehr visuell und taktil), so wurde deutlich, daß die autistischen Kinder den Reiz vornehmlich nur über einen Sinneskanal wahrgenommen hatten. Wenn sie sich den Reiz in der Trainingsphase hauptsächlich optisch eingeprägt hatten, reagierten sie nicht darauf, wenn er später nur akustisch dargeboten wurde. Welches Sinnesorgan bevorzugt wurde, variierte von Kind zu Kind; manche waren vorwiegend akustisch, andere visuell oder taktil orientiert. Die normal entwickelten Kinder reagierten immer unmittelbar auf den Reiz, unabhängig davon, in welcher Form dieser angeboten wurde. Die geistigbehinderten Kinder lagen in ihrer Leistung zwischen den beiden anderen Gruppen. Um zu überprüfen, ob die Reaktion der autistischen bzw. geistigbehinderten Kinder nicht vielleicht von einer Störung der Sinnesorgane herrührte, trainierten *Lovaas* et al. die Kinder, den Reiz mit dem Sinnesorgan wahrzunehmen, das vorher keine Reaktion vermittelt hatte. Die Kinder konnten sich sehr rasch von einem Sinnesorgan auf ein anderes umstellen.

Seit dieser Studie ist das Phänomen der zu groben Aufmerksamkeit bei autistischen Kindern auch für Situationen mit zwei Reizen *(Lovaas* u. *Schreibman, 1971)* und für unterschiedliche Reize der gleichen Sinnesmodalität *(Koegel* u. *Wilhelm,* 1973; *Reynolds* et al., 1974) nachgewiesen worden. Darüberhinaus ist dieser Wahrnehmungsstil bei autistischen Kindern auch in der Verarbeitung sozialer Situationen kennzeichnend. Beim Lernen sind immer mehrere Reize beteiligt: Beim klassischen Konditionieren treten der unbedingte und der bedingte Reiz miteinander in räumlich-zeitlicher Nähe auf; beim operanten Lernen verbindet sich ein diskriminativer Reiz mit einem verstärkenden bzw. ein wirksamer Verstärker wird mit einem zunächst neutralen Reiz gekoppelt, der dann zum konditionierten Verstärker wird. Ein Kind, das seine Aufmerksamkeit nur jeweils auf einen Reiz richtet, ist in seinen Lernmöglichkeiten behindert, da Reize nicht miteinander verknüpft werden können. *Rincover* u. *Koegel* (1977) betonen, daß eine zu grobe Aufmerksamkeit sehr unterschiedliche Leistungen des Kindes, wie das Wahrnehmen sozialer Verstärker, Sprachverständnis, Entwicklung angemessener emotionaler Reaktionen und den Aufbau zwischenmenschlicher Beziehungen beeinträchtigt. So läßt sich von vielen, wenn nicht von allen Symptomen des kindlichen Autismus eine sinnvolle, theoretische Beziehung zu der Unfähigkeit dieser Kinder herstellen, ihre Aufmerksamkeit in einer altersangemessenen Form den komplexen Reizen ihrer Umwelt zuzuwenden. Treffen diese Überlegungen zu, dann liegt der Schwerpunkt der Behandlung darin, die Wahrnehmungs- und Aufmerksamkeitsschwierigkeiten der autistischen Kinder abzubauen.

4.3.2 Diskriminationslernen als therapeutische Maßnahme

Bei ihrer Arbeit mit autistischen Kindern paßte *Schreibman* (1975) ihre Lehrmethoden der Unfähigkeit der Kinder an, komplexe Reize in ihrer Ganzheit zu verarbeiten. Sie untergliederte komplexe Aufgaben in viele kleine Bestandteile, die dem Kind dann einzeln vorgelegt wurden. Diejenigen Kinder, die sehr grob wahrnahmen, unterstützte sie dabei, ihre Aufmerksamkeit gezielt auf einen Punkt zu lenken. Anhand der an die Kinder gerichteten Aufgabe - zwischen zwei bestimmten Strichmännchen zu unterscheiden - soll dieser Ansatz erläutert werden.

Schreibman legte autistischen Kindern zwei Karten vor, auf denen jeweils ein Strichmännchen abgebildet war. Diese Strichmännchen sehen fast identisch aus; das einzige unterscheidende Merkmal ist der rechte Arm, der bei einer Zeichnung nach oben, und bei einer nach unten gerichtet ist. Das Kind kann also die Bilder nicht voneinander unterscheiden, wenn es ausschließlich auf den Kopf oder den linken Arm der Strichmännchen achtet. Den meisten autistischen Kindern in der Studie von *Schreibman* gelang es ohne besondere Anleitung nicht, diese recht einfach anmutende Unterscheidung zwischen den beiden Zeichnungen zu leisten, da die Abbildungen für Kinder mit grober Aufmerksamkeit noch zu komplex organisiert waren.

Schreibman leitete die Kinder schrittweise an, die richtige Karte herauszufinden und auf sie zu zeigen. Um »richtiges« Verhalten verstärken zu können, muß es vom Kind erst ausgeführt werden. Um die Häufigkeit richtigen Verhaltens zu erhöhen, verringerte *Schreibman* die Komplexität der Zeichnungen. Auf einer Karte war nur das Unterscheidungsmerkmal des gehobenen Armes in Form einer Geraden abgebildet; die zweite Karte war leer. Wenn ein Kind jetzt aufgefordert wurde, auf die Karte mit der Geraden zu deuten, schaffte es das fast immer auf Anhieb. So fand Diskriminationslernen in einer sehr einfachen Form statt und konnte bekräftigt werden. Bei nachfolgenden Darbietungen war auf der zunächst leeren Karte als zu unterscheidendes Merkmal der nach unten zeigende Arm abgebildet. Schrittweise wurden die identischen Teile wie Kopf und Körper in die Zeichnung aufgenommen, wobei anfangs die charakteristischen Arme dick und auffällig herausgestrichen wurden. Bei jeder der schrittweisen Darbietungen wurde das Kind aufgefordert, auf die richtige Karte zu zeigen; jeder Durchgang stellte höhere Anforderungen an das Unterscheidungsvermögen des Kindes. Das unterscheidende Merkmal wurde sukzessive ausgeblendet und die gemeinsamen Merkmale nach und nach so eingebaut, bis die Strichmännchen in ihrer vollständigen Form präsentiert wurden. Der stufenweise Übergang von einfachen zu komplexen Reizdarbietungen erlaubte es fast allen autistischen Kindern, die gestellte Aufgabe zu lösen und ihr Unterscheidungsvermögen zu verfeinern.

Bemerkenswerterweise schlugen solche Hilfestellungen des Therapeuten fehl, in denen er mit dem Finger auf die richtige Karte hinwies. Diese Hilfe bedeutete für die Kinder eher ein Hindernis, denn sie achteten ausschließlich auf den Finger des Therapeuten und übersahen damit die Karte, auf die der Finger zeigte.

Das Training von *Schreibman* verlangte von den autistischen Kindern nicht, daß sie im Umgang mit den komplexen Reizen ihren Aufmerksamkeitsstil aufgaben, denn die Lehrmethode war bewußt unter Berücksichtigung der Leistungsmängel der Kinder entwickelt worden. Eine Anpassung des Reizmaterials an die Fähigkeiten des Kindes ist natürlich nur in vorstrukturierten Lernsituationen möglich.

Mit einem solchen Vorgehen kann beispielsweise im Leseunterricht Kindern die Unterscheidung einzelner Buchstaben dadurch erleichtert werden, daß schrittweise die charakteristischen Merkmale der einzelnen Buchstaben diskriminiert werden *(Gibson* u. *Levin,* 1975). Normalerweise ist es jedoch nicht möglich, das Lernmaterial so zu strukturieren, daß ein Kind mit zu grober Aufmerksamkeit es sich problemlos aneignen kann. Ein Kind kann kaum etwas lernen, wenn es bei hochkomplexem Lernmaterial seine Aufmerksamkeit nur auf wenige Aspekte konzentriert. Es wäre für ein autistisches Kind sehr hilfreich, wenn man ihm Techniken beibringen könnte, die es ihm erlauben, auch komplexes Lernmaterial angemessen wahrzunehmen und zu verarbeiten. Solche Verfahren würden nicht mehr das Lernmaterial an die Fähigkeiten des Kindes, sondern umgekehrt die Fähigkeiten des Kindes an die Lernbedingungen anpassen.

Erste Versuche, die Aufmerksamkeitsschwäche direkt zu verändern, unternahmen *Schreibman* et al. (1977). Sie arbeiteten mit sechzehn autistischen Kindern, denen sie Reize darboten, die zunächst zu komplex waren, als daß die Kinder sie sich hätten vollständig aneignen können. Als die Reize jedoch wiederholt in mehreren Durchgängen dargeboten wurden, waren dreizehn der Kinder in der Lage, sie genau wahrzunehmen und zu beantworten. Somit sind auch Kinder mit zu grober Aufmerksamkeit grundsätzlich in der Lage, mit komplexen Reizen umzugehen, wenn sie entsprechend gefördert werden. Diese Kinder haben ein geringeres Lerntempo als ihre Altersgenossen. Verhaltenstherapeuten, die mit ihnen nach Prinzipien des operanten Lernens arbeiten, benötigen entsprechend mehr Trainingsdurchgänge, um das Verhalten stabil zu verändern *(Lovaas* et al., 1978).

Koegel u. *Schreibman* (1977) berichten von einem weiteren Versuch, autistischen Kindern beizubringen, auf mehrere gleichzeitig präsentierte, komplexe Reize genau zu reagieren. Sie arbeiteten mit einer Gruppe von vier autistischen Kindern (Durchschnittsalter: sechs Jahre, neun Monate) und einer Vergleichsgruppe normal entwickelter Kinder des gleichen Alters. Die Reaktion, die gelernt werden sollte, war, einen Hebel auf ein rotes Licht bzw. einen hohen Ton hin zu drücken. Wenn die Reaktion richtig ausgeführt wurde, gab es Süßigkeiten als Belohnung.

Im ersten Durchgang sollte das Kind auf jeden der beiden Reize reagieren, die unabhängig voneinander auftauchten. Als dieses Verhalten fest eingeprägt war, ging man zu einem Diskriminationstraining über, bei dem beide Reize gleichzeitig dargeboten wurden, jedoch von der isolierten Darbietung nur eines Reizes unterbrochen wurden. In diesen Durchgängen wurde das Kind nur dann bekräftigt, wenn beide Reize gleichzeitig erschienen; bei einer Reaktion auf einen allein auftauchenden Reiz wurde es nicht belohnt. Obwohl manche autistischen Kinder bis zu 990 Durchgänge benötigten, lernten letztlich doch alle, exakt zwischen einzeln und paarweise gezeigten Reizen zu unterscheiden.

Auch autistische Kinder sind also grundsätzlich zum Diskriminationslernen bei komplexen Reizen fähig, wenn sie auch mehr Lerndurchgänge brauchen. Es stellt sich die Frage, ob sie wirksame Strategien lernen können, mit komplexen Reizen so differenziert umzugehen wie normale Kinder. *Koegel* u. *Schreibman* (1977) glauben hierfür in ihrer Arbeit mit einem autistischen Mädchen positive Anhaltspunkte gefunden zu haben. Sie veranlaßten das Kind, auf einen Reiz mit zwei charakteristischen Merkmalen (z.B. Farbe und Form, wie bei einem grünen Quadrat) zu reagieren. Sie prüften, ob das Kind im wesentlichen nur auf eines oder zwei Merkmale einging. Es zeigte sich, daß das Kind scheinbar nur auf einen Aspekt, z.B. die Form, achtete. Eine entscheidende Wendung im Verhalten des Kindes stellte sich jedoch ein, als ihm der Reiz in weiteren Variationen angeboten wurde. Das Mädchen verhielt sich jetzt kontingent zu beiden Aspekten des Reizes, so daß anzunehmen ist, daß sie den komplexen Reiz als ein ganzheitliches Muster internalisierte. Die Leistung des Mädchens ähnelte jetzt der von normalen Kindern mit dem einzigen Unterschied, daß es eine sehr hohe Anzahl an Lerndurchgängen brauchte.

4.3.3 Zu feingliedrige Aufmerksamkeit

Bei einer normalen Entwicklung überwinden Kinder die vorläufige Form der zu groben Aufmerksamkeit bald und bilden einen eher gegenteiligen Wahrnehmungsstil heraus, nämlich den einer zu feingliedrigen (überinklusiven) Aufmerksamkeit. Studien zum beiläufigen Lernen (inzidentellen Lernen) haben dies deutlich gemacht *(Crane* u. *Ross,* 1967; *Hagen* u. *Hale,* 1973). Bei typischen Experimenten zum beiläufigen Lernen wird einem Kind eine Serie von je zwei Reizen vorgelegt, z.B. eine Karte, auf der ein Tier und ein Küchengegenstand abgebildet sind. Man lenkt die Aufmerksamkeit des Kindes nur auf eines der Objekte und bittet das Kind, sich ein Merkmal dieses Objekts für eine spätere Sonderaufgabe zu merken (z.B.: »Merke dir, daß die Pferde zu diesem Stall gehen, die Kühe in den anderen Stall!«). Eines der beiden Objekte (hier: das Tier) wird im Hinblick auf die spätere Aufgabe herausgestellt; das andere Objekt (der Küchengegenstand) wird nicht erwähnt und erscheint für die Aufgabenstellung nebensächlich zu sein. Nach der Sortieraufgabe werden dem Kind Fragen zu den vorher unerwähnten Objekten gestellt (z.B.: »Welcher Küchengegenstand war auf der gleichen Karte wie die Pferde zu sehen?«). So kann leicht festgestellt werden, in welchem Ausmaß ein Kind unwichtigen Reizen Aufmerksameit schenkt.

Wenn bei einer derartigen Gedächtnisaufgabe einige Reizeigenschaften für die Lösung zentral sind und andere ignoriert werden können, so lautet die einfachste und geschickteste Strategie, sich ausschließlich auf die wichtigen Eigenschaften zu konzentrieren. Anhand des Umfangs an Informationen, die ein Kind sich zu nebensächlichen Reizeigenschaften aneignet, können wir einschätzen, in welchem Ausmaß beiläufiges Lernen stattgefunden hat bzw. inwieweit die Aufmerksamkeit zu feingliedrig ist. Ein hohes Maß an zu feingliedriger Aufmerksamkeit verhindert, daß man sich auf die wesentlichen Reizaspekte konzentrieren kann. Die Wahrnehmung wird dadurch ineffizienter. Was an Informationen über unwichtige Aspekte gewonnen wird, schränkt gleichzeitig die Kapazität für Verarbeitung und Speicherung von zentralen Merkmalen ein. In Untersuchungen mit lese- und schreibschwachen Kindern *(Pelham* u. *Ross,* 1977; *Tarver* et al., 1976) zeigte es sich, daß zu feingliedrige Aufmerksamkeit mit schlechter Leseleistung einhergeht bzw. daß Kinder, die flüssig lesen, weniger feingliedrig wahrnehmen als weniger gut lesende Kinder *(Siegel,* 1968). Im Fall des Lesens bilden die Buchstaben, Worte und Sätze auf der Tafel oder dem Papier die Reize, auf die die Aufmerksamkeit zu konzentrieren ist. Wenn das Kind seine Aufmerksamkeit jedoch breiter auf nebensächliche Reize streut, wird das Lesenlernen behindert und spezielle Interventionen können angezeigt sein. Diese müßten darauf zielen, die Fähigkeit des Kindes zu schulen, seine Aufmerksamkeit selektiv auf das Lernmaterial auszurichten.

4.3.4 Unterscheidungshilfen beim Lesenlernen

Beim Lesenlernen und bei leseschwachen Kindern stoßen wir regelmäßig auf Verwechslungen ähnlich aussehender Buchstaben; besonders Buchstaben wie b und d werden oft vertauscht. Wir können solche Leseschwächen auf dem Hintergrund der generellen Schwierigkeiten eines Kindes interpretieren, differenzierenden Merkmalen selektive Aufmerksamkeit zu schenken *(Gibson,* 1975). Im Falle der Buchstaben b und d liegt das differenzierende Merkmal in der Position der Halbkreise zu der vertikalen Linie. Kindern, die mit solchen Unterscheidungen Schwierigkeiten haben, zeigt man sinnvollerweise, wie sie ihre Aufmerksamkeit genau auf das differenzierende Merkmal richten können. Man kann dies auf verschiedene Arten erreichen. Die Buchstaben können so präsentiert werden, daß die Unterschiede schärfer herausstechen; dem Kind können Strategien wie etwa Verbalisationstechniken vermittelt werden, mit deren Hilfe es seine Aufmerksamkeit steuern kann und die seine Informationsverarbeitung vertiefen; ferner können wir über positive Verstärkung richtige Antworten fördern, wobei die Verstärkung nicht nur eine motivationale Funktion besitzt, sondern zusätzlich auch eine informative Rückmeldung darstellt.

Die *erste Strategie,* die darin besteht, *differenzierende Buchstabenmerkmale deutlicher herauszuheben,* ist von *Koenigsberg* (1973), *Egeland* u. *Winer* (1974) und von *Egeland* (1975) verfolgt worden. *Egeland* (1975) arbeitete mit Vorschulkindern, die keinerlei Buchstaben des Alphabetes kannten, und brachte ihnen bei, zwischen Buchstabenpaaren wie R-P, Y-V, G-C, Q-O, M-N oder K-X zu unterscheiden. Die Buchstaben eines jeden Paares sind durch eine Reihe gemeinsamer Merkmale gekennzeichnet, die es dem Kind schwer macht, scharf zu unterscheiden *(Gibson,* 1969). Um das erforderliche Unterscheidungslernen bei den Kindern zu erleichtern, stellte *Egeland* das unterscheidende Merkmal eines Paares (z.B. der vertikale Strich beim R, der beim P fehlt) durch dicke, deutliche Striche und eine leuchtende Farbe heraus. Farbe und Strichführung wurden dann während des Lesetrainings schrittweise in ihrer Auffälligkeit wieder verringert, bis beide Buchstaben zuletzt normal geschrieben wurden. Da man die Unterscheidungsmerkmale zu Beginn des Trainings deutlich kennzeichnet, machen die Kinder kaum Fehler und erzielen schnelle Fortschritte.

Ein Unterscheidungstraining, das so angelegt ist, daß Irrtümer nahezu ausgeschlossen werden können, hat nach *Egeland* klare Vorteile gegenüber den üblichen Vorgehensweisen, wie sie in der Schule meistens beim Lesenlernen praktiziert werden. Im allgemeinen wird das Kind im Schulunterricht aufgefordert, Buchstaben zu erkennen und zu benennen, und der Lehrer gibt je nach Antwort positive oder negative Rückmeldung. Wenn die Antwort falsch war, gibt der Lehrer dem Kind eventuell Hinweise, was es nicht beachtet hat. Wenn die Antwort jedoch richtig ist, erfährt das Kind normalerweise nicht, was es genau richtig gemacht hat. So lernen Kinder zwar oft, richtige Antworten zu liefern, ohne jedoch eindeutig die Unterscheidungsmerkmale zu begreifen, die einen Buchstaben vom anderen abheben. Es ist umständlich, einem Kind bei einem Lesetraining erst schwierige Aufgaben vorzulegen und dann die vielen resultierenden Fehler wieder zu korrigieren. Der direkte Weg zu richtigen Antworten und fehlerfreiem Lesen besteht aus einem Unterscheidungstraining, das erstens die Schwierigkeitsgrade so ansetzt, daß Irrtümer und Fehler beim Kind möglichst vermieden werden, und das zweitens auch bei richtigen Antworten erläuterndes Feedback einschließt.

Die *zweite Methode,* Kindern mit zu feingliedriger Wahrnehmung zu helfen, ihre *Aufmerksamkeit selektiv auf differenzierende Merkmale zu richten,* beruht auf Verbalisationstechniken, mit deren Hilfe ein Kind sich einen Lernstoff besser einprägen kann. Dabei benennt das Kind laut den Lernstoff, hier also die Buchstaben. Aufmerksamkeits- und Gedächtnisprozesse werden hierdurch wirksam miteinander verknüpft. Meist verwenden lernbehinderte Kinder solche Strategien weniger als normal entwickelte *(Torgesen* u. *Goldman,* 1977). Wie schon oben dargestellt, ging aus Studien zum beiläufigen Lernen hervor, daß lernbehinderte Kinder ihre Aufmerksamkeit leicht von unwichtigen Reizen ablenken lassen, was zu Lasten einer effizienten Bearbeitung von Aufgaben und Problemen geht, die eine Konzentration auf zentrale Eigenschaften erfordert. Einer Studie von *Tarver* et al. (1976) zufolge können Kinder mit zu feingliedriger Wahrnehmung ihre Lernleistung erheblich steigern, wenn sie die jeweils relevanten Reize benennen und sich immer wieder laut vorsprechen, um sie sich tiefer einzuprägen. *Dusek* (1978), der mit normal entwickelten Kindern des dritten, fünften und siebten Schuljahres arbeitete, berichtet ebenfalls von der unterstützenden Wirkung des Benennens. Er bestätigt die Feststellung anderer Forscher, daß die Fähigkeit zur selektiven Steuerung der Aufmerksamkeit mit dem Alter zunimmt. Konzentrationsfähigkeit nimmt im Entwicklungsverlauf zu und beiläufiges Lernen ab. Indem wichtige Aspekte eines Reizes benannt werden, wird aber nicht nur die Aufmerksamkeit des Kindes gebündelt, sondern auch die Aufnahme der wesentlichen Information in das Gedächtnis unterstützt. Informationen gut speichern zu können, stellt neben der Fähigkeit zur selektiven Aufmerksamkeitssteuerung eine weitere wichtige Grundfertigkeit dar, die beispielsweise für das Lösen von Gedächtnisaufgaben beim beiläufigen Lernen unerläßlich ist.

Die *dritte Strategie,* selektives Wahrnehmen bei Kindern zu unterstützen, ergibt sich aus der *positiven Verstärkung richtiger Antworten.* Verstärkung kann sowohl isoliert als auch kombiniert mit dem Herausheben der unterscheidenden Merkmale bzw. der Vermittlung von Lernstrategien wie Verbalisieren angewendet werden. *Heiman* et al. (1973) haben bei Kindern, die an einem außerschulischen Lesetraining teilnahmen, eben die selektive Aufmerksamkeit positiv bekräftigt und dadurch gesteigert. In die gleiche Richtung weisen *Clifton* u. *Bogartz* (1968), die die Fertigkeit, akustische Reize zu unterscheiden, über operantes Lernen verbesserten. Sie spielten Vorschulkindern über Kopfhörer in den beiden Lautsprecherkanälen verschiedene Worte vor. Die Kinder sollten ihre Aufmerksamkeit selektiv nur auf die Worte aus einem Kanal richten und die anderen nicht beachten. Durch positive Bekräftigung von guten Aufmerksamkeitsleistungen konnten die Ergebnisse bei den Kindern deutlich verbessert werden.

4.4 Impulsives Verhalten

4.4.1 Erscheinungsbild und Erfassung

Eine Eigenschaft, die lernbehinderten Kindern häufig zugeschrieben wird, ist Impulsivität bzw. die mangelnde Fähigkeit, eigene Impulse unter Kontrolle zu halten und zu steuern *(Douglas,* 1972). Es ist fraglich, ob das Konstrukt »Impulsivität« für das Verständnis und die Behandlung von lernbehinderten Kindern nutzbringend ist *(Ross,* 1976), denn alle Beobachtungen, die für das Konzept der geringen Impulskontrolle sprechen, lassen sich ebenso sinnvoll als Ergebnis ungenügend entwickelter selektiver Aufmerksamkeit interpretieren. Dennoch hat die bisherige Forschung sich an dem Begriff des impulsiven Verhaltens bei lernbehinderten Kindern orientiert, und im folgenden sollen einige Behandlungstechniken vorgestellt werden, die aus diesem Bereich hervorgegangen sind.

Impulsives Verhalten liegt vor, wenn ein Kind *unmittelbar und ohne Zögern antwortet,* wenn es etwas gefragt wird oder eine Aufgabe vorgelegt bekommt. Diese überstürzten Antworten sind häufig falsch oder unangemessen. Ein impulsives Verhalten wird daher oft für mangelnde Leistungen verantwortlich gemacht. Therapeutische Maßnahmen hatten im allgemeinen zum Ziel, die zeitliche Spanne zwischen Reiz und Verhalten zu verlängern. *Douglas* (1972) gab den Kindern die Aufforderung »Stop, schau hin, hör zu!«; *Palkes* et al. (1968) gebrauchten die Formulierung »Stop, schau hin, hör zu und überleg!«, damit die Kinder eine gewisse Zeit abwarten, bis sie eine vorgelegte Aufgabe in Angriff nehmen. Es ist anzunehmen, daß der »Stop!«-Teil der Instruktion nicht die Schlüsselrolle spielt, sondern daß erst durch die Verhaltensempfehlungen »Schau hin, hör zu und überlege!« das Kind die entstehende Zeitverzögerung zu nutzen lernt. Man muß einem impulsiven Kind klarere Anweisungen anbieten als ihm nur zu sagen »Nimm dir Zeit!«. Es muß wissen, wie es die Zeit sinnvoll füllen kann und worauf es seine Aufmerksamkeit am besten lenkt. Auch die pauschale Aufforderung »Denk nach!« dürfte für ein impulsives Kind zu abstrakt sein und zu wenig klare Verhaltensanweisungen vermitteln.

Ein weitverbreitetes Testinstrument zur Erfassung der Impulsivität bei Kindern ist der MFF (Matching Familiar Figures), der von *Kagan* (1966) entwickelt wurde. Bei diesem Test wird das Kind gebeten, aus einer Reihe sehr ähnlicher Reizfiguren das exakt gleiche Gegenstück zu einer vorgegebenen Figur herauszusuchen. Die Leistung des Kindes wird anhand von zwei unterschiedlichen Maßen ermittelt; das eine ist die Reaktionszeit, das andere die Fehleranzahl. Impulsives Verhalten ist definiert als das Zusammentreffen von hoher Fehlerzahl und kurzer Reaktionszeit; dem impulsiven wird das sogenannte »reflexive Kind« gegenübergestellt, das sich durch relativ lange Reaktionszeit und geringe Fehlerzahl auszeichnet. Psychometrisch betrachtet, weist der MFF-Test einige Unzulänglichkeiten auf *(Block* et al. 1974; Wagner, 1976); er ist aber sinnvoll, um impulsives und reflexives Verhalten voneinander abzugrenzen. Verschiedene Studien haben mit Hilfe dieses Instrumentes nachweisen können, daß hohe Fehleranzahlen sich nicht per se verringern, wenn ein impulsives Kind aufgefordert wird, eine gewisse Zeitspanne verstreichen zu lassen, bevor es eine bestimmte Aufgabe in Angriff nimmt *(Kagan* et al., 1966). Es ist erforderlich, dem Kind eine spezifische, verhaltensbezogene Strategie an die Hand zu geben, damit es die Zeitspanne zwischen Reizdarbietung und Beantwortung sinnvoll füllen kann.

4.4.2 Training mit impulsiven Kindern

Palkes et al. (1968) wendeten sich in einer Studie der Frage zu, ob man impulsiven Kindern helfen kann, ihre Leistung zu verbessern, wenn man ihnen verbale Aufforderungen beibringt, die sie an sich selbst richten können, um bedachtsamer und reflexiver mit Aufgaben umzugehen. Wie es bedauerlicherweise für die Kinder in den meisten ähnlich gelagerten Studien zutrifft, so traten auch in dieser Untersuchung Lernbehinderung, Impulsivität und Hyperaktivität bei vielen Kindern gleichzeitig auf. Die Autoren klassifizieren daher die Kinder, mit denen sie arbeiten, als »wegen hyperaktiven Verhaltens in psychiatrischer Behandlung«.
Palkes et al. trainierten mit diesen Kindern, verbale Aufforderungen an sich selbst zu richten, und benutzten dazu illustriertes Material. Darauf waren Aufforderungssätze und entsprechende comicähnliche Bilder zu sehen. Es gab insgesamt vier »Erinnerungskarten«, die vorne auf dem Schreibpult des Kindes angeordnet wurden. Der Therapeut lenkte jeweils die Aufmerksamkeit des Kindes auf eine Karte und bat es, den Text vorzulesen, bevor es mit der Aufgabe anfing. Er übte mit den Kindern an zwei Tagen jeweils dreißig Minuten lang; in diesem Training legte man ihnen mit Papier und Bleistift zu bearbeitende Testaufgaben vor, die üblicherweise zur Messung impulsiven Verhaltens verwendet werden.

Jedesmal, bevor man mit einer Aufgabe begann, wurde das Kind aufgefordert, die Instruktion der ersten Erinnerungskarte laut vorzulesen. Sie lautete: »Stop jetzt! Hör zu, schau genau hin und denk an die Aufgabe!«. In dem Moment, in dem der Therapeut dem Kind die Aufgabe vorlegte, bat er nochmals darum, die Aufforderung »Hör zu!« laut auszusprechen. Dann wurden dem Kind die wichtigen Arbeitsanweisungen gegeben; aber bevor das Kind anfangen durfte, mußte es noch eine weitere Erinnerungskarte vorlesen, (»Ich schaue genau hin und überlege, bevor ich antworte!«). Bevor das Kind eine Seite im Testheft umblättern durfte, mußte es laut sagen: »Stop jetzt und hör zu!«. Erst dann zeigte der Versuchsleiter die nächste Testfigur, gab die entsprechende Arbeitsanweisung und wartete ab, bis das Kind den Satz »Ich schau hin und überlege, bevor ich antworte!« sagte. Bei allen Aufgaben des Trainings wurde auf diese Weise vorgegangen. Falls das Kind sich die passende Selbstinstruktion nicht gab, zeigte der Therapeut auf die entsprechende Erinnerungskarte und ließ das Kind erst weiterarbeiten, wenn es den Satz aussprach. Wenn das Kind spontan an sich selbst eine Aufforderung richtet, lobte es der Therapeut mit den Worten: »Prima, du hast dich an die Regel erinnert!«.

Palkes et al. arbeiteten mit der gleichen Methode bei zehn Jungen im Alter von acht bis knapp zehn Jahren. Auch in dieser Studie reduzierten eingeübte Selbstinstruktionen die Impulsivität der Kinder und erhöhten deren Testleistungen wesentlich. Leider erlauben weder diese Studie noch die gleichlautenden Befunde von *Palkes* et al. (1971) klare Aussagen zu der Frage, ob die neue effizientere Strategie, die die Jungen im Training erwarben, auch auf den Alltag übertragen werden konnte und ob sie auf lange Sicht auch im schulischen Verhalten des Kindes zum Tragen kam. Diesen Fragen wurde in der häufig zitierten Studie von *Meichenbaum* u. *Goodman* (1971) nachgegangen (vgl. *Meichenbaum,* 1979). Auch sie wendeten Strategien der verbalen Selbstinstruktion an, um impulsives Verhalten bei lernbehinderten, hyperaktiven Kindern abzubauen. Über die Verwendung von Selbstinstruktionen hinaus arbeiteten *Meichenbaum* u. *Goodman* mit erwachsenen Modellpersonen, die den Kindern vorführten, wie sie am besten die Testaufgaben lösten.

Die Kombination dieser Verfahren verringerte das impulsive Verhalten und steigerte die Testleistungen im MFF und in mehreren Untertests des HAWIK (*Ha*mburg-*W*echsler-*I*ntelligenztest für *K*inder). Im schulischen Verhalten der Kinder konnte jedoch keine Veränderung bezüglich des Aktivitätsniveaus, der Selbstkontrolle und Kooperationsbereitschaft festgestellt werden.

Kendall u. *Finch* (1978) konnten schlüssig Langzeiteffekte ihres Trainings mit impulsiven Kindern belegen. Bei dieser Studie konnten Lehrer die durch das Training hervorgerufenen Veränderungen beobachten (vgl. *Urbain* u. *Kendall,* 1980).

Wie wichtig es ist, bei einer Behandlung konkretes Zielverhalten (spezifische, zu entwickelnde Fertigkeiten) zu definieren, geht auch aus einer Arbeit von *Egeland* (1974) mit impulsiven Kindern hervor. Er legte 260 Kindern des zweiten Schuljahres den MFF-Test vor und suchte diejenigen zweiundsiebzig Schüler aus, die wegen kurzer Reaktionszeit und hoher Fehleranzahl als impulsiv angesehen werden konnten. Die Kinder wurden nach dem Zufallsprinzip in eine Kontrollgruppe und zwei Trainingsgruppen aufgeteilt. Die Kontrollgruppe erfuhr keinerlei Behandlung und diente nur zum Vergleich mit den beiden anderen Gruppen, mit denen jeweils acht Trainingssitzungen à dreißig Minuten durchgeführt wurden. In dem Training wurden Aufgaben gestellt, bei denen identische geometrische Figuren aus einer Reihe ähnlicher Muster herausgesucht, geometrische Figuren aus dem Gedächtnis heraus gezeichnet oder mit Worten beschrieben werden mußten. Die beiden Trainingsgruppen unterschieden sich nur in der Instruktion, die man ihnen gab. Die Kinder einer Trainingsgruppe wurden angewiesen, vor einer Antwort zehn bis fünfzehn Sekunden zu warten (»Nimm dir Zeit und überleg' deine Antwort genau!«). Diese Aufforderung kommt den üblichen Anweisungen an impulsive Kinder gleich (»Nimm dir Zeit, schau' genau hin und überleg'!«). Der zweiten Trainingsgruppe dagegen wurden konkretere Strategien vermittelt, die helfen sollten, die Zeitspanne zu füllen, die zwischen der Darbietung der Aufgabe und der Antwort liegt. Man gab den Kindern verschiedene Regeln, die ihnen sagten, worauf genau sie ihre Aufmerksamkeit richten und worüber sie nachdenken sollten, während sie an den Trainingsaufgaben arbeiten. Die Regeln lenkten die Aufmerksamkeit auf die zentralen, bedeutsamen Merkmale und halfen den Kindern, Lösungsmöglichkeiten abzuwägen. Zunächst sollten Bestandteile der geometrischen Figuren herausgelöst, auf Übereinstimmung mit dem Muster überprüft und, wenn sie anders aussahen, beiseitegelegt werden, bis nur noch die passende Figur übrig blieb. Diese Strategie sollte die Tendenz der impulsiven Kinder blockieren, sich ausschließlich einer Figur zuzuwenden und eine Antwort zu geben, bevor alle Alternativen geprüft worden sind. Den Kindern dieser Trainingsgruppe wurden also explizite und konkrete Hilfen zur Aufgabenbewältigung vermittelt, die geeignet waren, ihre spezifischen Mängel auszugleichen. Die andere Trainingsgruppe erhielt nur relativ allgemein gehaltene Ermahnungen, sich Zeit zu nehmen und sorgfältig zu überlegen.

Am Ende des vierwöchigen Trainings wurde allen Kindern eine Parallelform des MFF-Tests vorgelegt. Ein Vergleich der Ergebnisse vor und nach dem Training machte deutlich, daß in beiden Trainingsgruppen die Reaktionszeit angestiegen und die Fehleranzahl gesunken war. Die Ergebnisse der Kontrollgruppe, die keine Behandlung erfahren hatte, waren konstant geblieben. Die Trainingsgruppe mit der differenzierteren Anleitung unterschied sich zu diesem Zeitpunkt in ihrer Leistung nicht von der anderen Trainingsgruppe. Als der Test nach weiteren zwei Monaten wiederholt wurde, konnte jedoch nur diejenige Trainingsgruppe ihre Ergebnisse wieder erreichen, die in Problemlösetechniken unterrichtet worden war. Außerdem hatte sich in dieser Gruppe das Leseverständnis im Unterschied zu den beiden anderen Gruppen verbessert. Die Ergebnisse ermutigen uns, sogenannte »impulsive Kinder« zu unterrichten, wie sie am konzentriertesten und effizientesten Informationen verarbeiten und Probleme lösen können. *Egelands* (1974) Untersuchung läßt annehmen, daß die geringe Leistung, die wir oft bei »impulsiven« Kindern finden, weniger an deren überstürzter Art zu reagieren liegt, sondern eher an einem Mangel von Strategien, die es erlauben, die Aufmerksamkeit auf die unterscheidenden Merkmale von Darbietungen zu konzentrieren.

Diese Schlußfolgerung läßt sich weiterhin durch die Ergebnisse von *Zelniker* u. Oppenheimer (1976) stützen, die mit 135 Kindergartenkindern arbeiteten, die aufgrund ihrer Testleistung im MFF als impulsiv betrachtet wurden. Die Kinder sollten buchstabenähnliche Muster mit ähnlichen bzw. gleichen, gedrehten Figuren vergleichen. Mit einer Gruppe wurde geübt, identische Figuren herauszufinden (»Suche diejenige Figur heraus, die genauso aussieht!«), während eine zweite Gruppe darin unterrichtet wurde, Unterschiede zwischen Figuren zu entdecken (»Suche diejenige Figur heraus, die anders aussieht!«).

Zelniker u. *Oppenheimer* berichten, daß das Differenzierungstraining dem Identifizierungstraining überlegen war. Sie schreiben dies der Tatsache zu, daß bei einem Differenzierungstraining das Kind gezwungen wird, auf die Merkmale zur Unterscheidung der Figuren zu achten; Impulsivität wäre demnach weniger ein grundsätzliches Defizit, Probleme lösen zu können, sondern eher ein geringeres Geschick, Aufmerksamkeit auf Unterschiede zwischen Reizen richten zu können. Impulsive Kinder nehmen Aufgaben, die eine umsichtige Informationsverarbeitung erfordern, auf eine Weise in Angriff, die ungeschickter als die von reflexiven Kindern ist. Für therapeutische Bemühungen heißt das, daß wir Kindern, die immer wieder auf überstürzte Weise falsche Anworten geben, zeigen, wie sie mit angemessenen Strategien lernen können, sich zu konzentrieren und schrittweise vorzugehen. Sie pauschal aufzufordern, »langsam zu machen«, reicht als Hilfestellung nicht aus.

4.5 Zusammenfassung und weiterführende Literatur

Aufmerksamkeit stellt ein nützliches Konstrukt dar, das uns erlaubt, den Übergang von der Darbietung eines Reizes und der Ausführung eines Verhaltens exakter zu fassen. Wenn ein Kind über längere Zeit nicht in der Lage ist, auf einen bestimmten Reiz hin ein angemessenes Verhalten hervorzubringen, so kann das daran liegen, daß es den reiztypischen Merkmalen keine Aufmerksamkeit schenkt. Entwicklungspsychologisch betrachtet, finden wir bei jüngeren Kindern eher eine zu grobe Aufmerksamkeit. Mit zunehmendem Alter bildet sich diese zu einer gegenläufigen Organisation der Wahrnehmung um, der übermäßig feingliedrigen Aufmerksamkeit. Diese beiden Formen münden normalerweise in die Stufe der selektiven Aufmerksamkeit ein, die einen angepaßten Umgang mit Aufgaben und Problemen der Umwelt ermöglicht. Eine ungünstige Entwicklung der selektiven Aufmerksamkeit und ein Verharren auf früheren Stufen der Wahrnehmungsentwicklung können für Störungen bei lernbehinderten, autistischen und geistigbehinderten Kindern verantwortlich sein.

Die Behandlung von Aufmerksamkeitsstörungen bei solchen Kindern verspricht den meisten Erfolg, wenn sie den Kindern Strategien vermittelt, wie sie mit komplexen und vielschichtigen Reizen konzentriert und schrittweise umgehen können; hierzu liegen spezielle Verfahren vor. Man kann das Lernmaterial (z.B. Textvorgaben) so präsentieren, daß es für das Kind leichter zu bewältigen ist; man kann mit Verstärkung arbeiten, damit das Kind zentralen Aspekten Aufmerksamkeit schenkt; Verbalisationstechniken und Selbstinstruktionen können sinnvoll eingesetzt werden. Bei allen Verfahren muß das Ziel klar definiert werden. Es sollte in der Erweiterung der unterentwickelten Fertigkeiten des Kindes liegen; eine Behandlung sollte Strategien vermitteln, die dieses Defizit ausgleichen können.

Das überstürzte Reagieren beispielsweise von sogenannten »impulsiven Kindern« fällt einem Beobachter zwar sofort ins Auge, eignet sich aber nicht als direkter Ansatzpunkt für eine Therapie. Zu diesem Themenbereich ist auf die folgenden deutschsprachigen Veröffentlichungen hinzuweisen: *Lauth* (1983), *Schlottke* u. *Lauth* (1987), *Steinhausen* (1982) und *Wagner* (1976).

5 Hyperaktivität

5.1 Was versteht man unter Hyperaktivität?

Eine Eigenschaft, die lernbehinderten Kindern oft zugeschrieben worden ist, ist Hyperaktivität. Einige Forscher haben sogar Lernbehinderung und Hyperaktivität als synonyme Begriffe gebraucht oder zumindest beide Phänomene als Bestandteile des gleichen »Syndroms« angesehen (z.B. *Werry* et al., 1964). In einschlägigen Untersuchungen findet sich regelmäßig eine positive Beziehung zwischen Lernbehinderung und Hyperaktivität, jedoch hat eine Studie von *Lahey* et al. (1978) nachgewiesen, daß es sich bei diesen beiden kindlichen Störungen um voneinander unabhängige Dimensionen handelt. Höchstwahrscheinlich handelt es sich um einen künstlichen Zusammenhang, der durch eine Selektion zustandekommt: Störende, unruhige, hyperaktive Kinder, die unter einer Lernbehinderung leiden, fallen leichter auf und werden daher auch eher für Untersuchungen ausgewählt als lernbehinderte Kinder, die nicht hyperaktiv sind und denen man einfach nur ein geringes intellektuelles Niveau zuschreibt *(Ross,* 1976). Wie bei jedem korrelativen Zusammenhang läßt sich nicht entscheiden, durch welche kausalen Beziehungen er zustandekommt. Führt Lernbehinderung zur Hyperaktivität oder ist Hyperaktivität der Grund für die Lernbehinderung? Oder sind beide Phänomene gemeinsame Folge einer dritten, noch unbekannten Ursache? Diese Beziehung zwischen Lernbehinderung und der exzessiven Aktivität müßte geklärt werden, um bei der Behandlung von Kindern mit beiden Störungsmustern die therapeutischen Maßnahmen richtig planen zu können.

Wenn man Hyperaktivität als einen Verhaltensexzeß betrachtet, dessen Stärke und Auftretenswahrscheinlichkeit verhaltenstherapeutisch zu verringern wäre, wird sich ein entsprechender Therapieplan wesentlich auf Techniken wie Löschung, Bestrafung oder differentielle Verstärkung stützen, um die kindliche Aktivität zu senken. Bei einem solchen Vorgehen wäre das Zielverhalten des Kindes ein ruhiges, motorisch reduziertes Stillsitzen über möglichst längere Zeitspannen, was aber sicherlich kein sinnvolles Therapieziel wäre. Stillsitzen kann bestenfalls Mittel zum Zweck sein; eine vielleicht nützliche Voraussetzung, um sich konzentriert Aufgaben in sitzender Haltung zuwenden zu können. Stillsitzen kann sogar als ein eher beiläufiger Nebeneffekt betrachtet werden, der sich einstellt, wenn ein hyperaktives Kind an einer Aufgabe arbeitet, die positive Ergebnisse erwarten läßt. Im Rahmen solcher Überlegungen erscheint es angebracht, die Behandlung so zu planen, daß fehlende oder schwach ausgebildete Verhaltensweisen gestärkt werden, die mit den exzessiven Bewegungen des Kindes unvereinbar sind.

Die Therapie des hyperaktiven Kindes schlägt eine vollkommen andere Richtung ein, wenn wir das problematische Verhalten nicht als einen Verhaltensexzeß, sondern als indirektes Ergebnis eines Verhaltensmangels betrachten. Wenn wir voraussetzen, daß aufgabenorientiertes Verhalten und unruhiges, hyperaktives Verhalten sich gegenseitig ausschließen bzw. hemmen, so folgt daraus für den Therapieplan, daß der störende Bewegungsdrang des hyperaktiven Kindes verringert werden kann, wenn aufgabenorientiertes Verhalten aufgebaut wird. Hyperaktivität würde verschwinden, ohne je das direkte Ziel von Interventionen gewesen zu sein. Wie wir im folgenden sehen werden, sind die erfolgreichsten Programme dieser Logik gefolgt. Mit ihrer Hilfe werden konstruktives Arbeiten und konzentrierte Lerngewohnheiten eingeübt bzw. im weiteren Sinne die Wahrnehmung und Aufmerksamkeit der Kinder geschult.

5.2 Behandlungsansätze bei Hyperaktivität

Einer der frühesten Versuche, verhaltenstherapeutische Prinzipien systematisch zum Abbau hyperaktiven Verhaltens einzusetzen, stammt von *Patterson* et al. (1965), die den zehnjährigen behinderten *Raymond* behandelten. *Raymond* ging in eine Körperbehindertenschule; nach Auskunft seiner Lehrer war er hyperaktiv, hatte eine kurze Aufmerksamkeitsspanne und zeigte aggressives Verhalten gegenüber jüngeren Kindern. Dieser Junge war ernsthafter behindert als andere Kinder, die im allgemeinen als hyperaktiv bezeichnet werden. Wenn an diesem extremen Beispiel die Effektivität verhaltensorientierter Maßnahmen nachgewiesen werden kann, ist anzunehmen, daß diese Methoden bei leichter gelagerten Fällen erst recht erfolgreich sind.

Patterson et al. berichten, daß *Raymond* zu Beginn ihrer Studie die meiste Zeit damit verbrachte, durch das Klassenzimmer zu spazieren, seine Arme und Beine hin und her zu bewegen und ähnliche »motorische Übungen« zu zeigen, wie sie für hyperaktive Kinder als typisch gelten. Mit *Raymond* sollte aufmerksames Verhalten aufgebaut werden, da dieses hyperaktivem Verhalten entgegengesetzt ist und seine Ausübung verhindert. Beobachter zeichneten von einer Einwegscheibe aus verschiedene »unaufmerksame« Verhaltensweisen auf (Armschwingen, Betasten von Gegenständen, aus dem Fenster schauen und Herumspazieren). Während dieser Erhebung zeigten sowohl *Raymond* als auch ein weiteres Kind, das zur Kontrolle der therapeutischen Bemühungen ebenfalls beobachtet wurde, pro Minute etwa fünf solcher Verhaltensweisen.

Zunächst bekam *Raymond* einen kleinen Radioempfänger samt Kopfhörer, durch den er ein Signal erhielt, wenn er sich durch aufmerksames Verhalten eine Süßigkeit verdient hatte. Dieses Vorgehen wurde zunächst außerhalb des Klassenzimmers geübt. Für jeweils zehn Sekunden, in denen *Raymond* kein hyperaktives Verhalten zeigte, bekam er das Signal und eine Süßigkeit.

Nach diesen Vorbereitungen trug *Raymond* das Gerät in der Schulklasse. Den übrigen Kindern war erklärt worden, daß *Raymond* den Empfänger bei sich trug, damit er lerne, ruhig zu arbeiten und zu sitzen. Darüberhinaus wurde den Kindern mitgeteilt, daß *Raymond* auf diese Weise Süßigkeiten verdienen könne, die er am Schluß unter allen Kindern aufteilen werde. Diese Strategie führte zu großer Unterstützung und sozialer Verstärkung durch die Klassenkameraden, da die Mitschüler sich eigenen Nutzen davon versprachen, wenn *Raymond* sich angemessen benahm. Diese Maßnahme erstreckte sich über drei Wochen; die Zeitspannen, die *Raymond* ruhig bleiben mußte, um belohnt zu werden, wurden allmählich von fünf auf achtzehn Minuten erhöht. *Raymond* konnte durch dieses Vorgehen deutliche Fortschritte erzielen; das Verhalten des »Kontrollkindes« blieb unverändert. Auch nach vier Wochen waren die therapeutischen Erfolge stabil.

Diese Studie baute auf dem Prinzip der »differentiellen Verstärkung anderen Verhaltens« auf, d.h. es wurde jeweils das Ausbleiben von unaufmerksamem Verhalten verstärkt und somit das aufmerksame gefördert. Bedeutet dies nun, daß *Raymond* nur seine Zappeligkeit unterdrückt hat? Aus den verfügbaren Daten kann noch nicht geschlossen werden, ob er tatsächlich seine Aufmerksamkeit aktiv auf die Aufgaben im Unterricht lenkte. Wir könnten bestenfalls aus seinen Leistungen rückschließen, ob er mit seinen Gedanken bei der Sache war. *Patterson* et al. (1965) haben *Raymonds* schulische Leistungen jedoch nicht erhoben. Bei dieser Studie ist es umständlich, daß ein Radioempfänger und ein Beobachter, der durch ein Signal gezielt verstärkt, eingesetzt werden müssen. Mittlerweile stehen uns praktikablere Instrumente zu Verfügung, die dieses Vorgehen erleichtern.

Thus et al. (1976) stellen ein tragbares, automatisches Gerät vor, das von dem Kind mitgenommen wird und einen Sensor hat, der ein Signal auslöst, wenn das Kind zwei Minuten lang ruhig gewesen ist. Nach insgesamt zehnmaligem Ertönen des Signals, also nach insgesamt zwanzig Minuten, wird dem Kind ein »echter« Verstärker überreicht. Nachdem so das ruhige Sitzen gesteigert worden ist, wird das Gerät zunächst durch eine Küchenuhr ersetzt und schließlich mit Erfolg vollständig ausgeblendet. Bei diesem Vorgehen ist jedoch anzunehmen, daß als Zielverhalten »ruhiges Sitzen« und nicht »konstruktives Studierverhalten« definiert ist.

5.2.1 Komplexes Training unter Einbezug von Lehrern und Eltern

Ein Training zum Abbau von Hyperaktivität ganz anderer Art haben *O'Leary* et al. (1976) vorgelegt. Diese Forscher behandelten neun- und zehnjährige hyperaktive Kinder; sieben von ihnen wiesen eine unterdurchschnittliche Intelligenz auf. Bei keinem von ihnen konnte ein Hirnschaden festgestellt werden, und keines wurde zur Zeit der Studie medikamentös behandelt.

Der Ansatz von *O'Leary* et al. setzt die Kooperation von Elternhaus und Schule voraus; Eltern und Lehrer übernahmen die Rolle von Therapiehelfern. Jeden Morgen gab der Lehrer dem Kind präzise Zielvorgaben und verstärkte es regelmäßig, wenn das Kind die Vorgaben im Laufe des Unterrichtes erfüllte. Nach jedem Schultag schätzte der Lehrer das Verhalten des Kindes in bezug auf die vorgegebenen Ziele ein und schickte den Eltern täglich einen entsprechenden Bericht über die Fortschritte ihres Kindes. Auch die Eltern waren verantwortlich dafür, daß das Kind für seine Entwicklungsfortschritte belohnt wurde.

Zu Beginn des Programms traf sich der Therapeut mit den Eltern eines jeden Kindes, um Informationen über das Verhalten des Kindes zu Hause einzuholen und den Eltern ihre Rolle innerhalb des Vorgehens zu erläutern, besonders was die Auswahl geeigneter Verstärker anging. Der Therapeut arrangierte gleichfalls ein Treffen mit dem Lehrer des Kindes. Das Treffen dauerte ca. eine Stunde und hatte im wesentlichen die Festlegung des Zielverhaltens des Kindes zum Gegenstand. Nach den Vorgesprächen hielt der Therapeut während des zehnwöchigen Programms telefonischen Kontakt mit den Eltern und suchte den Lehrer einmal pro Woche auf.

Besonders bemerkenswert an dem Vorgehen von *O'Leary* et al. ist, daß die vereinbarten Ziele im Unterricht sich nicht unmittelbar auf das Aktivitätsniveau des

Kindes bezogen. Die Kinder wurden nicht dafür verstärkt, wenn sie ruhig dasaßen, zuhörten, oder nicht nervös herumzappelten. Stattdessen konzentrierte sich das Programm auf schulische und prosoziale Anforderungen, etwa die Rechenaufgaben zu erledigen, einem Nachbarn Hilfestellung zu geben, die Hausaufgaben zu machen und sich nicht zu streiten. Im Unterschied zu den vorher diskutierten Studien setzte man nicht an der Modifikation des hyperaktiven Verhaltens per se an, sondern an dem Aufbau von Verhaltensweisen, die ein konzentriertes Lernen und Studieren begünstigen und die bei hyperaktiven Kindern üblicherweise kaum ausgeprägt sind.

O'Leary et al. weisen darauf hin, daß die Auswahl geeigneter Verstärker (mit Hilfe der Eltern) ein schwieriges Unterfangen innerhalb des Programms darstellt. Es erfordert Phantasie und Umsicht, die optimalen Verstärker zu entdecken und auszuwählen, denn bekanntlich kann von keinem Reiz angenommen werden, daß er bei allen Kindern in gleichem Maße bekräftigend wirkt. So kann ein Verhalten schnell seinen Belohnungswert verlieren, so daß man sich neue Verstärker ausdenken muß. Häufig kann man sich dadurch helfen, daß man dem Kind eine Liste zur Erfassung von Verstärkern vorlegt (vgl. S. 88f.)

In diesem Training wurden vornehmlich folgende Verstärker eingesetzt: eine halbe Stunde zusätzlich fernsehen, ein besonderer Nachtisch, eine bestimmte Zeitlang mit einem Elternteil spielen, Geld zur freien Verfügung des Kindes. Zusätzlich zu solchen täglichen Belohnungen konnte das Kind wochenbezogene Belohnung verdienen, wenn vier oder fünf der Karten, die vom Lehrer nach Hause geschickt worden waren, eine Verbesserung des Verhaltens des Kindes meldeten. Diese wochenbezogenen Belohnungen bestanden etwa in einem Angelausflug mit dem Vater, einem Essen bei der Lieblingstante oder einem gemeinsamen Essen mit der Familie in einem Restaurant. In zwei Fällen gelang es den Eltern nicht, ihr Kind andauernd angemessen zu Hause zu verstärken, und so wurde ein Belohnungsprogramm in der Schule eingerichtet. Eines der Kinder bekam Süßigkeiten zur Belohnung; das andere Kind erlebte das Vorrecht, sich in der Schulbibliothek aufhalten zu dürfen, als bekräftigend. – Die empirischen Befunde weisen das Vorgehen von *O'Leary* et al. (1976) als effektiv aus.

Liste zur Erfassung von Verstärkern für Kinder

(leicht verändert aus: *Petermann* u. *Petermann,* 1984, S. 43 f.)

Die folgende Liste wird dem Kind vorgelesen; dabei soll das Kind ein abgestuftes Urteil abgegeben. Die Urteile schwanken von »1« bis »5«
1 = ungern, 2 = weder gern noch ungern, 3 = ein wenig gern,
4 = gern, 5 = sehr gern.

Verstärker, die in der Therapiesituation eingesetzt werden können:

1. Eiskrem *essen*
2. Süßigkeiten
3. Früchte
4. Kuchen
5. Gebäck
6. Mineralwasser *trinken*
7. Milch
8. Tee
9. Kaffee
10. Fruchtsaft
11. Limonade
12. ausklügeln, wie etwas funktioniert
13. Puzzlespiele
14. Musik *hören*
15. Pop-, Beatmusik
16. Deutsche Schlager
17. sich mit *Tieren* beschäftigen
18. mit Hunden
19. mit Katzen
20. mit Vögeln
22. *Lesen*
22. Abenteuergeschichten
23. lustige Bücher
24. Witze
25. Bilderhefte (Comics)

Verstärker, die außerhalb der Therapiesituation eingesetzt werden können:

26. Radio hören
27. *Fernsehen*
28. Krimis
29. Werbefernsehen
30. Sportsendungen
31. Quizsendungen
32. Spielfilme
33. Musikshows
34. ins *Kino* gehen
35. Wildwestfilme ansehen
36. Kriminalfilme
37. Zeichentrickfilme
38. lustige Filme
39. ins Theater gehen (Märchenaufführung zu Weihnachten)
40. Zoologische Gärten besuchen (Zoo)
41. Tanzen
42. Singen
43. ein Musikinstrument spielen
44. Malen
45. *Sport treiben*
46. Fußball spielen
47. Tischtennis
48. Schwimmen
49. Turnen
50. Radfahren
51. mit Babys zusammen sein
52. mit Kindern zusammen sein
53. Karten spielen
54. Wandern
55. Autofahrten machen
56. Sammeln (Briefmarken, Münzen, Steine)
57. Basteln
58. Handarbeiten
59. Verreisen
60. Wochenendfahrten
61. Einkaufen gehen
62. Schlafen
63. ein Bad nehmen
64. Duschen
65. Beten
66. in die Kirche gehen
67. hübsch angezogen sein

Soziale und verbale Verstärker:	
68. *gelobt werden*	79. mit Geschwistern
69. des Aussehens wegen	80. mit dem Vater
70. der Schularbeiten wegen	81. mit der Mutter
71. der Klassenarbeiten wegen (gute Noten)	82. mit dem/r Lehrer/in
	83. jemandem eine Freude machen
72. des Betragens wegen	84. *jemandem helfen*
73. der Ordnung wegen	85. dem Klassenkameraden
74. der Aufmerksamkeit wegen	86. dem Freund
75. der körperlichen Kraft wegen	87. dem Bruder/der Schwester
76. *sich unterhalten*	88. der Mutter
77. mit Freunden	89. dem Vater
78. mit Klassenkameraden	90. sich Witze erzählen

5.2.2 Verhaltenstherapeutische oder medikamentöse Intervention?

O'Leary et al. (1976) möchten schulische und prosoziale Fertigkeiten verbessern, um hyperaktives Verhalten abzubauen. Ihre Ergebnisse belegen, daß dieses Vorgehen sehr erfolgversprechend ist; leider wurde nicht erfaßt, ob sich durch das Training die schulischen Leistungen der Kinder verbesserten. Wir ziehen zu dieser Frage eine Studie von *Ayllon* et al. (1975) heran, die einen ähnlichen Behandlungsansatz wie *O'Leary* et al. (1976) verfolgten. Sie dokumentieren den Einfluß ihres Trainings sowohl auf schulische Leistungen als auch auf hyperaktives Verhalten. Wie auch andere Forscher (z.B. *Pelham,* 1976; *Shafto* u. *Sulzbacher,* 1977) vergleichen sie, wie wirksam eine medikamentöse bzw. eine verhaltenstherapeutische Behandlung bei Hyperaktivität ist. Dabei stellen sie sich zwei Fragen: Sie untersuchen, ob ein psychologischer Ansatz (ohne gleichzeitige Verabreichung von Medikamenten) zumindest genauso effektiv ist wie der pharmakologische, und wie sich die Behandlung auf die gesamte Entwicklung des Kindes auswirkt.

Ayllon et al. (1975) arbeiteten mit drei Kindern, die zu einer Klasse von zehn lernbehinderten Schülern gehörten. Alle drei waren als chronisch hyperaktiv diagnostiziert worden und erhielten Medikamente (Methylphenidat, ein Amphetaminderivat; vgl. *Steinhausen* et al., 1982), um ihre Symptome unter Kontrolle zu halten. Die achtjährige *Christa* nahm das Präparat seit fünf Jahren. Die beiden anderen Kinder, der neunjährige *Paul* und der zehnjährige *Dieter* nahmen es seit einem bzw. vier Jahren. Die Intelligenzquotienten der Kinder reichten von 94 bis 118 (= durchschnittlich bis leicht überdurchschnittlich).

Ayllon et al. definieren in ihrer Studie die schulische Leistung anhand der Rechen- und Lesefähigkeit. Hyperaktivität wird als starke motorische Unruhe, Lärmen durch Zerstörung von Gegenständen, Stören anderer Kinder, Schwatzen und Schreien begriffen. Diese Kategorien dienen als Grundlage für Verhaltensbeobachtungen im Klassenzimmer, die während etwa fünfzig Unterrichtsstunden durchgeführt werden.

Das Vorgehen umfaßt vier Abschnitte. *Zunächst* wird über siebzehn Tage das Ausmaß der Hyperaktivität und die schulische Leistung festgehalten; drei Kinder weisen eine niedrige Hyperaktivität, aber auch niedrige schulische Leistungen auf. Am achtzehnten Tag wird mit Einverständnis der Eltern und der behandelnden Ärzte die Medikation abgesetzt.

Nach drei weiteren Tagen, in denen die medikamentösen Rückstände aus dem Stoffwechsel der Kinder ausgeschieden waren, beginnt der *zweite Abschnitt,* in dem die Kinder im Unterricht beobachtet werden. Drei Tage lang wird die Leistung im Rechnen und neun Tage lang im Lesen aufgezeichnet. Als die Medikamente abgesetzt werden, steigt die Hyperaktivität sofort bei allen drei Kindern steil an, allerdings verbessern sich auch die schulischen Leistungen der Kinder. Hier kommt ein von *Sprague* u. *Sleator* (1977) berichtetes Phänomen zum Vorschein, nämlich, daß Amphetamine die intellektuelle Leistungsfähigkeit beeinträchtigen, wenn sie in einer Dosierung gegeben werden, die hoch genug ist, um Hyperaktivität abzubauen.

Im *dritten Abschnitt* setzen verschiedene Behandlungen ein. Die Medikamente bleiben weiterhin abgesetzt, aber Leistungen im Rechnen werden jetzt unmittelbar verstärkt. Als Vorgehen wird hierzu ein Münzverstärkungsprogramm gewählt. Für jede richtig gelöste Rechenaufgabe erhält das Kind eine kleine Marke (Token). Diese Marken kann es im Laufe des Tages gegen eine Reihe echter Verstärker (zum »Preis« von einer Marke bis fünfundsiebzig Marken) einlösen.

Das Vorgehen von *Ayllon* et al. führt zu einem klaren Anstieg der Rechenleistungen. *Christa* konnte vor der Maßnahme keine einzige Rechenaufgabe richtig lösen, jetzt schaffte sie fünfundsechzig Prozent; *Paul* und *Dieter* konnten nun fast alle Aufgaben lösen. Gleichzeitig stellt sich ein hochinteressanter Effekt in bezug auf die Hyperaktivität ein. Obwohl keine Medikamente mehr verabreicht werden und auch kein explizit verhaltensorientiertes Programm eingeführt wird, fällt das Aktivitätsniveau der Kinder durch die Verstärkung der Rechenleistungen unter das Niveau, das in der ersten Phase (mit Medikation) vorlag. Offensichtlich besteht ein Zusammenhang zwischen der Verstärkung der Rechenleistungen und dem Abbau des Aktivitätsniveaus. Das wird deutlich, wenn wir die weitere Entwicklung im Leseunterricht anschauen. Dort wurde zunächst nicht verstärkt, entsprechend niedrig lagen in diesem Bereich die Leistungen und unverändert hoch war das Aktivitätsniveau ausgeprägt. Erst im *vierten Abschnitt,* als in beiden Schulfächern systematisch verstärkt wird, steigt die Leseleistung und läßt die Hyperaktivität nach. Diese Entwicklung verläuft bei allen drei Kindern sehr ähnlich. So läßt sich mit einiger Berechtigung behaupten, daß die verbesserten schulischen Leistungen und die Kontrolle des hyperaktiven Verhaltens nur darauf zurückgeführt werden können, daß man das Münzverstärkungsprogramm eingeführt hat.

Die Ergebnisse weisen bei hyperaktiven Kindern das verhaltensorientierte Vorgehen im Vergleich zu einer pharmakologischen Behandlung als eindeutig überlegen aus. Die medikamentöse Behandlung kann zwar das Aktivitätsniveau senken, verschlechtert auf der anderen Seite aber die schulische Leistungsfähigkeit der Kinder. Im Gegensatz dazu lassen sich die schulische Leistungen durch eine verhaltenstherapeutische Intervention noch außergewöhnlich steigern. Diese Schlußfolgerung läßt sich durch weitere Studien unterstützen, in denen man ebenfalls die medikamentöse Behandlung mit einem verhaltenstherapeutischen Training bei hyperaktiven Kindern verglichen hat *(Shafto* u. *Sulzberger,* 1977; *Wulbert* u. *Dries,* 1977).

5.2.3 Training unter Einbezug der Mitschüler

Wenn wir ein hyperaktives Kind im Rahmen des Unterrichts behandeln wollen, müssen wir in Betracht ziehen, wie die anderen Schüler in der Klasse auf unser Vorhaben reagieren werden. Ihr Verhalten kann eventuell den Therapieerfolg vermindern, bietet auf der anderen Seite aber auch die Chance einer wirksamen Unterstützung der Behandlung. Viel hängt davon ab, ob wir das Training geschickt in die Klasse einbringen.

Wir sollten die Situation so arrangieren, daß therapeutische Fortschritte bei dem »Problemkind« auch Belohnungen für die Mitschüler bedeuten. Dann besteht gute Aussicht, ein positives therapeutisches Klima herzustellen. In der oben erwähnten Studie illustrierten *Patterson* et al. (1965), daß man nicht nur isoliert beim behandlungsbedürftigen Kind ansetzen muß, sondern auch die sozialen Bezüge im Klassenzimmer umgestalten sollte. *Rosenbaum* et al. (1975) haben diese Strategie in einem Training aufgegriffen, das sie mit zehn Kindern aus ganz verschiedenen Schulklassen durchführten. Die Kinder in der Studie waren acht bis zwölf Jahre alt und wurden anhand von Testverfahren aus einer großen Anzahl von Kindern als besonders hyperaktiv ausgewählt. Fünf dieser Kinder wurden direkt verstärkt. Bei den übrigen wurde die Schulklasse in das Vorgehen einbezogen.

Rosenbaum et al. gehen anders vor als *Ayllon* et al. (1975), die besonders die schulischen Leistungen verstärken und das eigentlich hyperaktive Verhalten eher außer acht lassen. *Rosenbaum* et al. wollen folgende Verhaltensweisen erzielen: eine zugewiesene Arbeit zu Ende bringen, auf seinem Stuhl sitzenbleiben, sich nicht streiten, nicht an mehreren Aufgaben gleichzeitig arbeiten und im Zimmer bleiben. Für jedes Kind wird in einem Gepräch mit dessen Lehrer gezielt festgelegt, welches Verhalten angemessen ist und angestrebt werden soll. Die Therapeuten erklären dem Lehrer Grundlagen und Techniken des Programms und diskutieren mit ihm auftauchende Probleme. Sie händigen ihm Arbeitsmaterialien aus (eine Instruktionsanleitung, ein Päckchen Belohnungskarten und »echte« Verstärker). Die Belohnungskarten sind von der Größe normaler Spielkarten und zeigen auf ihrer Vorderseite ein lachendes Gesicht; die echten Verstärker bestehen aus einer Auswahl verschiedener Süßigkeiten.

Das *reine Verstärkungsprogramm* fußt auf einer einfachen Absprache zwischen Lehrer und Kind. Der Lehrer spricht das Kind unter vier Augen an und erläutert ihm das Programm.

Eine solche Erläuterung kann wie folgt aussehen:

»*Jochen,* du weißt, es fällt dir oft sehr schwer, ruhig auf deinem Stuhl sitzenzubleiben. Auch mit deiner Konzentration klappt es nicht so gut. Zum Glück gibt es da ein Programm, das dir helfen kann. Dazu ist es nötig, daß du ein paar Regeln beachtest . . . (der Lehrer nennt die Zielverhaltensweisen) . . .

Ich komme dann am Ende jeder Stunde zu dir an deinen Tisch. Wenn du auf die Regeln geachtest hast, bekommst du von mir so eine Karte als Belohnung (zeigt eine Belohnungskarte). Wenn die Schule zu Ende ist, kannst du jede Karte gegen eine Süßigkeit aus dieser Schachtel eintauschen (zeigt die Schachtel mit den Süßigkeiten). Keiner in der Klasse weiß etwas von unserer Abmachung . . . Es ist unser Geheimnis.« *(Rosenbaum* et al., 1975, S. 318).

Wenn die Behandlung des Kindes auf einem *Verstärkungsprogramm für die ganze Klasse* aufbaut, erläutert der Lehrer das Vorgehen vor der gesamten Klasse einschließlich des betroffenen Kindes. In diesem Fall kann der Lehrer sein Anliegen etwa wie folgt darstellen:

»Kinder, wir wissen alle, wie schwer es *Jochen* fällt, ruhig zu sitzen und seine Aufgaben zu erledigen. Zum Glück gibt es ein besonderes Programm für ihn, das ihm dabei helfen kann. Dafür muß *Jochen* ein paar Regeln beachten . . . (der Lehrer beschreibt die Zielverhaltensweisen) . . .

Am Ende jeder Stunde werde ich schauen, ob *Jochen* die Regeln eingehalten hat. Wenn er es geschafft hat, werde ich ihm so eine Karte zur Belohnung geben (zeigt eine Belohnungskarte). Wenn *Jochen* die Regeln nicht beachtet, bekommt er keine Karte. Nach der Schule bekommt ihr alle eine Süßigkeit für jede Karte, die *Jochen* verdient hat. Ihr könnt bis zu vier Süßigkeiten bekommen, je nachdem, wie gut *Jochen* die Regeln eingehalten hat. Und wie könnt ihr *Jochen* helfen? Nun, zum einen, indem ihr nicht auf ihn achtet, wenn er gegen eine Regel verstößt; und natürlich, daß ihr ihm sagt, wenn er sich prima benimmt und gut arbeitet« *(Rosenbaum* et al., 1975, S. 318).

Jeden Morgen wiederholt der Lehrer die Regeln und weist auf das Zielverhalten hin. Der Lehrer schätzt das Verhalten des Kindes nach jeder Stunde ein und reicht ihm seine Karte, wenn es sich den Zielen entsprechend verhalten hat. Bei dem Programm für die Gruppe hängt der Lehrer die Karte während des Unterrichts neben die Tafel, so daß die Klasse sieht, wieviel Süßigkeiten sie schon verdient hat.

Diese Münzverstärkungsprogramme erstrecken sich über vier Wochen. Nach dieser Zeit bedankt sich der Lehrer bei den Kindern dafür, daß sie so gut mitgemacht haben. Er sagt, daß es jetzt keine Belohnungskarten und keine Süßigkeiten mehr geben wird, er aber dennoch hofft, daß sie sich weiter so verhalten wie bisher. Nach weiteren vier Wochen ist es ratsam, daß der Lehrer die verwendeten Testverfahren noch einmal ausfüllt, um den Behandlungserfolg zu überprüfen.

Bevor wir auf die empirische Überprüfung dieser Behandlungsmethode durch *Rosenbaum* et al. eingehen, bleibt auf zwei Mängel hinzuweisen, die den Wert dieser Studie begrenzen. Die Lehrer sind in der Untersuchung sorgfältig instruiert worden, was sie den Kindern sagen und wie sie das Training durchführen. Ob die Lehrer das Programm aber auch entsprechend umgesetzt haben, bleibt offen. Ohne das Lehrerverhalten zu beobachten und zu kontrollieren, können wir nicht wissen, ob wirklich die gewünschte Wirkung erzielt wurde. Hier schließt sich gleich die zweite Schwäche der Studie an. Das Schülerverhalten wird anhand von Einschätzungen und Berichten der Lehrer erfaßt. Die Lehrer sollen damit den Erfolg ihrer eigenen Arbeit beurteilen. So ist es fraglich, ob solche Lehrer, die das Programm oberflächlich durchführen, dies auch in den Beurteilungen zum Ausdruck bringen.

Was kann man dennoch mit den empirischen Ergebnissen anfangen? Beide Vorgehensweisen verringern hyperaktives Verhalten. Auch wenn die Verstärkung unterbleibt, steigt das Problemverhalten zwar wieder an, ist jedoch deutlich schwächer ausgeprägt als vor der Behandlung. Die Lehrer bewerten das klassenbezogene Vorgehen positiver als das allein auf das Problemkind bezogene. Dieses Ergebnis ist interessant, verlangt doch das klassenbezogene Vorgehen mehr Zeit und Engagement von den Lehrern. Für den Erfolg des Programms ist wahrscheinlich entscheidend, wie positiv die Lehrer das Vorgehen bewerten. Dies spricht für das klassenbezogene Vorgehen.

5.3 Zusammenfassung und weiterführende Literatur

Die effektivsten verhaltenstherapeutischen Ansätze beziehen sich nicht unmittelbar auf den Abbau der Hyperaktivität des Kindes, sondern versuchen statt dessen, direkt aufmerksames und ruhigeres Verhalten aufzubauen. Es ist offensichtlich geschickter, Verhaltensweisen zu stärken, die mit Hyperaktivität unvereinbar sind. So kann man über differentielle Verstärkung von aufmerksamen Verhaltensweisen Hyperaktivität hemmen. Man kann Hyperaktivität auch hemmen, indem man angepaßtes Verhalten im Unterricht oder gute schulische Leistungen verstärkt. Solche Trainings können während des Unterrichts vom Lehrer durchgeführt werden. Die Verstärkung kann dabei unmittelbar bei dem behandlungsbedürftigen Kind, aber auch bei den Mitschülern ansetzen. Mehrere Untersuchungen haben nachgewiesen, daß ein verhaltensorientierter Ansatz einer medikamentösen Behandlung überlegen ist. Medikamente führen regelmäßig zu einem schulischen Leistungsabfall, während das verhaltenstherapeutische Vorgehen sowohl hyperaktives Verhalten abbaut als auch die schulischen Leistungen des Kindes verbessert.

Insgesamt handelt es sich bei Hyperaktivität um ein im deutschsprachigen Bereich stark vernachlässigtes Problem, das nur wenige Autoren aufgegriffen haben (vgl. *Eisert* u. *Eisert,* 1982; 1984; 1986; *Steinhausen,* 1982).

6 Einnässen und Einkoten

6.1 Was versteht man unter Einnässen?

In der verhaltenstherapeutischen Terminologie betrachten wir Störungen oft unter dem Gesichtspunkt, ob es sich bei dem problematischen Verhalten um einen Verhaltensmangel oder um einen Verhaltensexzeß handelt. Diese Einschätzung schlägt sich in der Form der Behandlung nieder. Wenn ein Verhaltensmangel vorliegt, vermitteln wir erforderliche Fertigkeiten, bauen fehlendes Verhalten auf und stärken es gezielt; liegt ein Verhaltensexzeß (z.B. ein autoaggressives Verhalten) vor, versuchen wir, das Verhalten abzubauen.

Diese Unterscheidung ist besonders nützlich, wenn Einnässen und Einkoten behandelt werden sollen. Eltern klagen dann, daß ihr Kind »zu oft« das Bett naß macht oder einkotet. Wir dürfen jedoch aus diesen Formulierungen nicht voreilig auf einen Verhaltensexzeß schließen. Bei genauer Betrachtung handelt es sich hier um die mangelnde Fähigkeit, seine Körperfunktionen zu steuern und zu kontrollieren. Wir fassen diese Probleme bei Kindern sinnvollerweise als Verhaltens- bzw. Kontrollmangel auf. Das therapeutische Vorgehen konzentriert sich demzufolge darauf, diese fehlenden oder gering entwickelten Kontrollfunktionen aufzubauen, um damit das »exzessive« Einnässen und Einkoten abzubauen. Es handelt sich besonders um zwei Kontrollfunktionen, die ein Kind lernen muß. *Erstens* muß es die Ausscheidung zurückhalten können, indem es lernt, die Schließmuskeln zu kontrollieren; *zweitens* muß es lernen, die Toilette aufzusuchen.

Das häufigste Problem bei Kindern ist das nächtliche Einnässen (Enuresis nocturna). Das Einnässen am Tage (Enuresis diurna) und das nächtliche Einkoten (Enkopresis) treten weitaus seltener auf. Nach *Azrin* u. *Thienes* (1978) finden wir bei 20 Prozent der dreijährigen Kinder Enuresis, bei den sechsjährigen sind es noch 15 Prozent und bei den vierzehnjährigen noch 3 Prozent (vgl. auch *Grosse,* 1986).

6.2 Behandlung des Einnässens

Wir werden uns in diesem Abschnitt mit dem häufig auftretenden nächtlichen Einnässen beschäftigen und zur Vereinfachung immer nur von »Einnässen« sprechen. Das nächtliche Einnässen wird häufig auch als *Bettnässen* bezeichnet (vgl. *Grosse, 1986).*

Einnässen läßt sich relativ leicht mit lerntheoretisch begründeten Verfahren behandeln. Methodisch läßt sich der Erfolg dieser Verfahren recht gut objektivieren (das Bett ist entweder naß oder trocken). All dies sind Gründe dafür, daß viele und methodisch gut abgesicherte Untersuchungen zu Behandlungsmethoden des Bettnässens vorgelegt worden sind *(Azrin* u. *Thienes,* 1978; *Baker,* 1969; *Bollard* u. *Nettelbeck,* 1981; *DeLeon* u. *Mandell,* 1966; *DeLeon* u. *Sacks,* 1972; *Finley* et al., 1973; *Grosse,* 1986; *Jehu* et al., 1977; *Lovibond,* 1964; *Novick,* 1966; *Young* u. *Morgan,* 1972).

Die meisten dieser Studien beschäftigen sich mit einer Behandlungsmethode, die ursprünglich von *Mowrer* u. *Mowrer* (1938) entwickelt wurde. Bei dieser Technik wird mit einem Klingelapparat gearbeitet.

6.2.1 Der Klingelapparat nach Mowrer

Der Klingelapparat nach *Mowrer* zur Behandlung des Bettnässens funktioniert folgendermaßen: Zwei Drahtgeflechte oder zwei Laken, die mit Metall durchflochten sind, liegen übereinander im Bett des Kindes. Dazwischen liegt eine isolierende Wattierung. Ein einziger Tropfen Urin kann per Elektrolyse einen batteriebetriebenen Stromkreislauf schließen. Dann ertönt eine Glocke, die so lange klingelt, bis sie abgestellt wird. Wenn dieses Signal ertönt, soll das Kind aufstehen und zur Toilette gehen. Der Alarm unterbricht meistens das Urinieren. Um sicherzugehen, daß das Kind richtig wach wird, wird außerdem aufgefordert, sich jedesmal noch das Gesicht zu waschen. Dann wird ein frisches Bettlaken überzogen, die Glocke wieder eingestellt, und das Kind geht wieder zu Bett. Bei jungen Kindern überwacht der Vater oder die Mutter, die durch die Glocke mitgeweckt werden, die Prozedur *(James* u. *Foreman,* 1973). *Turner* (1973) beschreibt die Anwendung des Gerätes detailliert. Die im Handel erhältlichen Modelle enthalten ebenfalls ausführliche Anleitungen (vgl. *Stegat,* 1978; *Grosse,* 1986). Die Krankenkassen können auf Veranlassung des Kinderarztes die Kosten für einen Apparat übernehmen.

6.2.1.1 Worauf beruht seine Wirksamkeit?

Wie wir sehen werden, ist an der Wirksamkeit des Klingelapparates bei der Behandlung der Enuresis nicht zu zweifeln. Die Erfolgsrate liegt bei achtzig bis neunzig Prozent *(Turner,* 1973). Die theoretischen Prinzipien, die diesem Erfolg zugrundeliegen, sind jedoch noch unklar und nicht abgesichert. *Mowrer* u. *Mowrer* (1938) gingen davon aus, daß ihr Vorgehen nach den Prinzipien des klassischen Konditionierens funktioniert. Sie haben damit einen wesentlichen Aspekt dieses Verfahrens erfaßt. Eine sorgfältig angelegte Studie von *Collins* (1973) unterstützt die Auffassung, daß die Wirksamkeit dieser Behandlung in ersten Linie von dem gleichzeitigen Auftreten von Blasenreizung und Glocke (UCS) abhängt. Die Konditionierung führt zur Kontraktion des Schließmuskels bzw. zum Aufwachen« (S.305). Allerdings können nach *Collins* auch Placebo-Effekte nicht ganz ausgeschlossen werden. Schon *Mowrer* u. *Mowrer* hatten betont, wie wichtig eine positive Beziehung zwischen Eltern und Kind für den Erfolg der Konditionierungsmethode ist. Es reicht also nicht aus, daß im Sinne des klassischen Konditionierens der unkonditionierte und der konditionierte Reiz zusammentreffen. Eine Reihe von weiteren Aspekten spielen offensichtlich eine Rolle und sind für den Erfolg verantwortlich, so die Tatsache, daß diese Prozedur für das Kind sehr unangenehm ist. Dies beginnt damit, auf dem wattierten Drahtgeflecht schlafen zu müssen. Dazu kommt das schrille Bimmeln der Glocke. Von dem Kind wird erwartet, sich mitten in der Nacht das Gesicht zu waschen. Durch den Lärm stört es zudem andere Mitglieder der Familie in ihrem Schlaf. Für *Lovibond* (1964) spielt Vermeidungslernen die Hauptrolle bei diesem Verfahren; die Kontrolle der Blasenfunktion wird aufrechterhalten durch negative

Verstärkung. Schließlich kann auch positive Verstärkung beteiligt sein. Aus methodischen Gründen erwartet der Therapeut von den Eltern eine sorgfältige Aufzeichnung des Behandlungsverlaufs. Diese Aufzeichnungen erhöhen die Sensibilität für die Fortschritte des Kindes, das entsprechend stärker gelobt und bekräftigt wird.

Die Diskussion über die wirksamen Prinzipien bei dieser Technik ist immer noch nicht abgeschlossen (vgl. *Turner* et al. 1970; *Lovibond,* 1972; *Turner,* 1972; *Bollard* u. *Nettelbeck,* 1981; *Grosse,* 1986). So besteht auch noch weiterhin Unsicherheit über die genauen neurophysiologischen Prozesse, die normalerweise zu der Fähigkeit führen, die ganze Nacht ohne einzunässen durchzuschlafen. *Mowrer* u. *Mowrer* (1938) zufolge führt die Dehnung der Blasenwand zu einer Reizung, die reflektorisch den Blasenschließmuskel entspannt und somit das Urinieren auslöst. Wenn in der Behandlung beim Urinieren sofort die Glocke klingelt, erfolgt durch den Weckreiz sofort eine Kontraktion des Schließmuskels. *Mowrer* u. *Mowrer* nehmen an, daß sich auf der Grundlage der Konditionierungsprinzipien nach *Pavlov* eine immer stärkere Verknüpfung »zwischen der Reizung aufgrund der Blasendehnung und den Reaktionen des Aufwachens und der Schließmuskelkontraktion« entwickelt (S.446).

In ihrem ersten physiologischen Erklärungsversuch 1939 bezogen *Mowrer* u. *Mowrer* nur die Ausdehnung der Blase und die Kontraktion des Schließmuskels ein. Viele Jahre später spricht auch *Collins* (1973) noch davon, daß das Klingeln die Kontraktion des Schließmuskels auslöst. Neuere Studien von *Young* u. *Morgan* (1972) beziehen sich mehr auf die Hemmung der Blasenmuskulatur. Wenn der Blasenmuskel angespannt wird, wird der Urin aus der Blase gedrückt und diese entleert sich. Wenn der ringförmige Blasenschließmuskel (Sphinkter) sich kontrahiert, verschließt er den Blasenausgang und hält den Urin in der Blase. Blasenmuskel und Blasenschließmuskel sind Gegenspieler. Damit die Blase entleert werden kann, muß sich der Blasenmuskel zusammenziehen und der Blasenschließmuskel entspannt werden. Den Urin anzuhalten erfordert dagegen, daß der Blasenmuskel gehemmt und der Blasenschließmuskel aktiviert wird. Der Konditionierungsvorgang, der bei der Anwendung des Klingelapparates nach *Mowrer* stattfindet, betrifft sowohl Aktivations- als auch Hemmungsprozesse. Wo genau jedoch die Konditionierungen bei diesem Zusammenspiel eingreifen, ist immer noch nicht hinreichend erklärt. Der Praktiker, der bettnässende Kinder behandelt, interessiert sich vermutlich zunächst nur für die Effekte des Vorgehens und ist weniger an theoretischen, neurophysiologischen Begründungen interessiert.

6.2.1.2 Wie groß sind die Behandlungserfolge?

Häufig läßt sich Einnässen mit Hilfe des *Mowrer*schen Vorgehens erfolgreich behandeln. Nach *DeLeon* u. *Mandell* (1966) ist dieser Ansatz anderen Behandlungstechniken, die auf psychodynamischen Konzepten beruhen, eindeutig überlegen. Eine Nachkontrolle von *DeLeon* u. *Sacks* (1972) ergab, daß 81 Prozent der Kinder, die nach dem Ansatz der *Mowrers* behandelt wurden, nach vier Jahren immer noch trokken waren. *Baker* (1969) führt aus, daß parallel zur erfolgreichen Behandlung des Einnässens sich regelmäßig auch Fortschritte im Sozialverhalten des Kindes einstellen. Die Konditionierungsverfahren wirken positiv über das Sauberkeitstraining hinaus. Bekanntermaßen schränkt Einnässen den Handlungsfreiraum eines betroffenen Kindes oft ein. Wenn das Kind über Nacht bei einem Freund bleiben will oder es einen Freund nach Hause einlädt, können Ängste vor peinlichen Situationen aufkommen. Weil man solche Peinlichkeiten befürchtet, nimmt das Kind vielleicht nicht an einer Ferienfreizeit in einem Sommerlager teil. Aus mißlichen Erfahrungen neigt ein Bettnässer leicht dazu, sich gegenüber Geschwistern und Altersgenossen als minderwertig zu erleben. Schamgefühle und Unsicherheit entstehen leicht und setzen sich fest, solange die Störung besteht. Wenn ein Kind durch Konditionierungsverfahren eine größere Kontrolle über seine Blasenfunktion erworben hat, gewinnt es auch im sozialen Umgang wieder mehr Sicherheit und Selbstvertrauen. Als Folge davon verbessern sich wieder die Beziehungen zu den Gleichaltrigen, sein gesamtes Kontaktverhalten und sein Selbstkonzept werden verstärkt *(Compton,* 1968). Training und Klingelapparat müssen dem Kind so nahegebracht werden, daß bei diesem nicht der Eindruck entsteht, es sei ein Versager. Es ist hilfreicher, dem Kind das Gefühl zu vermitteln, daß es eine Chance geboten bekommt, eine Störung abzubauen, unter der es leidet.

Doleys (1977) hat die verfügbare Literatur über verhaltenstherapeutische Verfahren zum Abbau des Einnässens gesichtet und die Ergebnisse von zwölf Untersuchungen zusammengetragen, in denen jedesmal mit einem Klingelapparat gearbeitet wurde. In diesen Überblick gehen 628 behandelte Kinder ein. Dabei kann in 3/4 der Fälle in fünf bis zwölf Wochen Einnässen erfolgreich behandelt werden. Erfolg wird in diesen Studien immer in einer bestimmten Anzahl von aufeinanderfolgenden Nächten gemessen, in denen das Kind trocken bleibt. Diese Anzahl schwankt zwischen zehn *(Collins,* 1973) und 28 Nächten (*Baker,* 1969). Allgemein geht man von 14 aufeinanderfolgenden, trockenen Nächten aus, wenn vor der Behandlung regelmäßig jede Nacht eingenäßt wurde. Die meisten Kinder, die mit Hilfe des Klingelapparates behandelt werden, erleiden jedoch in den ersten sechs Monaten nach Trainingsende einen Rückfall. Nach *Doleys'* Übersicht (1977) tritt ein Rückfall in 41 Prozent der Fälle auf; andere Autoren berichten in der Literatur häufig von nur 20 bis 30 Prozent Rückfällen *(O'Leary* u. *Wilson,* 1975). Bei einem Rückfall beginnt man am besten mit einem Behandlungsdurchlauf. Die Kinder lernen meistens wieder sehr schnell, trocken zu bleiben, und es kommt dann nur noch sehr selten zu einem Rückfall. Gingen Kinder und Eltern davon aus, das Einnässen sei überwunden, dann kann ein erneutes Auftreten sehr beschämend und entmutigend wirken. Erfahrene Therapeuten, die mit dem Klingelapparat arbeiten, weisen daher von Anfang an auf die Möglichkeit eines Rückfalls hin, um der Enttäuschung zuvorzukommen. Gleichzeitig vermitteln sie aber auch die Zuversicht, daß mit einer Wiederholung der Behandlung das Problem langfristig immer zu beheben ist.

6.2.1.3 Kann man mit Überlernen Rückfälle vermeiden?

Wenn das Arbeiten mit dem Klingelapparat auf operanter Konditionierung beruht, so wäre der Lerntheorie zufolge eigentlich nach einer gewissen Zeit eine Löschung des Sauberkeitsverhaltens zu erwarten. In gewisser Weise geschieht dies ja auch bei einem Rückfall. Um das neu aufgebaute Sauberkeitsverhalten zu stabilisieren, können wir intermittierend verstärken; wir werden später darauf zurückkommen. Eine andere Möglichkeit bietet das Überlernen. Beim Überlernen wird weiter geübt, auch wenn das Ziel erreicht ist, d.h. man arbeitet mit dem Klingelapparat weiter obwohl das Kind schon 14 Tage trocken ist. Wenn das Kind kaum noch einnäßt, ergibt sich für die Behandlung das Dilemma, daß die Situationen ausbleiben, in denen gelernt werden kann. Schon *Mowrer* u. *Mowrer* (1938) haben darauf hingewiesen und versucht, Einnässen »künstlich« herbeizuführen. Wenn ein Kind sieben Nächte hintereinander nicht eingenäßt hatte, gaben sie ihm vor dem Einschlafen noch ein oder zwei Gläser Wasser zu trinken. Jetzt stellte sich zuweilen wieder Einnässen ein und man trainierte mit dem Kind weiter, bis es wiederum sieben Nächte trocken war.

Young u. *Morgan* (1972) stellen eine Studie vor, in der sie den Einfluß des Überlernens auf neu gelerntes Sauberkeitsverhalten untersuchten. Verhaltenstherapeutisch formuliert geht es um die Frage, ob Überlernen verhindern kann, daß neues Verhalten gelöscht wird.

Young u. *Morgan* haben 67 Kinder nach Zufall aus einer großen Anzahl behandelter Kinder ausgesucht. Alle von ihnen hatten 14 Nächte nicht eingenäßt. Die Forscher geben nun allen Kindern eine Stunde vor dem Zubettgehen zwei große Gläser Flüssigkeit zu trinken und installieren wieder die Klingelapparatur im Bett des Kindes. Das Überlernen wird so lange fortgeführt, bis das Kind wieder 14 Nächte hintereinander trocken ist. Für den Praktiker ist interessant, daß *Young* u. *Morgan* keine Schwierigkeiten hatten, die Eltern des Kindes für eine erneute Kooperation zu gewinnen. Sie hatten zunächst Zurückhaltung und Widerstand bei den Eltern erwartet, da ihr Vorgehen ja ein erneutes Einnässen hervorrufen würde, und dies zu einem Zeitpunkt, wo die Eltern froh waren, das Problem endlich überwunden zu haben.

Um die Einstellung der jungen Patienten und besonders ihrer Eltern zu erheben, schauten sich *Young* u. *Morgan* die Therapieabbrecher näher an. Zu diesem Zweck verglichen sie Patienten, die nur die erste Behandlungsphase mitmachten, mit solchen, die auch noch beim Überlernen teilnahmen. Eigentlich ist eine höhere Anzahl an Therapieabbrüchen in der zweiten Gruppe zu erwarten, da diese höheren Belastungen ausgesetzt ist. Die Autoren stoßen in ihrer Untersuchung jedoch auf einen umgekehrten Effekt. Von den Überlernern brechen zehn Prozent und in der üblichen Behandlung fast 45 Prozent die Behandlung ab. Die Autoren erklären dieses Ergebnis dadurch, daß die Familien, bei denen die erste Behandlung schon erfolgreich durchgeführt wurde, hohes Vertrauen in das Vorgehen entwickelt haben und so wahrscheinlich eine höhere Bereitschaft und Frustrationstoleranz aufwiesen.

Verhindert Überlernen Rückfälle nachhaltig? Zunächst werden durch das Überlernen Rückfälle provoziert, um sie so wirksamer durch eine vertiefte Behandlung langfristig zu vermeiden. *Young* u. *Morgan* (1972) legen hier wichtige Ergebnisse vor. Sie schickten Briefe an die Eltern der betreuten Kinder und fragten nach deren weiterer Entwicklung. Der erste Brief wird drei Monate nach Behandlungsende verschickt; es folgen weitere im Abstand von sechs Monaten. Die Eltern werden um Antwort gebeten, ob das Kind weiter trocken geblieben ist und ob sie einen erneuten Termin in der Beratungsstelle wünschen. Die Autoren definieren einen Rückfall als »Wiederauftauchen des Einässens nach Behandlungsende, das so ernsthaft ist, daß die Eltern um einen erneuten Termin in der Beratungsstelle bitten« (S. 149). Nach diesem gesetzten Kriterium traten bei 22,8 Prozent der 101 untersuchten Kinder Rückfälle auf. Alle untersuchten Kinder waren bei Trainingsende schon viele Nächte trocken. Wurde kein Überlernen durchgeführt, dann lag die Zahl höher (bei 34,8 Prozent); entsprechend niedriger (=12,7) war die Zahl beim Überlernen.

Dieser bedeutsame Unterschied spricht dafür, beim verhaltenstherapeutischen Vorgehen in diesem Bereich ein Überlernen anzustreben.

Aus den Darstellungen von *Young* u. *Morgen* geht leider nicht hervor, wieviele Kinder aus der »Überlerngruppe« tatsächlich wieder einnäßten, als sie vor dem Zubettgehen vermehrt Flüssigkeit zu sich nahmen. Die Autoren erwähnen, daß beim Überlernen die erhöhte Flüssigkeitsaufnahme den Detrusormuskel zusätzlich belastet. Die Nieren produzieren mehr Urin, der auf die Blasenwand drückt. Die neu erworbenen psychophysiologischen Hemmprozesse können überlastet werden; es kommt wieder zum Einnässen. Die Klingel wird ausgelöst und ein nachhaltiger Lernprozeß läuft ab. Wird diese zusätzliche Belastung des Detrusormuskels ausgehalten, dann wird die neu gelernte Hemmung des Urinierens und/oder das Aufwachen zusätzlich gefestigt. So betrachtet führt das Überlernen in jedem Falle zu einem zusätzlichen Lernfortschritt. Kommt es durch das vermehrte Trinken wieder zum Einnässen, besteht wie vor dem ersten Trainingsabschnitt die Chance, das Sauberkeitsverhalten neu und jetzt um so intensiver zu erlernen; tritt trotz der erschwerten Bedingungen kein erneutes Einnässen auf, so findet ein umfassendes Blasentraining statt.

6.2.1.4 Kann man mit intermittierender Verstärkung Rückfälle vermeiden?

In der Verhaltenstherapie ist seit langem bekannt, daß eine durch klassisches Konditionieren gelernte Reaktion, die zusätzlich intermittierend verstärkt wird, löschungsresistenter ist als eine unter kontinuierlicher Verstärkung (vgl. z.B. *Jenkins* u. *Stanley,* 1950) Bei der kontinuierlichen Verstärkung tritt mit dem konditionierten Reiz jedesmal auch wieder der unkonditionierte auf. Wie oben aufgeführt, läutet bei der üblichen Behandlung mit Hilfe des Klingelapparates bei jedem Einnässen sofort die Glocke. Dann steht das Kind auf und geht zur Toilette. Bei diesem Ablauf handelt es sich um eine kontinuierliche Verstärkung. Wenn das Sauberkeitsverhalten einmal über die Konditionierung aufgebaut ist und die Verstärkung nach und nach wieder ausgeblendet wird, wäre zu erwarten, daß das neue Verhalten wieder verschwindet. Wahrscheinlich ist dies auch in den 41 Prozent der behandelten Kinder der Fall, die nach geraumer Zeit wieder einnässen, obwohl sie schon einmal längere Zeit trocken waren *(Doleys,* 1977). Diese Annahme läßt jedoch offen, warum die übrigen 59 Prozent eine stabile Kontrolle über die Blasenfunktion aufweisen. Wenn es stimmt, daß ein Rückfall nichts anderes als einen Löschungsprozeß darstellt, können wir daraus ein Vorgehen ableiten, das zusätzlich zur Rückfallverhütung beiträgt. Nach allem, was wir über Konditionierung und Verstärkung wissen, kann eine Löschung verzögert werden, wenn man intermittierend verstärkt. Studien von *Lovibond* (1964), *Turner* et al. (1970), *Taylor* u. *Turner* (1975) und *Finley* et al. (1977), prüften, wie erfolgreich dieses Vorgehen sein kann.

Wie kann man nun das Training mit der Klingelapparatur intermittierend gestalten? Die Glocke müßte einige Male ausgestellt sein, so daß das Kind zeitweilig die Erfahrung macht, daß es nicht jedesmal klingelt, wenn es einnäßt. Ob die Glocke eingestellt ist oder nicht, muß selbstverständlich vom Zufall abhängen, so daß das Kind nicht weiß, was es in einer bestimmten Nacht erwartet. In einigen Untersuchungen *(Turner* et al., 1970; *Taylor* u. *Turner,* 1975) erreichte man dies dadurch, daß man der Mutter des Kindes einen vorgefertigten Kalender an die Hand gab, in dem die Tage mit und ohne ausgeschaltete Glocke eingetragen waren. Andere Therapeuten *(Finley* et al., 1977) benutzten ein automatisiertes und programmiertes System, so daß kein Familienmitglied wußte, ob in der nächsten Nacht die Glocke angestellt war oder nicht. Wenn man intermittierend verstärkt, dann ist es in jedem Fall wichtig, daß nach jedem »Unfall« die Bettlaken des Kindes gewechselt werden und die Glocke wieder eingestellt wird, zumal gut 80 Prozent der einnässenden Kinder ihr Bett mehrere Male pro Nacht einnässen *(Finley* et al., 1977).

Wenn die Glocke nicht wieder angestellt wird, ergibt sich für das Kind ein vorhersagbarer intermittierender Verstärkungsplan. Es weiß dann, daß es nach dem ersten Einnässen nicht mehr in der gleichen Nacht läuten wird. Vor allem zu Beginn der Behandlung ist es entscheidend, daß die Glocke eingestellt bleibt. Bekanntlich wird ein neues Verhalten am wirksamsten und raschesten durch einen kontinuierlichen Verstärkungsplan aufgebaut. Ist die Kontrolle über die Blasenfunktion einmal durch kontinuierliche Verstärkung vorhanden, dann sollte eine möglichst hohe Löschungsresistenz aufgebaut werden. Diese erreicht man durch intermittierende Verstärkung. Dabei darf für das Kind nicht vorhersehbar sein, ob es bei der nächsten Gelegenheit verstärkt wird oder nicht. Die schnellste und stabilste Veränderung erzielt man, wenn man zunächst kontinuierlich verstärkt, danach zur intermittierenden Verstärkung übergeht und dann das Training beendet.

Finley et al. (1973) haben den Nutzen der intermittierenden Verstärkung belegt. Rückfälle treten bei diesem Vorgehen seltener auf. In einer weiteren Studie 1977 arbeiteten *Finley* et al. mit 80 chronisch einnnässenden Kindern und legten ihrem Vorgehen eine Rate von 70 Prozent zugrunde, d.h. bei hundertmal Einnässen wird siebzigmal durch einen Alarm gestört. Damit diese Verstärkung für das Kind nicht berechenbar ist, benutzten die Forscher ein automatisches Klingelgerät. Dieses Gerät erlaubt es, die Verstärkungsabfolge beliebig festzulegen. In einer unsystematischen Reihenfolge läutet also in 70 Prozent der Fälle die Glocke, wenn das Kind ins Bett macht. In diesem Versuch tritt der Alarm nicht nur akustisch, sondern auch durch ein Licht in Erscheinung, das über dem Bett des Kindes angeht. Zusätzlich ertönt ein Summton im Schlafzimmer der Eltern, die somit verfolgen können, ob das Kind zur Toilette geht, das Bettlaken wechselt und die Apparatur wieder anstellt. Es ist allerdings auch in den 30 Prozent der Fälle von Einnässen, bei denen Alarm gegeben wird, nötig, die Bettwäsche zu wechseln. Dies ist nicht nur aus hygienischen Gründen wünschenswert, sondern auch, damit die Sensoren in der Apparatur beim nächsten Einnässen wieder gut funktionieren können. Aus diesen Gründen ist die Anlage so programmiert, daß der Summton im Elternschlafzimmer nach 20 Minuten auch in den Fällen ertönt, in denen das Kind nicht geweckt wird. Über diese Verpflichtungen hinaus obliegt es den Eltern, sorgfältig über das Sauberkeitsverhalten ihres Kindes Buch zu führen. Wichtige Fragen sind hier, wann das Kind zu Bett geht, wann es einnäßt und wie oft pro Nacht, wie groß der Durchmesser des nassen Flecks im Laken ist und ob der Alarm nur bei den Eltern oder auch im Kinderschlafzimmer zu hören war.

Finley et al. (1977) verstärken in den ersten sieben Nächten, in denen das Kind einnäßt, kontinuierlich, d.h. auf jedes Einnässen hin erfolgt der Alarm. Danach gehen sie zu einer siebzigprozentigen, variablen intermittierenden Verstärkung über. Diese wird so lange aufrechterhalten, bis das Kind 14 Nächte hintereinander trocken bleibt. Alle Fälle werden nach Trainingsende noch für durchschnittlich zehn Monate weiterbeobachtet. Von einem Rückfall wird gesprochen, wenn drei oder vier Nächte lang Bettnässen erneut auftritt.

Die Ergebnisse von *Finley* et al. sind beeindruckend. 94 Prozent der Kinder sind trocken, wobei die Behandlung durchschnittlich 46,8 Nächte dauert. Zwischen dem Alter eines Kindes und dem Behandlungserfolg (von fünf bis vierzehn Jahre, im Durchschnitt acht Jahre) besteht kein Zusammenhang. Allerdings gibt es eine Beziehung zwischen Rückfallhäufigkeit und dem Alter der Kinder; insgesamt wurden 25 Prozent der Kinder rückfällig. Die Rückfälle waren jedoch deshalb so selten, weil die jüngeren Kinder so stabile Erfolge erzielten: Nur 15 Prozent der fünf- bis sechsjährigen, und sogar nur 5,25 Prozent der sieben- und achtjährigen Kinder erleiden einen Rückfall. Die Daten für die Kinder zwischen neun und zehn Jahren sehen enttäuschend aus: Jedes zweite Kind näßte wieder ein. Bei den elfjährigen und älteren Kindern liegt die Rückfallquote bei 22 Prozent.

Finley et al. stellen einen Vergleich dieser Daten mit den aus anderen, früheren Untersuchungen an. Dort traten durchschnittlich 47 Prozent Rückfälle auf, wobei jedoch ausschließlich kontinuierlich verstärkt wurde. Aus diesem Vergleich schließen sie, daß der siebzigprozentige intermittierende Verstärkungsplan den traditionellen Verstärkerplänen weit überlegen ist, obwohl die Neun- und Zehnjährigen in ihrem Programm nur sehr schlecht abgeschnitten haben. Ob ein anders gearteter Verstärkungsplan für diese Altersgruppe zu besseren Ergebnissen führen könnte, wäre noch zu untersuchen.

Noch eine letzte Anmerkung zu *Finley* et al. (1977), die das mehrmalige Einnässen pro Nacht betrifft. Über den gesamten Behandlungszeitraum nehmen die Nächte ab, in denen Einnässen auftritt. Zusätzlich nehmen auch die Nächte ab, in denen das Kind mehrmals einnäßt. In der ersten Woche der Behandlung nässen fast 80 Prozent der Kinder mindestens einmal pro Woche mehrmals ein. Es ist wichtig, dieses mehrmalige Einnässen pro Nacht zu beobachten, wenn man einen variablen intermittierenden Verstärkungsplan anwenden will. Man muß in den Beobachtungen und Aufzeichnungen exakt jedes Einnässen registrieren, um einen Überblick über den Behandlungsverlauf zu gewinnen und zu behalten. Der Hinweis, ob ein Kind eine ganze Nacht naß oder trocken blieb, ist für einen Verhaltenstherapeuten zu ungenau. Nach jedem Einnässen darf das Kind nicht vorhersagen können, ob beim nächsten Mal die Glocke läuten wird oder nicht.

Zusammenfassend läßt sich feststellen, daß man sowohl durch Überlernen als auch mit variabler intermittierender Verstärkung Rückfällen vorbeugen kann. *Morgan* (1978) hat die verfügbare Literatur zu diesem Thema gesichtet und kommt zu dem Schluß, daß das Überlernen als die effektivste der beiden Methoden anzusehen ist.

6.2.2 Blasentraining

Damit das einnässende Kind die ganze Nacht durchschläft, ohne das Bett naß zu machen, muß es lernen, den Urin, der sich über Nacht in der Blase ansammelt, zurückzuhalten. Kinder, die unter Einnässen leiden, sind hierzu kaum in der Lage und können auch am Tage den Urin nicht so lange halten, wie andere Kinder. Das nächtliche Einnässen und häufigeres Urinieren am Tage hat zu der Vermutung geführt, daß die Blase dieser Kinder besonders klein ist *(Muellner,* 1960). In einer

Therapie hätte man sich folglich darum zu bemühen, das Fassungsvermögen der Blase zu erhöhen bzw. das Ausmaß an Druck zu erhöhen, den der Detrusormuskel toleriert, bevor er die Blasenentleerung auslöst. Diese Überlegung mag für chronisch einnässende Kinder zutreffen, die noch nie in ihrem Leben trocken waren. Sie trifft jedoch nicht für Einnässer zu, die schon einmal trocken waren und zu einem späteren Zeitpunkt wieder einnässen *(Doleys,* 1977). Das Fassungsvermögen der Blase kann bei der Behandlung generell eine wichtige Rolle spielen.

Die Messung des Fassungsvermögens der Blase erfolgt immer indirekt. Es ist schwierig festzustellen, welche Menge Urin eine Blase tatsächlich fassen kann. Man beschränkt sich also darauf, die Menge Urin zu messen, die ein Kind ausscheidet, wenn es versucht hat, den Urin so lange wie möglich zurückzuhalten, und geht davon aus, daß diese Menge das maximale Fassungsvermögen darstellt. Diese Meßmethode legten auch *Starfield* u. *Mellits* (1968) in einer Untersuchung zugrunde, in der sie eine positive Beziehung zwischen einem hohen Fassungsvermögen der Blase und der hohen Fähigkeit des Kindes feststellen, nachts trocken zu bleiben. Wir wissen dabei nicht, ob geringes Einnässen die Blasenkapazität erhöht oder ob im umgekehrten Sinne eine erhöhte Blasenkapazität dazu führt, daß Einnässen abnimmt. Die ersten Arbeiten, in denen Trainingsmaßnahmen zur Urinkontrolle vorgestellt wurden, basierten jedenfalls auf der Annahme, daß ein Kind über Nacht trocken bleiben könne, wenn es in der Lage ist, das Fassungsvermögen seiner Blase zu erhöhen.

Das Blasentraining von *Kimmel* u. *Kimmel* (1970) läßt physiologische Prozesse außer acht und konzentriert sich einfach darauf, dem Kind beizubringen, für eine immer längere Zeit den Urin anzuhalten. Das Training geschieht tagsüber, also wenn das Kind wach ist. Das Kind nimmt viel Flüssigkeit zu sich und soll sich bemühen, den Urin immer etwas länger anzuhalten als am Tag zuvor. Bei Erfolg erhält das Kind Belohnungen. Das Vorgehen wird so lange fortgeführt, bis das Kind in der Lage ist, von dem Zeitpunkt des ersten Blasendrucks an das Urinieren noch für weitere 45 Minuten hinauszuzögern.

Als *Kimmel* u. *Kimmel* (1970) diesen operanten Ansatz zum ersten Mal bei drei einnässenden Kindern verwendeten, lag das höchste erreichte Zeitintervall der Kinder bei 30 Minuten. Sie berichteten, daß bei zwei der Kinder innerhalb von sieben Tagen das Einnässen nicht mehr auftrat; bei dem dritten Kind ließ dieser Erfolg zwei Wochen auf sich warten. Alle drei Kinder blieben auch noch zwölf Monate nach dem Trainingsende trocken. Scheinbar überträgt sich die Fähigkeit, tagsüber das Urinieren für eine recht kurze Zeitspanne hinauszögern zu können, auch auf die Nachtzeit, in der der Harn für eine beträchtlich längere Zeit zurückgehalten werden muß. Wie so oft in der Verhaltenstherapie hat auch hier die Praxis die Theorie überholt, denn die physiologischen und psychologischen Mechanismen, die einem solchen Blasentraining zugrunde liegen, sind theoretisch noch nicht aufgeklärt.

Aufgrund des offensichtlichen Erfolgs von *Kimmel* u. *Kimmel* führten *Paschalis* et al. (1972) eine gründliche und kontrolliertere Studie zum Blasentraining durch. Sie haben die Eltern von 35 einnässenden Kindern, die noch nie in ihrem Leben über längere Zeit trocken waren, und die Eltern von Kindern ohne Blasenprobleme gebeten aufzuzeichnen, wie oft ihre Kinder tagsüber zum Urinieren auf die Toilette gehen. Es ergab sich, daß die einnässenden Kinder tagsüber vier bis zwölf Mal urinierten, die »normalen« Kinder drei bis fünf Mal; daraus schlossen die Autoren, daß bei Einnässern schon eine leichte Blasendehnung einen Harndrang auslöst.

Paschalis et al. luden die Eltern in einem zweiten Schritt zu einem zweistündigen Gespräch ein, um ihnen das anzuwendende Vorgehen zu erläutern. Sie ermittelten hierzu, wie lange das Kind normalerweise den Urin noch anhalten kann, wenn es den ersten Blasendruck verspürt. Diese Zeitspanne sollte schrittweise verlängert werden. Das Zeitintervall wird in der folgenden Zeit täglich um zwei bis drei Minuten höher angesetzt, bis das Kind schließlich 45 Minuten aushalten kann, bevor es zur Toilette geht. Das Kind erhält einen Token und wird gerade in dem Moment gelobt, wenn es zur Toilette geht. In einer Tabelle soll das Kind die Zeitspanne festhalten, die es jeweils den Urin zurückhalten kann. Am Abend kann es die Token gegen echte Verstärker eintauschen. Wenn das Kind eine Woche lang vollkommen trocken bleibt, erhält es ein Geschenk, das zu Beginn des Trainings mit ihm gemeinsam ausgesucht worden ist, als Belohnung für seine Leistungen.

Paschalis et al. berichten, daß fünfzehn Kinder es schafften, zumindest eine Woche durchgehend trocken zu bleiben; acht Kinder hatten sich auf zwei bis sechs Nächte ohne Einnässen gesteigert. Vier Elternpaaren gelang es nicht, das Verfahren umzusetzen; so blieben zehn Kinder übrig, die sich nicht verbessern konnten. Neunzig Tage nach der Verstärkungsperiode, die normalerweise zwanzig Tage dauerte, fragte man bei den Eltern nach, ob das Einnässen wieder aufgetaucht sei. Niemand von den Eltern berichtete einen Rückfall; in den genannten fünfzehn Fällen waren die Kinder vollständig trocken geblieben. Die Autoren schließen daraus, daß ihre Methode »sehr vielversprechend« bei chronischem Einnässen sei (S. 255).

Doleys (1977) schätzt das Verfahren jedoch kritisch ein. Untersuchungen, in denen mit dem Klingelapparat gearbeitet wurde, führen bei 75 Prozent der Kinder zum Erfolg, der sogar anhand 14 trockener Nächte definiert wurde. Das Blasentraining nach *Paschalis* et al. führt nur bei 48 Prozent der Kinder zum Erfolg. Zudem würden die acht Kinder, die *Paschalis* et al. als gebessert bezeichnen, in anderen Untersuchungen als Mißerfolge gewertet. Es handelt sich also keineswegs um ein besonders eindrucksvolles Ergebnis! Als *Doleys* et al. (1977) ein Blasentraining bei neun Kindern über den Zeitraum von sechs Wochen durchführten, konnten sie am Ende des Trainings hinsichtlich der Anzahl der trocken gebliebenen Nächte keinen Unterschied zu der Zeit vor der Behandlung feststellen. Weiterhin konnten sie ebenfalls keine klaren Veränderungen der Blasenkapazität finden, die sie im Gegensatz zu *Paschalis* et al. (1972) vor und nach dem Blasentraining gemessen hatten. Auf der anderen Seite fanden *Harris* u. *Purohit* (1977) die Blasenkapazität erhöht, nachdem sie 35 Tage lang mit neun einnässenden Kindern ein Blasentraining durchgeführt hatten. Auch sie berichten nicht davon, daß das Einnässen abgenommen hat. Somit stellt das Blasentraining keine Alternative zur Arbeit mit dem Klingelapparat dar.

6.2.3 Ein Intensiv-Sauberkeitstraining

Azrin et al. (1974) haben ein integriertes Behandlungsmodell für Einnässer vorgestellt, das eine Reihe von Verfahren miteinander verbindet. Es erweitert damit ein Verfahren, das *Foxx* u. *Azrin* (1973) erfolgreich bei Kindern angewendet haben, die tagsüber einnäßten. Dieses Verfahren beruht auf einem eintägigen intensiven Training, bei dem das Kind die Toilette immer wieder von verschiedenen Stellen des Hauses aus aufsucht, wobei eine hohe Flüssigkeitszufuhr sicherstellt, daß es häufig genug urinieren muß. Die angemessene Blasenentleerung wird nachhaltig verstärkt. »Unfälle« haben eine *positive, praktische Überkorrektur* zur Folge. Dabei werden in zehn Durchgängen von dem Kind all die Verrichtungen ausgeführt, die zu einem normalen Toilettengang gehören (ohne das eigentliche Urinieren). Dieses Verhalten wird konkret und häufig eingeübt.

Azrin et al. haben diese Methode auf das nächtliche Einnässen übertragen. Bei dem Sauberkeitstraining kommt ein Therapeut für einen ganzen Tag in das Haus der Familie und führt eine Intensivbehandlung durch. Er zeigt dem Kind detailliert alle Verhaltensweisen, die es beherrschen muß, um über Nacht trocken zu bleiben. Seit geraumer Zeit arbeiten *Azrin* et al. nicht mehr in Form von Hausbesuchen bei der Familie, sondern laden die Eltern und das Kind zu einem 1 1/2 stündigen Beratungsgespräch ein und vermitteln dabei die wichtigen Anweisungen *(Azrin* et al., 1979).

Das Sauberkeitstraining beginnt abends, wenn das Kind noch wach ist. Eine Stunde vor dem Zubettgehen werden ihm alle Trainingsabschnitte erläutert. Sodann wird ein Klingelapparat in das Bett des Kindes gelegt, und es geht zwanzigmal zur Toilette. Dabei zählt das Kind im Bett bis fünfzig, steht auf, geht zur Toilette und versucht zu urinieren. Dann kehrt es in sein Bett zurück und fängt wieder von vorne damit an. Vor dem Einschlafen trinkt das Kind noch einmal eine größere Menge Flüssigkeit, um möglichst häufig auch zu urinieren. Es wird jede Stunde geweckt und zur Toilette geführt. An der Badezimmertür wird es gefragt, ob es den Harn noch eine Stunde lang anhalten kann. Wenn das Kind das bejaht, wird es vom Trainer oder den Eltern gelobt und zum Bett zurückgeführt. Wenn es die Frage verneint, so uriniert es, wird ebenfalls gelobt und legt sich anschließend wieder ins Bett. In jedem Fall soll das Kind auf die trockene Bettwäsche aufmerksam gemacht werden, wenn es von der Toilette zurückkehrt. Man macht positive Bemerkungen, wie gut es sei, daß das Bettlaken noch trocken ist, lobt das Kind und bittet es, noch etwas zu trinken, bevor es wieder einschläft.

Wenn das Kind in dieser Nacht einnäßt, stellt der Erwachsene die läutende Glocke ab, weckt das Kind und tadelt es wegen des nassen Bettes. Das Kind wird ins Badezimmer geführt, um zu Ende zu urinieren, und dann angehalten, das langatmige Sauberkeitstraining zu absolvieren. *Azrin* et al. (1974) betrachten das Sauberkeitstraining als eine Form der *Überkorrektur.* Das Kind soll sich umziehen, das nasse Bettlaken abziehen und zur schmutzigen Wäsche legen, ein sauberes Bettlaken holen und das Bett wieder herrichten. So erfährt es unmittelbar die natürlichen negativen Folgen des Einnässens. Es folgen zwanzig Gänge zur Toilette, wie sie schon vor dem Schlafengehen praktiziert worden sind. Diese praktische Verhalteneinübung wird am folgenden Abend bzw. jedesmal bei »Unfällen« wiederholt.

Ein Tag nach dem Intensivtraining wird das Sauberkeitsverhalten des Kindes durch die Eltern genau beobachtet. Vor dem Schlafengehen installieren die Eltern den Klingelapparat und erinnern daran , daß es wichtig sei, trocken zu bleiben; wenn es dennoch einnässen würde, müsse es selbst wieder die Bettwäsche wechseln und zwanzigmal zur Toilette gehen. Wenn die Eltern selbst zu Bett gehen, wecken sie das Kind noch einmal und schicken es zur Toilette. Nach jeder trockenen Nacht wird dieses Aufwecken um dreißig Minuten vorverlegt, bis es schließlich in der ersten Stunde nach dem Zubettgehen des Kindes liegt. An diesem Punkt wird das Aufwecken eingestellt. Falls das Kind einnäßt, muß es unmittelbar mit dem Wäschewechseln etc. beginnen und wieder in zwanzig Toilettengängen Sauberkeitsverhalten einüben. Das Vorgehen wird am nächsten Tag noch einmal wiederholt. Wenn das Kind die ganze Nacht über trocken bleibt, loben es beide Eltern auch noch am folgenden Tag häufig dafür. Nahestehende Verwandte werden ebenso ermutigt, das Kind zu loben, und der Erfolg wird auf einer gut sichtbaren Tabelle eingetragen. Die Tabelle ist ein Teil eines Therapievertrages zwischen Eltern und Kind; beide Seiten einigen sich auf eine Belohnung, die das Kind erhält, wenn es trocken ist.

Nach sieben aufeinanderfolgenden Nächten wird der Klingelapparat entfernt und Alltagsroutine kehrt wieder ein. Die Eltern sehen allerdings morgens im Bett des Kindes nach, ob es trocken geblieben ist. Falls es naß ist, muß das Kind wieder sofort die Bettwäsche in Ordnung bringen und auch am nächsten Abend wieder zwanzigmal zur Toilette gehen. Wenn innerhalb einer Woche es wieder zweimal zum Einnässen kommt, wiederholt man das vollständige Sauberkeitstraining.

Das Intensiv-Sauberkeitstraining umfaßt wichtige Aspekte des Blasentrainings, des nächtlichen Aufweckens, der positiven Verstärkung für ein trockenes Bett, den Einsatz des Klingelapparats, des Tadelns und anderer negativer Konsequenzen im Falle des Einnässens. Zu den letzteren zählt insbesondere der merkwürdig anmutende Zwang, zwanzig Mal zur Toilette gehen zu müssen, um Sauberkeitsverhalten einzuüben. Dieser Zwang bedeutet sicherlich auch eine Strafe. Bei einem Verfahren, das so viele Komponenten aufweist, ist es nur schwer zu ermitteln, welcher Bestandteil oder welche Kombination für die Effektivität verantwortlich ist. *Azrin* et al. (1974) berichten von sehr beachtlichen Erfolgen bei 26 Kindern, mit denen sie das Sauberkeitstraining praktiziert haben. Wie *Doleys* (1977) anmerkt, ist es durchaus möglich, daß bei einigen Kindern die entscheidende Wirkung bestimmten Komponenten zuzuschreiben ist, während bei anderen Kindern der Erfolg durch ganz andere Trainingsbestandteile hervorgerufen sein kann. Einnässende Kinder stellen sicher keine einheitliche Gruppe dar, die alle auf eine bestimmte Behandlungsart in gleicher Weise ansprechen. Ein integrativer Ansatz bietet daher die besten Chancen, vielen Kindern gerecht zu werden. Immerhin berichten *Azrin* et al., daß es bei den von ihnen behandelten Kindern im Durchschnitt nur noch in zwei Nächten zum Einnässen kam, bevor die Kinder 14 Nächte trocken waren. Alle 24 Kinder wurden innerhalb von vier Wochen trocken (zwei waren schon während der Ausgangsbeobachtungen sauber geworden). Nur sieben (29 Prozent) erlitten während der sechsmonatigen Nachkontrolle einen Rückfall; diese nahmen an einem zweiten Behandlungsdurchgang teil.

Doleys et al. (1977) verglichen das Intensiv-Sauberkeitstraining mit dem Blasentraining von *Kimmel* u. *Kimmel* (1972). Das Intensiv-Sauberkeitstraining war zwar dem Blasentraining überlegen, jedoch waren die Unterschiede nicht so einschneidend wie noch bei *Azrin* et al. (1974). Von den 13 Kindern, die an dem Intensiv-Sauberkeitstraining teilnahmen, waren acht nach etwa zehn Behandlungswochen an 14 aufeinanderfolgenden Nächten trocken; die fünf anderen brachen die Behandlung irgendwann ab. Eine Nachkontrolle drei Monate nach Trainingsende ergab, daß vier von den Kindern bis zu zweimal monatlich einnäßten, die restlichen Kinder näßten dreimal oder öfter ein bzw. waren für die Nachkontrolle nicht mehr erreichbar.

Williams et al. (1978) wiesen nach zwei Jahren nach, daß von den acht Kindern, die das Training erfolgreich beendet hatten, nun fünf ihr Bett weniger als einmal pro Monat einnäßten, zwei Kinder viermal und ein Kind sechsmal pro Monat. Zu vier Familien, die die Behandlung vorzeitig abgebrochen hatten, konnte wieder Kontakt hergestellt werden. Ihre Kinder näßten durchschnittlich ca. fünfzehnmal pro Monat ein. Wenn wir drei- bis viermaliges Einnässen pro Monat als Rückfall ansehen, so wären etwa 38 Prozent der Kinder in den zwei Jahren nach der Behandlung rückfällig geworden. Interessanterweise ging kein Elternpaar auf das Angebot der Therapeuten ein, die Behandlung zu wiederholen.

Eine weitere Studie zum Intensiv-Sauberkeitstraining wurde von *Bollard* u. *Woodroofe* (1977) vorgelegt. Auch sie delegierten wie *Azrin* et al. (1979) die Durchführung des Trainings an die Eltern der Kinder. Der Therapeut machte nur am ersten Abend der Behandlung einen Hausbesuch. Alle 14 behandelten Kinder waren im Schnitt nach zwölf Tagen trocken; nur zwei von ihnen benötigten bei der Nachkontrolle nach sechs Monaten ein weiteres Training. Bei zehn Kindern leiteten die Autoren ein von den Eltern durchgeführtes Sauberkeitstraining ein, das einen bedeutsamen Unterschied zum üblichen Vorgehen aufweist: sie arbeiteten ohne den Klingelapparat. Sie wollten klären, wie stark die einzelnen Elemente des Verfahrens von *Azrin* et al. (1974) zum Behandlungserfolg beitragen. Ihren Ergebnissen zufolge spielt der Klingelapparat bei dem Sauberkeitstraining eine unverzichtbare Rolle. Keines der Kinder konnte im Verlauf der dreizehnwöchigen Behandlungszeit 14 aufeinanderfolgende trockene Nächte erreichen. Nach der ersten Woche des Trainings nahm das Einnässen zwar ab, aber in der dritten Behandlungswoche trat im Schnitt immer noch dreimal wöchentlich Einnässen auf. Bei den Gruppen, die mit dem Klingelapparat trainiert worden waren, war zum gleichen Zeitpunkt das Einnässen schon verschwunden. Auch in den noch folgenden zehn Behandlungswochen stellten sich keine weiteren Besserungen mehr in der Gruppe ohne Klingelapparat ein.

Bollard u. *Woodroffe* schließen aus ihrer Untersuchung, daß der Klingelapparat eine wichtige, wenn nicht die entscheidende Rolle innerhalb des Behandlungspaketes »Intensiv-Sauberkeitstraining« spielt. Ihrer Ansicht nach rührt diese zentrale Rolle allerdings nicht von dem unterstellten Konditionierungseffekt her. Das Läuten des Klingelapparates weckt ja nicht nur das Kind, sondern führt auch regelmäßig dazu, daß die Eltern das Kind dazu anhalten, die Bettwäsche zu wechseln und einzuüben, zur Toilette zu gehen. Wenn auf den Klingelapparat verzichtet wird, können die Eltern nachts nicht exakt erfahren, ob und wann das Kind einnäßt. Im besten Falle merken sie es noch, wenn sie für sich selbst einen Weckplan aufstellen; ansonsten registrieren sie es erst am nächsten Morgen. Unter diesen Umständen wird die sonst klare Verknüpfung zwischen Einnässen und den Konsequenzen (Wäsche wechseln, Toilettengang einüben) für das Kind unklar. Da jetzt neun oder zehn Stunden zwischen Einnässen und Konsequenz liegen können, ist es für das Kind schwierig, zwischen diesen beiden isolierten Ereignissen noch eine Verbindung herzustellen. Außerdem wird nicht mehr jedes Einnässen bemerkt, wenn der Klingelapparat fehlt und das Kind mehrmals pro Nacht das Bett naß macht. Folglich verkleinert sich die Anzahl möglicher Trainings- und Lerndurchgänge für das Kind. Das Verfahren wird weniger eindeutig.

Wirkt der Klingelapparat mehr durch die Konditionierung des Kindes oder über die Signalwirkung für die Eltern? Dieser Frage gingen *Azrin* et al. (1974) nach; sie arbeiteten mit einem Klingelapparat, der nur im Elternschlafzimmer Alarm auslöste. Wenn der Summton dort ertönte, stand der Vater oder die Mutter auf, weckte das Kind und hielt es zu dem Verhaltenstraining an. Da die Kinder hierdurch genau so schnell trocken wurden wie diejenigen, die direkt von dem Apparat geweckt wurden, ziehen *Azrin* et al. die Schlußfolgerung, daß die

Wirkung des Klingelapparates nicht auf klassische Konditionierung zurückgeführt werden kann.

Welche Bedeutung hat der Klingelapparat für das Sauberkeitstraining? Als *Azrin* u. *Thienes* (1978) ohne diesen Apparat arbeiteten, mußten sie feststellen, daß der ursprüngliche Ansatz nach *Azrin* et al. (1974) effektiver war. Ihr Vorgehen weist einige Modifikationen auf, die im wesentlichen darauf abzielen, die Durchführung des Trainings für die Eltern leichter und bequemer zu gestalten. So wird bei dem neuen Verfahren das Intensivtraining am ersten Tag von der Nacht auf den Nachmittag und frühen Abend vorgezogen; das Kind übt tagsüber und nicht nachts ein, zur Toilette zu gehen. Man bittet die Kinder, die bei diesen Toilettengängen immer nur geringe Mengen Urin lassen, den Urin so lange anzuhalten, bis sie einen stärkeren Druck in der Blase verspüren. Dadurch erhöht sich die Reizschwelle für die Empfindung, dringend zur Toilette gehen zu müssen. *Azrin* u. *Thienes* (1978) fügen zusätzlich noch eine »Pressen-und-Anhalten-Technik« hinzu, die das Kind darin unterstützt, das Urinieren willentlich besser steuern zu lernen. Bei dieser Technik bittet man das Kind am Nachmittag des ersten Trainingstages, jede halbe Stunde zu versuchen zu urinieren. Wenn es dann Harndruck verspürt, soll es den Urin aber zurückhalten. Wenn das Kind dies beherrscht, lobt es der Trainer. Wenn das Kind nach geraumer Zeit sagt, daß es den Harndruck nicht mehr länger aushält, soll es sich in seinem abgedunkelten Zimmer ins Bett legen und sich vorstellen, es läge jetzt nachts im Bett zum Schlafen. Dann soll es sich darauf konzentrieren, wie sich die gefüllte Blase anfühlt und diese Empfindung genau und laut beschreiben. Erst danach darf es zur Toilette gehen. Durch den abgedunkelten Raum und den starken Harndruck wird eine Situation hergestellt, wie sie das Kind auch nachts erlebt. Durch die Konzentrationsübung wird die Fähigkeit des Kindes geschult, auf seine Körper- und Blasenempfindung zu achten und dann entsprechend mit dem Gang zur Toilette zu reagieren.

Um das traditionelle Vorgehen mit Hilfe des Klingelapparates mit dem neuen, modifizierten Verfahren zu vergleichen, unterteilten *Azrin* u. *Thienes* (1978) die zu behandelnden Kinder in zwei Gruppen. Die Kinder, die mit dem Apparat trainiert wurden, näßten nach zwei Wochen noch in 76 Prozent der Nächte ein; die Kinder in der Gruppe mit dem modifizierten Programm jedoch nur in 15 Prozent der Nächte. Man hatte den Eltern mitgeteilt, daß sie nach zwei Wochen in die andere Gruppe überwechseln könnten, wenn sie mit den Behandlungsergebnissen nicht zufrieden seien. Von den Eltern, die am modifizierten Programm teilnahmen, bat niemand darum, wechseln zu dürfen. Anders verhielt es sich in der Gruppe, in der man mit dem Klingelapparat arbeitete: Von den 27 Elternpaaren wünschten sich 23 einen Wechsel zu der anderen Behandlungsform. Zwei Wochen, nachdem man diesem Wunsch nachgekommen war, näßten auch deren Kinder unter dem modifizierten Training nur noch in 14 Prozent der Nächte ein.

Azrin u. *Thienes* haben schließlich die Daten all der Kinder zusammengefaßt, die mit der neuen Methode behandelt worden waren. Bis auf vier erreichten alle 51 Kinder 14 aufeinanderfolgende trockene Nächte. Bei den vier Kindern, die nicht trocken waren, handelte es sich um Therapieabbrecher, deren Eltern nicht mitarbeiteten. Einer späteren Nachuntersuchung zufolge erlitten zehn Kinder (20 Prozent) einen Rückfall. Die Rückfälle waren immer Folge einer Krankheit oder eines traumatischen Ereignisse in der Familie. Alle Kinder lernten jedoch erneut, ihre Blasenfunktion zu kontrollieren, wenn das Training wiederholt wurde.

Die empirischen Ergebnisse zu dem modifizierten Training sind beeindruckend. Dennoch reichen sie nicht an die nachgewiesenen Effekte des ursprünglichen Intensiv-Trainings von *Azrin* et al. (1974) heran. Bei dem ursprünglichen Verfahren trat durchschnittlich bei einem Kind nur noch zweimal Einnässen auf, bevor es konstant trocken war; bei dem neuen, modifizierten Vorgehen dagegen war es noch viermal zu verzeichnen. Die Rückfallquote spricht allerdings für das neue Verfahren. Bei dem früheren Verfahren lag diese bei dreißig Prozent, bei dem neuen nur noch bei 20 Prozent. Wenn wir uns die Unterschiede zwischen den beiden Behandlungsversionen noch einmal genauer anschauen, so stellen wir fest, daß bei der ursprünglichen Methode ein entscheidender Vorteil darin liegt, daß der Klingelapparat innerhalb des gesamten Trainings sehr viel geschickter eingesetzt wurde.

In dem neuesten Ansatz von *Azrin* et al. (1979) wird ebenfalls wieder auf den Klingelapparat verzichtet. Der Trainer macht keine Hausbesuche mehr, sondern erläutert den Eltern und dem Kind das Intensiv-Training in einem Gespräch in der Beratungsstelle. Das Verfahren erfordert also den geringsten Einsatz von seiten der Trainer und setzt entsprechend mehr Eigeninitiative und Eigenverantwortlichkeit der Familie voraus. Die Erfolgsraten liegen nicht so hoch wie bei den älteren Methoden.

Insgesamt scheint der Klingelapparat ein unverzichtbarer Bestandteil auch des Intensiv-Sauberkeitstrainings zu sein. Er ist besonders dann wirksam, wenn er auch im Elternschlafzimmer Alarm auslöst. Die Eltern können so das Kind unmittelbar nach dem Einnässen auffordern, die Wäsche zu wechseln und zur Toilette zu gehen. Die bisherigen Ergebnisse lassen aber auch erkennen, daß der Klingelapparat allein nicht ausreicht, um einen maximalen Erfolg zu erzielen. Die beste Methode besteht darin, Klingelapparat und Intensiv-Sauberkeitstraining miteinander zu kombinieren (*Azrin* et al., 1974).

6.2.4 Die Elternmitarbeit

Wenn wir die verhaltenstherapeutische Literatur zur Behandlung des Einnässens durchschauen, stoßen wir regelmäßig auf den Hinweis, daß den Eltern eines einnässenden Kindes eine zentrale Funktion beim Training zukommt. Dies gilt gleichermaßen für die Arbeit mit dem Klingelapparat, für das Intensiv-Sauberkeitstraining wie auch für die Unterstützung bzw. Kontrolle nach dem Ende der eigentlichen Behandlung. Wenn die Eltern nicht in der Lage oder nicht willens sind, die Behandlung mitzutragen, besteht wenig Aussicht auf Erfolg.

Wenn wir mit dem Klingelapparat arbeiten, hängt der Erfolg wesentlich von der Haltung und der Motivation der Mutter ab. Dieser Zusammenhang wurde von *James* u. *Foreman* (1973) herausgearbeitet. Sie haben die Einstellung und Interessen der Mütter von einnässenden Kindern mit Fragebögen erfaßt (vgl. *Dublin* et al., 1969). Zeigt sich darin eine Mutter als naturwissenschaftlich interessiert, risikobereit, gesellig, »feldunabhängig« und »maskulin«, so besteht eine größere Chance, daß sie den Klingelapparat konsequent und erfolgreich einsetzt. Mütter ohne diese Eigenschaften arbeiten weniger erfolgreich. Der Fragebogen bezieht sich auf die Bereitschaft der Mutter, mit den Problemen ihres Kindes eher »technokratisch« umzugehen. Darüberhinaus ist die emotionale Beziehung zwischen Eltern und Kind entscheidend und die Haltung der Eltern gegenüber angemessenem

Sauberkeitsverhalten und Einnässen. Auch die Funktion, die das Einnässen innerhalb der Eltern-Kind-Beziehung hat, muß in der Therapieplanung berücksichtigt werden. Grundsätzlich steht auch bei der Behandlung des Einnässens wie allgemein in der Verhaltenstherapie eine genaue Analyse der sozialen und situativen Bedingungen am Anfang der Behandlung.

Der Einsatz des Klingelapparates ist häufig mißverstanden worden. Man hat ihn oft als mechanische Konditionierungsmaschine verstanden, die, einmal in das Bett des Kindes gelegt, zwangsläufig entsprechend den Lerngesetzen Erfolge produziere. Um solchen Mißverständnissen zu begegnen, möchten wir an den zweiten Abschnitt aus dem klassischen Artikel von *Mowrer* u. *Mowrer* (1938) erinnern. In der Sprache ihrer Zeit formulieren sie, daß »die Liebe des Kindes zu seinen Eltern in dieser Situation stark genug sein muß, um die Belastungen, die mit dem Erziehungsprozeß notwendigerweise verbunden sind, auszugleichen oder zumindest in Grenzen zu halten«. Damit die Kinder ein befriedigendes Sauberkeitsverhalten entwikkeln können, ist vor allem erforderlich, »daß das Kind großes Vertrauen, Achtung und Zuneigung für seine Eltern empfindet, die das Training durchführen sollen«. Die *Mowrers* bemerkten bei zwei der 30 Kinder, daß das Einnässen eine »auffallend aggressive Gefühlsqualität« hatte und bei einer Reihe weiterer Kinder Feindseligkeit durch das Einnässsen ausgedrückt wurde. In solchen Fällen, so schreiben sie, »ist es natürlich erforderlich, daß die ambivalente Haltung des Kindes zu seinen Eltern oder zu den Personen, die für es die Elternrolle innehaben, verändert wird. Die vorherrschenden negativen Gefühle sollten positiven Platz machen« (S.444).

Anders ausgedrückt: Man muß immer überprüfen, ob das Einnässen durch elterliche Nachsicht oder Aufmerksamkeitszuwendung aufrechterhalten wird. In diesem Fall muß dieses Elternverhalten verändert werden, bevor man sich dem eigentlichen Training zuwendet. Wir müssen uns vergewissern, ob Lob bei einem Kind tatsächlich als Verstärker wirkt, wenn wir es einsetzen wollen, um das Sauberkeitsverhalten des Kindes zu bekräftigen. Diese Zusammenhänge sind detaillierter von *Nordquist* (1971), *James* u. *Foreman* (1973) und *Morgan* u. *Young* (1975) untersucht worden. Die Einstellung der Eltern und die Eltern-Kind-Beziehung wirken sich stark auf die Elternmitarbeit aus. Mangelnde Elternmitarbeit bildet das Haupthindernis für eine erfolgreiche Behandlung.

6.3 Einkoten: Ursachen und Behandlung

Im Vergleich zum Umfang verhaltenstherapeutischer Literatur zur Einnässerbehandlung sind Studien zum Problem des Einkotens (Enkopresis) bei Kindern rar gesät. Einkoten tritt zwar nicht so häufig auf wie Einnässen, wirkt sich aber um so belastender und einschränkender für die Kinder und ihre Eltern aus. Fast immer tritt die Störung tagsüber und fast nie nachts auf. Das nächtliche Einnässen wird somit eigentlich nur der Familie bekannt; Einkoten wird dagegen rasch von Außenstehenden bemerkt. Gleichaltrige verpassen dann einem Kind leicht einen anrüchigen Spitznamen und meiden ihren übelriechenden Kameraden. Die Tatsache, daß diese negativen sozialen Konsequenzen nicht dazu führen, daß das Verhalten verschwindet, läßt erkennen, daß es sich bei dem Einkoten nicht um ein Verhalten handelt, das durch eine Bestrafung zu unterdrücken wäre. Im Gegenteil, auch hier geht es wie bei dem Einnässen um einen Verhaltens- bzw. ein Fähigkeitsmangel. Das Ziel besteht darin, daß das Kind seine Fähigkeiten zur Kontrolle des Schließmuskels weiterentwickelt.

Wie bei allen Verhaltensweisen, die ein Kind sich erst aneignen muß, ist es auch hier nicht möglich, den Fähigkeitsmangel durch Bestrafung aufzuheben. Der einzige Effekt, der sich bei mangelnden Fertigkeiten aus einer Bestrafung ergibt, ist, daß das Kind in Zukunft die bestrafenden Personen meidet bzw. lernt, wie es sein mißliches Verhalten vor diesen verheimlichen kann. Viele Kinder, die unter Einkoten leiden, vermeiden den Kontakt zu Gleichaltrigen. Wenn die Eltern das Kind wegen seiner Störung bestrafen, wird es oft sehr erfinderisch darin, seine dreckige Wäsche im ganzen Haus zu verstecken, um zu verbergen, daß es wieder eingekotet hat. Die Vertrauensbeziehung zum Kind sollte also durch Bestrafungen nicht belastet und gestört werden. Es kommt vielmehr darauf an, dem Kind konstruktiv beizubringen, wie es seine Ausscheidungsfunktionen kontrollieren und steuern kann. Dabei steht, methodisch gesehen, die positive Verstärkung im Vordergrund, eventuell begleitet von geplant eingesetzten negativen Konsequenzen bei unangepaßtem Stuhlgang. Dieses Vorgehen ist von den meisten Verhaltenstherapeuten mit Erfolg praktiziert worden (*Ayllon* et al., 1975; *Bach* u. *Moylan,* 1975; *Gelber* u. *Meyer,* 1965; *Edelmann,* 1971; *Plachetta,* 1976; *Tomlinson,* 1970; *Wright* u. *Walker,* 1978).

In fast allen veröffentlichten Studien übernehmen die Eltern die Verstärkung ihres Kindes. Die Therapeuten beschränken sich darauf, ihnen die nötigen Anweisungen zu geben und die Behandlung zu überwachen. Bevor der Therapeut die eigentliche Behandlung beginnt, ist die Eltern-Kind-Beziehung zu untersuchen. Dies geschieht durch die Verhaltensanalyse des Einkotens, bei der die typischen Verhaltensweisen der Eltern ermittelt werden. Die Eltern stabilisieren oft durch ihr Verhalten das unangemessene Sauberkeitsverhalten des Kindes. Wenn in solchen Fällen die eingespielten Elternreaktionen nicht geändert werden, läuft das ganze Vorgehen in die Leere.

Lediglich zu wissen, daß das Kind häufiger einkotet, reicht nicht aus, um das problematische Verhalten zu kennzeichnen, geschweige denn die Grundlage für eine Behandlung zu liefern. Es gibt verschiedene Ursachen des Einkotens: Einige Kinder halten ihren Stuhlgang zurück (und haben eine sehr gute Kontrolle über ihren Schließmuskel), bis der Druck im Darm so ansteigt, daß der Schließmuskel ihm nicht mehr standhalten kann und es zu einer unfreiwilligen Darmentleerung kommt. In extremen Fällen wird der Stuhl so lange zurückgehalten, bis er hart wird und festsitzt, so daß medizinisch eingegriffen werden muß, um ihn zu entfernen. Offenbar vermeiden solche Kinder, ihren Darm zu entleeren. In einer Verhaltensanalyse muß man sich Klarheit verschaffen, was diesem Vermeidungsverhalten zugrunde liegt. Oft steht das Vermeidungsverhalten in Beziehung zu Angstgefühlen; die entsprechende Behandlung orientiert sich dann an den allgemeinen Therapiekonzepten zu exzessivem Vermeidungsverhalten. Differentialdiagnostisch gesehen, ist es wahrscheinlich angebracht, solch ein extremes Zurückhalten des Stuhlgangs nicht unter die Rubrik des Einkotens zu fassen.

Eine weitere Gruppe von Kindern verfügt ebenfalls über eine gute Kontrolle ihres Schließmuskels. Für sie erscheint es allerdings lohnenswerter, einzukoten als die Toilette zu benutzen. Man hat vermutet, daß positive Reaktionen der Umwelt das Einkoten aufrechterhalten. Besonders Zuneigung, Interesse und sogar Verärgerung von Mutter bzw. Vater können hier als Verstärker dienen. Wahrscheinlich treffen diese Vermutungen bei solchen Kindern zu, die schon einmal eine normale Kontrolle über ihre Ausscheidung erreicht hatten und später wieder gelegentlich einkoten. In solchen Fällen zielt eine Behandlung vor allem auf eine Veränderung der typischen, von den Eltern vermittelten Verhaltenskonsequenzen.

Bekannt sind auch chronische Formen des Einkotens. Die betroffenen Kinder haben noch nie ihre Damentleerung steuern können. Bei ihnen müssen Trainings angewendet werden, die ihnen von Grund auf helfen, ihre Ausscheidung zu kontrollieren. *Young* (1973) berichtet, daß Kinder, die er behandelte, ihre Darmtätigkeit nicht richtig wahrnahmen und daher ihre Darmentleerung nicht kontrollieren konnten. Er gab den Kindern etwas zu essen, verabreichte ihnen ein mildes Abführmittel und veranlaßte sie, sich auf die Toilette zu setzen. Wenn es dann zur Entleerung des Darms kam, bekräftigten die Eltern das Kind durch Lob. *Young* konnte auf diese Weise 22 von 24 Kindern innerhalb von sieben Monaten mit Erfolg behandeln. Ähnlich wie beim Einnässen müssen auch beim Einkoten alle damit verbundenen physiologischen und sensorischen Mechanismen nicht erst aufgeklärt sein, bevor man eine erfolgversprechende Behandlung beginnen kann. *Wright* u. *Walker* (1978) kombinierten – ohne entsprechende Vorannahmen – positive Verstärkung der regelmäßigen, gelungenen Toilettenbenutzung mit Verstärkerentzug, time-out und anderen Formen von negativen Konsequenzen, falls eingekotet wurde. Solch ein verhaltenstherapeutisch orientiertes Training, das mit den Eltern abgestimmt ist, ist sicherlich so drastischen Maßnahmen vorzuziehen wie einer Heimunterbringung (vgl. *Gelber* u. *Meyer,* 1965) oder der Verwendung eines Klistiers (*Kohlenberg,* 1973).

Crowley u. *Armstrong* (1977) haben detailliert beschrieben, wie man ein auf operanten Prinzipien beruhendes Training durchführen kann. Sie schildern, wie sie drei einkotende Jungen in einer Beratungsstelle behandeln. Eine Erziehungsberatungsstelle ist eine Institution, die sehr häufig als Anlaufstelle für Eltern von Kindern mit solchen Problemen dient. Behandlungsansätze, die sich von ihrer Konzeption her direkt auf die konkrete Arbeit in einer ambulanten Praxis oder Beratungsstelle beziehen, sind daher ohne große Schwierigkeiten umzusetzen. Eine Klinik oder ein frei praktizierender Psychotherapeut bzw. Arzt können sich oft den Luxus nicht leisten, eine umfangreiche Behandlung bei dem Kind zu Hause durchzuführen. Ausgebildete Beobachter in das Elternhaus zu schicken, stellt sich ebenfalls schnell als zu aufwendig heraus, um zu den notwendigen objektiven Einschätzungen zu kommen. *Crowley* u. *Armstrong* gingen realistisch von diesen Beschränkungen aus und entwickelten ein Verfahren, das zu Hause von den Eltern durchgeführt werden kann. Es fußt vor allem auf praktischer Verhaltenseinübung, kombiniert mit einer Überkorrektur-Methode.

Die von *Crowley* u. *Armstrong* behandelten Jungen waren fünf, sieben bzw. zwölf Jahre alt. Alle drei Jungen hatten schon einmal vollständig ihre Blasen- und Darmentleerung kontrollieren können, hatten aber im Alter von drei oder vier Jahren die Kontrolle über ihren Stuhlgang wieder verloren. Es lag also eine sogenannte »Regression« auf das Einkoten vor. Wie in solchen Fällen üblich, hatten die Eltern auf verschiedenste Weise versucht, mit dem Problem des Kindes umzugehen: Ärger- und Unmutsäußerungen, Klapsgeben, Nachsicht bis hin zu einfühlsamen Gesprächen. Sie versuchten es mit Ignorieren, Ermahnungen, Abführmitteln, Einläufen, psychiatrischen Beratungsgesprächen und der Forderung an das Kind, seine schmutzige Wäsche selbst auszuwaschen.

In der ersten Woche nach dem Erstkontakt in der Beratungsstelle traten bei dem zwölfjährigen Jungen zehn notierte »Unfälle« auf. Bei den beiden anderen Kindern sind es jeweils fünf; aber die Daten erscheinen nicht sehr verläßlich. Die Therapeuten empfehlen den Eltern während dieser Beobachtungszeit, zunächst noch bei ihrem üblichen Verhalten gegenüber dem Kind zu bleiben und das Kind dazu anzuhalten, seinen täglichen Stuhlgang zu notieren. Die Kinder fordert man auf, so oft wie möglich zur Toilette zu gehen und sich nach jedem Essen für 15 Minuten aufs Klosett zu setzen und zu »drücken«. Dieses Vorgehen probiert man aus, um zu sehen, ob allein diese Anweisung zu einer Verbesserung führt. Aber auch bei dieser Aufforderung gelingt den Kindern nicht ein einziger Stuhlgang.

Wie aus den Verhaltensanalysen hervorgeht, verhalten sich die Eltern nicht eindeutig, wenn ihr Kind eingekotet hat. Weiterhin verfügen sie über keine Wege und Mittel, um das Kind bei angemessener Reinlichkeit zu loben oder zu belohnen. Aber auch die Kinder verhalten sich nicht eindeutig. Gelegentlich schaffen sie es in Gegenwart anderer Personen nicht, zur Toilette zu gehen. Sie wissen nicht, wenn sie Stuhlgang spüren, wie sie sich bei den Anwesenden entschuldigen sollen, um auf die Toilette gehen zu können. *Crowley* u. *Armstrong* konzentrieren sich auf diesen Verhaltensmangel.

In dem ersten der wöchentlichen Gepräche in der Beratungsstelle zeigt man den Eltern, wie sie das Kind loben können, wenn es mit Erfolg auf der Toilette gewesen ist. Die Eltern üben entsprechende Formulierungen mit den Therapeuten. Parallel dazu führt der Therapeut Gespräche mit dem Kind und bringt ihm bei, seinen Schließmuskel anzuspannen und zu entspannen. Er zeigt ihm, was es in sozialen Situationen sagen kann, wenn es das Bedürfnis verspürt, zur Toilette zu gehen. Scheinbar waren alle drei Kinder in der Lage, den Druck im Darm vor dem Stuhlgang zu spüren; aber sie unterbrechen deswegen noch lange nicht ihre Aktivität oder bitten etwa den Lehrer, das Klassenzimmer verlassen zu dürfen. Für solche Situationen wird mit den Kindern angemessenes Verhalten eingeübt.

Um das Kind zu motivieren, werden Verträge zwischen Eltern und Kind abgeschlossen, die eine Belohnung vorsehen, wenn sich die »Unfälle« von Woche zu Woche halbieren. Auf Unfälle reagiert man mit zweierlei Konsequenzen: Überkorrektur und praktische Verhaltenseinübung. Die Überkorrektur besteht in diesem Fall darin, daß das Kind dreißig Minuten lang sich selbst, seine schmutzige Wäsche und zusätzlich von den Eltern bereitgestellte Wäsche säubert. Das Kind hängt die Wäsche zum Trocknen auf, faltet sie zusammen und sortiert sie in Schränke. Praktische Verhaltenseinübung heißt, daß das Kind sich für zehn Minuten allein in einem Raum aufhält, dann zur Toilette geht und versucht zu »drücken«. Diese »Übung« wird jeweils dreimal wiederholt. Es liegt dabei in der Verantwortung des Kindes, den zeitlichen Ablauf der Verhaltensübung zu gestalten und zu registrieren. Die Eltern verfolgen dieses Vorgehen eher ruhig und unbeteiligt.

Mit diesem kombinierten Vorgehen erzielten *Crowley* u. *Armstrong* schnelle und andauernde Erfolge. In der ersten Woche kotete der zwölfjährige Junge statt zehnmal nur sechsmal ein. In der darauffolgenden Woche geschah es nur noch einmal und dann kaum noch. Nach der sechsten Woche kotete der Junge nur noch ein einziges Mal ein, und zwar in der achten Woche. Dann trat in vier aufeinanderfolgenden Wochen kein Einkoten mehr auf. Eine Nachkontrolle nach 18 Monaten zeigte, daß der Junge keine Probleme mehr mit dem Stuhlgang hatte.

Die Behandlung der beiden anderen Jungen ging in einem ähnlichen Tempo vonstatten. Vor der Behandlung wurden fünf Unfälle pro Woche angegeben. In der ersten bzw. zweiten Behandlungswoche verringerte sich diese Zahl auf vier. In der fünften Woche war das siebenjährige Kind frei von Ausscheidungsproblemen, die auch während der 18 Monate bis zur Nachkontrolle nicht wiederkehrten. Der fünfjährige Junge erlebte vier »Unfälle« in den beiden ersten Trainingswochen, zwei in den jeweils folgenden Wochen, keinen in der sechsten und wieder einen in der siebten Woche; danach trat Einkoten nicht mehr auf.

Wie *Crowley* u. *Armstrong* selbst bemerken, ist es natürlich nicht möglich, herauszufinden, welches Vorgehen im einzelnen für den Erfolg verantwortlich ist. Wie wir schon im Zusammenhang mit der Diskussion um das Einnässen feststellten, ist anzunehmen, daß verschiedene Kinder auf verschiedene Behandlungsverfahren unterschiedlich ansprechen. Eine Kombination von unterschiedlichen Methoden bietet daher bei der unterschiedlichen Klientel einer Beratungsstelle oder einer Arztpraxis die besten Erfolgschancen. So arbeitete *Butler* (1977) erfolgreich mit Überkorrektur, praktischer Verhaltenseinübung und unmittelbarer positiver Verstärkung. Aber auch Behandlungen, die angemessenes Sauberkeitsverhalten positiv verstärkten, haben Erfolge verbuchen können *(Ayllon* et al., 1975; *Edelman,* 1971; *Tomlinson,* 1970).

In der klinischen Praxis ist es ratsam, mit positiver Verstärkung und der Beobachtung sowie Registrierung des Verhaltens des Kindes zu beginnen. Es handelt sich dabei um das einfachste Verfahren, das keine großen Anforderungen an die Eltern stellt *(Bach* u. *Moylan,* 1975). Vor allem ist es nicht so belastend, wie dies zwangsläufig bei der Überkorrektur und der praktischen Verhaltenseinübung der Fall ist. Erst wenn einfache Methoden nicht zum Ziel führen, sollte man auf einschneidende Maßnahmen zurückgreifen. Die Behandlung erfolgt dann zweiseitig: Das angemessene Verhalten wird positiv verstärkt und das unerwünschte Einkoten wird durch die Bestrafung gehemmt (praktische Verhaltenseinübung und Überkorrektur).

6.4 Zusammenfassung und weiterführende Literatur

Störungen der Blasen- und Darmfunktion fassen wir als Fähigkeitsmängel auf. Das Kind soll über die Schließmuskeln Kontrolle gewinnen. Besonders häufig tritt das nächtliche Einnässen auf. Es liegt mittlerweile eine umfangreiche, verhaltenstherapeutisch orientierte Literatur zur Behandlung des Einnässens vor. Die älteste Methode – die Arbeit mit dem Klingelapparat – wird immer noch am häufigsten angewendet. In einer großen Zahl von Behandlungsfällen hat sie sich als sehr effektiv erwiesen. Gleichwohl sind die physiologischen, sensorischen und psychologischen Prozesse, auf denen diese Technik basiert, noch nicht endgültig geklärt. Die Arbeit mit dem Klingelapparat führt jedoch oft zu Rückfällen. Verfahren wie Überlernen oder intermittierende Verstärkung eignen sich dazu, Rückfällen entgegenzuwirken. Einige Autoren haben die Arbeit mit dem Klingelapparat mit anderen Ansätzen, besonders mit dem »Intensiv-Sauberkeitstraining« erfolgreich kombiniert. Bei einem solchen Sauberkeitstraining übt das Kind tagsüber all die konkreten Verhaltensweisen ein, die es für eine reguläre Blasenentleerung beherrschen muß. Da die Behandlung fast immer im Elternhaus des Kindes durchgeführt wird, spielen bei allen Verfahren die Eltern, ihre Motivation, Interessen und Haltungen gegenüber dem Kind die entscheidende Rolle beim Gelingen der Maßnahme. Sie übernehmen die Rolle von Therapiehelfern und erhalten Anleitung und Supervision von den behandelnden Trainern.

Weitaus weniger Untersuchungen sind zum Problem des Einkotens bei Kindern vorgelegt worden. Es tritt seltener als das Einnässen auf, kann aber einschneidende soziale Probleme nach sich ziehen. Fallstudien zu dieser Störung haben aber auch hier verhaltenstherapeutische Techniken skizzieren können, die solche Behandlungen als sehr erfolgversprechend ausweisen. – Deutschsprachige Literatur zum Einnässen liegt von *Stegat* (1978), *Schmidt* u. *Esser* (1981) und *Grosse* (1986) vor; eine neuere Übersichtsarbeit zum Einkoten stammt von *Krisch* (1985).

7 Aggressives Verhalten

7.1 Was versteht man unter aggressivem Verhalten?

Aggression ist ein Verhalten, dem man im Umgang mit Kindern immer wieder und in den letzten Jahren in zunehmendem Maße begegnet. Es tritt in verschiedenen Situationen auf, z.B. bei Forderungen und Aufforderungen an ein Kind, beim Zurückweisen von Wünschen, bei der Erwartung, Regeln und Absprachen einzuhalten. Aggressives Verhalten äußert sich in unterschiedlichen Bereichen: in Familie, Schule, Kindergarten, im Heim oder Krankenhaus sowie in Freizeitbereichen, in denen Kinder und Jugendliche ohne die Aufsicht von Erwachsenen sind, z.B. auf dem Spielplatz, in Spielhallen oder auf Straßen (*Petermann* u. *Petermann,* 1980; 1984).

Was ist nun unter aggressivem Verhalten zu verstehen? Wann kann man von einem aggressiven Verhalten bei einem Kind sprechen? Aggression ist ein Verhalten, das einer anderen Person schaden will. Hinter einem solchen Verhalten steht also eine *Schädigungsabsicht.* Die Schädigung kann offen und erkennbar erfolgen, aber auch verdeckt, hinterhältig; sie kann sich gegen eine Person direkt richten oder gegen Gegenstände, die der Person gehören (*Petermann* u. *Petermann,* 1984; *Ross,* 1982). Aggressives Verhalten kann auch nach innen gewandt, also gegen die eigene Person gelenkt sein; man spricht dann von *Autoaggression.* Diese soll hier ausgeklammert werden, da Autoaggression eine andere Problematik darstellt und andere Behandlungsmaßnahmen erfordert.

Es kann festgehalten werden, daß Aggression auf die Verletzung bzw. Schädigung einer Person oder eines Gegenstandes abzielt und sich meistens in der Begegnung von Menschen (soziale Interaktion) ereignet. Somit kann Aggression als eine *Verhaltensstörung* aufgefaßt werden. Sie ist einerseits dadurch charakterisiert, daß bestimmte Verhaltensweisen übermäßig auftreten (*Verhaltensexzeß),* z.B. häufiges und massives Sichverteidigen. Andererseits sind bestimmte soziale Fertigkeiten zu wenig oder gar nicht ausgeprägt (*Verhaltensmangel).* Bei solchen Verhaltensstörungen sind die unangemessenen Handlungsweisen in der Regel gut *gelernt,* eingeübt und von daher *langlebig* sowie schwer abzubauen (*Petermann* u. *Petermann,* 1984).

Hat ein Kind manchmal Streit mit einem anderen Kind, prügelt es sich auch schon einmal oder hat es eine große Sammlung von Schimpfwörtern, die es von Zeit zu Zeit lautstark zum besten gibt, so ist dieses Kind nicht unbedingt aggressiv. Von großer Bedeutung ist vielmehr, wie *häufig,* wie *intensiv* und wie *ausschließlich* aggressives Verhalten auftritt. Erst wenn hierzu zuverlässige Informationen vorliegen, kann über die Diagnose »Aggression« entschieden werden. Dabei spielt es eine erhebliche Rolle, ob sich ein Kind durch sein aggressives Verhalten *Entwicklungsmöglichkeiten nimmt,* sei es im Sozialverhalten, also im angemessenen Umgang mit anderen, sei es im Leistungsverhalten, indem es schulisches Lernen zur »Nebensache« erklärt oder der »Störenfried« vom Lehrer abgelehnt und deshalb nicht ausreichend gefördert wird.

Aggressives Verhalten kann auf vielfältige Weise in Erscheinung treten und sich mit anderen Symptomen überschneiden. Oft wird z.B. ein Kind vom Lehrer als aggressiv bezeichnet, weil es nicht ruhig sitzen bleibt, in der Klasse umherläuft, dazwischen redet, die anderen Mitschüler dadurch stört und selbst nicht während einer geforderten Zeit an einer Aufgabe arbeitet. In solchen Fällen ist genau zu prüfen, ob wirklich aggressives Verhalten vorliegt oder ob es sich um *ein hyperaktives* Kind handelt (vgl. *Eisert,* 1986). Aggressive Kinder sind zwar sehr oft auch extrem motorisch unruhig, körperlich angespannt und unkonzentriert. Aber nicht jedes motorisch unruhige Kind ist aggressiv.

Beide Störungen müssen gegeneinander abgegrenzt werden. Ein hyperaktives Kind hat ein relativ *beständig hohes* Niveau an Handlungen und Aktivitäten. Dabei besteht für ein solches Kind die besondere Schwierigkeit darin, seine Aktivität zu *kontrollieren* und dann zu *stoppen,* wenn Ruhe, Stillsitzen und Konzentration verlangt werden. Das Verhalten des hyperaktiven Kindes ist *nicht* dadurch gekennzeichnet, daß es absichtlich mit Worten oder Handlungen einem anderen Schaden zufügen will. Sein Kontakt zu Gleichaltrigen kann zwar durch sein »zappeliges« und ungeduldiges Verhalten belastet sein. Sein Sozialkontakt ist jedoch nicht durch übermäßiges Angriffs-, Verteidigungs- und Schädigungsverhalten gestört, wie man es bei einem aggressiven Kind beobachten kann *(U. Petermann,* 1985; *Ross,* 1982).

Eine weitere Verhaltensstörung muß von Aggression unterschieden werden: das *delinquente* Verhalten. Dieses bildet oft das letzte Glied einer Reihe vorangegangener Verhaltensstörungen im Kindes- und Jugendalter. Es besteht auch, aber nicht nur aus kriminellem Vorgehen, wie Diebstählen, Einbrüchen, Hausfriedensbruch. Sinnlose Zerstörung von Gegenständen, körperliche Angriffe gegen andere Personen, Drogenkonsum verschiedenster Art, Bandenzusammenschluß, Nichtseßhaftigkeit und kein geregeltes Nachkommen einer Ausbildung oder Arbeit können ebenfalls für delinquentes Verhalten bezeichnend sein. Es ist zu erkennen, daß aggressives Verhalten gegen Personen und Gegenstände Bestandteil der Delinquenz sein kann. Aggression kann auch die Vorstufe zur Delinquenz bilden. Jedoch ist nicht jedes aggressive Kind gleichzeitig delinquent bzw. neigt dazu. Es kann lediglich im aggressiven Verhalten eines Kindes Hinweise dafür geben, daß eine Neigung zum delinquenten Verhalten vorliegt, wenn sich Aggressionen im Kindesalter *auch* in Form von Lügen, Stehlen und massiver Sachbeschädigung äußert.

Immer wieder wird von aggressivem Verhalten berichtet, daß es ein *äußerst stabiles* Verhalten über viele Jahre hinweg und schwer veränderbar ist *(Frankel* u. *Simmons,* 1985; *Huesman* et al., 1984; *Loeber,* 1982; *Petermann* u. *Petermann,* 1984). *Huesman* et al. (1984) können dies in ihrer Studie, die sich über 22 Jahre erstreckte und 600 Personen einbezog, sehr klar bestätigen, wie stabil aggressives Verhalten ist. Tritt aggressives Verhalten bereits im Schulalter auf, dann wird man auch im Erwachsenenalter mit großer Wahrscheinlichkeit entsprechendes antisoziales Verhalten beobachten können. *Huesman* et al. konnten Aggressionen über drei Generationen in einer Familie als stabiles Merkmal vorfinden. Insgesamt erwies sich in der Studie aggressives Verhalten über die Zeit, über verschiedene Situationen (z.B. in der Schule, in der Familie, in der Ehe, im Straßenverkehr) und über Generationen hinweg als äußerst stabil.

Loeber (1982) suchte in verschiedenen Längsschnittstudien nach Hinweisen, die eine Aussage über die Stabilität und Prognose aggressiven Verhaltens ermöglichen. Er leitet aus den zum Teil zehn Jahre sich erstreckenden Studien vier Annahmen darüber ab, daß aggressives Verhalten unter bestimmten Bedingungen sehr stabil ist und in Delinquenz übergeht:

(1) Ein Kind wird mit zunehmendem Alter sehr viel *wahrscheinlicher* Aggression zeigen im Vergleich zu den *Gleichaltrigen,* wenn ein solches Verhalten schon im Vorschulalter auftritt.

(2) Aggressives Verhalten wird dann sehr *langlebig* und schwer veränderbar sein, wenn es nicht nur in einem, sondern in *mehreren wichtigen Umweltbereichen* gezeigt wird, z.B. in der Schule, in der Familie, in der Spielgruppe, auf der Straße.

(3) Aggressives Verhalten wird um so wahrscheinlicher *später beibehalten,* wenn ein Kind schon sehr *früh verschiedene Formen* von aggressiven Handlungen aufweist. Dann ist auch die Gefahr der Delinquenz gegeben.

(4) *Dauerhaftes kriminelles* Verhalten in späteren Jahren ist dann wahrscheinlich, wenn ein Kind im Vergleich zu den Gleichaltrigen *sehr früh* (mit ca. 15 Jahren) mit delinquenten Handlungen beginnt.

Es ist plausibel geworden, daß gerade bei Aggressionen eine frühzeitige Diagnose und anschließende Behandlung von großer Bedeutung sind. Die eingeleiteten Maßnahmen müssen umfassend und von Beginn an effektiv sein, um nachhaltige und langfristige Veränderungen zu bewirken. Dafür ist eine verzahnte Familien- und Kinderarbeit notwendig (vgl. zur familienbezogenen Arbeit Kap. 11 dieses Buches). In diesem Kapitel wird lediglich das Training mit aggressiven Kindern vorgestellt (vgl. Kap. 7.3).

7.2 Formen und Entwicklung von Aggression

Der neunjährige *Markus* macht seinen Eltern großen Kummer. Seine Klassenlehrerin - er ist in der dritten Grundschulklasse - hat zum wiederholten Male seine Mutter angerufen, um ihr von einem turbulenten Unterrichtsvormittag zu berichten. *Markus* konnte - wie so häufig - nicht auf seinem Platz sitzen bleiben, sprach die anderen Schüler wegen Kleinigkeiten an, ließ andere nicht ausreden, rief in die Klasse und machte insgesamt den Eindruck eines nervösen »Stehaufmännchens«. Dies war jedoch für die Lehrerin noch nichts Außergewöhnliches - zumindest was *Markus* anbelangt. In der dritten Stunde jedoch kam es zu zweimaligen Prügeleien zwischen *Markus* und zwei anderen Jungen, und die Lehrerin mußte dazwischen gehen, um Schlimmes zu verhindern. Der Anlaß war nicht beobachtbar. *Markus* gab an, daß ihn der eine Schüler beim Schreiben absichtlich geschubst habe, was jener verneinte. Beim zweiten Mal mußte sich *Markus* verteidigen - keiner weiß jedoch so recht wovor oder weshalb. Bei den Prügeleien ist eine Brille zu Bruch gegangen und eine Nase blutete. Das Problem bei der ganzen Sache ist, daß dieses Ereignis keinen Einzelfall darstellt. Es kam das letzte Dreivierteljahr häufiger vor und die vergangenen sieben Wochen regelmäßig zwei- bis viermal pro Woche. Zu Schuleintritt war ein ähnliches Verhalten schon einmal ca. ein halbes Jahr lang zu beobachten.

Damals zeigte sich das »Verteidigen« jedoch fast ausschließlich in Beschimpfen und Schreien. Abschließend meint die Lehrerin, so ginge es nicht weiter. Immer mehr Eltern der Mitschüler beschweren sich über *Markus.*

Am Ende des Telefonats ist die Mutter ganz erschlagen und verzweifelt. Sie versteht *Markus* und sein Verhalten nicht. Zu Hause kommt er ihr gar nicht so schlimm vor, obwohl er schon auch mal mit seinen Geschwistern Streit hat, sich mit ihnen schlägt; aber meistens bleibt es bei »Schimpfkanonaden« und beim »Türenknallen«. Allerdings ist er öfter ihr gegenüber »motzig«, hält sich nicht an Abmachungen und Gebote, verweigert jedes Aufräumen seines Zimmers oder Mithelfen im Haushalt - was die Geschwister selbstverständlich tun. Auch verschwinden manchmal besondere Speisen aus dem (Eis-)Schrank, einige Musikkassetten des Bruders und Comichefte der Schwester sind unauffindbar - bis sie die Mutter beim Großputz in *Markus'* Zimmer entdeckt -, und aus der Haushaltskasse hat jemand schon zweimal Geld entwendet, insgesamt 18 DM. Ein Teil des Geldes wurde bei Markus gefunden. Er bestreitet jedoch, es unerlaubt genommen zu haben.

Was soll nur mit Markus werden? Die Mutter hat es doch schon so oft »im Guten wie im Bösen« mit ihm versucht. Und was würde ihr Mann wieder sagen, wenn sie ihm am Abend vom Anruf der Lehrerin erzählt?

Im folgenden werden die *Erscheinungsformen* aggressiven Verhaltens aufgeschlüsselt, die *familiären Ursachen* diskutiert und erkennbare *Mängel eines aggressiven Kindes* aufgelistet. Zur Illustration wird immer wieder auf den »Fall *Markus*« zurückgegriffen.

7.2.1 Aggression als beobachtbares Verhalten

Im Laufe unserer Forschungsarbeiten und Praxiserfahrungen lernten wir bei Kindern zumindest drei Formen von Aggression kennen und unterscheiden. Vorauszuschicken ist, daß Aggression zunächst einmal positiv oder negativ in Erscheinung treten kann und daß sie lebensnotwendig ist. So kann sich Aggression

- als *angemessene Selbstbehauptung,*
- als *zielgerichtete Schädigung* und
- als *angstmotiviert aggressives Verhalten* äußern

(*Petermann* u. *Petermann,* 1984; vgl. Abb. 4).

Die angemessene Selbstbehauptung zur Wahrung persönlicher Rechte, Bedürfnisse, Wünsche und Ziele beinhaltet die positive Seite von Aggression. Sie kann auch nachdrücklich erfolgen, solange Gefühle, Bedürfnisse und Rechte des anderen bedacht werden, darauf Rücksicht genommen wird und die Fähigkeit zur Selbstkontrolle, also die Zügelung von unangemessenen Wutausbrüchen, gegeben ist.

Die negative Seite der Aggression beinhaltet die Schädigung oder Verletzung eines anderen oder von Gegenständen. Die Motive können dabei mindestens zwei Quellen entspringen: einem egoistischen Sich-durchsetzen-wollen und einer Angst und Unsicherheit im Kontakt mit anderen. Das in jedem Fall *Durchsetzenwollen* eigener Interessen, Wünsche und Bedürfnisse wird mit *zielgerichteten Schädigungen* anderer erreicht. Kinder dieser Gruppe setzen aggressives Verhalten bewußt ein, weswegen man auch von instrumentell aggressivem Verhalten spricht. Sie benutzen

Schwachstellen des anderen zur besonders effektvollen Beeinflussung im Sinne ihrer Ziele. Man erkennt das zielgerichtete aggressive Verhalten dieser Kinder daran, daß ihr Verhalten das »Opfer trifft«, sie meistens ihr Ziel erreichen, eine geringe Frustrationstoleranz haben, also kaum warten, verzichten oder sich anstrengen können.

Im Gegensatz dazu steht die *angstmotivierte* Aggression. Diese Form ist stark von Gefühlen geprägt und äußert sich häufig in für die Umwelt überraschenden Wutausbrüchen (expressive Aggression). Manchmal sind auch Kennzeichen von unsicherem Verhalten beobachtbar. Charakteristisch für angstmotiviert aggressive Kinder ist, daß sie sich sehr schnell bedroht und angegriffen fühlen. Sie befinden sich oft in einer Abwehr-, Verteidigungs- und »Lauer«haltung, d.h. sie beobachten ihre Umwelt mißtrauisch und erscheinen wie ein Tiger in einem engen Käfig, der unruhig hin- und herläuft. Nicht selten meint man, sie verhielten sich vorbeugend aggressiv.

Bei dieser Aggressionsform scheint folgender Kreislauf zu wirken *(Petermann* u. *Petermann,* 1984): Ein Kind, das ängstlich und unsicher im Umgang mit anderen sowie sich der Zuneigung und positiven Grundeinstellung seiner Mitmenschen nicht gewiß ist, hat oft übermäßige Erwartungen bezüglich der Anerkennung durch andere und ist übermäßig sensibel für Bedrohungen. Die Bedrohung löst leicht aggressives Verhalten aus. Das aggressive Verhalten führt zu einer anderen Qualität der Gefühlslage: die Erregung ist keine ängstliche, sondern eine ärgerliche oder stark erscheinende. Auf diese Weise verringert sich die Angst und Unsicherheit, es tritt ein angenehmer Zustand ein, Aggression führt also zur gefühlsmäßigen (emotionalen) Erleichterung. Dies wird vom Kind so positiv und verstärkend (im Sinne einer negativen Verstärkung) erlebt, daß es Angst immer häufiger mit Hilfe von Aggression abbaut. Die Umwelt reagiert darauf (natürlich und verständlich) mit Vergeltung, Ablehnung, Strafe. Dies wird wiederum bedrohlich vom Kind wahrgenommen – diesmal sind es auch reale Bedrohungen –, versetzt es in Angst und löst sein angstreduzierendes Verhalten, nämlich Aggression, aus. Damit liegt ein Selbstregulationsmodell vor, das aggressives Verhalten schrittweise steigert.

Im Alltag kann man beide Aggressionsformen nicht immer unterscheiden, da sich zielgerichtete Schädigung und angstmotiviert aggressives Verhalten überlagern sowie vermischen können und sich das beobachtbare Verhalten gleicht. Eine genaue Verhaltensanalyse kann hier Klarheit bringen (vgl. Kap. 1.4.2.6).

Welche Form von Aggression liegt bei *Markus* vor? Von einer angemessenen Selbstbehauptung kann sicherlich nicht die Rede sein, da er mit seinem Verhalten die Rechte und Bedürfnisse seiner Geschwister, Mitschüler und Mutter immer wieder beschneidet. In der Schule fällt auf, daß er sich bedroht fühlt (er mußte sich *verteidigen*) und anderen feindselige Absichten unterstellt (der Mitschüler hat ihn *absichtlich* geschubst). Dies weist auf ein angstmotiviert aggressives Verhalten hin. Zu Hause will er sich eher egoistisch durchsetzen, was mit zielgerichteten Schädigungen verbunden ist (Stehlen von besonderen Speisen, Musikkassetten, Comicheften, Geld; Verweigern von Verpflichtungen in der Familie, wie Zimmer aufräumen, im Haushalt helfen, was für die anderen mit »Mehrarbeit« verbunden ist). So liegt bei *Markus* Aggression sowohl als zielgerichtete Schädigung als auch als angstmotiviertes Handeln vor, und zwar abhängig davon, in welcher Umwelt er sich befindet.

Im Hinblick auf eine Diagnose, die sich in konkrete Therapieziele und -schritte umsetzen lassen sollte, ist es wichtig, die Erscheinungsformen von Aggression weiter zu differenzieren. Eindeutig abgrenzbare und gut beobachtbare Verhaltenseinheiten müssen definiert werden. Es lassen sich mindestens sechs solcher Einheiten formulieren (vgl. *Petermann* u. *Petermann,* 1984):

(1) *Verbal hinterhältiges Verhalten,* wie schadenfreudig lachen, verspotten.

(2) *Verbal direktes Verhalten,* wie anschreien, beschimpfen.

(3) *Nonverbal hinterhältiges Verhalten,* wie beinstellen, Stuhl wegziehen, schadenfreudig Hilfe verweigern, heimlich etwas wegnehmen.

(4) *Nonverbal direktes Verhalten,* wie boxen, treten, schlagen, beißen, kratzen, spucken, an Haaren ziehen.

(5) *Verbales Vorgehen gegen Gegenstände,* wie beschimpfen und verfluchen von Gegenständen.

(6) *Nonverbales Vorgehen gegen Gegenstände,* wie beschmieren, beschmutzen, zertreten, zerreißen von Gegenständen, Sachen durch die Luft werfen.

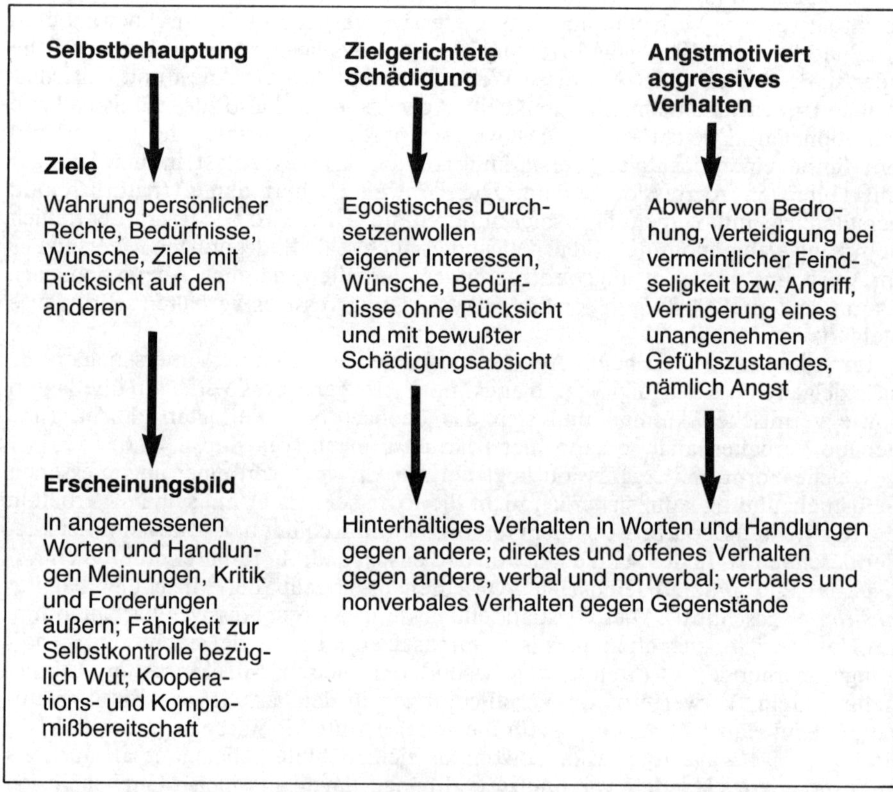

Abbildung 4: Formen, Ziele und Erscheinungsbilder aggressiven Verhaltens

Das aggressive Verhalten von *Markus* äußert sich in der Schule in Angriffen gegen seine Mitschüler. Beim Schuleintritt zeigte es sich »nur« als verbale Aggression. Zu Hause tritt bei Geschwisterstreit immer noch verbale Aggression auf. Das Bestehlen der Geschwister und Mutter ist ein nonverbal hinterhältig aggressives Verhalten. In diese Kategorie kann auch das Verweigern von Hilfe bei Hausarbeiten oder bezüglich des Zimmeraufräumens eingeordnet werden.

Die sechs aufgeführten Kategorien gelten sowohl für angstmotiviert aggressives Verhalten als auch für zielgerichtete Schädigungen. Die obige graphische Darstellung gibt noch einmal einen Überblick über die Formen, Ziele und Erscheinungsbilder aggressiven Verhaltens.

7.2.2 Familiäre Ursachen

Die familiären Ursachen aggressiven Verhaltens sind vielfältig. Hier sollen nicht Faktoren wie Arbeitslosigkeit des Vaters oder der Mutter, Ehekonflikte und -scheidungen, Armut, schlechte Wohnverhältnisse usw. berücksichtigt werden. Sie beeinflussen zwar die kindliche Entwicklung und können dadurch aggressives Verhalten begünstigen. Eine unmittelbare Ursache liegt jedoch im *Erziehungsverhalten* der Eltern. In diesem Zusammenhang spielen die im folgenden ausgeführten fünf Faktoren eine Rolle (*Petermann* u. *Petermann,* 1984; *U. Petermann,* 1985; *Zumkley,* 1983; vgl. auch Kap. 11.1.).

● *Regeln setzen und abverlangen.* Regeln, d.h. sinnvolle Ge- und Verbote, sind für zwischenmenschliches Zusammenleben unabdingbar. Bei Familien mit aggressiven Kindern fallen zwei Extreme immer wieder auf: entweder *zu viele* Ge- und Verbote oder *zu wenige.* Beides ist ungünstig. Zu viele Regeln engen ein, provozieren geradezu »auflehnendes« aggressives Verhalten – erst recht, wenn Verbote nicht begründet, Gebote nicht einsehbar sind. Zu wenige Regeln in einer Familie rufen Orientierungslosigkeit und Desorganisation hervor. Das Kind muß dann zwangsläufig austesten, wo und wie Grenzen verlaufen. Wenn es dann immer noch keine Regeln erfährt bzw. Grenzen gesetzt bekommt, kann es auch hilflos, ängstlich, unsicher werden.

● *Ausgewogene elterliche Kontrolle.* Ge- und Verbote aufstellen ist eine Sache, sie konsequent abverlangen und kontrollieren eine andere. Bestehen Eltern nicht auf Abmachungen, geben sie bei Anforderungen an ihre Kinder nach oder »widerstehen« sie nicht den Wünschen, dem Nörgeln oder dem Wutanfall des Kindes, so verhalten sie sich inkonsequent und verstärken das Kind damit negativ. Es lernt, daß es mit aggressivem Verhalten eine anstrengende Forderung vermeiden kann. Es lernt nicht, sich anzustrengen, zu warten, zu verzichten, Rücksicht zu nehmen. Damit das Kind Regeln sowie Ge- und Verbote anerkennt und danach handelt, ist eine freundliche, jedoch konsequente Kontrolle der Eltern notwendig. Sehr hilfreich kann dabei sein, dem Kind Regeln nicht nur zu begründen, sondern in Fällen, in denen dies verantwortbar ist, es auch mitbestimmen zu lassen.

● *Verstärkungsverhalten der Eltern.* Eltern verstärken das aggressive Verhalten ihres Kindes immer dann, wenn es sein Ziel erreichen, sich durchsetzen kann oder wenn es Zuwendung und Aufmerksamkeit dadurch erhält. Hierzu ein Beispiel: Beim Einkaufen möchte *Carola* von ihrer Mutter immer ein Geschenk. Wagt es die Mutter, *Carolas* Wunsch nicht zu erfüllen, fängt sie zu weinen und zu schreien an, als ob sie gerade fürchterlich mißhandelt worden wäre. Dadurch richten sich viele Blicke auf die beiden, was der Mutter sehr unangenehm ist. Kommt die Mutter der Forderung *Carolas* dann immer noch nicht nach, so weigert diese sich, auch nur einen Schritt zu gehen. Zieht die Mutter *Carola* an der Hand hinter sich her, läßt sie sich zu Boden fallen – alles natürlich unter anhaltendem Schreien und Weinen. Spätestens jetzt ist die Situation der Mutter so peinlich, daß sie *Carola* nachgibt und ihr etwas kauft (positive Verstärkung). – Andere Zusammenhänge sind auch denkbar: Manche Kinder erhalten keine Aufmerksamkeit und werden bei ruhigem und erwünschtem Verhalten nicht beachtet, geschweige denn gelobt, so daß sie sich die »lebensnotwendige« Zuwendung durch auffälliges bis hin zu aggressivem Verhalten holen (negative Verstärkung).

● *Modellverhalten in der Familie.* Eltern sind sich selten bewußt, wie häufig sie Modelle für ihre Kinder darstellen und von diesen nachgeahmt werden. Aggressive Modelle geben Eltern dann ab, wenn sie unbedacht, übermäßig oder sogar ausschließlich körperlich Strafen, Konflikte und Probleme nur durch Schreien und Befehle lösen. Die Art des Umgangs der Ehepartner untereinander ist entscheidend dafür, wie Kinder miteinander umgehen. Schließlich sind die Eltern auch Modell, wenn sie aggressives Verhalten anderer oder in Medien wie Fernsehen, Zeitungsberichten billigen bzw. sogar für gut befinden oder sich davon beeindrucken lassen.

● *Duldung von aggressivem Verhalten.* Dulden Eltern aggressives Verhalten ihrer Kinder, dann wird dies vom Kind als eine stillschweigende Zustimmung zu seinem Tun wahrgenommen und wirkt sehr verstärkend. Ein Kind wirft beispielsweise ein anderes Kind auf dem Spielplatz von der Schaukel, um selbst zu schaukeln. Die Mutter beobachtet dies und greift nicht ein. Beides erkennt das Kind. Wenn es das nächste Mal den Wunsch zu schaukeln hat, wird es mit großer Wahrscheinlichkeit ebenso verfahren.

Zurück zu *Markus:* Er ist das jüngste von drei Kindern und als »Nachkömmling« von allen Familienmitgliedern sehr verwöhnt worden – in materieller, sozialer und emotionaler Hinsicht. Schon immer ist er »aufgeweckt« und »lebendig« gewesen, d.h. motorisch unruhig, kann nicht abwarten und unterbricht andere oft beim Reden. Das war »niedlich«, solange er klein war. Erste Probleme traten am Ende der Kindergartenzeit auf, als nämlich ein Vorschulprogramm mit den Kindern, deren Einschulung bevorstand, durchgearbeitet wurde. *Markus* konnte nicht still sitzen, nicht zuhören und verweigerte seine Mitarbeit bei Anforderungen. Die sich später entwickelnden Probleme in der Schule und im Elternhaus sind bekannt. Bezeichnend für das Erziehungsverhalten der Eltern bei ihrem letztgeborenen Kind war, daß *Markus* sehr viel weniger Grenzen gesetzt und Anforderungen an ihn gestellt wurden als seinen Geschwistern und er weniger Regeln einhalten mußte. Auch wurden seine meisten Wünsche erfüllt. Wollten ihm die Eltern etwas nicht schenken oder sollte er warten, dann setzte er seine mißmutige Miene auf, quengelte und nörgelte solange, bis er seinen Willen hatte – und die Eltern ihre Ruhe. Die Geschwister fühlten sich manches Mal benachteiligt, und das zu Recht, was ihr Verhältnis zu *Markus* nicht verbesserte. Als später unumgängliche Forderungen an *Markus* gestellt wurden, z.B. das Erledigen der Hausaufgaben, begann der »Nervenkrieg«

zwischen Mutter und Sohn. Inkonsequentes Verhalten und mangelnde Kontrolle ließen die Mutter den Machtkampf immer wieder verlieren, was den Sohn verstärkte. Die Tatsache, daß das Stehlen von *Markus* mehr geduldet als mit negativen Konsequenzen versehen wurde, führte zur Wiederholung dieses Verhaltens. Da *Markus* in seiner Kindheit von seinen Eltern und größeren Geschwistern gegen andere Kinder in Schutz genommen wurde, lernte er nicht, Konflikte oder soziale Probleme auf angemessene Art zu lösen bzw. sich zu behaupten. Im Kindergarten und in der Schule bemerkte er, daß er für bestimmte Situationen über kein Verhalten verfügte, was ihm Angst einflößte. Zugleich wollte er sich durchsetzen, weil er dies so gewohnt war. Er erlebte, daß er mit Schreien oder Schlagen Erfolg hatte. Durch berechtigte Selbstbehauptungsversuche der anderen fühlte er sich stark bedroht und »wehrte« sich wiederum übermäßig. So kam vermutlich der Kreislauf angstmotivierter Aggression in der Schule in Gang.

7.2.3 Erkennbare Mängel beim Kind

Beim aggressiven Kind können Mängel in zweifacher Hinsicht festgestellt werden: bezüglich ihrer Wahrnehmung und hinsichtlich ihres Sozialverhaltens. Typische *Wahrnehmungsmängel* bestehen darin, daß bestimmte Verhaltensweisen eines anderen falsch gedeutet werden, d.h. mit einer feindlichen Absicht versehen werden. Dadurch fühlt sich das aggressive Kind bedroht, und eine Abwehr- oder Verteidigungshandlung wird, oft zu schnell, ausgelöst. Eine verzerrte Wahrnehmung ist um so wahrscheinlicher, je zweideutiger ein sozialer Reiz ist. So können an sich nichtaggressive Verhaltensweisen, wie schnelle Bewegungen, kurze Berührungen im Vorbeigehen, ein längerer Blickkontakt, Worte zur angemessenen Selbstbehauptung, als Angriff und Bedrohung interpretiert werden und Aggressionen hervorrufen *(Dodge,* 1985; *Frankel* u. *Simmons,* 1985; *Zumkley,* 1984).

Dodge (1985) konnte in einer Studie zeigen, daß sich bei eindeutig erkennbarer Handlungsabsicht (feindlich vs. aus Versehen) aggressive von nicht-aggressiven Jungen im Alter von sieben bis elf Jahren in ihrem Verhalten nicht unterscheiden. Dies verändert sich, wenn die Absicht zweideutig wird. Aggressive Jungen verhalten sich dann mit größerer Wahrscheinlichkeit aggressiv vergeltend, während nichtaggressive eher so reagieren, als habe keine feindliche Absicht bestanden (vgl. *Dodge* u. *Frame,* 1982).

Zu ähnlichen Ergebnissen kommt *Zumkley* (1984) in seiner Studie mit 76 Studenten. Personen mit hoher und niedriger Aggressivität verhalten sich identisch in einer eindeutigen Situation. Bei Doppeldeutigkeit – ein Angriff kann sowohl durch eine Person selbst als auch durch Umstände verursacht sein – unterstellen lediglich die Studenten mit geringer Aggressivität der angreifenden Person eine harmlose Absicht. Solche Erklärungsmuster sind scheinbar durchgängig, d.h. sie treten bei jüngeren wie älteren Kindern und Jugendlichen, bei Jungen wie Mädchen, bei psychiatrischer wie nicht-psychiatrischer Klientel auf *(Dodge,* 1985). Offensichtlich spielen Wahrnehmungen und Informationsverarbeitung eine große Rolle bei der Aufrechterhaltung aggressiven Verhaltens.

Wie kommt es zu den beschriebenen ungünstigen Erklärungsmustern? Einige Hinweise hierzu liefern die Ergebnisse von *Dodge* u. *Frame* (1982). Sie analysieren die Erinnerungen von Jungen, denen sie eine Videoaufnahme von einem Jungen vorführten. Die Autoren fanden heraus, daß sich aggressive Jungen zwar nicht an wesentlich mehr negative Reize erinnerten als nicht-aggressive Jungen. Die jüngsten und aggressivsten unter ihnen erinnerten sich jedoch durchgängig an mehr Reize und Behauptungen, die im Film nicht vorgekommen waren. Im Gegensatz dazu stehen die Ergebnisse von *Santostefano* u. *Rieder* (1984), die bei Kindern im Alter von sechs bis fünfzehn Jahren herausfanden, daß aggressive Kinder aggressive Reize besser erinnern und im Erkennen aggressiver Reize effektiver sind als im Erkennen nicht-aggressiver.

Nach *Dodge* u. *Frame* führen falsche Erinnerungen – besonders in zweideutigen Situationen – zu falschen Erklärungsmustern und diese insgesamt zu einer verzerrten Wahrnehmung mit daraus resultierender Vergeltungs- oder Verteidungsaggression. Dadurch bildet sich bei anderen Kindern die Erwartung heraus, daß sich der »Aggressivling« auch zukünftig aggressiv verhält, weshalb sie sich ebenfalls aggressiv verhalten. Der »Aggressivling« glaubt nun häufiger als andere Kinder aggressives Verhalten zu erfahren, was den Kreislauf erneut in Gang bringt. So verwundert es denn auch nicht, daß aggressive Jungen 43 Prozent mehr aggressives Verhalten initiierten als sie erhielten *(Dodge* u. *Frame,* 1982).

Mängel im *Sozialverhalten* zeigen sich in verschiedener Hinsicht *(Frankel* u. *Simmons,* 1985; *Petermann* u. *Petermann,* 1984). Zunächst sind die große motorische Unruhe, die Ungeduld und die Angespanntheit zu nennen. Sie führen zu manchem Konflikt und infolge davon zu aggressivem Verhalten. *Weiterhin* ist bei aggressiven Kindern feststellbar, daß sie kaum Verhaltensweisen besitzen, sich angemessen selbst zu behaupten, sich ohne aggressives Verhalten durchzusetzen. *Drittens* verfügen aggressive Kinder über wenig Kompromiß- und Kooperationsfähigkeit. Dies ist jedoch für Anbahnung und Aufrechterhaltung des Kontaktes dringend erforderlich. Sind entsprechende Fertigkeiten nicht entwickelt und geübt, muß das Bedürfnis nach zwischenmenschlicher Zuwendung auf andere Weise befriedigt werden, z.B. mittels aggressiven Verhaltens. Unzureichende Selbstkontrolle bildet einen *vierten* Mangel. Aggressive Kinder reagieren einerseits so schnell, daß ihnen kaum Zeit zum Nachdenken bleibt. Andererseits können sie sich so in Wutgefühle hineinsteigern, daß sie sich nicht mehr kontrollieren können. Ihnen fehlt die Fähigkeit, Impulse zu stoppen und ihre Handlungen zu verzögern. Sie können keine Selbstgespräche führen, um sich zu beruhigen, um über Verhalten nachzudenken und um auf sich selbst steuernd einzuwirken. Schließlich und *fünftens* können sich aggressive Kinder schwer in die Lage und Person eines anderen hineinversetzen, sich einfühlen (Einfühlungsfähigkeit). Manche aggressive Kinder wehren sich dagegen, sich in den anderen einzufühlen: »Ich kann doch nicht in seinen Kopf schauen«, »Ich bin doch nicht der andere«. In wenigen Fällen benutzen aggressive Kinder ein gut ausgeprägtes Einfühlungsvermögen dazu, den anderen besonders wirkungsvoll zu verletzen und zu schädigen.

Bei einem aggressiven Kind müssen nicht alle Mängel gleichzeitig ausgeprägt sein. Im Fall von *Markus* konnten eindeutig Wahrnehmungsmängel beobachtet werden, und zwar zu Hause wie in der Schule: »Ich werde immer verdächtigt« (Stehlen zu Hause), »Ich muß mich verteidigen« (Prügeleien in der Schule). Er war auch extrem motorisch unruhig, unabhängig von Situationen und Personen. Es fehlten ihm Fertigkeiten zur angemessenen Selbstbehauptung, Kooperation und vor allem zur Kompromißfähigkeit, da er verwöhnt sowie lange zu sehr behütet und beschützt wurde. Dies dürfte auch der Grund für sein spärliches Einfühlungsvermögen sein.

Am wenigsten verfügt *Markus* über Selbstkontrolle. Wenn er einen Wunsch nicht sofort erfüllt bekommt, ihm etwas nicht gelingt oder er sich bedroht glaubt, kann er seine Wut und daraus resultierende aggressive Verhaltensweisen nicht hemmen, schon gar nicht stoppen, wenn die »Sache einmal ins Rollen gekommen ist«.

7.3 Abbau von Aggression

Mit *Markus* wurde ein »Aggressionstraining« durchgeführt. Er erhielt acht Einzeltrainingsstunden; diesen war eine Erstkontaktphase von drei Stunden zum gegenseitigen Kennenlernen und für diagnostische Maßnahmen vorgeschaltet. An das Einzeltraining schloß sich ein Gruppentraining mit zwölf Sitzungen an. Zwischen Einzel- und Gruppentraining verfügte *Markus* über eine freie Spielphase in der Kindergruppe (drei Sitzungen). Das Training erstreckte sich für *Markus* über sieben Monate, und es wurde von einer stundenmäßig ebenso intensiven Familienberatung begleitet. In diesen Sitzungen wurde vor allem das Erziehungsverhalten der Eltern verändert (vgl. Kap. 11).

Im Einzeltraining wurde vor allem die Wahrnehmungsfähigkeit von *Markus* trainiert. Er lernte mit Hilfe von Videofilmen und Bildmaterial soziale Situationen richtig zu deuten und verschiedene Alternativen zu aggressivem Verhalten für Konflikte kennen. Weiterhin wurde er gezielt an Selbstgespräche und Selbstinstruktionen herangeführt, damit er sein Verhalten besser kontrollieren konnte. Als Hilfe wurden ihm kleine Erinnerungskärtchen mit lustigen Illustrationen (Instruktionskärtchen) gegeben. Kleine Rollenspiele leiteten die Verhaltensübung ein. Aufträge zur Selbstbeobachtung und Verhaltensübung für zu Hause oder in der Schule wurden durch ein spezielles Arbeitsblatt unterstützt (Detektivbogen) und halfen Markus, das im Training Gelernte in seinen Alltag zu übertragen. All diesen Maßnahmen war ein speziell für die Unruhe und Verspannung aggressiver Kinder entwickeltes Entspannungsverfahren, die sogenannte »Kapitän-Nemo-Geschichte«, vorgeordnet. Diese Übung wurde regelmäßig knapp zehn Minuten zu Stundenbeginn durchgeführt.

Im Gruppentraining war *Markus* mit drei weiteren aggressiven Kindern zusammen; dort wurde in Rollenspielen Verhalten eingeübt. Themen waren: gemeinsame Diskussionsregeln erstellen, sich in den anderen einfühlen lernen, mit Wut fertig werden, Ursachen von Wut erkennen, Auswirkungen von Lob und Tadel erleben und angemessen damit umgehen können. Instruktionskarten, Detektivbogen und auch Videorückmeldung unterstützten das Vorgehen. Das Entspannungsverfahren wurde auch im Gruppentraining fortgeführt.

Nach anfänglichen Schwierigkeiten mit *Markus* – er hatte Probleme, den Anforderungen im Training nachzukommen und sie nicht zu verweigern – konnte gut mit ihm gearbeitet werden. Schwierigkeiten gab es noch einmal kurz beim Übergang vom Einzel- zum Gruppentraining, da er im Zusammensein mit den anderen Kindern eine größere Kooperations- und Kompromißfähigkeit zeigen mußte und den Therapeuten nicht mehr für sich alleine hatte. *Markus* erreichte seine Trainingsziele mehr oder minder ausgeprägt und konnte sie auch in den Alltag übertragen. Eine Nachkontrolle nach zwei Monaten und nach einem halben Jahr anhand von Elterngesprächen und Verhaltensbeobachtungen in der Schule zeigte stabile Veränderungen an.

7.3.1 Ziele

Die Ziele eines Trainings mit aggressiven Kindern können nicht allein darin bestehen, das aggressive Verhalten abzubauen, da sich noch größere Mängel im Verhalten eines Kindes auftun können, durch die es unter Umständen hilflos und handlungsunfähig wird. Zudem ist zu bezweifeln, ob sich aggressives Verhalten »einfach« beseitigen läßt. Es ist therapeutisch sinnvoller, alternatives Verhalten aufzubauen, um dem Kind ein breites Verhaltensspektrum zur Auswahl zu stellen. Dadurch können gleichzeitig Lücken geschlossen und Mängel behoben werden. Neue Handlungsmöglichkeiten und Vermittlung von mit Aggression unvereinbaren Verhaltens (z.B. Einfühlungsvermögen) sind wesentliche Schritte des Vorgehens.

Geht man von den aufgeführten und empirisch bestätigten Mängeln aggressiver Kinder aus, dann muß ein Training mindestens die in Abbildung 5 dargestellten sechs Ziele anstreben *(Petermann* u. *Petermann,* 1984). Die Ziele sind in einer Stufenfolge dargestellt, da sie aufeinander aufbauen. Die einzelnen Trainingsschritte beachten diese Reihenfolge.

Zunächst müssen *motorische Ruhe* und *Entspannung* als Voraussetzungen für ein strukturiertes und anforderungsreiches Arbeiten geschaffen werden. Sie müssen immer wiederkehrend geübt werden. Hierfür wurden die ersten beiden Grundübungen des autogenen Trainings in einer kindgerechten Weise aufbereitet (vgl. z.B. *Kruse,* 1980). Sie wurden in eine Fortsetzungsgeschichte integriert, die als Motiv die Unterwasserwelt wählt, um den Kindern leichter Schwere- und Wärmeerlebnisse zu ermöglichen.

Als nächstes grundlegendes Ziel muß ein Kind *genau* und vor allem *realitätsgerecht wahrnehmen* lernen. Es muß verschiedene soziale Reize unterscheiden und interpretieren, z.B. den Blick oder die gesamte Mimik eines anderen einschätzen können. Ganze Reaktionsketten müssen in ihrer Abfolge richtig bewertet werden. Zwischen unterschiedlich angemessenen Verhaltensweisen muß ein Kind unterscheiden und deren Folgen kennen bzw. vorhersagen können. Darauf kann eine *angemessene Selbstbehauptung* als positive Form von Aggression trainiert werden, z.B. angemessene Äußerung des eigenen Standpunktes, von Kritik, von Ärger und Wut in Konfliktsituationen.

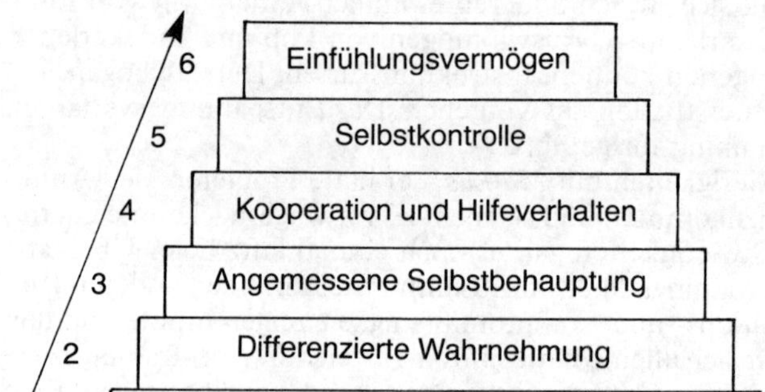

Abbildung 5: Ziele des »Aggressionstrainings«

Ein weiteres Ziel sind *Kooperation* und *Hilfeleistung* als alternatives Verhalten, das mit Aggression unvereinbar ist und sie hemmt. Dazu müssen beim Kind Kompromiß- und Hilfsbereitschaft aufgebaut werden. Entsprechende Haltungen und Handlungen sind positiv umzuwerten (»Es ist nicht Schwäche, sondern Stärke, wenn man nachgeben kann!«, »Hilft man jemandem, fühlt man sich gut!«, »Jemandem helfen bringt Vorteile, nicht Nachteile!«, »Helfen, Kooperation und Kompromisse schließen eigene Rechte und Bedürfnisse nicht aus!«), hervorzuheben und zu bekräftigen. Dem aggressiven Kind muß verdeutlicht werden, daß es nur so befriedigende Kontakte schließen und aufrechterhalten kann.

Differenzierte Wahrnehmung, angemessene Selbstbehauptung, Kooperation und Hilfeverhalten werden mit speziell erstelltem Videomaterial, Spielen mit Bildern, verschiedenen Geschichten und Rollenspielen trainiert. Dazu sind im Einzel-wie im Gruppentraining weitere Teilziele differenziert. Das Vorgehen wird genau darauf abgestimmt und mit konkreten Instruktionen versehen.

Das Lernen von *Selbstkontrolle* ist ein weiteres wichtiges Ziel zur Aggressionshemmung. Dazu ist es notwendig, daß das aggressive Kind lernt, zu sich selbst in einer bestimmten Weise zu sprechen. Mit Hilfe von Selbstverbalisationen bzw. Selbstinstruktionen kann das Kind Wut- bzw. Ärgergefühle kontrollieren, sein Handeln verzögern. Damit soll es lernen, Impulse zu steuern, also frühzeitig umzulenken, zu hemmen oder zu stoppen. Nur so gibt sich ein aggressives Kind überhaupt selbst eine Chance, sich für nicht-aggressives Verhalten zu entscheiden bzw. über andere Handlungsmöglichkeiten nachzudenken und sie in Erwägung zu ziehen. Instruktionskärtchen, Regelkarten, Beobachtungs- und Regelbögen tragen erheblich dazu bei, die Ziele zu erreichen (vgl. *Petermann* u. *Petermann,* 1984).

Aggressives Verhalten sollte immer gestoppt oder umgelenkt werden, sei es anfangs von außen durch Eingriffe, sei es durch Selbstkontrolle. Langfristig ist ein selbstkontrolliertes Verhalten anzustreben. Auslebenlassen von Aggressionen, in der Hoffnung, daß *Katharsis-Effekte* auftreten, ist nach lerntheoretischen Erkenntnissen vollkommen unsinnig *(Zumkley,* 1983). Die Katharsis- Hypothese beinhaltet, daß der Anreiz zu weiterem aggressivem Handeln verringert wird, wenn Aggression zuvor auftrat bzw. geduldet wird. Das Ausleben *erhöht* langfristig jedoch aggressives Verhalten, da das »Wut-Ablassen« als angenehm und damit als verstärkend erlebt wird. Erlebt das Kind, daß es mit seinem »Wut-Ablassen« großen »Eindruck« bei den Zuschauern macht, dann tritt ein verhängnisvoller Kreislauf ein.

Schließlich muß ein aggressives Kind noch *Einfühlungsvermögen* einüben. Dabei muß immer wieder die Lage des anderen vor Augen geführt werden und es angehalten werden, die Gefühle eines anderen (z.B. eines Opfers) nachzuempfinden. Auch dieses Ziel wird mit Hilfe von Rollenspielen (z.B. dem »Igelspiel«) angestrebt.

Im Einzeltraining werden grundlegende Mängel des Kindes abgebaut und dadurch z.B. die Unruhe und verzerrte Wahrnehmung verringert. Das Kind wird damit auf die strukturierten Gruppensitzungen, in denen Verhaltensübungen im Vordergrund stehen, *vorbereitet.* Bei der Gruppenzusammenstellung muß der Verhaltenstherapeut beachten, daß alle Kinder vergleichbare Lernvoraussetzungen aufweisen.

7.3.2 Aufbau eines komplexen Verhaltenstrainings

Beim Abbau von Verhaltensstörungen zeigt sich die Kombination von kognitiver Verhaltenstherapie und Verhaltensübungen als vorteilhaft (vgl. *Camp* u. *Bash,* 1981, *Eisert,* 1986; *Fricke,* 1983; *Kendall* u. *Braswell,* 1982; *U. Petermann,* 1986; *Petermann* u. *Petermann,* 1984). Bei diesen komplexen Verhaltenstrainings kommen lerntheoretisch begründete Elemente zum Tragen *(Dutschmann,* 1982; *Zumkley,* 1983) wie Verhaltensverträge, Abmachungen über Regeln und Verhaltensübungen, Münzverstärkung und Modellernen. Es werden aber auch Verfahren der Selbstbeobachtung, Wahrnehmungs- und Gedächtnisschulung und Selbstkontrolle eingesetzt (vgl. *Meichenbaum,* 1979). Ein solches kombiniertes Training stellt auch unser Vorgehen mit aggressiven Kindern dar *(Petermann* u. *Petermann,* 1984), das in der einleitenden Fallbeschreibung bereits grob illustriert wurde. Das Training umfaßt drei Ebenen: Kindertraining, Familienberatung und Lehrerkontakte. An dieser Stelle soll lediglich auf das Kindertraining genauer eingegangen werden (zur Familienberatung vgl. Kap. 11.5).

Das Kindertraining besteht aus einem Einzeltraining zwischen vier und acht Stunden (je 60 Minuten) und schließt sich einer Diagnose- und Erstkontaktphase an, die beim Kind Vertrauen aufbaut. Das Vorgehen ist direktiv und fremdbestimmt. Zum Ausgleich für das Kind und aus diagnostischen Gründen folgt dem Einzeltraining eine freie Spielphase in einer Kindergruppe von zwei bis vier Stunden. Die Kinder können selbstbestimmt spielen oder sich betätigen. Dabei sollten die Kinder zusammen sein, die auch im anschließenden Gruppentraining gemeinsam arbeiten und üben. Dieses umfaßt nochmals sechs bis zehn, maximal zwölf, Sitzungen, jede wiederum 60 Minuten. An ihm nehmen drei bis vier Kinder pro Gruppe teil.

Das Training umfaßt mindestens folgende Inhalte und Materialien:

Einzeltraining

- Konfrontation mit einer Konfliktsituation sowie aggressiven und nicht-aggressiven Lösungen mittels einer Videofilmgeschichte;
- Vorhersehen von Konsequenzen anhand einer Fotogeschichte;
- Eine Geschichte nur aufgrund von Bildern verstehen und erzählen können;
- Üben von kritischer Selbsteinschätzung mit Hilfe einer Geschichte und eines damit verbundenen Selbsteinschätzungsspiels.

Gruppentraining

- Erarbeiten von Diskussionsregeln und Regeln für strukturierte Rollenspiele;
- Üben des Einfühlungsvermögens mit dem Igelspiel;
- Erkennen der Äußerungsformen und Ursachen von Wut und Aggression sowie damit angemessen fertig werden;
- Erfahren und Erkennen der Auswirkungen von Anerkennung, Nichtbeachtung und Kritik mit Hilfe des »Lob-Tadel-Spiels«;

- Differenzierte Selbstbeobachtung, Selbstkritik und Selbstbekräftigung bei Verhaltensweisen im Rollenspiel mittels Videorückmeldung;
- Stabilisieren und Immunisieren von positivem Verhalten, nicht-aggressiven Konfliktregelungen sowie Selbstinstruktionen zur Selbstkontrolle anhand des »Gegnerspiels«.

Jede dieser Trainingsstunden ist nach einem einheitlichen Schema aufgebaut; zunächst werden die Aufgaben zur Selbstbeobachtung und Verhaltensübung ausgewertet und anschließend das Entspannungs- und Ruhetraining durchgeführt. Die zeitintensivste Phase von ca. 30 Minuten stellt die eigentliche Trainingsarbeit mit den spezifischen Inhalten und Materialien dar (s.o. im Überblick). Den Abschluß einer Sitzung bilden die verdienten freien Spielminuten. Sie sind Bestandteil einer Münzverstärkung, die jede Stunde wie eine Klammer umfaßt. Das Kind erhält dazu eine individuelle Regel zur Verhaltensübung (z.B. »Ich lasse den anderen aussprechen!«, »Ich beobachte genau!«). Damit kann es sich Punkte verdienen, die es am Ende der Stunde in eine bestimmte Spielminutenzahl eintauschen kann. Diese Spielzeit von null bis maximal 21 Minuten kann es selbstbestimmend gestalten.

7.3.3 Bausteine des Trainings

Drei wesentliche Elemente sollen vorgestellt und illustriert werden: das für aggressive Kinder speziell entwickelte Entspannungsverfahren, die Instruktionskarten zur Selbstkontrolle und das »Igelspiel« aus dem Gruppentraining zum Üben des Einfühlungsvermögens, als Beispiel eines Rollenspiels.

7.3.3.1 Entspannungsverfahren: Die Kapitän-Nemo-Geschichte

Für die Durchführung des autogenen Trainings mit aggressiven Kindern sind spezifische Bedingungen zu beachten. Die ersten beiden Übungen des »traditionellen« autogenen Trainings, die Schwere- und Wärmeübung mit Armen und Beinen, werden in die »Kapitän-Nemo-Geschichte«, eine Unterwassererlebnisgeschichte, integriert. Hierbei ist ein wiederkehrendes Leitmotiv notwendig, um einen Gesamtzusammenhang für das Kind herzustellen; dies wird mit einer Fortsetzungsgeschichte erreicht, die die Kinder zugleich weitermotiviert. Zur Beruhigung werden besonders geeignete Bilder und Vorstellungen benutzt, in die die Instruktionen des autogenen Trainings integriert sind; als besonders geeignetes Bild wird das Wasser verwendet, mit dem alle Kinder auch Erfahrung haben.

Unterschieden werden sogenannte »Einstiegsbilder« und »Erlebnisbilder«. Die zu jedem Beginn des autogenen Trainings gleichbleibend wiederkehrenden Einstiegsbilder beinhalten das Unterwasserboot »Nautilus«, die Ausstiegsluke, die Vorbereitung mit dem Taucheranzug und das Ins-Wasser-Gleiten; die wiederkehrenden Einstiegsbilder stellen für die Kinder einerseits Sicherheitssignale dar, andererseits führen sie zur Ruhehaltung (konzentrative Einstellung). Die Erlebnisbilder haben beruhigende und das Entspannungsgefühl intensivierende Funktionen; sie bilden zudem einen Anreizwert gegen Langeweile, können variieren und beziehen sich in der Kapitän-Nemo-Geschichte auf verschiedene Fische, Unterwasserpflanzen, Steine, Korallen, Höhlen und ähnliches.

Die Geschichte beginnt mit der Ruheinstruktion zur Vorbereitung des Unterwasserausfluges und wird gleichbleibend zu Beginn erzählt (Einstiegsbild): »Stelle dir vor, du bist von Kapitän *Nemo* in sein Unterwasserboot Nautilus eingeladen worden. Ihr fahrt gemeinsam durch alle Weltmeere und seht viele, wunderschöne Dinge unter Wasser. Die schönsten Stunden sind immer die, wenn Kapitän *Nemo* dich auf seine Unterwasserausflüge mitnimmt. Dazu ziehst du einen speziellen Taucheranzug an. Er hat eine besondere Wirkung auf dich; du merkst nämlich schon beim Anziehen, daß du vollkommen ruhig wirst...« Die Geschichte wird fortgesetzt mit den Erlebnisbildern des Unterwasserausfluges: »Nacheinander gleiten Kapitän *Nemo* und du durch die Ausstiegsluke des Nautilus ins Wasser. Du landest weich auf dem feinen, weißen Sand des Meeresbodens. Heute will dir Kapitän *Nemo* einen Unterwasserwald zeigen. Er führt dich durch die Unterwasserwelt, in der es viele wundersame Tiere gibt. Die Tiere schwimmen alle ruhig und sicher an dir vorbei. Auch dein Körper ist vollkommen ruhig und sicher.

Dein Körper ist im Wasser auch auf eine besondere Art angenehm schwer. Du merkst es zuerst bei deinen Armen. Du schaust deinen rechten Arm an und stellst fest: Mein rechter Arm ist ganz schwer (2mal wiederholen). Auch bei deinem linken Arm stellst du fest: Mein linker Arm ist ganz schwer (2mal wiederholen). Du schwimmst ruhig und sicher hinter Kapitän *Nemo* her und denkst: Meine Arme sind ganz schwer (1mal wiederholen).

Endlich seid ihr im Unterwasserwald angekommen. Dort wachsen Sträucher, die so groß sind wie die Bäume auf dem Land. Die Pflanzen des Waldes haben nur längliche Blätter, die nur nach oben wachsen, so, als ob sie aus dem Meer herausschauen wollten. In diesem Unterwasserwald sind viele bunte Fische, große und kleine. Manche sind dick, andere dünn und wieder andere flach. Die einen haben lange, die anderen kurze Flossen. Sie schwimmen durch den Unterwasserwald, als ob sie Versteck miteinander spielen würden. ... Kapitän *Nemo* gibst du ein Zeichen, daß ihr zum Unterwasserboot Nautilus zurückkehren müßt. ... Dort angekommen, steigst du in das Unterwasserboot hinein. Es ist so, als ob du aus einem schönen Traum erwacht wärst. Du streckst deine Arme, holst tief Luft, atmest wieder aus und machst die Augen auf.«

Beim nächsten Unterwasserausflug wird die Schwereübung mit den Beinen vervollständigt. Beim dritten oder vierten Mal kommt die Wärmeinstruktion für die Arme, dann für die Beine schrittweise hinzu.

7.3.3.2 Instruktionskarten zur Selbstberuhigung

Instruktionskarten werden zur Selbststeuerung für angemessenes Konfliktlösungsverhalten in Rollenspielen eingesetzt. Sie sind so klein (vier mal vier cm), daß sie für Außenstehende unbemerkt eingesetzt werden können, was vor allem im Alltag von Bedeutung ist. Trägt das Kind die Karte in der Hosentasche mit sich herum, dann spürt es die Karte und erinnert sich an die Instruktion. Geschieht dies mehrmals am Tag, dann wird die »verdeckte Instruktion« handlungsleitend.

Für das Training existieren zwölf verschiedene Instruktionskarten, die mit passenden und lustigen Comicbildern versehen sind (Abb. 6). Die zwölf Instruktionen sind drei Kategorien zuzuordnen:

(1) Instruktionen zur Selbstberuhigung

- Direkt: »Ich bleibe ruhig!«
- Indirekt durch künstliche Reaktionsverzögerung: »Ich zähle zuerst bis 20, bevor ich handle!«

(2) Instruktionen zur Reflexion

- Bezug ist der andere: »Ich rede mit dem anderen in Ruhe darüber!«
- Bezug ist die eigene Person: »Ich überlege, ob ich mich richtig verhalten habe!«

(3) Instruktionen zur Zukunftsorientiertheit

- Konkret: »Wenn ich wütend schreie, darf ich nicht mehr mitspielen!«
- Vorsatz: »Das nächste Mal mache ich es besser!«

Die Kinder bekommen auch Instruktionskarten mit nach Hause. Diese sind selbst erstellt und enthalten für ein Kind individuelle, persönlich wichtige Instruktionen. Sie sollen einem Kind helfen, das im Training Gelernte in seinen Alltag zu übertragen.

Abbildung 6: Beispiele für Instruktionskarten (aus: Petermann u. Petermann, 1984, S. 144).

7.3.3.3 Verbesserung des Einfühlungsvermögens: Das Igelspiel

Das Igelspiel ist ein besonderes Rollenspiel, das je zwei Kinder miteinander spielen. Es ist Bestandteil der zweiten Gruppentrainingsstunde. Einleitend erzählt der Therapeut eine Geschichte über die Wesensart des Tieres Igel *(Petermann* u. *Petermann,* 1984, S. 141 f.):

»Vor einigen Tagen ging ich im Wald spazieren. Es war schon etwas dämmrig. Plötzlich raschelte etwas im Laub, und ich sah einen Igel vor mir auf dem Boden. Er suchte vermutlich Futter. Ich wollte mir den Igel etwas genauer betrachten. So nah hatte ich noch keinen gesehen. Als ich näher kam ... was ist da wohl passiert? - Richtig, der Igel hat sich zusammengerollt. Warum wohl? - Jawohl, weil der Boden durch meine näherkommenden Schritte erschüttert wurde. Glaubt ihr, daß Menschen sich manchmal auch in sich zurückziehen, so wie ein Igel sich einrollt und dann niemanden an sich heranlassen? - Wie sieht das denn bei Menschen aus? Was machen Menschen dann und was machen sie nicht? - Wenn man dann versucht, an sie heranzukommen, pieksen sie einen auch so, wie der Igel mit seinen Stacheln das kann? - Was haben Menschen wohl für Gründe, sich so einzuigeln?

Heute wollen wir das Igelspiel zusammen spielen. Es spielen immer zwei Kinder zusammen. Der eine soll sich einrollen wie ein Igel; der andere muß versuchen, ihn hervorzulocken. Derjenige, der sich zusammenrollt, muß sich vorstellen, daß ihn etwas sehr geärgert hat. Jemand hat ihn beleidigt und verletzt. Deshalb zieht er sich wütend und vielleicht auch traurig zurück. Das macht er, indem er sich wie der Igel einrollt, abkapselt und manchmal seine Stacheln aufstellt.«

Als Hilfe zur Übung der Geduld sucht sich jedes Kind eine Instruktionskarte aus, die es in der Rolle des »Hervorlockenden« in die Tat umsetzen soll: »Derjenige, der den Igel hervorlocken soll, muß sich anstrengen und alles daransetzen, daß ihm das gelingt. Er darf aber keine Gewalt anwenden. Als Hilfe für sein Verhalten soll er sich eines von diesen Kärtchen (=Instruktionskärtchen) aussuchen. Er soll versuchen, bei allem was er tut und sagt, das zu berücksichtigen, was auf dem Kärtchen steht. Er soll daran denken und die Worte, die auf dem Kärtchen stehen, zu sich sagen. Für den Igel gibt es noch eine Bedingung: Er darf sich nicht länger abkapseln und zusammenrollen als höchstens fünf Minuten. Wir anderen schauen genau zu, was der macht, der wie ein Igel zusammengerollt ist und der, der ihn hervorlockt. Jeder von Euch spielt einmal den, der wie ein Igel zurückgezogen ist und den, der hervorlockt.«

Nachdem alle Kinder, auch im Rollentausch, gespielt haben, werden ihre Erfahrungen reflektiert. Sie sollen sammeln, ob es schwer war, den Igel hervorzulocken, ob es wichtig war, den Grund des Einigelns zu erfahren, welches Verhalten des Hervorlockenden erfolgreich war. Für die Übertragung auf den Alltag werden die Kinder gefragt, ob sie so etwas ähnliches schon einmal erlebt haben und berichten können.

7.4 Spezielle Probleme beim Abbau von Aggression

Das eben in einigen wichtigen Elementen vorgestellte Training zeigt für die Altersgruppe der sieben- bis dreizehnjährigen Kinder sehr gute Erfolge. Im Jugendalter ist Aggression bereits ein sehr stabiles Verhalten, das schwer therapeutisch beeinflußt werden kann und oft delinquente Züge annimmt. Bei dem starken Einfluß der Gruppe der Gleichaltrigen sind bei dieser Gruppe Erfolge bei ambulanten Maßnahmen besonders schwierig erreichbar. So steigt in den letzten Jahren die Zahl der Jugendlichen beträchtlich an, die sich wegen massiv aggressivem bzw. dissozialem Verhalten in stationären Einrichtungen befinden. In diesen Einrichtungen treten besondere Probleme auf, die sich aus dem organisatorischen Rahmen und der Mitarbeiterstruktur ergeben. Wir wollen uns diesen Schwierigkeiten zuwenden und zunächst einige Überlegungen zur Aggression bei Jugendlichen anstellen.

7.4.1 Aggressives Verhalten im Jugendalter

Das Sozialverhalten Jugendlicher weist mehr Varianten auf als das von Kindern; so bilden sich auch Verhaltensstörungen deutlicher im Jugendalter heraus (vgl. *Lochman,* 1984). Aggressives Verhalten bei Jugendlichen zeichnet sich dadurch aus, daß Verknüpfungen mit delinquentem Verhalten oder Alkohol- und Drogenabhängigkeit keine Seltenheit sind. Hierzu treten mißlungene Distanzierungsversuche von der Familie (z.B. Auf-Trebe-Gehen) und Probleme am Arbeitsplatz (z.B. ständiges Zuspätkommen oder Streitereien mit Kollegen).

Verhaltenstherapeuten sind nun verschiedene Wege gegangen, um Jugendlichen bei ihren Schwierigkeiten zu helfen. Einerseits wurden spezifische Trainings entwickelt, die ein einziges Problem angehen (z.B. Stehlen, vgl. *Henderson,* 1981); andererseits entwickelten Verhaltenstherapeuten umfassende Trainings, die verschiedene dissoziale Verhaltensweisen beheben sollen (vgl. *Pielmaier,* 1980).

Wir wollen am Vorgehen von *Pielmaier* (1980) das Prinzip eines umfassenden Verhaltenstrainings mit dissozialen Jugendlichen erläutern. Das Vorgehen ähnelt einem Selbstsicherheitstraining auf der Basis von vorstrukturierten, gelenkten Rollenspielen. Dies bedeutet, die Jugendlichen sollen neue Formen der Kontaktgestaltung erlernen, bei denen es weniger zu Konflikten kommt. Oft müssen dabei sehr grundlegende Verhaltensweisen erworben werden, die sich, wie beim vorgestellten Aggressionstraining, besonders schnell in Rollenspielen *lebensnah* einüben lassen. Jedes dieser Rollenspiele greift ein Thema auf, wobei sich alle Themen vier Problembereichen zuordnen lassen. Hierbei handelt es sich um die Problembereiche

Arbeit und Beruf: Bewerbungsgespräch, Verspätung bei Arbeitsbeginn, Werkzeugdiebstahl und Alkoholmißbrauch;

Freizeit: Sinnvolle Freizeitbeschäftigung, Umgang mit Alkohol und Ablehnen von Drogen;

Familie und Institution: Rückkehr in die Familie, abendlicher Ausgang und Vermeidung unnötiger Konflikte;

Lebensbewältigung: Umgang mit Provokationen, Wiedergutmachung bei Körperverletzung und Rücksichtnahme auf andere in der Freizeit.

Globales Ziel dieses Trainings ist es, dem hoch aggressiven oder sogar schon straffällig gewordenen Jugendlichen Kriterien an die Hand zu geben, aufgrund derer er eigene Interessen und die Interessen anderer abwägen kann. Dem Jugendlichen werden dabei Fähigkeiten vermittelt, die ihm Mißerfolge (z.B. am Arbeitsplatz) ersparen und aggressives Verhalten zu Hause, in der Freizeit und am Arbeitsplatz verringern. Dieses Training baut damit mehr oder weniger gezielt Mängel im Sozialverhalten der Jugendlichen ab. Einen solchen Ansatz finden wir bei den meisten verhaltenstherapeutischen Trainings in diesem Bereich, wie eine Übersicht von *Petermann* (1985 b) zeigt.

7.4.2 Aggressives Verhalten in Institutionen

Oft wird aggressives Verhalten spät zielorientiert behandelt, und ein Heimaufenthalt oder sogar eine Aufnahme in der Kinder- und Jugendpsychiatrie werden erforderlich. In den meisten stationären Einrichtungen dieser Art ist »Aggression« nicht nur das Verhalten, das zur Aufnahme führt, sondern es bestimmt auch den Alltag der Einrichtung. In solchen Institutionen ist der Verhaltenstherapeut nicht nur auf die zuverlässige Mitarbeit von Erziehern bzw. Pflegern angewiesen, sondern die Einrichtung selbst zwingt seinem Vorgehen bestimmte Einschränkungen auf. Diese Einschränkungen können aus seiner Stellung und dem damit möglichen Einfluß, den organisatorischen Rahmenbedingungen (z.B. Dienstplanregelung, Personalbestand), dem Ausbildungsstand des Erziehungs- bzw. Pflegepersonals und vielem anderen resultieren. Oft erschweren berufsständische Interessen und Motivationsprobleme von seiten der Mitarbeiter die Durchführung eines verhaltenstherapeutischen Trainings. Wir wollen im nachfolgenden einige Hinweise geben, die ein Verhaltenstherapeut in einer solchen Institution beachten sollte (vgl. *auch Fricke,* 1983; *Junglas,* 1985; *Kury* u. *Lerchenmüller,* 1983; *Steinke,* 1986).

Ohne eine Einführung und fortlaufende Unterweisung des Erziehungs- und Pflegepersonals dürften die Bemühungen des Verhaltenstherapeuten, die oft mit dem Alltag einer Institution kollidieren, begrenzte bzw. keine Erfolge zeigen. So ist es erforderlich, daß der Verhaltenstherapeut nur solche Regeln und Absprachen mit Kindern und Jugendlichen trifft, die vom Erziehungs- bzw. Pflegepersonal überwacht und durchgehalten werden können. Dies erfordert vom Verhaltenstherapeuten, daß er aus der detaillierten Kenntnis der organisatorischen Bedingungen der Einrichtung heraus sein Vorgehen plant und sich immer wieder in der Heimgruppe bzw. auf der Station versichert, ob die therapeutischen Maßnahmen durchgeführt wurden. Dies ist ein schwerer Weg, der nur erfolgreich beschritten werden kann, wenn der Verhaltenstherapeut die Ängste vor dem pädagogischen bzw. klinischen »Feld« ablegt, das Vorgehen im Alltag demonstriert und bei Motivationsmangel der Mitarbeiter diese geschickt »bei der Stange hält«.

In der Zusammenarbeit mit dem Erziehungs- und Pflegepersonal muß der Verhaltenstherapeut oft Vorurteile gegenüber seinem Vorgehen und seiner Konsequenz im Umgang mit aggressiven Kindern und Jugendlichen abbauen. Er sollte hierzu ihm Rahmen der Therapiebesprechung am anstehenden Einzelfall verdeutlichen, mit welchen Maßnahmen das verhaltensgestörte Kind bzw. der Jugendliche veränderbar ist. In vielen Fällen müssen auch Vorurteile gegenüber hoch aggressiven Kindern oder ungünstige Erziehungsvorstellungen der Mitarbeiter angesprochen und abgebaut werden. Leider hat sich in unserem Kulturkreis heute vielfach eine falsch verstandene »verstehende Pädagogik« entwickelt, die bei hoch aggressiven Kindern und Jugendlichen sehr negative Folgen mit sich bringt (vgl. *Lewis,* 1981; *Patterson,* 1982; Kap. 11 dieses Buches). Aggressive Kinder und Jugendliche erfahren dann in diesen Institutionen zu wenig oder keine Grenzsetzung, was bei den wenigen, von ihnen eingeübten Regeln folgenschwer ist. In einer solchen »pädagogischen Atmosphäre« dürfte jegliches Bemühen des Verhaltenstherapeuten im Sande verlaufen.

7.5. Zusammenfassung und weiterführende Literatur

Dieses Kapitel unterscheidet sich in Aufbau und der Darstellung von den übrigen des Buches. Schwerpunktmäßig wurde nur *ein* Training mit aggressiven Kindern vorgestellt, das jedoch sehr viele Bestandteile umfaßt. Zunächst wurde auf Formen aggressiven Verhaltens eingegangen, wobei man zielgerichtete und angstmotivierte Aggression unterscheiden kann. Verwiesen wurde auf eine Reihe von familiären Ursachen kindlicher Aggression, so auf das Kontrollverhalten der Eltern, Regelsetzen und Einfordern und Modellverhalten in der Familie. Darüberhinaus verdeutlichen entwicklungspsychologische Befunde Mängel in der Wahrnehmung und Informationsverarbeitung aggressiver Kinder *(Dodge,* 1985).

Der Abbau aggressiven Verhaltens wird vor allem durch die Erkenntnisse der sozialen Lerntheorie ermöglicht *(Bandura,* 1979). Aus den entwicklungspsychologischen Befunden und der sozialen Lerntheorie lassen sich die Ziele des Trainings mit aggressiven Kindern ableiten. Diese Ziele bestehen z.B. in motorischer Ruhe und Entspannung, einer genauen Problemwahrnehmung, Formen angemessener Selbstbehauptung, Kooperationsfähigkeit und Selbstkontrolle. Das vorgestellte Vorgehen umfaßt Einzel- und Gruppentraining, das eine Durchführungszeit von mindestens sechs Monaten erfordert. Einige Bausteine des Trainings wurden illustriert. Aspekte der dieses Training ergänzenden familienbezogenen Arbeit werden in Kapitel 11 behandelt.

Abschließend wurde noch auf aggressives Verhalten im Jugendalter eingegangen und auf Rollenspielverfahren zum Abbau dieser Verhaltensstörungen verwiesen. Sehr viele massiv aggressive Kinder und Jugendliche befinden sich in stationären Einrichtungen (Heime oder Kinder- und Jugendpsychiatrie), die besondere Anstrengungen erforderlich machen, um eine verhaltenstherapeutische Arbeit mit Erfolg zu krönen.

Ausführliche deutschsprachige Literaturübersichten über den Themenkreis liegen von *Eisert* (1986) und *Zumkley* (1983) vor, eine Einführung in die Bedingungsanalyse aggressiven Kindverhaltens stammt von *Dutschmann* (1982) und Verfahren zur Diagnostik kindlicher Aggressivität wurden von *Petermann* u. *Petermann* (1980) zusammengestellt. – Das vorgestellte Training mit aggressiven Kindern beruht auf einer Arbeit von *Petermann* u. *Petermann* (1984).

8 Ängste und Phobien

8.1. Was versteht man unter Ängsten und Phobien?

Wenn ein Kind bestimmmte Orte oder Personen immer vermeidet, schließen wir gewöhnlich daraus, daß es davor Angst hat. Wenn dieses Verhalten durchgängig auftritt und das Kind nachhaltig beeinträchtigt, bezeichnen wir ein solches Verhalten als phobisch. Das Vermeidungsverhalten ist oft von einem mimischen und verbalen Ausdruck begleitet, den wir ängstlich nennen. Mit speziellen Methoden können wir aufzeigen, daß solche sichtbaren Ängste mit physiologischen Veränderungen in der Atemfrequenz, bei der Herzschlagrate oder dem Hautwiderstand einhergehen. Angst ist ein innerer Zustand, auf den wir aufgrund des beobachtbaren Verhaltens schließen können. Da die Zusammenhänge von beobachtbarem Verhalten und innerem Zustand recht offensichtlich sind, bietet sich der Begriff »Angst« an. Die Erscheinungsformen von Angst variieren stark; daher ist jeder Therapeut gut beraten, von einem offensichtlichen Vermeidungsverhalten nicht gleich auf eine dahinterliegende Angst zu schließen.

Bei der Diskussion von Mängeln im kindlichen Sozialverhalten (Kap. 2) konnten wir sehen, daß es Kinder gibt, die sich von Gleichaltrigen zurückziehen, weil ihnen die notwendigen Fertigkeiten fehlen, um angemessen mit Altersgenossen umzugehen. Bei diesen Kindern richtete sich die Behandlung vorwiegend darauf, ihnen diejenigen sozialen Fertigkeiten beizubringen, die sie für ein befriedigendes Zusammenleben benötigen. Ein oberflächlicher Beobachter könnte das Rückzugsverhalten dieser Kinder vorschnell auf zugrundeliegende Ängste zurückführen. In diesen Fällen ist es diagnostisch und therapeutisch wichtig, zwischen Fähigkeitsmängeln und ängstlichem Verhalten zu trennen. Dabei ist darauf zu achten, daß bei demselben Kind beide Komponenten des Vermeidungsverhaltens wirksam sein können und sich gegenseitig stützen.

Wenn ein Kind nicht über soziale Fertigkeiten verfügt, um mit Gleichaltrigen auf natürliche Weise in Kontakt zu treten, wird es möglicherweise von ihnen gehänselt oder angegriffen. So entwickelt es soziale Angst und vermeidet die Gegenwart anderer Kinder. Auf der anderen Seite kann ein Kind einen regen Kontakt mit Gleichaltrigen pflegen, aber eine Reihe unangenehmer, schmerzlicher Erfahrungen mit ihnen machen. Es beherrscht also zunächst die sozialen Fertigkeiten, entwickelt aber Angst aufgrund negativer Erfahrungen. Diese veranlassen das Kind, andere Kinder zu vermeiden und lieber alleine zu bleiben. Durch einen solchen Rückzug wiederum verkümmern seine sozialen Fertigkeiten, und es entsteht ein verhängnisvoller Kreislauf, der das Kind immer tiefer in soziale Isolation führen kann. Dies läßt sich an der Schulverweigerung mancher Kinder verdeutlichen. Ein solches Verhalten wird oft als *Schulangst* oder auch *Schulphobie* bezeichnet. Ein Kind mag Angst vor der Schule haben und deshalb versuchen, sie so oft wie möglich zu schwänzen. Es fällt dadurch in seinen schulischen Leistungen zurück und seine Angst vor der Schule wird noch größer, da es im Unterricht mehr und mehr mit Erlebnissen von Mißerfolg und Versagen konfrontiert wird. Umgekehrt kann ein Kind, das eigentlich recht gern zur Schule geht, aber keine guten Leistungen erzielt, mit der Zeit den

Unterricht so negativ erleben, daß es sich weigert, weiter zur Schule zu gehen. Wenn es dann tatsächlich den Unterricht weniger besucht, fällt es leistungsmäßig noch mehr zurück, was wiederum seiner Schulangst Auftrieb gibt. In beiden Beispielen kann der skizzierte Teufelskreis nicht allein durch die Behandlung der Schulangst unterbrochen werden, sondern erfordert ebenfalls ein Training der sozialen und schulischen Fähigkeiten.

Die Behandlung von Ängsten und Phobien kann sehr unterschiedlich ausfallen. Wir kommen dabei nicht umhin, das Kind mit den vermiedenen Menschen, Situationen, Tieren, Gegenständen zu konfrontieren. Es muß neu lernen, sich diesen zu nähern und mit ihnen auf altergemäße, konstruktive Weise umzugehen. Dieses Behandlungsziel läßt sich nicht allein erreichen, indem wir die Angstgefühle abbauen, sondern gleichzeitig müssen wir die Fähigkeiten unterstützen und aufbauen. Hierzu liegen verschiedene Verfahren vor, die wir im nachfolgenden beschreiben werden.

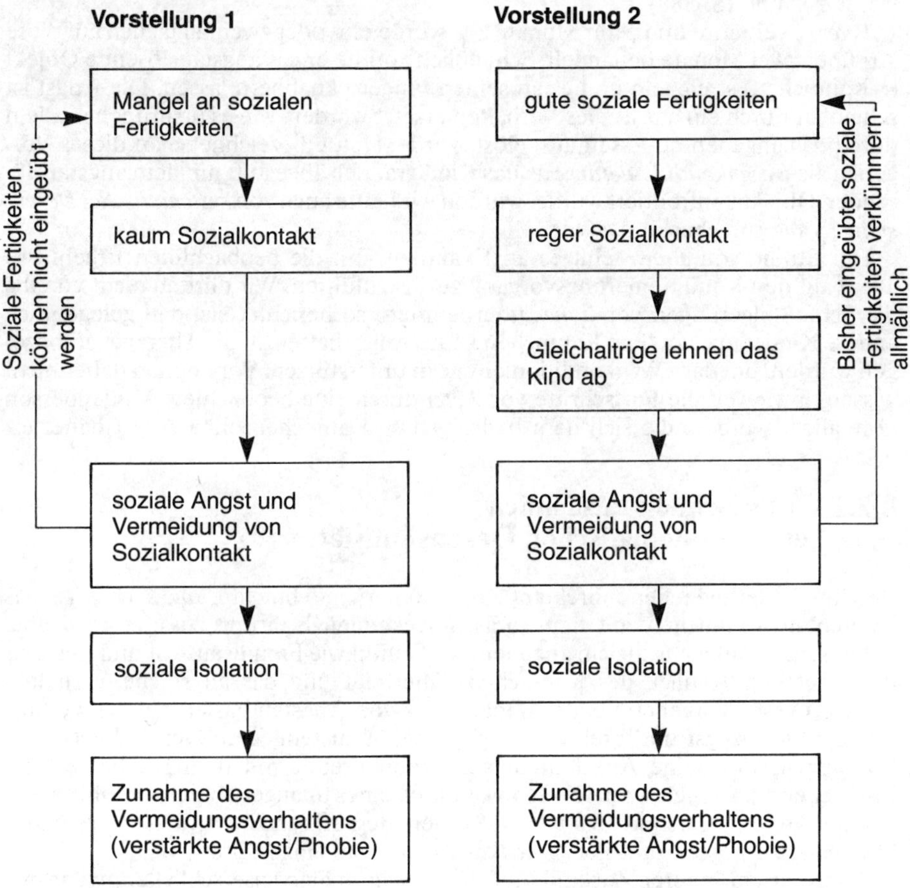

Abbildung 7: Zwei Vorstellungen über die Wechselwirkung zwischen sozialen Fertigkeiten und ängstlichem Verhalten

8.2 Systematische Desensibilisierung

Die Geschichte der Kinderverhaltenstherapie beginnt mit der frühen Arbeit von *M.C. Jones*. Sie arbeitete bei dem klassischen Fall von *Peter (Jones,* 1924a) mit einem Vorgehen, das sie »direkte Konditionierung« nannte. Dieses Vorgehen basierte auf den Prinzipien des klassischen Konditionierens (vgl. Kap. 4). *Jones* (1924b) formuliert dies wie folgt: »Wenn das Kind Hunger hat, setzt man es auf einen hohen Stuhl und gibt ihm etwas zu essen. Man bringt das angstauslösende Objekt herein, worauf das Kind negativ reagiert. Das Objekt wird allmählich wieder zurückgezogen, bis der Abstand groß genug ist, daß das Kind sich beim Essen nicht gestört fühlt. Die relative Stärke der Angst und des Hungers lassen sich durch den Abstand von dem Kind zum Angstobjekt bestimmen. Während das Kind ißt, wird das Objekt wieder langsam näher an den Tisch herangeführt und auf den Tisch gesetzt. Wenn die Toleranz des Kindes groß genug ist, wird das Objekt so nah herangebracht, daß es berührt werden kann« (S. 388).

Peter (zwei Jahre und zehn Monate alt) wurde ein- oder zweimal täglich auf diese Art über zwei Monate behandelt. Schließlich konnte er das angstauslösende Objekt (=Kaninchen) streicheln und es an seinen Fingern knabbern lassen. Die Angst ist scheinbar durch ein angstfreies Verhalten ersetzt worden, wie es ursprünglich allein durch das angenehme Essen ausgelöst wurde. Heute bezeichnet man dieses Vorgehen als *Gegenkonditionierung;* da das Kind graduell abgestuft mit dem angstauslösenden Objekt konfrontiert wurde, würden wir heute auch von *systematischer Desensibilisierung* sprechen.

Der Studie von *Jones* fehlt es an Exaktheit, um die beobachteten Ergebnisse allein auf den Konditionierungsvorgang zurückzuführen. Wir dürften nicht voreilig die Schlußfolgerungen von *Jones* übernehmen; so berichtet sie, daß gelegentlich andere Kinder, die vor dem Kaninchen keine Angst hatten, in die Therapie einbezogen wurden, um das »Wegkonditionieren« zu unterstützen. Wir können daher nicht wissen, inwieweit die Fortschritte von *Peter* durch eine beobachtete Modellperson ermöglicht wurden, die sich dem bedrohlichen Kaninchen ohne Angst näherte.

8.2.1 Was geschieht tatsächlich bei der systematischen Desensibilisierung?

Bei ihrer Methode der »direkten Konditionierung« brachte *Jones* (1924a) das gefürchtete Kaninchen mit der wohlschmeckenden Nahrung zusammen. Dabei nahm sie an, daß Nahrung ein angenehmes Gefühl wie Freude auslöst und sich dies dann auf den Anblick des Kaninchens überträgt und das ängstliche Verhalten ersetzt. Dieses Vorgehen bei der Behandlung von Ängsten basiert auf der Voraussetzung, daß Angst und Freude sich gegenseitig ausschließen: Der Anblick eines Kaninchens löst keine Angst mehr aus, wenn Freude mit dem Erscheinen des Kaninchens gekoppelt wird. Die Umwandlung eines unangenehmen Gefühls in ein erwünschteres veranlaßte *Wolpe* (1958), den Begriff der *Therapie durch reziproke Hemmung* zu prägen und der *Gegenkonditionierung* einzuführen.

Angst ist ein innerer Zustand, auf den wir normalerweise schließen, wenn wir bei einer Person Vermeidungsverhalten oder entsprechende verbale Äußerungen wahrnehmen. Durch systematische Desensibilisierung können wir Vermeidungsverhalten schrittweise auflösen. Wir wissen jedoch nicht, ob dieses Verfahren auf klassischer Konditionierung beruht. Der Begriff der systematischen Desensibilisierung läßt offen, was bei dem Verfahren eigentlich genau passiert. Vordergründig nehmen wir zunächst nur wahr, daß das Kind sich in systematisch abgestuften Schritten einem angstauslösenden Objekt nähert. Und auch von diesem Prozeß wissen wir nicht, wie *Davison* u. *Wilson* (1973) herausgearbeitet haben, ob er die entscheidende und charakteristische Komponente des Verfahrens bildet. Wir wissen lediglich, daß Klienten nach dieser Behandlung in der Lage sind, sich einem vorher angstauslösenden Objekt zu nähern. Haben sich solche Klienten vielleicht nur fehlende Annäherungstechniken angeeignet? Haben sie nur Methoden gelernt, ihre Angstgefühle unter Kontrolle zu halten, wie *Goldfried* (1971) und andere Autoren erwägen? Inwieweit können wir die Verhaltensänderungen des Klienten den positiven sozialen Verstärkern zuschreiben, die sie durch die Anerkennung seitens des Therapeuten erhalten?

Aus einer Gruppe von 150 behinderten Kindern, deren Störungen neurologisch bedingt waren und die alle ernsthafte Phobien aufwiesen, suchten *Obler* u. *Terwilliger* (1970) 30 Kinder mit extrem starken Ängsten aus. Die Ängste bezogen sich entweder darauf, einen öffentlichen Autobus zu benutzen oder einem Hund auf der Straße zu begegnen. 15 zufällig ausgewählte Kinder wurden behandelt, die übrigen dienten als Vergleichsgruppe. Die therapeutische Arbeit umfaßte je eine fünfstündige Sitzung pro Woche über einen Gesamtzeitraum von zehn Wochen.

Zu Beginn der Behandlung bittet der Therapeut das Kind, sich Bilder oder Modelle des angstauslösenden Gegenstandes (Hund oder Autobus) anzuschauen. Wenn das Kind nach und nach die Darstellungen des angstauslösenden Gegenstandes betrachten kann, beginnt der Therapeut sukzessive, ihm das tatsächliche Objekt zu zeigen. Dabei ermutigt er das Kind beständig, sich näher an den Bus oder den Hund heranzuwagen. Eventuell kann ein Kind nun das ursprünglich gefürchtete Objekt berühren. Danach wird das Kind bei Anwesenheit des Therapeuten mit dem Bus oder Hund konfrontiert. Die Verstärker werden verändert; anstatt der Ermutigungen und des verbalen Lobs des Therapeuten erhält das Kind nun konkrete Belohnungen wie Spielzeug, Bücher oder Süßigkeiten. Die Belohnungen werden unmittelbar ausgeteilt, wenn das Kind eine festgelegte Aufgabe erfüllt hat. Solche Aufgaben sind beispielsweise mit dem Busfahrer sprechen, eine Münze in den Fahrscheinautomaten werfen oder mit einem Hund in einem Zimmer bleiben.

Die Eltern des Kindes schätzen vor und nach dem Training anhand eines Fragebogens das Verhalten ihres Kindes ein, um so therapeutische Veränderungen festzuhalten. Unter den zehn Fragen, die auf schulische Dinge, Freundschaften und andere Verhaltensaspekte des Kindes eingehen, findet sich auch eine, die spezifisch auf die Angst vor Hunden bzw. vor Autobussen eingeht. Die Eltern werden gefragt, ob ihr Kind es in letzter Zeit fertigbrachte, mit dem Bus zu fahren bzw. einen Hund zu berühren. Wenn dies bejaht wird, sollen die Eltern weiter angeben, ob das Kind Hilfe dabei benötigt.

Die Autoren gingen davon aus, daß die Eltern nicht wußten, daß ihr Kind wegen einer Phobie behandelt wird. So betrachteten sie deren Antworten auf die Frage als zutreffendes, valides Maß für den Erfolg der Behandlung. Bei Behandlungsbeginn konnte sich kein Kind dem angstauslösenden Objekt annähern; zum Schluß war dies bis auf ein Kind bei allen 15 Kindern leichter möglich. Acht konnten sich ohne fremde Hilfe heranwagen, und der Rest konnte sich nähern, wenn er von einer anderen Person begleitet wurde. In der Vergleichsgruppe, die ohne Training geblieben war, konnten nur zwei Kinder jetzt mit Hilfe einer anderen Person Kontakt mit dem angstauslösenden Objekt aufnehmen.

Obler u. *Terwilliger* schreiben diese signifikante Veränderung in dem Vermeidungsverhalten der Kinder ihrer, wie sie es nennen, »modifizierten systematischen Desensibilisierungsmethode« zu. *Begelman* u. *Hersen* (1971) wenden dagegen in ihrer Kritik an der Studie ein, daß die Behandlung neben der systematischen Desensibilisierung weitere, klar abgrenzbare Verfahren umfaßte, und daher auch andere Ursachen für den therapeutischen Erfolg verantwortlich sein können.

Das Vorgehen, sich einem angstauslösenden Objekt schrittweise anzunähern, haben *Wolpe* (1958) für die Behandlung Erwachsener und *Lazarus* u. *Abramovitz* (1965) in modifizierter Form für die Behandlung von Kindern eingeführt. Man fordert den Klienten auf, sich das angstauslösende Objekt lebhaft vorzustellen, während er sich in einem Zustand von Entspannung befindet *(Wolpe)* bzw. während er angenehme Szenen visualisiert *(Lazarus* u. *Abramovitz)*. *Obler* u. *Terwilliger* glauben, daß die Kinder, mit denen sie arbeiten, sprachlich, intellektuell und hinsichtlich ihrer Vorstellungsfähigkeit nicht weit genug entwickelt seien, um solche therapeutischen Anweisungen zu verstehen. Die Kinder könnten sich folglich auch die Vorstellungsbilder nicht lebhaft genug ausmalen. *Obler* u. *Terwilliger* gehen anders vor als *Wolpe* bzw. *Lazarus* u. *Abramovitz* und verwenden nicht Vorstellungsbilder, sondern reale Bilder oder Modelle. Auf diese Weise versetzen sie das Kind in eine »direkte Konfrontation mit dem angstauslösenden Objekt, wobei der Therapeut als Puffer zwischen den beiden agiert« *(Obler* u. *Terwilliger*, 1970, S. 316). Hier handelt es sich um eine *in-vivo-Konfrontation.*

Dieses Vorgehen hat eine lange Tradition. Schon *Jones* (1924a) hat *Peter* mit einem lebendigen Kaninchen konfrontiert und dabei schrittweise die räumliche Entfernung verkürzt. Auch *Obler* u. *Terwilliger* kombinieren verschiedene Einzelverfahren in ihrer therapeutischen Arbeit.

Begelman u. *Hersen* merken zu der Arbeitsweise von *Obler* u. *Terwilliger* kritisch an, daß eine der wirksamsten Komponenten zweifelsohne operanten Charakter besitzt. Die Therapeuten haben das Kind durch Loben und Belohnungen darin bekräftigt, sich näher an das angstauslösende Objekt heranzuwagen. *Obler* u. *Terwilliger* haben dieses Vorgehen jedoch nicht als operante Methode in die Behandlung eingeführt. Es handelt sich hier um einen Prozeß der sukzessiven Annäherung oder Verhaltensumformung (shaping), der auf den Lerngesetzen zum operanten Konditionieren basiert *(Skinner*, 1953). Zusätzlich mag zu dem Therapieerfolg beigetragen haben, daß der Therapeut das Kind begleitete, wenn es sich dem Objekt näherte. Der Therapeut hat damit eventuell die Funktion einer angstfreien Modellperson angenommen. Der Therapieerfolg wäre also hier neben den Effekten im Sinne des klassischen und operanten Konditionierens zum Teil auch einem Effekt im Sinne des Beobachtungslernens zuzuschreiben. *Begelman* u. *Hersen* führen noch weitere therapeutische Elemente an, die bei der Behandlung der phobischen Kinder wirksam gewesen sein könnten. Sie stellen in Frage, ob der Therapieerfolg wirklich durch eine systematische Desensibilisierung hervorgerufen wurde, wie *Obler* u. *Terwilliger* dies annehmen.

Terwilliger u. *Obler* (1971) gestehen zu, daß andere Faktoren als die systematische Desensibilisierung wirksam gewesen sein können; Verhaltensformung oder Modelllernen haben sicher ihren Teil dazu beigetragen, daß die Therapie erfolgreich verlief.

Bei jeder Therapie läßt sich der Einwand erheben, daß sich die Fortschritte des Kindes auf eine günstige Therapeut-Kind-Beziehung zurückführen lassen. Diese kann die Entwicklung des Kindes in unterschiedlicher Weise positiv beeinflussen. Der Therapeut kann ein angemessenes Problemlöseverhalten modellhaft vorführen; er gibt dem Kind unterschwellig Zuwendung, wenn es angepaßtes Verhalten zeigt, bekräftigt es somit und formt Verhalten.

Obler u. *Terwilliger* (1970) ist nicht vorzuwerfen, daß sie keine reine systematische Desensibilisierung bei den Kindern durchgeführt haben. Sie haben allerdings versäumt, klar herauszustellen, daß es sich bei ihrem Vorgehen um eine Mischung aus verschiedenen Ansätzen handelt, die zumindest einen großen Anteil operanter Methoden umfassen.

Der weitgefächerte und kombinierte therapeutische Zugang läßt sich durch die Vielgestaltigkeit der Störung begründen. Hinter dem Begriff »Phobie« können sich unterschiedlichste Störungen verbergen, die jeweils unterschiedliche Verfahren geeignet erscheinen lassen. Die Schulphobie liefert dafür ein treffendes Beispiel. Zunächst verbindet alle Fälle die Tatsache, daß die Kinder sich weigern, in die Schule zu gehen. Bei einigen Kindern liegt das daran, daß sie eine starke Angst vor einem Mitschüler oder einem bestimmten Lehrer haben. Andere haben Angst, etwas falsch zu machen oder im Unterricht zu versagen, wenn der Lehrer sie etwas fragt; wieder andere fürchten sich einfach vor dem Schulgebäude. Manchmal gehen Kinder nicht zur Schule, weil sie Angst haben, von zu Hause wegzugehen, alleine und ohne ihre Mutter zu sein, mit dem Bus zu fahren, oder weil sie befürchten, auf dem Schulweg könne sich irgendetwas Bedrohliches ereignen. Bei manchen Kindern liegen keine konkreten Ängste in bezug auf die Schule vor; sie empfinden es einfach als angenehmer und lohnender, ihre Zeit zu Hause oder auf der Straße als mit Schulunterricht zu verbringen. Schulschwänzen bietet diesen Kindern mehr Verstärker als der Schulbesuch. Nur durch eine exakte Analyse des Einzelfalles kann ein Therapeut eine genaue Indikation stellen und die richtige Behandlungsmethode wählen.

8.2.2 Abwandlungen und Kombinationen von Behandlungsmethoden

Wolpe (1958) hatte die Methode der Gegenkonditionierung ursprünglich für die Behandlung von Ängsten bei Erwachsenen entwickelt. Sie setzt voraus, daß ein Klient sich angstauslösende Szenen plastisch vorstellen kann. Diese Vorstellungen werden dann, nachdem man sie in eine hierarchische Abfolge bezüglich ihrer Bedrohlichkeit gebracht hat, mit einem Entspannungserlebnis gekoppelt, das mit Angst unvereinbar ist. Zu Beginn der Therapie werden dem Klienten entsprechende Entspannungsverfahren vermittelt, die es ihm ermöglichen, den angstauslösenden Vorstellungsbildern in einem ruhigen und gelösten körperlichen Zustand zu begegnen. Viele Therapeuten, die diese Entspannungsverfahren bei Kindern eingesetzt haben, berichten, daß Kinder große Schwierigkeiten haben, tief genug in die Entspannung zu kommen. Oft können Kinder auch nicht den erforderlichen Vorstellungsphantasien oder den Instruktionen des Therapeuten folgen.
Tasto (1969) behandelte ein vierjähriges Kind, das große Angst vor lauten Geräuschen hatte. Das Kind konnte zwar, obwohl es noch sehr jung war, die Entspan-

nungszustände erreichen, es gelang ihm aber nicht, sich geeignete Situationen so lebhaft vorzustellen, daß es Gefühle von Angst spüren konnte. *Tasto* ging aus diesem Grund zu einem in-vivo-Verfahren über. Er konfrontierte das Kind mit einer Reihe von Geräuschen, deren Lautstärke allmählich anstieg, und hatte damit Erfolg.

Wisch et al. (1973) machten ähnliche Erfahrungen mit einem elfjährigen Jungen, der sich ebenfalls vor lauten Geräuschen (Donner, Feuerwerkskörper, Düsenflugzeuge) fürchtete. Man konnte ihm mit gutem Erfolg ein Verfahren zur Muskelentspannung beibringen und zusammen mit ihm eine Angsthierarchie erstellen. In der Hierarchie wurden die verschiedenen Geräusche in einer Rangreihe angeordnet. Die Rangreihe spiegelte die Intensität der Ängste wider, die die einzelnen Geräusche auslösen konnten. Die Geräusche wurden auf ein Tonband aufgenommen und der Junge sollte ihnen zuhören, nachdem er sich entspannt hatte. Mit dieser Vorgehensweise, die noch durch Belohnungen nach jeder Sitzung unterstützt wurde, konnte die Phobie des Jungen innerhalb von acht Tagen geheilt werden. Bei einer Nachkontrolle nach neun Monaten war der Therapieerfolg noch stabil.

Hatzenbuehler u. *Schroeder* (1978) unterscheiden bei den Desensibilisierungsverfahren für ängstliche und phobische Kinder zwei Grundtypen. Eine Gruppe der Verfahren basiert auf »passiver Assoziation«, die andere erfordert »aktive Teilnahme«. Der Fall *Peter (Jones* 1924a) ist ein Beispiel für passive Assoziation; der Therapeut führt das angstauslösende Objekt immer näher an das Kind heran. Aktive Teilnahme war bei dem Vorgehen von *Obler* u. *Terwilliger* (1970) gegeben; die Kinder gingen, mehr oder weniger unterstützt und begleitet, auf das angstbesetzte Objekt (Autobus, Hund) zu. Die Unterscheidung zwischen passiver Assoziation und aktiver Teilnahme ist bei der Therapieplanung hilfreich. Theoretisch können wir die beiden Typen der Desensibilisierung am besten als zwei Prozesse begreifen, die die schrittweise Annäherung an das angstauslösende Objekt steuern. Im Fall *Peter* hat der Therapeut das Kaninchen zunächst immer näher an das passiv bleibende Kind herangebracht (passive Assoziation); gegen Ende der Behandlung spielte Peter schließlich aktiv mit dem Kaninchen (aktive Teilnahme). Wenn ein Kind ein extremes Vermeidungsverhalten an den Tag legt, sind zu Beginn der Behandlung sicherlich Methoden angebracht, die hauptsächlich auf passiver Assoziation beruhen. Wenn das Kind sich dem angstauslösenden Objekt schon genähert hat, dann werden Verfahren der aktiven Teilnahme zur Methode der Wahl. Aktive Teilnahme stellt letztlich das Endziel einer jeden Angsttherapie dar; das Kind oder der Jugendliche eignet sich wieder die Fähigkeit an, auf das Objekt, das ursprünglich Angst und Vermeidungsverhalten ausgelöst hat, zuzugehen und ohne Furcht mit ihm umzugehen.

Die verhaltenstherapeutische Literatur liefert uns eine Fülle von Studien, die verschiedene Formen der aktiven Teilnahme bei der Behandlung von Phobien vorstellen. *Pomerantz* et al. (1977) haben die Wasserphobie eines Vierjährigen behandelt. *Croghan* u. *Musante* (1975) beschreiben, wie sie die Furcht eines Kindes vor hohen Gebäuden angehen. Der Therapeut macht diesem Bericht zufolge Spaziergänge mit dem Kind, sie spielen zusammen und nähern sich dabei gleichzeitig Hochhäusern. Durch das gemeinsame Spielen fühlt sich das Kind wohl; dieses positive Gefühl wird mit der Angst vor Hochhäusern zusammengebracht und kann sie überlagern. Wie bei vielen anderen Fallstudien läßt sich aber auch hier über die Ursachen für den Behandlungserfolg nur mutmaßen, vor allem weil das Kind zusätzlich am Ende jeder Behandlungsstunde Belohnungen erhielt und gelobt wurde. In fast allen Studien werden verschiedene Methoden kombiniert; Desensibilisierungsverfahren im Sinne des klassischen Konditionierens werden mit verschiedenen operanten Verstärkungsverfahren verbunden. Originell ist auch die Verknüpfung von Verfahren, die *Tasto* (1969) vorschlug: er ließ den Vater eines Kindes, das sich ebenfalls vor Lärm fürchtete, eine Münze in aufgeblasene Luftballons stecken. Wenn das Kind den Luftballon platzen ließ und so bereitwillig den Knall ertrug bzw. aktiv hervorrief, fiel ihm zur Belohnung die Münze entgegen.

In der verhaltenstherapeutischen Praxis ist es sicherlich sinnvoll, Verfahren kombiniert anzuwenden, wenn man die Erfahrung macht, daß sie sich gut ergänzen können. Die Wirkungsweise der einzelnen Verfahren muß von der verhaltenstherapeutischen Forschung weiter aufgeschlüsselt werden, um sie so noch gezielter kombinieren und einsetzen zu können.

Eines der wenigen Beispiele, bei dem die Autoren offenlegen, daß sie sowohl klassische als auch operante Konditionierung einsetzen, liefern *Lazarus* et al. (1965), die einen neunjährigen Jungen wegen seiner Schulphobie behandelten. Sie verringerten seine intensive Angst vor der Schule zunächst, indem sie ihn schrittweise mit Reizen aus der Schulwelt in Kontakt brachten und gleichzeitig angstmindernde Objekte darboten. In Begleitung eines Therapeuten, den der Junge sehr mochte, machte er an einem Sonntag einen ersten Spaziergang zur Schule. Die Anwesenheit des Therapeuten, der angenehme Gefühle bei dem Kind auslöste, war mit den üblichen Angstgefühlen in der Nähe des Schulgebäudes unvereinbar. Am nächsten Tag gingen sie noch einmal gemeinsam zur Schule und der Therapeut war bemüht, angenehme Vorstellungen über die Schule bei dem Jungen zu erwecken. In den folgenden Tagen besuchte der Junge noch des öfteren nach Schulschluß leere Klassenräume und hatte schließlich dort wieder in Gegenwart des Therapeuten ein Gespräch mit dem Lehrer. Eine Woche nach dieser *in-vivo-Desensibilisierung* verbrachte er einen ganzen Morgen im Klassenzimmer, wobei der Therapeut sich außerhalb des Raumes aufhielt und für ihn erreichbar blieb. Während der ganzen Zeit wurde das Annäherungsverhalten des Jungen an die Schule aktiv durch den Therapeuten bekräftigt, der ihn häufig lobte und ihm viel Aufmerksamkeit schenkte. Parallel zu der Konfrontation mit der Schule wurden im häuslichen Bereich alle Verstärker entfernt, die das Kind bestärkt hatten, morgens während der Schulzeit zu Hause zu bleiben. Die verstärkenden Bedingungen wurden also weitgehend umgekehrt. Vor der Behandlung erhielt der Junge ein beträchtliches Maß an Aufmerksamkeit zu Hause und man war um ihn besorgt. Im Gegensatz dazu erhielt er nur Zuwendung, wenn er zur Schule ging. In dieser Studie werden zwar die eingesetzten Konditionierungsverfahren benannt, aber auch hier kann man den Anteil der einzelnen Behandlungselemente am berichteten Therapieerfolg nicht abschätzen.

Kennedy (1965) hat im Rahmen der Behandlung der Schulphobie zwei unterschiedliche Typen gegenübergestellt. Bei Typ I handelt es sich um Fälle, bei denen das Kind sich akut durch etwas an bzw. aus der Schule bedroht fühlt. Es ist meistens noch Schulanfänger oder geht in die Grundschule. Typ II läßt sich dadurch kennzeichnen, daß das Kind oder der Jugendliche schon in eine höhere Klasse geht und das Schulschwänzen wiederholt aufgetreten ist. Die Behandlungsmethode von *Kennedy* war bei allen behandelten Kindern des Typs I erfolgreich, jedoch für Typ II eher ungeeignet. Seine Methode beruht darauf, daß das Kind zum Schulbesuch gezwungen wird und die Eltern anschließend den Schulbesuch verstärken. Dieses Vorgehen nennt man Reizüberflutung, der wir uns jetzt zuwenden werden.

8.3 Methoden der Reizüberflutung

Bei Methoden der Reizüberflutung wird der Klient mit dem angstauslösenden Objekt konfrontiert. Besonders zwei Verfahren haben sich dabei herausgeschält. Bei der *Implosion* soll sich der Klient das angstauslösende Objekt in stark übertriebener Form bildlich vorstellen *(Stampfl* u. *Levis,* 1967). Bei der eigentlichen Reizüberflutung *(flooding)* wird der Klient real den bedrohlich erscheinenden Bedingungen ausgesetzt, die seine phobischen Befürchtungen ausmachen. Bei beiden Ansätzen wird die Angst also bewußt und zielgerichtet unter kontrollierten therapeutischen Bedingungen hervorgerufen, damit der Klient letztlich seine Phobie überwinden lernt. Der Hintergrund dieser scheinbar paradoxen Vorgehensweisen beruht auf der Annahme, daß das phobische Verhalten ein gelerntes Vermeidungsverhalten darstellt, das überwunden werden muß. Wie *Baum* (1970) ausführt, wird die Angst ursprünglich durch klassische Konditionierung gelernt, und zwar durch ein paarweises Auftreten von konditioniertem Reiz (dem phobischen Objekt) und unkonditioniertem unangenehmen Reiz. Wenn die Person später dann auf den konditionierten Reiz trifft, tritt Angst auf. Als Folge davon wird dann der konditionierte Reiz vermieden, wobei genau dieses Vermeidungsverhalten negativ verstärkt wird (vgl. die nachfolgende Übersicht). Da durch dieses Verhalten Angst verringert wird, stabilisiert es sich. Wenn der konditionierte Angstreiz immer vermieden wird, kann die Angst nicht abgebaut werden. Ein konditioniertes Verhalten kann bekanntlich erst dann abgebaut werden, wenn die Person dem konditionierten Reiz wieder in solchen Situationen begegnet, in denen der ursprünglich unkonditionierte (unangenehme) Reiz nicht mehr in Erscheinung tritt.

Ein lerntheoretisches Erklärungsmodell zur Phobieentwicklung

(1) Unkonditionierter Reiz löst unkonditionierte Reaktion aus (UCS-UCR).
Eine traumatische Situation löst heftige negative Gefühle aus.
(Ein Kind erlebt einen Verkehrsunfall mit und erschrickt zutiefst.)

(2) Ein konditionierter (neutraler) Reiz löst die konditionierte Reaktion aus (CS-CR).
Ein neutraler Reiz wird klassisch konditioniert und kann jetzt ebenfalls das negative Gefühl auslösen.
(Ein plötzlicher Knall löst bei dem Kind einen tiefen Schrecken aus.)

(3) Der konditionierte Reiz wird jetzt vermieden. Die Angst vor ihm kann so vermieden werden (negative Verstärkung). Die Angst wird aber auch nicht gelöscht. Die ängstliche Haltung vor dem Reiz verfestigt sich, die Phobie wird aufrechterhalten.
(Das Kind vermeidet alle Situationen und Reize, in denen etwas plötzlich knallen könnte, z.B. Luftballons. Die Angst vor Luftballons setzt sich fort.)

Mit der Reizüberflutung versucht man, gelernte Ängste direkt anzugehen. Der Klient lernt mit dem Angstobjekt umzugehen, ohne daß ein unangenehmes Gefühl auftritt. Dieser Ansatz bietet der Person die Gelegenheit, wirklich zu spüren, daß es keinen triftigen Grund gibt, sich zu ängstigen. Im Volksmund spiegelt er sich in dem Rat wider, sich sofort wieder aufs Pferd zu setzen, wenn man einmal heruntergefallen ist. Reizüberflutung als Maßnahme gegen extremes Vermeidungsverhalten ist aus naheliegenden Gründen besonders häufig im Tierexperiment untersucht worden *(Solomon* u. *Brush,* 1956). In der klinischen Praxis, besonders in der Angsttherapie von Kindern, ist sie eher selten angewendet worden.

Therapeuten lehnen verständlicherweise ein Verfahren ab, bei dem »die Heilung schlimmer als die Krankheit sein mag«. Neben dem verständlichen Widerwillen von Klinikern, Kinder einer so hohen »Dosis« Streß auszusetzen, die erforderlich ist, um zu einem positiven Ergebnis zu gelangen, spricht ein weiteres Argument gegen den leichtfertigen Umgang mit diesen Methoden. Wenn die Behandlung nicht mit größter Umsicht und Sorgfalt durchgeführt wird, besteht ein beträchtliches Risiko, daß das Kind, anstatt die Angst vor dem phobischen Objekt zu verlieren, sich nunmehr auch vor dem Therapeuten ängstigt. Es wird möglicherweise nicht mehr mit ihm kooperieren wollen und die Behandlung abbrechen. Wie die systematische Desensibilisierung können auch Verfahren der Reizüberflutung bei einer Schulphobie eingesetzt werden. Ein dreizehnjähriger Junge war sieben Wochen nicht mehr zur Schule gegangen, bis mit einer Behandlung begonnen wurde *(Smith* u. *Sharpe,* 1970). Man forderte ihn auf, sich seine schlimmsten und beängstigenden Vermutungen auszumalen, die er über die Schule habe. Nach einer solchen Sitzung war er in der Lage, am Rechenunterricht wieder teilzunehmen, das für ihn bedrohlichste Schulfach. Nach weiteren vier Behandlungsstunden konnte er die Schule wieder regelmäßig besuchen. Der Behandlungserfolg erwies sich als stabil und wirkte sich positiv auf das Kontaktverhalten und die Schulleistungen des Jungen aus.

Yule et al. (1974) berichten von einem elfjährigen Jungen mit einer Phobie vor lauten Geräuschen. Zunächst wählen sie eine weniger dramatische Behandlungsform, nämlich eine in-vivo-Desensibilisierung. Erst als diese Technik nicht zum Erfolg führt, wenden sie sich der radikaleren Reizüberflutung zu. Man vereinbart mit dem Jungen, daß er sich mit dem Therapeuten zusammen in einem Raum aufhält, in dem sich viele aufgeblasene Luftballons befinden, vor deren Knallen er sich extrem fürchtet. Der Therapeut läßt dann eine Reihe Ballons platzen, was bei dem Kind große Angst verursacht. Als der Therapeut fortfährt, Ballons zu zerstören, läßt die Verängstigung des Jungen langsam nach. Schließlich kann er überredet werden, Ballons gegen eine Nadel zu werfen, die der Therapeut zwischen den Fingern hält. So erzeugt der Junge selbst das knallende Geräusch. In der ersten Sitzung werden insgesamt 200 Ballons zerstört. Der Junge erklärt danach, daß er bereit sei, auch eine zweite Sitzung mitzumachen. Diese findet am nächsten Tage statt; dabei werden noch einmal entsprechend lautstark 320 Ballons kaputtgemacht. Am Ende dieser Sitzung bereitet das ganze Unterfangen dem Kind Freude. Als es nach zwei Jahren nachuntersucht wird, findet sich weiterhin keine Angst vor lauten Geräuschen mehr; darüber hinaus haben sich seine Beziehungen zu Gleichaltrigen weitgehend verbessert.

Vier Punkte sind bemerkenswert an dieser Studie. *Erstens* wurde zur belastenden Reizüberflutung erst gegriffen, nachdem eine behutsame Behandlung fehlgeschlagen war. *Zweitens* fühlte sich das Kind durch seine Phobie derart beeinträchtigt und wünschte so stark, davon befreit zu werden, daß es in ein Verfahren einwilligte, von dem es wußte, daß es unangenehm sei. *Drittens* verdient die methodische Feinheit Beachtung, daß der Junge nicht zur Konfrontation mit der Angst gezwungen wurde, sondern daß er selbst den Krach hervorrufen konnte, vor dem er sich so fürchtete. Er gewann in dieser Situation Kontrolle über den angstauslösenden Reiz und konnte ihn vorhersehen. Es ist sehr vorteilhaft, einem Kind das Gefühl zu vermitteln, daß es den Reiz beherrschen kann; leider läßt nicht jede Situation eine solche Lernerfahrung zu. *Viertens* ist zu beachten, daß zunächst der Therapeut als Modell einen angstfreien Umgang mit Lärm vorführte. Damit kam Beobachtungslernen ins Spiel, das ebenfalls eine Behandlungsform bei Vermeidungsverhalten darstellt.

8.4 Operantes Vorgehen beim Angstabbau

8.4.1 Ziele

Für Therapeuten, die kindliche Ängste und Phobien hauptsächlich aus der Perspektive des klassischen Konditionierens oder des Beobachtungslernens betrachten, steht das exzessive Vermeidungsverhalten des Kindes im Vordergrund. Dieses Vermeidungsverhalten bildet für sie den Kern der Störung und liefert auch die Ansatzpunkte für das therapeutische Vorgehen. Für Therapeuten, die mehr mit operanter Konditionierung arbeiten, ist das Annäherungsverhalten und sein geringes Auftreten der Schlüssel für die Behandlung. Sie bemühen sich, Annäherungsverhalten durch verschiedene Verfahren zu stärken. Zu diesen Verfahren zählen z.B. Reizkontrolle, Verhaltensformung, Hilfestellung geben (prompting) und differentielle Verstärkung bzw. Kombinationen aus diesen Methoden. Operant arbeitende Verhaltenstherapeuten spekulieren nicht gerne über »das Wesen der Angst«. Angst ist ein innerer Zustand, auf den sich aus behavioristischer Sicht nur aus dem beobachtbaren Verhalten schließen läßt. In ihrer praktischen Arbeit beschränken sich Verhaltenstherapeuten mit diesem Selbstverständnis folglich darauf, konkrete beobachtbare Verhaltensweisen durch systematische Veränderung der vorausgehenden und nachfolgenden Bedingungen zu stärken oder abzuschwächen. Sie formulieren immer ein konkretes Zielverhalten des Klienten für eine Behandlung. Beobachtbares Verhalten soll sich verändern; Spekulationen über innere Zustände (wie Angst und Furcht) werden unter einer solchen pragmatischen Zielsetzung recht belanglos.

Nach *Lang* (1969) besteht Angst aus verhaltensmäßigen, kognitiven und physiologischen Komponenten. Den Verhaltensanteil finden wir im offenen, beobachtbaren Vermeidungsverhalten. Das kognitive Element drückt sich in verbalen Äußerungen des Klienten aus, in denen er von seinen Gefühlen der Belastung und Einengung berichtet. Die physiologische Komponente schlägt sich in einer veränderten Herzschlagrate oder anderen Indikatoren des autonomen Nervensystems nieder. Therapeuten mit einer operanten Orientierung streiten nicht unbedingt ab, daß kognitive und physiologische Komponenten am ängstlichen Verhalten beteiligt sind. Sie entscheiden sich nur einfach aus pragmatischen Gründen dafür, ihr Augenmerk auf das Verhalten zu richten (so wie Therapeuten anderer Orientierungen sich auf die kognitiven oder physiologischen Aspekte konzentrieren). Ihr Vorgehen ist berechtigt, da wir nach einer operant orientierten Therapie oft feststellen, daß sich neben dem Verhalten gleichzeitig auch die Gedanken, Gefühle und körperlichen Empfindungen der Patienten verändert haben. Wenn ein Patient sich einem Angstobjekt annähern kann, dann wirkt dies auch auf die anderen Aspekte der »Angst«.

Die Analyse der Bedingungen, unter denen Angst auftritt, spricht oft für einen operanten Ansatz. Denn wir müssen häufig feststellen, daß die soziale Umgebung des Kindes ein Vermeidungsverhalten bekräftigt und damit stabilisiert. Der operante Ansatz liefert uns dann die nötigen Hinweise zur Veränderung der Bedingungen, die die Störung weiter aufrechterhalten. Dabei geht es parallel darum, das Annäherungsverhalten etwa durch positive Verstärkung aufzubauen und das Vermeidungsverhalten durch Löschung oder eventuell auch Bestrafung zu reduzieren. Im Falle der Schulphobie etwa finden wir oft die Situation vor, daß die Kinder durch allerlei angenehme Dinge bekräftigt werden, wenn sie zu Hause bleiben und nicht in die Schule gehen *(Hersen,* 1970). Das war auch bei *Valerie* der Fall, zu deren Behandlung *Ayllon* et al. (1970) einen detaillierten Bericht vorgelegt haben.

8.4.2 Fallbeispiel: Die achtjährige Valerie

Valerie ist eine achtjährige Grundschülerin, die im zweiten Schuljahr damit begonnen hatte, mehr und mehr die Schule zu schwänzen. Als sie in die dritte Klasse kommt, geht sie noch einmal für vier Tage zum Unterricht und weigert sich dann vehement, auch nur einmal noch hinzugehen. *Valerie* hat eigentlich nie den Eindruck vermittelt, unglücklich oder ängstlich zu sein. Wenn ihre Mutter jedoch versucht, sie zur Schule zu bringen, legt sie solch extreme Wutanfälle an den Tag, schreit und heult so stark, daß es kaum möglich erscheint, sie aus dem Haus zu bringen. Kinderärzte im örtlichen Krankenhaus diagnostizieren eine Schulphobie bei *Valerie.* Als vor der verhaltenstherapeutischen Maßnahme die soziale Situation des Mädchens in der Familie und in der Nachbarschaft beobachtet und analysiert wird, stellt sich heraus, daß auf die Schulverweigerung recht positiv reagiert wird. Die Mutter hat mittlerweile alle Hoffnung aufgeben, *Valerie* noch zum Schulbesuch zu bewegen. So erlaubt sie ihr, noch eine Stunde länger zu schlafen, wenn die anderen Kinder (sechs, neun und zehn Jahre alt) alle schon auf ihrem Schulweg sind. Bis die Mutter das Haus zur Arbeit verläßt, beschäftigt sie sich mit *Valerie* und bringt sie dann zu Nachbarn, wo *Valerie* den Rest des Tages zubringt. *Valerie* läßt zwar die Mutter nur widerwillig gehen, wenn sie aber dann bei den Nachbarn ist, kann sie den ganzen Tag über tun und lassen, was sie will. Sie kann sich mit verschiedenen Spielen beschäftigen und gelegentlich zu einem kleinen Laden an der Straßenecke gehen, um sich Süßigkeiten, Kaugummis oder Limonade zu kaufen. *Valerie* hat Geld zu ihrer freien Verfügung. So spielt sich im Laufe der Zeit eine bequeme und für beide Seiten erträgliche Routine zwischen *Valerie* und ihrer Mutter ein. Die Mutter kann durch ihre Nachgiebigkeit *Valeries* Wutanfälle vermeiden und wird somit ebenfalls belohnt.

Ayllon et al. schließen aus der Verhaltensanalyse *Valeries* und der Beschreibung der sozialen Bedingungen, daß die Schulverweigerung des Mädchens durch die angenehmen Umstände bekräftigt wird, unter denen *Valerie* ihren Tag verbringen darf. Die Autoren konzentrieren sich in ihrer Analyse auf die Bedingungen, die das Verhalten aufrechterhalten, und interessieren sich weniger für die Ursachen oder

Umstände, unter denen es einmal erworben wurde. Sie entscheiden sich gemäß des operanten Ansatzes dafür, die positiven und negativen Konsequenzen des Schulschwänzens zu verändern. Der Schulgang soll für *Valerie* attraktiv und lohnenswert werden; zu Hause zu bleiben soll dagegen unangenehm und nicht lohnenswert ausfallen. Als die Autoren nach geeigneten Verstärkern für *Valerie* suchen, bemerken sie, daß *Valerie* positiv auf Bücher und Schularbeiten anspricht, wenn diese ihr von einer Therapiehelferin nahegebracht werden, die ab und zu nach Hause kommt. *Valerie* ist ebenso bereit, mit dieser Assistentin das Haus zu verlassen und sogar am Schulunterricht teilzunehmen, wenn die Assistentin sie zur Schule bringt. Einige Tage lang bleibt die Assistentin mit in *Valeries* Klassenzimmer, zieht sich aber immer stärker bis auf einen kleinen Zeitraum von fünf Minuten zurück. Wenn *Valerie* so einen ganzen Schultag am Unterricht teilnimmt, wird sie von dem Lehrer belohnt. Lehrer und Assistentin loben sie stark. *Valerie* beherrscht alle sozialen Fertigkeiten, um im Unterricht mitzumachen; allerdings reicht es nicht aus, ihren Schulbesuch massiv zu verstärken. *Ayllon* et al. entwickeln ein weitergehendes Programm, damit *Valerie* unabhängig, freiwillig und regelmäßig zur Schule geht. Dieses Programm hat seinen Schwerpunkt in der häuslichen Situation und soll dort auf die Motivation *Valeries* einwirken.

Zu Hause werden nun Tabellen aufgehängt, an denen für jedes Kind der Familie, das am Tage freiwillig zur Schule gegangen ist, ein Stern geheftet wird. Fünf solcher Sterne, die also für einen freiwilligen Schulbesuch über die ganze Woche stehen, führen zu einer besonderen Belohnung am Wochenende. Zusätzlich zu einem Stern erhält jedes Kind drei Süßigkeiten, wenn es die Schule am Tag besucht hat. Wenn ein Kind nicht freiwillig zur Schule geht, sondern dorthin gebracht werden muß, erhält es keinen Stern, aber eine Süßigkeit; Schulbesuch, gleichgültig unter welchen Umständen, erscheint *Ayllon* et al. grundsätzlich belohnenswert. Die Kinder werden zusätzlich gelobt, wenn die Sterne an die Tabelle geheftet und die Süßigkeiten ausgeteilt werden. Diese Gelegenheit wird zum Ritus, der jeden Abend abläuft, wenn die Mutter von der Arbeit zurückkehrt. *Ayllon* und seine Kollegen erläutern nicht, weshalb sie *Valeries* Geschwister in das Programm einbeziehen, da diese doch recht regelmäßig die Schule besuchen. *Levine* u. *Fasnacht* (1974) wenden ein, daß man ein Verhalten, das ohnehin schon ständig gezeigt wird, aushöhlen kann, wenn man es zusätzlich verstärkt. Dies kann zu einer plötzlichen Abnahme des Verhaltens führen. Im Falle von *Valeries* Geschwistern hat sich diese Befürchtung jedoch nicht bestätigt.

Als die Verstärkung erfolgt, geht *Valerie* noch nicht freiwillig mit ihren Geschwistern zur Schule. Die Autoren weisen die Mutter an, *Valerie* 15 Minuten, nachdem die Geschwister aus dem Haus sind, zur Schule zu bringen. Die einzige Ausnahme, die *Valerie* zugestanden wird, ist, wenn sie Fieber hat. In der Vergangenheit hatte sich *Valerie* oft mit vorgeschobenen Krankheiten entschuldigt, wenn sie nicht zur Schule gehen wollte. Unter diesen Bedingungen geht *Valerie* schließlich an zehn Tagen hintereinander zur Schule; allerdings geht sie nie freiwillig, sondern muß immer gebracht werden. *Ayllon* et al. erkennen, daß ihr Ansatz noch nicht ausreicht, *Valeries* Verhalten grundsätzlich zu verändern. Sie erweitern ihr Vorgehen wie folgt: Die Mutter soll unangenehme Konsequenzen einsetzen, wenn *Valerie* nicht zur Schule kommt. Es wird davon ausgegangen, daß *Valeries* Schulverweigerung dadurch bestärkt wird, daß sie auf angenehme Weise von ihrer Mutter zur Schule begleitet wird. Die Münzverstärkung mit Sternen und Süßigkeiten bleibt weiterhin in Kraft; jedoch fordert man die Mutter auf, schon zehn Minuten vor den Kindern zum Schulgebäude zu gehen und dort auf die Kinder zu warten. Wenn diese pünktlich eintreffen, erhalten sie Belohnungen. Wenn *Valerie* nicht mit den Geschwistern gemeinsam eintrifft, muß die Mutter wieder den Rückweg antreten und *Valerie* noch einmal zur Schule begleiten. Da der Weg zwischen Schule und Wohnung ca. einen Kilometer beträgt, muß die Mutter in solchen Fällen morgens vier Kilometer laufen. Die Autoren unterstellen, daß dieser morgendliche Fußweg für die Mutter so unangenehm ist, daß sie sich stärker dafür einsetzt, daß *Valerie* pünktlich aufsteht und sich freiwillig auf den Schulweg macht.

Diese Erweiterung besitzt entscheidende Auswirkungen. Gleich am ersten Tag muß die Mutter zurückgehen, um *Valerie* zu holen, da das Kind nicht mit den Geschwistern mitgekommen ist. *Valerie* bleibt allerdings dann den ganzen Tag in der Schule. Am Abend, als die Geschwister ihren Stern und ihre Süßigkeiten erhalten, bekommt *Valerie* nur eine Süßigkeit. Die Mutter erklärt ihr den Grund. Am zweiten Tag verläßt *Valerie* pünktlich mit ihren Geschwistern das Haus und trifft am Schulgebäude auf ihre Mutter. Diese freut sich sehr darüber, daß *Valerie* mitgekommen ist und gibt allen eine Süßigkeit. Am Abend bekommen alle wieder einen Stern und drei Süßigkeiten. Am nächsten Tag jedoch bleibt *Valerie* wieder zu Hause. Die Mutter wartet noch 15 Minuten und kehrt dann um, um Valerie abzuholen. Da es stark regnet, ist ihr der Vorfall sehr lästig und unangenehm; wie aus der folgenden Beschreibung zu entnehmen ist, ist sie recht aufgebracht.

»Als sie zu Hause angekommen ist, schimpft sie mit *Valerie* und schubst sie aus der Wohnung. Auf dem Schulweg schimpft sie weiter. Als *Valerie* zaghaft eine Entschuldigung vorbringen will, gibt sie ihr eine Ohrfeige. Als sie an der Schule ankommen, sind beide klatschnaß. Am Abend erhält *Valerie* zwar ihre Süßigkeit, aber keinen Stern, da sie nicht eigenständig zur Schule gegangen ist. Dies war das letzte Mal, daß *Valerie* die Schule geschwänzt hat« *(Ayllon* et al., 1970, S. 135).

Nach diesem Ereignis geht die Mutter noch weitere sechs Tage zur Schule voraus, um die Kinder zu belohnen, wenn sie pünktlich ankommen. Am fünften hat *Valerie* genug Sterne angesammelt, um ihre Belohnung für das Wochenende zu bekommen. Sie darf ihre Cousine besuchen und dort über Nacht bleiben, wie sie es sich gewünscht hatte. Von nun an geht *Valerie* regelmäßig und freiwillig zur Schule, auch wenn dort nicht mehr die Mutter auf sie wartet. Die Münzverstärkung wird einen Monat lang fortgeführt. Nachdem die Münzverstärkung beendet wird, ändert dies am Schulbesuch von *Valerie* nichts.

Als *Valerie* nach neun Monaten wieder untersucht wird, geht sie nicht nur regulär weiterhin zur Schule, sondern hat sich auch in ihren schulischen Leistungen verbessert. Sie verhält sich sehr kooperativ, sozial geschickt und aktiv. Auch als *Valerie* unangenehme Erlebnisse verarbeiten muß, ändert das nichts daran, daß sie weiter kontinuierlich zur Schule geht. So stiehlt ihr auf dem Schulweg einmal ein anderes Kind ihre Geldbörse; des weiteren ist die Atmosphäre in der Familie stark belastet, da *Valeries* Mutter die Scheidung gegen ihren Mann anstrengt.

Wie andere Studien illustriert auch die von *Ayllon* et al. das praktische Vorgehen innerhalb eines gesamten Behandlungsverlaufs; die Studie beweist aber noch nicht die Effektivität der einzelnen Verfahren, da sie methodisch nicht streng kontrolliert wurden. Dennoch läßt sich mit Sicherheit annehmen, daß der Behandlungserfolg durch das Vorgehen und nicht durch Zufälle bewirkt wurde. Weshalb haben wir dieses Fallbeispiel so ausführlich vorgestellt? Nun, es sollte eine Behandlung im klinischen Alltag illustrieren. Die Studie belegt detailliert, wie wichtig es ist, die gesamte soziale Situation und ihre Auswirkungen auf das Verhalten des Kindes in Betracht zu ziehen. Sie zeigt, wie flexibel ein therapeutisches Vorgehen gestaltet werden muß, um Erfolge zu erzielen. Diese Flexibilität setzt jedoch voraus, daß der Therapeut das Verhalten seines jungen Patienten sorgfältig beobachtet und registriert. Erst dann weiß er, wie das Kind auf bestimmte Behandlungsschritte anspricht. Das Beispiel von *Valerie* veranschaulicht noch einmal, wie sinnvoll es ist, die Maßnahme da anzusiedeln, wo das problematische Verhalten auftritt; hier also in der Schule und zu Hause.

8.4.3 Lehrer als Therapiehelfer

Um schulbezogene Verhaltensstörungen des Kindes in der Schule bearbeiten zu können, muß sich der Therapeut der Unterstützung durch Lehrer und Schule sicher sein. Lehrer übernehmen dann die Rolle von Therapiehelfern. *Bauermeister* u. *Jemail* (1975) haben mit Unterstützung des Lehrers ein Kind erfolgreich behandeln können, das sich weigerte, während des Unterrichts sich nur irgendwie verbal zu äußern. Sie beschrieben das Kind als einen sehr schüchternen achtjährigen Jungen, der zwar zu Hause mit seinen Familienangehörigen frei sprechen kann, aber in der Schule völlig stumm ist. Dieses Problem, das wir als *elektiven Mutismus* bezeichnen, wurde mit operanten Verfahren angegangen. Der Lehrer leitete eine Verhaltensformung des kindlichen Sprechens ein. Jede Äußerung, mit der sich das Kind am Unterricht beteiligte, lobte er und bekräftigte jede »Regung« in diese Richtung. Man suchte spezielle Verhaltensweisen aus, die besonders gefördert werden sollten. Das Kind sollte den Finger zeigen, um sich zu melden, auf Fragen des Lehrers antworten, laut vorlesen und Verpflichtungen für seine Schulklasse übernehmen. Die Häufigkeit dieser Verhaltensweisen wurde von den Lehrern aufgezeichnet. Einer der Lehrer sollte vor jeder Stunde konkrete Verhaltensziele für den Jungen aufstellen. Jedes vereinbarte Verhalten wurde gelobt und nach dem Unterricht mit einem Stern belohnt. Wenn der Junge sich 15 Sterne verdient hatte, bekam er einen Superstern. Wenn er drei Supersterne erworben hatte, sollte er, wie vereinbart wurde, ein Fahrrad erhalten.

Nach etwa zwanzig Schultagen unter diesen Bedingungen veränderte sich das Verhalten des Kindes deutlich. Wenn Fragen an die Klasse gestellt wurden, meldete er sich und antwortete darauf. Wenn man ihn darum bat, las er laut vor. Er konnte Mitschüler um Hilfe bitten, wenn er mit Aufgaben nicht zurechtkam, obwohl dieses Verhalten nicht Gegenstand des Trainings gewesen war. Er ging nun sehr viel aktiver und offener mit seinen Schulkameraden um. *Bauermeister* u. *Jemail* berichten, daß sich seine schulischen Leistungen stark verbesserten und verschiedene Ängste nachließen bzw. verschwanden. Eine Nachkontrolle nach einem weiteren Jahr erbrachte, daß der Junge weiter aktiv am Klassengeschehen teilnahm. Sein neues Verhalten übertrug sich auch auf Unterrichtsstunden mit anderen Lehrern und andere Schulfächer.

8.4.4 Reizkontrolle

Bei operanten Methoden ändert man meistens die Konsequenzen, die auf das problematische Verhalten des Kindes folgen. Im Fallbeispiel von *Bauermeister* u. *Jemail* (1975) lobte der Lehrer das Kind und gab ihm einen Stern, wenn es das gewünschte Verhalten zeigte. Eine Verhaltenssequenz wird nun nicht nur durch die nachfolgenden, sondern auch die vorausgehenden Bedingungen reguliert. Das Verhalten wird nur unter der Bedingung hervorgerufen, daß der diskriminative Reiz (Hinweisreiz) vorliegt.

Wulbert et al. (1973) behandelten ein mutistisches Kind. Sie haben sowohl die vorausgehenden als auch die nachfolgenden Bedingungen des Verhaltens genau beobachtet und beide Bedingungen geändert. Die vorausgehenden Bedingungen wurden durch Reizkontrolle, die nachfolgenden mit Verstärkungslernen beeinflußt. Sie waren so in der Lage, das ängstliche Verhalten des sechsjährigen Mädchens zu ändern, das zwar zu Hause frei und offen sprechen konnte, jedoch in Anwesenheit von Fremden keinen Ton herausbrachte. Das Mädchen sprach niemals im Kindergarten und verhielt sich dort extrem passiv und zurückgezogen. Es brachte all sein Bastelmaterial aus dem Kindergarten nach Hause und baute dort die Dinge, die es im Kindergarten erledigen sollte.

Die Behandlung dieses Mädchens wurde ambulant dreimal wöchentlich durchgeführt. In der Klinik beschäftigen sich Mutter und Kind mit allerlei Spielen und Aktivitäten, die sowohl motorische als auch verbale Aktivität von dem Kind verlangen. Wenn das Kind in seinen spielerischen Aktivitäten versunken ist, nähert sich der noch fremde Therapeut dem Kind. Es werden 25 Schritte festgelegt, in denen der Therapeut nach und nach auf das Kind zugeht. Zunächst ist er nur zu hören, später kann das Kind ihn in der Eingangshalle der Klinik sehen und hören. Dann betritt er das Zimmer, in dem Mutter und Kind spielen. In den folgenden Tagen nähert er sich dem Tisch, an dem die beiden sitzen, und liest (u.a. gemeinsam mit der Mutter) dem Kind Fragen aus einem Buch vor. Dann liest er alleine vor, während die Mutter im Raum bleibt. Schließlich bleibt er mit dem Kind alleine in dem Zimmer, und die Mutter zieht sich allmählich zurück. Während des gesamten Verlaufes verstärken die Mutter und später der Therapeut das Kind und loben es.

Während der ersten sechs Behandlungstage läßt die motorische Aktivität des Kindes gegenüber dem »ungestörten« Spiel von Mutter und Kind leicht nach. Das verbale Verhalten des Mädchens verschwindet jedoch gänzlich. Zu diesem Zeitpunkt wird das Kind zudem negativ verstärkt (= Verstärkerentzug): wenn das Kind auf eine Frage hin, die man ihm stellt, verstummt, wird es für eine Minute in einen »Time-out-Raum« geführt. Die Kombination von positiver Verstärkung, time-out (Verstärkerentzug) und Reizkontrolle führt schließlich dazu, daß das Kind seine motorische und besonders verbale Aktivität beibehält, wenn der Therapeut sich nähert oder anwesend ist.

Wenn das Kind aktiv bleibt und auch in Gegenwart des Therapeuten weiter spricht, werden nach und nach ein zweiter und ein dritter Therapeut hinzugenommen. Im weiteren werden noch vier andere Personen, einschließlich des zukünftigen Klassenlehrers des Mädchen, einbezogen. Kurz vor der Einschulung nimmt man noch die zukünftigen Mitschüler des Mädchens hinzu, und im Klassenzimmer werden die letzten Behandlungsschritte durchgeführt. Nachdem das Mädchen so schrittweise an den Unterricht herangeführt worden ist, ist es in der Lage, die Schule ohne Probleme zu beginnen. Es beteiligt sich am Unterricht und an anderen Aktivitäten der Klasse. Auf Fragen des Lehrers antwortet es mit einer klaren und lauten Stimme.

Wenn wir uns diese Studie im Detail anschauen, können wir uns fragen: Wie unterscheidet sich die abgestufte Reizkontrolle - ein operantes Vorgehen also - von der graduellen Annäherung an Angstobjekte (= klassische Konditionierung)? Das Vorgehen von *Wulbert* et al. basiert auf dem operanten Ansatz. Vordergründig betrachtet, bestand die Behandlung darin, daß das Mädchen mit seiner Mutter spielte, mit ihr sprach und Süßigkeiten von ihr erhielt. Eine fremde Person näherte sich allmählich den beiden, bis diese Person die Mutter ersetzte. Die Parallele zum Vorgehen von *Jones* (1924b) ist überdeutlich: Sie desensibilisierte *Peter* auch in abgestuften Schritten mit dem Ziel, daß er es in Ruhe erträgt, wenn ein Kaninchen in der Nähe ist.

Man könnte jetzt aus der Beobachtung und Beschreibung der beiden Verläufe die Frage diskutieren, inwieweit die beiden Vorgehensweisen auf respondenten bzw. operanten Prinzipien beruhen. Während *Wulbert* et al. ihr Vorgehen als operant begreifen, so beschreibt *Jones* ihr Vorgehen in Begriffen des klassischen Konditionierens. Beide Behandlungen führten zu Erfolgen.

Wie schon weiter oben gesagt, gehen Elemente des klassischen und des operanten Konditionierens in die Entstehung von Vermeidungsverhalten ein. Damit eine Behandlung von Ängsten und Vermeidungsverhalten möglichst effektiv ist, sollte sie daher auch klassische operante Konditionierung einschließen. Beide Komponenten sollten klar erkennbar in einen integrierten Behandlungsplan einfließen. In der verhaltenstherapeutischen Praxis bilden beide Ansätze oft eine Einheit. *Mac Donald* (1975) beispielsweise behandelte einen elfjährigen Jungen, der eine extreme Hundephobie hatte, erfolgreich mit einem solchen integrierten Vorgehen. Er benutzte Verfahren wie systematische Desensibilisierung, Beobachtungslernen, Training sozialer Fertigkeiten und soziale Verstärkung. Eine ähnliche Kombination verschiedener Behandlungsverfahren bei übermäßigen Ängsten wurde von *Leitenberg* (1976) entwickelt. Er gab seinem Ansatz den Namen »Verhaltenseinübung unter Verstärkung«.

8.4.5 Verhaltenseinübung unter Verstärkung

In mehreren Studien bei phobischen Erwachsenen isolierte *Leitenberg* (1976) vier zentrale, therapeutisch wirksame Elemente. Diese vier Elemente verband er zu einem neuen Verfahren, welches er wiederum in einer Studie mit ängstlichen Erwachsenen und Kindern überprüfte (*Leitenberg* u. *Callahan*, 1973). Die einzelnen Elemente der »Verhaltenseinübung unter Verstärkung« sind:

- *wiederholtes Einüben*, sich dem angstauslösenden Reiz in abgestuften Schritten zu nähern;
- *soziale Verstärkung* bei schon kleinen Fortschritten des Klienten;
- *Rückmeldung* über jeden einzelnen Schritt in der Therapie auf der Basis präziser und konkreter Maßstäbe;
- *Ermutigung* und *positive, oft ausgesprochene Erfolgserwartungen* des Therapeuten (*Leitenberg*, 1976).

Leitenberg u. *Callahan* bestätigten die Wirksamkeit des Ansatzes, als sie sieben Vorschulkinder behandelten, die solche Angst vor der Dunkelheit hatten, daß in ihrem Schlafzimmer nachts immer ein Licht anbleiben mußte. Die Eltern nahmen die Angst ihrer Kinder nicht ernst und gingen davon aus, daß ihr Kind sie irgendwann überwinden würde. Sie hatten aber dennoch keine Einwände dagegen, daß ihr Kind an der Studie teilnimmt.

Die Behandlung dieser sieben Kinder sieht nun folgendermaßen aus. Man arbeitet mit jedem Kind einzeln in zwei Sitzungen pro Woche; die Gesamtzahl der Sitzungen soll acht nicht übersteigen; in jeder finden fünf Übungsdurchgänge statt. Die Behandlung wird als erfolgreich und damit beendet betrachtet, wenn ein Kind in zwei aufeinanderfolgenden Durchgängen für jeweils fünf Minuten in einem abgedunkelten Raum bleiben kann. Das Behandlungszimmer ist die Dunkelkammer eines Fotographen. Sie liegt neben einem hellen Gang, der etwas Licht unter der Türe hindurchläßt. Zu Beginn der ersten Sitzung bittet der Therapeut das Kind, in den Raum zu gehen, er schließt die Tür und läßt sie so lange zu, bis das Kind ein erstes Anzeichen von Furcht zu erkennen gibt. Dann wird die Tür sofort wieder geöffnet, und das Kind kann herauskommen. Man kündigt dem Kind an, daß man dieses Vorgehen einige Male mit ihm durchführen will. Jedesmal, wenn das Kind es schafft, länger in dem Raum zu bleiben als das vorige Mal, kann es sich eine Belohnung aus einer Reihe von Geschenken aussuchen. Um dem Kind eine Rückmeldung zu geben, wie lange es sich jeweils schon in dem Zimmer aufhält, wird ein »Thermometer« benutzt, auf dem Einheiten von je zehn Sekunden eingetragen sind und das dem Kind die verstrichene Zeit anzeigt. Wenn es sich verbessert, wird es gelobt und erhält seine Belohnung. Nach acht Sitzungen oder wenn das Kind das vorgegebene Ziel erreicht hat, wird die Behandlung beendet.

Das Verfahren von *Leitenberg* u. *Callahan* spiegelt drei Elemente der »Verhaltenseinübung unter Verstärkung« wider: die *abgestufte Annäherung,* die *soziale Verstärkung bei Fortschritten* und die *Rückmeldung über die Leistung.* Das vierte Element, die *positive Erfolgserwartung,* die dem Kind mitgeteilt werden soll, war nicht erkennbar in den Behandlungsplan eingebaut. Jedoch berichtet *Leitenberg* beiläufig, daß man den Kindern angekündigt habe, daß das Verfahren ihnen helfen wird, ihre Angst vor der Dunkelheit zu verlieren.

Auch zu dieser Studie müssen wir wieder kritisch fragen, welche Komponente des Vorgehens den Erfolg bewirkte. Wie wirkt es sich aus, wenn der Therapeut die ermutigende Erwartung äußert, daß die Behandlung erfolgreich verlaufen wird? Wir haben es hier eindeutig mit kognitiven Prozessen und ihren Auswirkungen auf den Behandlungserfolg zu tun. Ist es vielleicht möglich, daß allein eine positive Erfolgserwartung schon ausreicht, daß Kinder ihre übergroße Ängstlichkeit überwinden können? Im folgenden wollen wir über eine Studie berichten, die uns darüber näheren Aufschluß gibt.

8.5 Selbstverbalisationstechniken

Es ist gut möglich, daß ein Junge, der ein Modell beobachtet, das sich einem angstauslösendem Objekt nähert, zu sich selber sagt: »Nun, die Sache sieht gar nicht so gefährlich aus!« Ein Mädchen, das mit einer systematischen Desensibilisierung behandelt wird, mag bei sich denken: »Oh, ich schaffe es ja!« Wir können noch nicht abschätzen, in welchem Maße solche Gedanken zum Fortschritt in der Therapie beitragen. In den letzten Jahren hat es jedoch eine Reihe von Versuchen innerhalb der sogenannten »kognitiven Verhaltenstherapie« gegeben, diese Gedanken zum Ansatzpunkt für Verhaltensmodifikationen zu nehmen. Man versucht dabei gezielt, positive verbale Äußerungen hervorzurufen. Solche günstigen Gedanken oder Selbstverbalisation kann man Kindern vermitteln und sie so auf kritische Situationen vorbereiten, in denen sie auf angstauslösende Objekte treffen. Man kann Kinder auf diese Weise gegen die Ängste »impfen« und erspart sich damit, sie später in einer Behandlung mit angstauslösenden Bedingungen konfrontieren zu müssen.

Kanfer et al. (1975) haben in einer Studie untersucht, wie hilfreich es für Kinder mit Angst vor Dunkelheit ist, ihr Verhalten über solche Selbstverbalisationen zu steuern. Sie vergleichen zwei Gruppen von Kindern mit verschiedenen Strategien der Selbstverbalisation mit einer unbehandelten Kontrollgruppe. 45 Fünf- und Sechsjährige, die alle den Kindergarten besuchten, hatten Angst davor, länger als drei Minuten in einem dunklen Raum zu bleiben. Fünf Kinder, die durch die Situation extrem belastet wurden und weinten, wurden wieder aus der Studie herausgenommen. Somit wurden eher Kinder mit mäßigen, aber nicht überstarken Ängsten erfaßt. Dennoch lieferte die Studie einen sehr bedeutsamen Beitrag zur Überprüfung der *kognitiven Verhaltenstherapie* bei Kindern.

Die Behandlung findet in einem Klassenzimmer statt, das vollständig abgedunkelt werden kann. Die Kinder haben Gelegenheit, den Trainer vorher kennenzulernen und mit ihm vertraut zu werden. In dem Raum ist ein Dimmer installiert, mit dem das Kind die Beleuchtung regulieren kann. Desweiteren befindet sich eine Sprechanlage im Raum, durch die sich Kind und Trainer verständigen können. Der Trainer befindet sich in einem Nebenraum. Im Zimmer ist ein Lautsprecher angebracht, über den der Trainer direkt Anweisungen an das Kind geben kann. Dem Kind wird der Dimmer erläutert und man bittet es, so lange in dem Raum zu bleiben, wie es kann. Man sagt ihm, daß der Trainer sofort zurückkommen wird, falls es ihn über die Sprechanlage ruft. Dann wird das Licht ausgeschaltet, der Trainer verläßt den Raum und mißt die Zeit, die das Kind alleine im Raum aushält.

Zur Durchführung der Studie werden die Kinder in vergleichbare Gruppen von je zehn Jungen und fünf Mädchen aufgeteilt. Dann bittet man die Kinder, dem Trainer bestimmte Sätze durch die Sprechanlage nachzusprechen. Diese Sätze sind in jeder Gruppe verschieden. Die Kinder der ersten Gruppe sagen: »Ich bin ein mutiger Junge (Mädchen). Ich kann in der Dunkelheit auf mich aufpassen.« Die Kinder der zweiten Gruppe äußern: »Im Dunkeln ist es lustig. Die Dunkelheit ist sehr gut.« In der dritten Gruppe (der Kontrollgruppe) lauten die Sätze: »*Maria* hat ein kleines Lamm. Sein Fell ist weiß wie Schnee.« Jedes Kind übt seinen Satz, bis es ihn fehlerlos dreimal hintereinander aufsagen kann.

Wenn ein Kind seine Sätze beherrscht, verläßt der Trainer den noch hellen Raum, schließt die Tür hinter sich und spielt dem Kind vier, auf Tonband aufgenommene Sätze über den Lautsprecher vor. Nach jedem Satz antwortet das Kind mit seinen

Sätzen. Das ganze Verfahren wird anschließend noch ein zweites Mal durchgespielt. Die vier Sätze, die der Trainer den Kindern vorspielt, sind für jede Gruppe verschieden. Sie beinhalten weitere Umschreibungen der zentralen Aussage der Selbstverbalisationen. In der ersten Gruppe sind dies Sätze wie: »Du weißt, wenn du willst, kannst du das Licht andrehen, wenn du im Dunkeln bist.« Die Kinder der zweiten Gruppe bekommen Sätze wie: »Im Dunkeln schläft man am besten und hat die schönsten Träume.« Die Kontrollgruppe hört weitere Sätze zu *Maria* und ihrem Lamm.

Unmittelbar nach diesem Abschnitt wird jedes Kind wieder untersucht, wie es jetzt die Dunkelheit tolerieren kann. Der Test nach der Behandlung besteht aus drei Durchgängen. In den beiden ersten wird das Kind höchstens drei Minuten alleine im Raum gelassen bzw. so lange, bis es selbst das Licht anschaltet. Beim dritten Durchgang dreht der Trainer den Dimmer auf die höchste Stufe und fordert das Kind auf, bevor er den Raum verläßt, »das Licht so weit herunterzudrehen, daß du es noch schaffst, eine lange Zeit alleine drinzubleiben« (*Kanfer* et al. 1975, S.254). Der Durchgang dauert höchstens 90 Sekunden, wenn das Kind nicht vorher schon die Beleuchtung wieder höherdreht bzw. über die Sprechanlage den Trainer ruft. Wichtige Hinweise auf das Problemverhalten lassen sich aus der Anzahl der Sekunden, die das Kind alleine in der Dunkelheit bleibt, und der gewählten Helligkeit der Lampe ableiten.

Die Kinder in der ersten (»Ich bin ein mutiger Junge«) und zweiten Gruppe (»Im Dunkeln ist es lustig«) können die Dunkelheit länger ertragen als die Kinder aus der Kontrollgruppe (»*Maria* hat ein kleines Lamm«). Die erste Gruppe schneidet dabei etwas besser als die zweite ab. Alle Gruppen können von dem ersten Durchgang nach der Behandlung bis zum zweiten ihre Leistung noch steigern. Diese Verbesserung ist in allen Gruppen gleich. Alle Gruppen unterscheiden sich auch nicht hinsichtlich der Zeitspanne im dritten Durchgang, in dem sie die Helligkeit der Lampe selbst bestimmen durften. Jedoch braucht die erste und zweite Gruppe weniger Helligkeit als die Kontrollgruppe, um die Zeit in dem Raum zu ertragen.

Kanfer et al. schließen aus den Ergebnissen dieser Studie, daß der Inhalt der Sätze, die die Kinder gelernt haben, die Toleranz gegenüber der Dunkelheit beeinflußt. Sätze, die das Leistungsvermögen und die Fähigkeit des Kindes hervorheben, können die Angst vor der Dunkelheit am wirksamsten verringern. Die Autoren wissen jedoch noch nicht genau, wie die Selbstverbalisationen das kindliche Verhalten gesteuert haben. Die relevanten Sätze sind während des Trainings im erhellten Raum gelernt und eingeprägt worden. Man hat die Kinder nicht angewiesen, sich die Sätze vorzusprechen, wenn sie sich allein im dunklen Raum aufhielten. Wir haben auch keine Hinweise darauf, daß sie dies taten.

In allen Gruppen, also auch der Kontrollgruppen, in der keine relevanten Sätze gelernt wurden, hat sich die Toleranz gegenüber Dunkelheit erhöht. Angesichts dieser Tatsache scheint es eine Form der positiven Anpassung zu geben, die zunächst einfach auf der nicht bestraften Konfrontation mit der angstauslösenden Situation beruht. Anders ausgedrückt: Eine Form der *in-vivo-Desensibilisierung* spielt bei dem Verfahren eine Rolle. Es bleibt offen, ob »die Kinder, die länger als für sie üblich in dem dunklem Raum blieben, auf ihre Leistung stolz waren« (*Kanfer* et al., 1975, S.257).

Bemerkenswert ist bei *Kanfer* et al., daß die Kinder immer Kontrolle über die Lichtquelle ausüben konnten. Ob die Kinder nun unterstützende Selbstverbalisationen heranziehen oder nicht, eines ist klar: Das Bewußtsein, jederzeit die eigene Angst beseitigen zu können, hilft, die angstbetonte Situation leichter zu ertragen. Dies ist grundverschieden von der Situation, in der eine Person sich hilflos einer potentiellen Gefahr ausgeliefert sieht.

Graziano et al. (1979) haben das Konzept von *Kanfer* et al. im klinischen Bereich angewandt. Sie arbeiteten mit sieben Kindern im Alter von acht bis zwölf Jahren, die schon längere Zeit sehr starke Ängste vor nächtlicher Dunkelheit hatten. Die Kinder verhielten sich verstört, bevor sie ins Bett gingen, krochen in das Bett anderer Familienmitglieder oder bestanden darauf, daß man über Nacht ein Licht in ihrem Zimmer brennen ließ. Das alles führte in der Familie immer wieder zu stark emotionsgeladenen nächtlichen Szenen. Die Auseinandersetzungen um das Zubettgehen fanden regelmäßig schon über die letzten drei bis sechs Jahre statt.

Die Behandlung wird in fünf jeweils wöchentlich stattfindenden Sitzungen durchgeführt; die Kinder bzw. alle Eltern treffen sich jeweils in einer Gruppe. Die Kinder erlernen Selbstkontrollübungen, die sie jeden Abend einsetzen, bevor sie schlafen gehen. Dabei sollen sie üben, ihre Muskeln zu entspannen, sich eine angenehme »Szene« vorzustellen und sich eine »mutige« Selbstverbalisation vorzusagen, ähnlich derer, die *Kanfer* et al. verwendet haben. Gemeinsam mit den Eltern wird eine Münzverstärkung eingesetzt, um das Kind zu belohnen, wenn es die Selbstkontrollübungen gut ausführt, »mutig« ins Bett geht und dort die ganze Nacht bleibt. Mit diesem Vorgehen gelang es *Graziano* et al., alle Kinder nach durchschnittlich acht bis neun Wochen von ihrer Angst zu befreien. Die Kinder galten als angstfrei, wenn sie in zehn aufeinanderfolgenden Nächten keine Angst mehr erlebten. Nach einem Jahr waren alle Kinder bis auf eines vollständig angstfrei. Keines von ihnen hat in der Zwischenzeit neue, andere Ängste oder Probleme entwickelt.

Aus klinischer Sicht ermutigt die Studie von *Graziano* et al.. Aus methodischer Sicht jedoch gelingt auch ihr nicht der Nachweis, wie wirksam die Selbstverbalisationen gewesen sind. Der relative Beitrag der einzelnen Behandlungskomponenten kann auch methodisch kaum voneinander abgegrenzt werden. Insgesamt kann weder die Arbeit von *Kanfer* et al. noch die klinische Studie von *Graziano* et al. die skeptischen Einwände derer widerlegen, die behaupten, daß es für die Effizienz der sogenannten »kognitiven Verhaltenstherapie« bis jetzt wenig empirische Belege gibt. Ja, einige Verhaltenstherapeuten halten diese neuere Entwicklung grundsätzlich für »einen Schritt in die falsche Richtung« *(Ledwidge,* 1978), was die Zukunft der Verhaltenstherapie angeht.

8.6. Zusammenfassung und weiterführende Literatur

Ängste und Phobien fassen wir als ein extremes Vermeidungsverhalten auf. Die therapeutische Aufgabe liegt darin, Vermeidungsverhalten zu verringern und gleichzeitig Annäherungsverhalten an die angstauslösenden Objekte zu stärken. Die meisten therapeutischen Ansätze kombinieren verschiedene Methoden miteinander. In klinischen Studien werden die systematische Desensibilisierung und ihre verschiedenen Abwandlungen eingehend erläutert. Sie scheinen erfolgreich Vermeidungsverhalten vermindern und Annäherungsverhalten steigern zu können; die theoretischen Grundlagen dieser Verfahren werden aber in den Studien oft nicht deutlich herausgearbeitet. Welches die wirksamen Bestandteile der systematischen Desensibilisierung sind, ist noch nicht vollkommen geklärt. Kinder mit Vermeidungsverhalten haben oft sehr verschiedenartige Probleme, und man darf von einem beobachtbaren Vermeidungsverhalten nicht unmittelbar auf eine »zugrundeliegende« Angst schließen.

Immer wenn ein Kind sich einer vorher gemiedenen Person, Situation bzw. einem Objekt nähert, besteht die Chance, dieses therapeutisch hervorgerufene Annäherungsverhalten zu belohnen. Man kann die gesamte Behandlung so anlegen, daß immer verstärkt wird, wenn das Kind sich an das Angstobjekt annähert. Verschiedene operante Vorgehensweisen basieren hierauf. In der Praxis werden sich jedoch operante und respondente Prozesse miteinander vermischen.

Manche Verhaltenstherapeuten glauben, daß bestimmte Kognitionen für die Wirkung der Verfahren zentral sind. Man spricht dabei von Selbstverbalisationen, die das Kind während der Behandlung an sich selbst richtet und die es in seinem Annäherungsverhalten bestärken. Das ängstliche Kind soll in kritischen Situationen auf solche Leitsätze zurückgreifen. – Neuere deutschsprachige Literatur zu diesem Ansatz liegen von *Döpfner* (1986) und *U. Petermann* (1986) vor.

9 Somatische Störungen

9.1 Zum Verhältnis von Medizin und Verhaltenstherapie

Dieses Kapitel behandelt Störungen bei Kindern, die man üblicherweise im Zuständigkeitsbereich der Medizin ansiedelt. Es ist seit langem anerkannt, daß alle körperlichen Krankheiten auch eine wichtige psychische Dimension haben. Daher erstaunt es, daß die Verhaltenstherapie erst seit relativ kurzer Zeit wichtige Beiträge zum Schnittfeld zwischen Medizin und Psychotherapie geliefert hat. Die explizit verhaltenstherapeutischen Ansätze für den Berich der körperlichen Krankheiten sind in den Forschungszweig der *Verhaltensmedizin* eingegangen. Bevor wir die Beiträge der Verhaltensmedizin für die Behandlung von Kindern im einzelnen diskutieren, gilt es, eine Reihe allgemeiner Gesichtspunkte voranzustellen.

Zunächst muß insbesondere für den Bereich der körperlichen Störungen noch einmal betont werden, daß vor jeder Behandlung eine sorgfältige Problemanalyse erfolgen muß. Bei somatischen Störungen muß man dazu zunächst eine gründliche medizinische Untersuchung vornehmen. Daher ist gerade im Bereich der Verhaltensmedizin eine kollegiale Zusammenarbeit zwischen medizinischen und psychologischen Fachleuten wichtig und wünschenswert. Eine ganzheitliche Sicht der Probleme des Kindes kann sich erst einstellen, wenn die beiden unterschiedlichen Disziplinen ihre Bemühungen verknüpfen. Das Kind oder der Jugendliche zieht den größten Nutzen daraus, wenn der Arzt die zentralen somatischen Aspekte und der Psychologe die wichtigen psychischen und verhaltensmäßigen Aspekte seines Problems untersucht und diese Erkenntnisse in die Behandlung einbringt. Konstruktive Arbeitsteilung zwischen den beiden Disziplinen bedeutet nicht, daß psychologische Methoden erst dann zu Rate gezogen werden, wenn isolierte medizinische Behandlungsversuche schon fehlgeschlagen sind. In der Praxis ist dieser Ablauf jedoch oft die Regel; Psychotherapie oder Verhaltenstherapie werden erst dann benutzt, wenn man medizinisch keine Möglichkeiten mehr sieht. Diese typischen Behandlungsabläufe beruhen des öfteren eher auf einer Skepsis des behandelnden Arztes gegenüber der Wirksamkeit oder Glaubwürdigkeit psychologischer Methoden als auf einer klaren Therapieplanung.

Die Skepsis der Mediziner und das recht späte Engagement der Verhaltenstherapie im somatischen Bereich haben auch historische Gründe. Die Behandlung von körperlichen Krankheiten durch im weitesten Sinne psychologische Methoden reicht in der Geschichte weit zurück. Sie umfassen die Heilpraktiken von Schamanen, das Heilen durch Gebet, Glauben und Suggestion oder auch überzogene und unbegründete psychotherapeutische Konzepte, die aus diesem Jahrhundert stammen. Diesen Konzepten zufolge fällt ein Großteil von somatischen Störungen eigentlich in den Bereich der Psychosomatik; die angemessene Behandlung für viele körperliche Krankheiten bestehe daher in einer einsichtsorientierten Psychotherapie. Auf dem Hintergrund dieser geschichtlichen Entwicklung nimmt es nicht wunder, daß Ärzte ihre Zweifel hegen, wenn Verhaltenstherapeuten ihr Wissen über die systematische Anwendung von Lern- und Konditionierungsgesetzen in die Behandlung von körperlichen Krankheiten einbringen möchten. Es ist auch noch gar nicht lange her, daß auch von Verhaltenstherapeuten nicht haltbare Behauptungen über die Wirksamkeit und Bandbreite ihres Ansatzes geäußert wurden. Besonders überzogene Erwartungen sind in den letzten Jahren in Bezug auf die sogenannten »Biofeedback-Methoden« geweckt worden. Bei diesem Verfahren erhält der Patient laufend Rückmeldung über seinen physiologischen Zustand. Wie *Shapiro* u. *Surwit* (1976) richtig herausstellen, wird noch sehr viel gründliche Forschung nötig sein, bis Biofeedback als solider Behandlungsansatz ausgewiesen werden kann. Gleichwohl gibt es mittlerweile Hinweise, daß dieses Verfahren bei einigen somatischen Störungen sinnvoll angewendet werden kann, bei denen man sich bis jetzt nur medikamentös oder chirurgisch zu helfen wußte. Biofeedback-Methoden haben leider an Glaubwürdigkeit verloren, seitdem eine Reihe von zweifelhaften Geräten auf dem Markt erschienen und mit viel Werbeaufwand bekannt gemacht wurden. Das Biofeedbackgerät wurde dabei zum Teil als Allheilmittel für die verschiedensten körperlichen und psychischen Störungen angepriesen; ein Anspruch, der natürlich nicht zu erfüllen ist.

Ein weiterer Grund für die langsame Entwicklung des eigentlich vielversprechenden Feldes der Verhaltensmedizin liegt bei den Psychologen selbst. Sie haben oft gezögert, sich an der Behandlung von Personen zu beteiligen, die der Arzt als somatisch krank diagnostiziert hat. Die frühen Verhaltenstherapeuten wiesen immer darauf hin, daß der medizinische Krankheitsbegriff sich nicht ohne weiteres auf psychische Störungen übertragen und ausdehnen läßt. Verhaltenstherapeuten legten Wert auf die Feststellung, daß das Verhalten, das sie behandeln wollen, nicht als Symptom einer zugrundeliegenden Krankheit zu begreifen ist. Leitlinien für die Therapie sollten eindeutig aus psychologischen Grundsätzen gewonnen werden und nicht einem von der Medizin ausgeweiteten Begriffsinventar entstammen. Die Ablehnung des medizinischen Krankheitsbegriffes wurde geradezu zum Kennzeichen der verhaltenstherapeutischen Orientierung. In ihrem Versuch, sich einen eigenständigen und respektierten Platz im Bereich der akzeptierten Behandlungsmethoden zu erkämpfen und zu sichern, haben Verhaltenstherapeuten zum Teil sehr polemische Auseinandersetzungen mit ihren wissenschaftlichen Kontrahenten geführt (*Ross*, 1964). Erst als der Verhaltenstherapie ihr Platz als anerkannter Ansatz zur Behandlung von psychischen Störungen nicht mehr streitig zu machen war, wandten sich ihre Vertreter auch der Behandlung von Patienten mit somatischen Störungen zu.

Sowohl für die verhaltensorientierten als auch für die medizinisch orientierten Ansätze wird es fruchtbar sein, wenn sie untereinander nicht in eine Konkurrenz treten, bei der jede Seite glaubt, beweisen zu müssen, daß sie der anderen überlegen sei. Ob man am besten verhaltenstherapeutisch oder medizinisch arbeitet oder beide Ansätze kombiniert, sollte sich an der Effektivität der Methoden, ihren Nebenwirkungen und der Dauerhaftigkeit ihres Behandlungserfolges orientieren. Darüber hinaus sollte der Patient entscheiden können, welche Behandlungsform er selbst für sich wünscht.

9.2 Magersucht

Magersucht (Anorexia nervosa) bedeutet übersetzt »nervöser Appetitverlust«. Magersucht ist eine Störung, bei der eine Person, meistens ein Mädchen oder eine Frau in jugendlichem Alter, ihre Nahrungsaufnahme so stark verringert, daß es einen drastischen Gewichtsverlust nach sich zieht. Mit dem Gewichtsverlust stellen sich weitere Symptome wie Amenorrhoe (Ausbleiben der monatlichen Blutung) oder Bradykardie (verlangsamte Herzschlagfolge) ein, so daß Lebensgefahr entstehen kann. Wie *Stunkard* u. *Mahoney* (1976) bemerken, ist der Begriff »Anorexia« nicht ganz treffend, denn die Patientinnen verlieren üblicherweise nicht ihren Appetit, jedenfalls nicht, bis sie sich in einem sehr fortgeschrittenen Stadium der Störung befinden. Der Vorschlag der Autoren, angesichts des zentralen Eßproblems eher von einer Gewichtsphobie zu sprechen, hat viel für sich. Über den Begriff der *Gewichtsphobie* ergibt sich ein Bezug zu den an anderer Stelle diskutierten Ängsten und Phobien. Wenn wir die Magersucht als *exzessives Vermeidungsverhalten* betrachten, dann würde sich ein entsprechender Behandlungsansatz anbieten.

Bei jeder der in diesem Kapitel behandelten Störungen läßt sich die Frage stellen, ob es sich um eine ursächlich physiologische Fehlfunktion handelt, die dann ihren sichtbaren Ausdruck in gestörtem Verhalten findet, oder ob es im umgekehrten Sinne primär um psychische Beeinträchtigungen geht, die sich auch auf der physiologischen Ebene niederschlagen. Die Magersucht stellt hier keine Ausnahme dar. Der Begriff »Anorexia nervosa« legt eine psychische Ursache nahe (»nervosa«), die Frage ihrer Ätiologie ist jedoch noch weitgehend ungeklärt. *Bemis* (1978) hat die gegenwärtige Literatur zur Anorexia durchgesehen und kommt zu dem Schluß, daß »noch keine Einigkeit darüber besteht, ob organische Faktoren bei Magersucht primär oder sekundär beteiligt sind. Es scheint jedoch klar zu sein, daß sie zu einem Teufelskreis gehören, bei dem physiologische Fehlsteuerung zu emotionalen Störungen führten und umgekehrt« (S. 611). Die Wechselwirkung zwischen somatischen und psychischen Prozessen sollten wir im Auge behalten, wenn wir Patientinnen mit Magersucht anhand verhaltensorientierter Ansätze behandeln. Wir unterliegen einem Fehlschluß, wenn wir aus dem Erfolg einer psychologischen Behandlung schließen, daß die behandelte Störung auch psychisch bedingt ist. Eine erfolgreiche Psychotherapie bei Magersucht bedeutet also noch nicht, daß psychodynamische Ursachen die Störung ausgelöst haben.

Die magersüchtige Patientin hat normalerweise keine Krankheitseinsicht, sondern ist froh darüber, an Gewicht zu verlieren und sieht daher auch keinen Grund für eine Behandlung *(Bemis,* 1978). Dies führt leicht zu kritischen Situationen. Eine Therapie kann in diesen Fällen erst beginnen, wenn die Patientin in eine Klinik aufgenommen ist und ihre Unterernährung lebensbedrohliche Ausmaße angenommen hat. An diesem Punkt besteht die vordringliche Aufgabe darin, das Körpergewicht der Patientin zu stabilisieren bzw. zu erhöhen. In diesem Behandlungsabschnitt können sehr sinnvoll verhaltenstherapeutische Verfahren eingebracht werden, um die Nahrungsaufnahme der Patientin zu verbessern. Hat die Patientin dann einmal ihr normales Körpergewicht wiedergewonnen, wird sie oft aus der Klinik entlassen. Die Behandlung wird unterbrochen, obwohl die Gewichtszunahme der Patientin während der Krisenbehandlung kein verläßliches Maß für einen Therapieerfolg darstellt.

Wenn wir die Nahrungsverweigerung bei Magersucht als Gewichtsphobie begreifen, dann erscheint es logisch, sie mit Verfahren zu behandeln, die sich auch bei anderen Phobien als erfolgreich erwiesen haben, wie etwa mit der *systematischen Desensibilisierung.* Es erstaunt, daß dieser Versuch nur selten unternommen worden ist. In einer Fallstudie beschreibt *Hallsten* (1965), wie er ein zwölfjähriges magersüchtiges Mädchen mit Hilfe der systematischen Desensibilisierung behandelt. Das Mädchen konnte klar und eindeutig ihre Angst zum Ausdruck bringen, »zu fett zu werden«. Drei Jahre vorher hatte sie unter Übergewicht gelitten. Sie war damals auf Diät gesetzt und konsequent verstärkt worden, wenn sie an Gewicht abnahm. In der Folge verringerte sie jedoch leider ihre Nahrungsaufnahme so anhaltend, daß sie sehr schnell an Gewicht verlor und ein Klinikaufenthalt notwendig erschien. Das Mädchen litt außerdem unter einer extremen Furcht vor Gewitterstürmen, und ihr Therapeut entschied sich, diese Angst zunächst in den Mittelpunkt der Behandlung zu stellen. Er brachte ihr ein Verfahren zur Muskelentspannung bei und legte ihr, während sie sich im Entspannungszustand befand, eine Reihe von Bildern mit Stürmen vor. Während dieser Behandlung veränderten sich weder die Eßgewohnheiten noch das Gewicht des Mädchens. Der Schwerpunkt der Therapie wurde allmählich auf ihre Angst vor Gewichtszunahme verschoben. Der Therapeut wies das Mädchen wieder an, sich zu entspannen und sich Bilder auszumalen, die um ihr Eßverhalten kreisen. Sie soll sich folgendes vorstellen: Sie sitzt gemütlich zu Hause, man ruft sie zum Essen, sie sitzt am Mittagstisch und ißt; sie ißt ein besonders fettes Essen und es schmeckt ihr gut; nach dem Essen geht sie zum Spiegel, schaut sich genau an und stellt fest, daß sie zugenommen hat.

Hallsten berichtet, daß das Mädchen diese Anweisungen ohne irgendein Anzeichen von Angst annehmen konnte. An jedem Abend nach einer Therapiesitzung aß sie ihr Abendessen in der Klinik vollständig auf. Mit der Zeit normalisierten sich ihre gesamten Eßgewohnheiten wieder und nach weiteren zwölf Therapiesitzungen auch ihr Gewicht. Unklar bleibt bei dieser Studie, ob das verbesserte Eßverhalten des Mädchens auch darauf zurückzuführen war, daß man ihr androhte (was aber nie in die Tat umgesetzt wurde), ihre Familie würde sie in der Klinik nur noch besuchen, wenn sie an Gewicht zunähme. Eine Nachkontrolle nach fünf Monaten ergab, daß das Mädchen ein altersgemäßes Gewicht erreicht hatte und dies auch halten konnte. Ihr allgemeines Befinden zu Hause und in der Schule hatte sich stark verbessert. Der stabile Therapieerfolg wurde durch intensive Familiengespräche unterstützt, die sich an den stationären Aufenthalt des Mädchens anschlossen.

Wenden wir uns jetzt operanten Ansätzen bei der Behandlung von Magersucht zu. Diese beziehen sich auf den gezielten Einsatz von Verwandtenbesuchen und andere Vergünstigungen, die bei Gewichtszunahme erfolgen. Einen der ersten Berichte über solche Behandlungsversuche liefern *Leitenberg* et al. (1968), die mit zwei jugendlichen Mädchen arbeiteten, die wegen ihres drastischen Gewichtsverlustes in eine Klinik kamen. Die Autoren wollten überprüfen, inwieweit die Nahrungsverweigerung durch die soziale Zuwendung verstärkt wird, die von Stationspersonal und anderen Personen erfolgt. Vor der Behandlung wird das Eßverhalten und seine vorausgehenden und nachfolgenden Bedingungen erhoben. Danach wird über eine gewisse Zeit das problematische Verhalten konsequent nicht mehr verstärkt, wobei das Personal angehalten wird, alle Bemerkungen der Mädchen über ihr Eßverhalten, ihr Gewicht und ihre körperlichen Beschwerden wie Kopfschmerzen, Brechreiz oder Magenkrämpfe zu ignorieren und nicht mehr interessiert darauf einzugehen.

Hierdurch verringerten sich die entsprechenden verbalen Äußerungen der Mädchen drastisch, jedoch nehmen weder Nahrungsaufnahme noch Gewicht zu. So liegt der Schluß nahe, daß die Nahrungsverweigerung nicht durch unmittelbare soziale Zuwendung aufrechterhalten wird.

Zu diesem Zeitpunkt gehen *Leitenberg* et al. dazu über, die Mädchen systematisch zu verstärken, wenn sie Essen zu sich nehmen. Man belohnt eine Gewichtszunahme damit, daß den Mädchen angenehme Tätigkeiten, wie Fernsehen und im Klinikpark spazierengehen erlaubt werden. Dieses Vorgehen führt zu einer deutlichen Gewichtszunahme bei beiden Mädchen. Es ist jedoch nicht möglich, diese Veränderungen eindeutig auf die Verstärkungsverfahren zurückzuführen, da die Mädchen gleichzeitig angewiesen werden, aufzuschreiben, wieviele Bissen Nahrung sie bei jeder Mahlzeit zu sich nehmen. Da sie sich jetzt selbst genauer beobachten, erhalten sie eine präzisere Rückmeldung darüber, wieviele Kalorien sie zu sich nehmen und wie sich dadurch ihr Gewicht verändert. Um detaillierter zu klären, welche Variablen zu der erhöhten Nahrungsaufnahme führen, unternehmen die Autoren eine weitere Studie, bei der sie die zentralen Variablen besser kontrollieren.

Agras et al. (1974) untersuchen bei neun jugendlichen Mädchen, die sich wegen Magersucht in einer Klinik aufhielten, welche Variablen für einen Therapieerfolg verantwortlich sind. Offensichtlich scheinen vier Variablen bei der Erhöhung der Nahrungsaufnahme eine Rolle zu spielen. Im einzelnen handelte es sich dabei um:

- den Umfang der Mahlzeit,
- die Rückmeldung über das eigene Eßverhalten,
- positive Verstärkung und
- negative Verstärkung.

Diese vier Variablen wurden von *Agras* et al. systematisch untersucht. Hierbei bekommen die Patientinnen täglich Mahlzeiten von 3000 bis 6000 Kalorien; unter verschiedenen Bedingungen erhalten sie entweder eine bzw. keine Rückmeldung über die Essensmenge, die sie zu sich nehmen. Als weitere Maßzahlen verwenden die Autoren, wieviel Bissen die Mädchen zu sich nehmen, wieviel Kalorien sie dadurch aufnehmen und wie sich ihr Gewicht verändert. Die Mädchen werden in unterschiedlicher Weise positiv verstärkt. Entweder wird die Gewichtszunahme unmittelbar gelobt oder aber diese Veränderung wird ignoriert. Ein Klinikaufenthalt kann als unangenehmer Zustand verstanden werden; eine Entlassung aus der Klinik unter der Voraussetzung, daß ein bestimmtes Gewicht erreicht worden ist, stellt somit eine negative Verstärkung dar. In der früheren Studie von *Leitenberg* et al. (1968) waren positive und negative Verstärkungen ineinander verwoben, so daß man ihre Bedeutung nicht getrennt beurteilen konnte. Die Patientinnen der früheren Studie wurden bei Gewichtszunahme gelobt, und man hatte ihnen in Aussicht gestellt, bald entlassen zu werden.

Agras et al. gelang es, diese beiden Formen von Verstärkung voneinander zu trennen. In ihrer Studie hängt die Entlassung aus der Klinik für die Patientinnen nicht davon ab, wieviel sie an Gewicht zugenommen haben. Die Autoren können jetzt ermessen, wie stark jede der vier Variablen für die Gewichtszunahme verantwortlich ist. Sie stellen fest, daß grundsätzlich alle vier zu einer Gewichtszunahme beitragen, jedoch in sehr unterschiedlichem Ausmaß. Die Rückmeldung über das eigene Eßverhalten erweist sich als wichtiger als die positive Verstärkung. Die positive Verstärkung wirkt erst dann, wenn sie mit einer Rückmeldung über das Essen verbunden ist. Die Größe der angebotenen Mahlzeiten stellt sich als der unbedeutendste Faktor heraus.

Auch eine Studie von *Bhanji* u. *Thompson* (1974) kommt zu dem Ergebnis, daß es bei der verhaltenstherapeutischen Behandlung der Magersucht wichtig ist, positive Verstärkung und Rückmeldung über die aufgenommene Nahrung miteinander zu verbinden. Die Autoren arbeiten mit elf weiblichen Jugendlichen im Alter von 13 bis 21 Jahren, die sich alle wegen Magersucht in einer Klinik befanden. Die Patientinnen erhalten in dieser Studie Belohnungen aus einer Liste von Verstärkern, die mit ihnen gemeinsam aufgestellt worden ist, wenn sie bei acht aufeinanderfolgenden Mahlzeiten das dargebotene Essen innerhalb von 60 Minuten verzehren. Hierbei wird der Kontakt zum Stationspersonal auf ein Minimum beschränkt und man vermeidet es streng, in Bemerkungen auf die Gewichtsproblematik der Patientinnen einzugehen. Man beachte, daß die Patientinnen heimlich ihre Mahlzeiten verschwinden lassen können, da von ihnen erwartet wird, daß sie ihre Mahlzeiten ohne Beaufsichtigung zu sich nehmen. Die Verstärkung erfolgt in diesem Falle, wenn innerhalb einer bestimmten Zeitspanne der Teller leer ist. Wenn es zu einer Gewichtszunahme kommt, kann diese auch durch Zufall bedingt sein. Sie ist vielleicht auch darauf zurückzuführen, daß alle bis auf vier Patientinnen neben der verhaltenstherapeutischen Behandlung gleichzeitig auch Medikamente erhalten. Angesichts dieser unkontrollierten therapeutischen Bedingungen erstaunt es nicht, daß eine Patientin überhaupt kein Gewicht zunimmt, während drei andere bei der Entlassung wieder ihr Normalgewicht erreicht haben. Nach der Behandlung werden noch einmal auf postalischem Wege die Veränderungen bei den elf Patientinnen erhoben. Man erhielt jedoch nur sieben Rückantworten. Vier Patientinnen haben ihr Normalgewicht halten können, aber nur eine kann als umfassend »geheilt« angesehen werden.

Bhanji u. *Thompson* schließen aus ihren Ergebnissen, daß mit einem operanten Ansatz in einer Krise sehr rasch eine Gewichtszunahme erzielt werden kann. Um diesen Erfolg jedoch zu stabilisieren, sei im Laufe der weiteren Behandlung »mehr nötig«. Auch von anderen Autoren ist häufig darauf hingewiesen worden, daß man bei der Therapieplanung die soziale Umgebung der Patientinnen berücksichtigt. Nur so kann man angemessenes Eßverhalten gezielt bekräftigen.

Manchmal können wir aus therapeutischen Fehlschlägen mehr lernen als aus Erfolgen. Auch bei *Bhanji* u. *Thompson* ist es aufschlußreich, die therapeutischen Mißerfolge näher zu betrachten. Wenn man operante Verfahren einsetzt, muß man vorab exakt definieren, welches Verhalten man gezielt stärken und hervorheben will. Will man den Behandlungsverlauf kontinuierlich beeinflussen, benötigt man eine verläßliche Informationsquelle, von der man jeweils erfährt, ob und unter welchen Umständen das gewünschte Verhalten auftritt. Desgleichen muß man einem Patienten klar und eindeutig mitteilen, unter welchen Bedingungen er sich eine Bekräftigung verdient hat und wie genau das belohnenswerte Verhalten aussieht. Den Patienten in der hier diskutierten Studie war zu verstehen gegeben worden, daß sie ihren Teller so schnell wie möglich leeren sollen, um verstärkt zu werden. Wenn ihr Teller leer war, konnten sie klingeln, um einer Krankenschwester anzuzeigen, daß sie ihre Mahlzeit beendet haben. Es gab niemanden, der sie beim Essen beobachtete, und auch niemanden, der ihnen eine Rückmeldung über ihre Gewichtsveränderungen gab. Gewichtszunahme stellt jedoch letztlich das entscheidende Maß bei der Behandlung der Magersucht dar, besonders wenn wir die Störung als eine Gewichtsphobie auffassen. Das beschriebene Vorgehen ist nicht nur aus verhaltenstherapeutischer Sicht zweifelhaft, sondern auch medizinisch problematisch. Einem magersüchtigen Mädchen beizubringen, sein Essen möglichst schnell herunterzuschlingen, ist sicherlich fehlangezeigt, denn diese Patientinnen weisen in ihrer Krankengeschichte oft Phasen von Bulimie (Freßsucht) auf. Wenn die jugendlichen Mädchen in ihrem abgemagerten Zustand plötzlich beginnen, hastig zu essen, können sich dadurch körperliche Komplikationen ergeben (*Bemis,* 1978).

Ein operantes Vorgehen, bei dem die allmähliche Gewichtszunahme verstärkt wurde, stellten *Halmi* et al. (1975) vor. Sie arbeiteten mit acht jugendlichen Patientinnen im Alter von 14 bis 17 Jahren und verstärkten ein angemessenes Eßverhalten durch gemeinsame soziale Aktivitäten und Besuche von Angehörigen. Die Autoren weisen ihr Training als erfolgreich aus. Die Studie ist jedoch mit den üblichen Problemen behaftet. So wird bei der Definition des Normalgewichtes keine Beziehung zur Körpergröße hergestellt, verschiedene Verfahren werden unkontrolliert nebeneinander eingesetzt, die Nachkontrolle erfolgt unsystematisch und beruht auf fragwürdigen Informationen (z.B. postalisch an die Eltern geschickte Fragebögen). Unser Wissen über die Wirksamkeit der Verhaltenstherapie bei der Behandlung der Magersucht ist also noch recht bescheiden. Eines ist jedoch klar: die heute verfügbaren Methoden ermöglichen in lebensbedrohlichen Krisen kurzfristige Erfolge, wenn sie von erfahrenen und qualifizierten Therapeuten eingesetzt werden. Die vorgestellten Verfahren müssen noch in der ambulanten Therapie erprobt werden, um Personen zu helfen, deren Lage sich noch nicht lebensbedrohlich zugespitzt hat (vgl. *Schmidt* u. *Esser,* 1986).

9.3 Chronisches Erbrechen

Die Nahrungsverweigerung im Rahmen der Magersucht ist in manchen Fällen von einem Wiedererbrechen der Nahrung begleitet. Wir sprechen in diesen Fällen von *ruminativem Erbrechen.* Rumination findet sich häufiger bei Kindern oder auch geistig behinderten Kindern (*Kohlenberg,* 1970). Aber auch bei normal entwickelten Jugendlichen finden wir in zunehmendem Maße diese Störung, die, genau wie die Magersucht, zu ernsthaften Gewichtsproblemen führen kann. *Ingersoll* u. *Curry* (1977) berichten von einem vierzehnjährigen Mädchen, das sie erfolgreich behandelten. Sie gaben soziale, finanzielle und tätigkeitsbezogene Verstärker, falls das Mädchen die aufgenommene Nahrung bei sich behielt. Wenn sie sich übergab, wurde time-out eingesetzt. Mit Hilfe von positiver und negativer Verstärkung konnten sie das Erbrechen des jugendlichen Mädchens innerhalb von einem Behandlungstag beseitigen; nach einem Jahr war das Mädchen immer noch symptomfrei.

Wenn man die Patienten sorgfältig während und nach dem Essen beobachtet, kann man an der typischen Bewegung der Eß- und Verdauungsorgane (z.B. Zunge, Magen) erkennen, ob und wann es zum Erbrechen kommt. Man kann also kurz vorher das Erbrechen voraussehen und das Verhalten frühzeitig unterbrechen, indem man ein Verhalten auslöst, das mit dem Erbrechen unvereinbar ist, oder indem man einen unangenehmen Reiz verabreicht. *Morgan* u. *O'Brien* (1972) nutzten das erstgenannte Verfahren und gaben ihrer Patientin immer dann, wenn die ersten Anzeichen des Brechens zu sehen waren, einige Schlücke Limonade zu trinken. *Sajwaj* et al. (1974) behandelten ein sechs Monate altes Kind mit unangenehmen Reizen innerhalb ihrer, wie sie es nennen, »Zitronensaft-Therapie«.

Als die sechs Monate alte *Sandra* in die Klinik überwiesen wird, wiegt sie weniger als bei ihrer Geburt. *Sandra* war mit einer Hasenscharte und einer Gaumenspalte zur Welt gekommen und hatte deswegen schon einen Klinikaufenthalt hinter sich; jetzt leidet sie jedoch an Ernährungsstörungen und Dehydratation (Abnahme von Körperflüssigkeit durch gesteigerte Wasserabgabe). *Sandra* ist abgemagert und reagiert kaum auf ihre Umwelt, greift nicht nach hingehaltenen Gegenständen, lächelt nicht, gibt keine Töne von sich, bewegt sich kaum und nur gelegentlich schreit sie. Sie wird nach einem Essensplan gefüttert. Nach jedem Essen tritt ruminatives Erbrechen auf; *Sandra* öffnet ihren Mund, hebt und faltet ihre Zunge, bis sie sie schließlich heftig vorwärts und rückwärts rollt. Einige Sekunden später sammelt sich Milch in ihrem Mund an, die sie dann langsam aus dem Mund herausfließen läßt. Dieses Verhalten dauert etwa zwanzig bis vierzig Minuten, bis scheinbar alle Milch wieder erbrochen ist, die *Sandra* zu sich genommen hat. Während dieses ganzen Geschehens, das sich nach jeder Mahlzeit alle vier Stunden wiederholt, weint oder schreit *Sandra* nicht, noch zeigt sie irgendein anderes Zeichen von Unwohlsein oder Schmerz. Die medizinischen Untersuchungen erbringen keine organische Ursache für dieses Verhalten. Das chronische Erbrechen scheint von *Sandra* selbst ausgelöst zu sein.

Andere Therapeuten haben ruminatives Erbrechen bei Kindern zum Teil mit recht drastischen Methoden beantwortet, z.B. mit unmittelbar verabreichten Schocks auf das Bein *(Lang* u. *Melamed,* 1969). *Sajwaj* und seine Kollegen wenden eine weniger umstrittene unangenehme Behandlung bei *Sandra* an. Sie spritzen einige Tropfen Zitronensaft in den Mund des Kindes, sobald heftige Zungenbewegungen zu erkennen sind. Diese einfache und relativ schonende Behandlung wird nicht nur durch die Autoren ausgeführt – die nicht bei jeder Mahlzeit anwesend sein können –, sondern ebenso durch das Klinikpersonal und die Pflegeeltern, zu denen das Kind zehn Wochen später entlassen wird.

Sajwaj et al. kontrollieren zunächst einmal die Gewichtsveränderungen von *Sandra;* zudem erfassen Mitarbeiter die Zungenbewegungen, die während den ersten zwanzig Minuten nach jeder Mahlzeit auftreten. Die »Zitronensaft-Behandlung« läßt nach zwölf »Anwendungen« die Zungenbewegungen drastisch zurückgehen. Setzt man die Maßnahme ab, dann steigt die Zungenbewegung und das Erbrechen wieder auf das Ausgangsniveau an. Das Erbrechen läßt sich jedoch durch eine erneute »Zitronensaft-Behandlung« so stark abbauen, daß man keine wiedererbrochene Milch im Mund von *Sandra* mehr entdeckt. Die typischen Zungenbewegungen des Erbrechens und Wiederaufstoßens treten nicht mehr auf und weichen normalen Mund- und Zungenbewegungen. Parallel dazu steigt *Sandras* Gewicht, bis sie schließlich bei einem Gewicht von über zwölf Pfund aus der Klinik entlassen werden kann. Somit konnte in zwei Monaten das Gewicht um 54 Prozent gesteigert werden. Ein erneutes Erbrechen tritt auch nicht auf, als die Hasenscharte chirurgisch korrigiert wird und dadurch die Gewichtszunahme für einige Tage unterbrochen ist. Während *Sandra* zunächst nur sehr lethargisch war und kaum auf ihre Umwelt reagierte, änderte sich auch dies allmählich. Sie beginnt zu lächeln, nach Gegenständen zu greifen und gibt noch während ihres Klinikaufenthaltes Sprachlaute von sich; diese Entwicklung hält über die Entlassung hinaus an. Bei einer Nachkontrolle nach zehn Monaten ist kaum noch ein Entwicklungsrückstand festzustellen.

Als die Behandlung für kurze Zeit ausgesetzt wurde und sich sofort wieder das Erbrechen einstellte, ist deutlich geworden, wie wichtig eine andauernde und gezielte Behandlung ist. Dennoch geben *Sajwaj* et al. zu bedenken, daß auch andere Faktoren neben der wahrscheinlich unangenehm erlebten Zitronensaftsäure an dem Therapieerfolg beteiligt gewesen sein können. Als mögliche Faktoren kommen beispielsweise in Betracht, daß man das Brechen des Kindes systematisch unterbunden hat, daß man mehr oder weniger gewaltsam die Flüssigkeit in den Mund gespritzt hat, der Temperaturunterschied zwischen den Mundflüssigkeiten und dem raumtemperierten Saft oder auch nur, daß man mit dem Vorgehen dem Kind besondere Aufmerksamkeit entgegenbracht hat. Jeder dieser Faktoren oder deren Kombination kann für den Behandlungserfolg verantwortlich gewesen sein. Der jeweilige Beitrag der einzelnen Faktoren wäre demnach noch näher zu untersuchen, um das wirklich entscheidende therapeutische Element herauszufiltern.

Schließlich sollen noch zwei Anmerkungen von Sajwaj und seinen Kollegen wiedergegeben werden. Die Säure des Zitronensaftes bewirkt eine leichte Reizung der gesamten Mundregion und führt damit zu einer unerwünschten Nebenwirkung. Wichtiger ist jedoch der Hinweis, daß bei einer ungenauen Anwendung des Vorgehens der Zitronensaft in die Lungen des Kindes geraten kann. Dieses Risiko kann verringert werden, wenn man den Kopf des Kindes aufrecht hält, während man den Zitronensaft in den Mund einspritzt, oder indem man den Zitronensaft in den Mund einspritzt oder indem man weniger Saft nimmt bzw. den Saft mit weniger Druck einspritzt. Bei *Sandra* ist allerdings nie beobachtet worden, daß sie hustete oder sogar würgte, wenn ihr der Saft eingeflößt wurde. Abgesehen von diesem Risiko und der leichten Reizung des Mundes, besitzt die »Zitronensaft-Therapie« keine Nebenwirkungen. Mit der einleitend erwähnten Schocktherapie kann hingegen leichter Mißbrauch getrieben werden, und sie erscheint zudem vielen Menschen nicht akzeptabel. Wenn allerdings die Alternative darin bestehen würde, daß das Kind stirbt, hätte auch diese drastische Maßnahme zweifellos ihre Berechtigung.

Lang u. *Melamed* (1969) setzten bei einem neun Monate alten Jungen Strafreize als letztes Mittel ein, nachdem andere Verfahren nicht zu einer Linderung geführt hatten. Das ruminative Erbrechen des Kindes hatte im Alter von fünf Monaten eingesetzt und verstärkte sich so drastisch, daß der Junge etwa 10 bis 15 Minuten nach jeder Mahlzeit jegliche Nahrung wieder erbrach. Bei Anwendung der Strafreize wiegt das Kind nur noch zwölf Pfund und wird durch eine Nasensonde ernährt. Eine Elektrode wird an die Wade des Kindes geheftet. Ein kurzer, wiederholter Schock, gepaart mit einem lauten Ton, wird sofort zugeführt, wenn elektromyographische Aufzeichnungen die Beobachtung der Krankenschwester bestätigen, daß ein erneutes Erbrechen kurz bevorsteht.

Die Behandlung dauert jeweils maximal eine Stunde nach den jeweiligen Mahlzeiten. Schon nach zwei Sitzungen ist die Anwendung von Schocks kaum noch erforderlich. In der dritten Sitzung reicht es schon, ein- oder zweimal kurz den unangenehmen Reiz zu geben, um das Erbrechen zu stoppen. Schon nach dem ersten Behandlungstag verkürzt sich sowohl die Gesamtzeit, über die der Junge erbricht, als auch die Zeit jeder einzelnen Episode. Am sechsten Behandlungstag erbricht sich das Kind während der Behandlung überhaupt nicht mehr; während des restlichen Tages, so berichtet das Pflegepersonal, nimmt das Erbrechen konstant ab. Sie können die ersten Ansätze bei dem Kind sofort stoppen, wenn sie laut in die Hände klatschen. Hier ist es scheinbar zu einer Konditionierung höherer Ordnung und zu einer Reizgeneralisierung gekommen, die auf der Kopplung von lautem Ton und Schock beruhen. Die Behandlung wird beendet, als der Junge über den Zeitraum von drei Sitzungen nicht mehr erbricht.

Nach der Lerntheorie war zu erwarten, daß sich der Behandlungserfolg abschwächt. Dies kann auch beobachtet und durch drei zusätzliche Behandlungssitzungen aufgefangen werden. Parallel zu der Behandlung nimmt der Junge vom ersten Tag an zu. Auch nachdem der Junge die Klinik verlassen hat, ißt er weiterhin problemlos, ohne zu erbrechen. Einen Monat später wiegt er schon 21 Pfund und wird als lebendig, aktiv und seiner Umwelt gegenüber aufgeschlossen beschrieben. Es scheinen sich keine negativen Folgen aus der Therapie ergeben zu haben. die wahrscheinlich das Leben des Jungen gerettet hat.

9.4 Übergewicht

Bei Magersucht und chronischem Erbrechen muß man umgehend therapeutisch handeln, da Lebensgefahr besteht. Übergewicht dagegen ist zwar selten unmittelbar lebensbedrohend, stellt aber dennoch eine der folgenreichsten Zivilisationskrankheiten dar *(Stunkard* u. *Mahoney,* 1976). Übergewicht tritt sehr häufig auf, beeinträchtigt das Wohlbefinden und verringert die Lebenserwartung. Weiterhin besitzt heute die Fettleibigkeit ein sehr negatives Image, so daß übergewichtige Menschen oft abgelehnt werden, wodurch therapeutische Hilfen erforderlich sein können. Wir wollen im folgenden verhaltensorientierte Ansätze zur Gewichtskontrolle bei übergewichtigen Kindern darstellen. Dabei müssen wir berücksichtigen, daß die Grenze zwischen Normal- und Übergewicht immer mehr oder weniger willkürlich definiert bleibt. Übermäßiges Essen und Übergewicht sind nicht unmittelbar miteinander verknüpft. Stoffwechselstörungen und Veranlagung können die Entwicklung von Übergewicht wesentlich beeinflussen. Somit ist auch bei der Behandlung von Übergewicht eine enge Zusammenarbeit von medizinischen und psychologischen Fachleuten unverzichtbar.

9.4.1 Die Mitarbeit der Eltern

Besonders bei jungen Kindern ist das Essen als gemeinsame soziale Aktivität eng in den Rahmen der Familie eingebunden. Es erstaunt daher nicht, daß das Training zur Gewichtskontrolle bei Kindern sich nur als erfolgreich erweist, wenn zumindest ein Elternteil stark in die Behandlung einbezogen ist. *Kingsley* u. *Shapiro* (1977) konnten nachweisen, daß Mütter, die in einer Müttergruppe über die Gewichtsprobleme ihrer Kinder informiert wurden, nicht nur ihr eigenes Gewicht vermindern konnten, sondern auch das Gewicht ihrer Kinder verringerten. Dieses Ergebnis wurde bei vierzig zehn- bzw. elfjährigen Kindern (24 Mädchen und 16 Jungen) erzielt. Das Ausgangsgewicht der Kinder lag durchschnittlich 90 Prozent über dem ihrer Altersgenossen. Die Kinder wurden in vier verschiedene Gruppen aufgeteilt, wobei eine als Kontrollgruppe diente.

Die erste Gruppe besteht nur aus betroffenen Kindern. Die Kinder treffen sich einmal für eine Stunde pro Woche, insgesamt achtmal. Sie werden mit einem Gewichtsreduktionstraining nach *Stuart* u. *Davis* (1972) vertraut gemacht. Im Rahmen des Trainings erhalten sie wichtige Informationen über die Zusammenhänge von Ernährung und Übergewicht. Man erläutert ihnen, daß sie ihr Gewicht am besten vermindern, wenn sie erstens weniger essen und zweitens sich mehr bewegen und Sport treiben. Um ihre Kalorienaufnahme zu senken, gibt man ihnen eine kleine Kalorientabelle und ein Notizbuch an die Hand, in das sie eintragen sollen, wieviel sie täglich gegessen haben. Man teilt ihnen zu Beginn jeder Sitzung Informationsblätter aus mit konkreten Anweisungen, die sie auch ihren Eltern zeigen sollen. Auf einem dieser Zettel wird den Eltern empfohlen, mit Münzverstärkung zu arbeiten, wobei das Kind sich Token und später echte Belohnungen verdienen kann, wenn es den Anweisungen des Trainings nachkommt. Die Autoren machen jedoch keine Angaben darüber, ob sichergestellt wird, daß die Eltern diese Empfehlung auch umsetzen.

Die zweite Gruppe besteht aus Mutter-Kind-Paaren, die gemeinsam an den Sitzungen teilnehmen. Das Training ist das gleiche wie das der ersten Kindergruppe. Die dritte Gruppe wird nur von Müttern der betroffenen Kinder besucht. Das Training möchte die Mütter darin unterstützen, ihren Kinder effektive Hilfen zur Gewichtskontrolle beizubringen. Die Mütter vermitteln also ihre in der Gruppe gewonnenen Erkenntnisse ihren Kindern.

Die Analyse der Behandlungsergebnisse zeigt, daß die Kinder in allen drei Grupen in gleichem Maße an Gewicht abgenommen haben. Die Gewichtsabnahme ist bei allen bedeutend größer als in der unbehandelten Kontrollgruppe. Die Kinder aus den drei Gruppen haben im Laufe der acht Wochen im Schnitt 3,5 Pfund abgenommen. Die Kinder in der Kontrollgruppe haben im gleichen Zeitraum sogar noch zwei Pfund zugenommen. Das Gewicht der Mütter war nie Gegenstand des Trainings gewesen. Es ist erstaunlich, daß die Frauen aus der einen Müttergruppe durchschnittlich 6,25 Pfund abnahmen, deutlich mehr als die Frauen in den anderen drei Gruppen.

Nachkontrollen nach sechs bzw. zwanzig Wochen ergeben, daß die drei Gruppen sich hinsichtlich ihrer Gewichtsveränderungen nicht unterscheiden. Ansonsten entsprechen die Gewichtsveränderungen der Kinder den Normen ihrer Altersgruppe. Ein Vergleich mit der unbehandelten Kontrollgruppe ist leider nicht mehr möglich, da man auch diese Gruppe nach den acht Wochen in ein Training einbezogen hat.

Die Arbeit von *Kingsley* u. *Shapiro* legt nahe, daß Mütter ihren Kindern unter Anleitung sinnvoll helfen können, ihr Gewicht zu verringern. Dies ist sogar mit Erfolg möglich, wenn die Kinder selbst gar nicht in die unmittelbare Behandlung einbezogen werden. Interessanterweise zeigten sich jedoch einige Frauen aus der reinen Müttergruppe darüber unzufrieden, daß ihre Kinder aus dem Training ausgeschlossen blieben. Sie äußerten ferner Zweifel an der Wirksamkeit des Trainings. Umgekehrt waren einige Mütter, deren Kinder in die reine Kindergruppe gingen, ärgerlich, weil sie sich selbst von der Behandlung ausgeschlossen fühlten. Desgleichen beschwerten sich Kinder, deren Mütter sich in der Gruppe trafen, darüber, daß sie selbst nicht teilnehmen durften. Wenn wir von den Ergebnissen eines Fragebogens ausgehen, der nach dem Training an alle Teilnehmer verschickt wurde, so waren die Mitglieder der Mutter-Kind-Gruppe mit dem Vorgehen am zufriedensten. Wir wissen nicht, ob diese Haltungen einen Einfluß auf das Behandlungsergebnis hatten. Es ist jedoch in der Verhaltenstherapie mit Kindern und Jugendlichen nicht selten, daß Eltern und Kinder zumindest erstaunt (wenn nicht sogar verärgert) darüber sind, wenn sie keinen direkten Kontakt mit dem Therapeuten haben. Insbesondere Eltern können oft nicht nachvollziehen, wie man eine Kindertherapie gestalten kann, ohne unmittelbar mit dem Kind zu arbeiten. Ein derartiges Vorgehen wird von Verhaltenstherapeuten jedoch häufig gewählt und ist auch als sinnvoll zu betrachten, wenn man sich darauf konzentriert, die Verstärkung im häuslichen Milieu zu verändern. Um diesen Einwänden der Eltern zu begegnen, halten manche Verhaltenstherapeuten es für unproblematischer, das Kind von Zeit zu Zeit zu »sehen«, anstatt den Eltern ihre zentrale Rolle als Therapiehelfer zu erklären.

Brownell et al. (1983) haben in einer weiteren Studie untersucht, wie man Eltern optimal in die Behandlung von übergewichtigen Jugendlichen einbeziehen kann. Da die Eltern eine entscheidende Rolle spielen, wenn Kinder fettleibig werden, is ihre Mitarbeit auch erforderlich, wenn es darum geht, das Gewicht ihrer Söhne und Töchter wieder zu reduzieren. Um verschiedene Formen der Elternmitarbeit untersuchen zu können, arbeiten *Brownell* et al. mit drei verschiedenen Gruppen. Dabei nehmen insgsamt 42 Jugendliche im Alter von 12 bis 16 Jahren teil. Die Jugendlichen erhalten im Prinzip die gleiche Behandlung. Die drei Gruppen unterscheiden sich darin, in welcher Form die Mütter der Jugendlichen einbezogen werden:

(1) *Mutter und Kind getrennt.* Die Mütter und die Jugendlichen treffen sich in getrennten Gruppen. Man gibt den Müttern zu verstehen, daß sie entscheidend zum Erfolg ihrer Kinder beitragen können. In der Gruppe können sie sich über ihre Gefühle und Einstellungen zum Thema Übergewicht und Diät austauschen.

(2) *Mutter und Kind zusammen.* Mutter und Kind nehmen an der gleichen Gruppe teil. Man macht ihnen Mut, daß diese Zusammenkünfte sehr dazu beitragen können, sich besser zu verstehen und die Behandlung miteinander abzustimmen.

(3) *Jugendliche alleine.* Die Jugendlichen treffen sich alleine in einer Gruppe. Ihre Mütter nehmen an keiner Gruppe teil. Die Jugendlichen ermuntert man, selbständig ihr Eßverhalten steuern zu lernen. Man bittet sie jedoch, ihren Eltern mitzuteilen, was in der Therapie passiert.

Unabhängig von der Zusammensetzung der Gruppen arbeitet man in allen drei Gruppen nach dem gleichen Programm. Man trifft sich über insgesamt vier Monate einmal pro Woche für eine Stunde. Vor der Behandlung hinterlegen die Teilnehmer einen Geldbetrag bei dem Leiter. Wenn sie regelmäßig an den Sitzungen teilnehmen, erhalten sie das Geld ratenweise wieder zurück (Verstärkerentzug). Ein weiterer Geldbetrag wird hinterlegt, der zurückverdient werden kann, wenn der Jugendliche von einer Woche zur nächsten mindestens ein Pfund abnimmt. Alle Teilnehmer erhalten zu Beginn eine etwa hundert Seiten starke Broschüre, mit der Abschnitt für Abschnitt in der weiteren Behandlung gearbeitet wird. Die Broschüre setzt an vier Punkten an, die für das Abnehmen wichtig sind: Eßverhalten, Ernährungskunde, Sport und soziale Unterstützung. In dem verhaltenstherapeutischen Training zum Eßverhalten lernen die Jugendlichen Selbstkontrolltechniken. Sie üben, nur in bestimmten Situationen, in bestimmten Räumen oder zu bestimmten Zeiten zu essen bzw. ungesunde Lebensmittel erst gar nicht einzukaufen (Reizkontrolle). Sie erarbeiten sich neue, gesundheitsfördernde Einstellungen zum Essen und zum eigenen Gewicht. Sie üben, mit Situationen kontrolliert umzugehen, in denen sie in Versuchung kommen, zu naschen oder zuviel zu essen; sie beobachten ihr Eßverhalten, stellen es systematisch um und planen vorab, was sie wann essen wollen (konkrete Verhaltenseinübung). In der Ernährungskunde erhalten sie grundlegende Informationen über die Nahrungskomponenten Eiweiß, Fett und Kohlenhydrate. Sie erfahren, mit welchen Lebensmitteln sie nur wenig Zucker, Fett und Salz aufnehmen. Sie bekommen praktische, am Verhalten orientierte Ratschläge, wie sie Nahrungsmittel sorgfältig einkaufen, zubereiten, aufbewahren und am Tisch anrichten. Falsche Vorstellungen über Diät und Ernährung werden korrigiert.

Man ermuntert die Jugendlichen zu mehr Sport und Bewegung und erläutert ihnen, durch welche Aktivitäten wieviel Kalorien abgebaut werden können. Dabei appelliert man nicht einfach an die Jugendlichen, »mehr« Sport zu treiben, sondern überlegt gemeinsam, wann, wo und mit wem welche Aktivitäten unternommen werden können. Der vierte und letzte Punkt des Programms bezieht sich darauf, wie der Jugendliche sich soziale Unterstützung in seiner Familie und bei Freunden holen kann. Soziale Unterstützung durch nahe Bezugspersonen ist wichtig, damit der Jugendliche leichter seine eingefahrenen Eßgewohnheiten aufgeben kann. Jede Verhaltensänderung erfordert den Mut, sich anders gegenüber Menschen zu benehmen, mit denen man bestimmte Verhaltensabläufe eingespielt hat. Wenn die Bezugspersonen das neue Verhalten boykottieren, bestrafen oder unterlaufen, fehlen die Verstärker, die notwendig sind, um ein neues Eßverhalten Alltagsroutine werden zu lassen. Die unterschiedlichen Formen, in der die Mütter in der Behandlung einbezogen sind, stellen unterschiedliche Arten von sozialer Unterstützung dar.

Wie erfolgreich waren nun diese verschiedenen Ansätze der Zusammenarbeit zwischen den Jugendlichen und ihren Müttern? Die Unterschiede zwischen den Gruppen sind nach den vier Monaten Training beträchtlich. Die mit Abstand größte Gewichtsabnahme war in der Gruppe »Mutter und Kind getrennt« zu verzeichnen (8,4 kg). Es folgt die Gruppe, bei der Mutter und Kind in der gleichen Gruppe teilnahmen (5,3 kg). Den geringsten Erfolg konnte die reine Jugendlichengruppe verbuchen (3,3 kg). Bei einer Nachuntersuchung nach einem Jahr stellte man fest, daß sich die Unterschiede zwischen den Gruppen noch weiter vergrößert hatten. Auch die Mütter hatten übrigens abgenommen.

Diejenigen Jugendlichen, deren Mütter in Form einer eigenen Gruppe an dem Programm teilnahmen, verringerten ihr Gewicht deutlich stärker als die Jugendlichen, die mit ihren Müttern die gleiche Gruppe besuchten. Am wenigsten profitierten die Jugendlichen, deren Eltern gar nicht eingebunden waren. Was können wir diesen Resultaten entnehmen? Zum ersten scheinen die Jugendlichen dem Therapeuten größere Aufmerksamkeit zu schenken, wenn ihre Mutter an dem Programmm teilnimmt. Die getrennten Gruppen für Jugendliche und Mütter erlaubten gleichzeitig, negative Gefühle über die andere Generation leichter auszudrükken. Heikle Fragen konnten leichter thematisiert und bearbeitet werden. Befunde aus der Entwicklungspsychologie können eine solche Interpretation stützen. Die vorherrschende Entwicklungsaufgabe für Jugendliche liegt in der Problematik der Abhängigkeit bzw. Loslösung von den Eltern. In der Gruppe, in der die Jugendlichen alleine arbeiteten, entstanden vielleicht Aggressionen gegenüber den Eltern, weil sie sich zu wenig unterstützt fühlten (zu große Unabhängigkeit). In der Gruppe »Mutter und Kind gemeinsam« entwickelten die Jugendlichen wiederum kein Gefühl von Eigenständigkeit und Selbstverantwortung. Sie fühlten sich zu stark von ihren Müttern dominiert (zu große Abhängigkeit). Wenn die Mütter- und Jugendlichengruppe getrennt liefen, konnten die Jugendlichen sich einerseits unterstützt fühlen, fanden aber gleichzeitig Raum für ihre eigenen Ideen und ihre selbständige Entfaltung.

Die Studie von *Brownell* et al. ist auch deshalb aufschlußreich, weil in ihr der Blutdruck der Jugendlichen über den Verlauf der Behandlung und bei der Nachuntersuchung erfaßt wurde. Übergewicht geht bekanntlich mit einem erhöhten Blutdruck einher. Erhöhter Blutdruck wiederum ist ein entscheidender Risikofaktor für viele ernsthafte Krankheiten, besonders Koronarerkrankungen. Wer in der Kindheit unter erhöhtem Blutdruck leidet, tut dies mit großer Wahrscheinlichkeit auch als Erwachsener. Wenn es also in der Kindheit gelingt, durch Gewichtsabnahme auch einen erhöhten Blutdruck unter Kontrolle zu bringen, wäre damit eine Chance zur Prophylaxe verschiedenster Erkrankungen im Erwachsenenalter gegeben.

Zunächst konnten *Brownell* et al. feststellen, daß von den Jugendlichen, die an dem Programm teilnahmen, diejenigen den höchsten Blutdruck aufwiesen, die auch am stärksten unter Übergewicht litten. Bei diesen verminderte sich auch im Laufe der Behandlung der Blutdruck am deutlichsten. Übergewicht und Blutdruck nahmen bei den Jugendlichen parallel ab. Nach den vier Monaten Behandlung war der Blutdruck klar gesunken (um 16/9 mm Hg); der Erfolg war bei der Nachuntersuchung noch recht stabil (noch 16/5 mm Hg weniger als bei der Erstmessung).

Zusammenfassend lassen sich drei wichtige Ergebnisse der Studie von *Brownell* et al. festhalten:

(1) Verhaltenstherapeutische Programme, die die Mütter von übergewichtigen Kindern und Jugendlichen einbeziehen, führen zu einschneidenden Gewichtsabnahmen, die auch lange andauern.

(2) Die Art und Weise, wie die Mütter einbezogen werden, ist fast so wichtig wie die Frage, ob sie überhaupt beteiligt werden. Es empfehlen sich getrennte Gruppen für die Mütter bzw. die Jugendlichen.

(3) Die Gewichtsreduktion geht einher mit einer deutlichen Senkung des Blutdrucks. Programme zur Gewichtskontrolle sind daher von prophylaktischem Wert, um Koronarerkrankungen und vielfältigen Beschwerden im Erwachsenenalter vorzubeugen.

9.4.2 Der Einsatz von Therapieverträgen

Aragona et al. (1975) haben ein Training zur Gewichtsreduktion bei Kinder entwikkelt, das allein von den Eltern durchgeführt wird. Die Kinder werden, nachdem sie gewogen worden sind, in ein Spielzimmer geschickt; der Therapeut bespricht mit den Eltern das Vorgehen. Im Mittelpunkt des Trainings steht, den Eltern zu vermitteln, wie sie ihren Kindern beibringen können, langsamer zu essen, Mahlzeiten hinauszuzögern, Essen auf dem Teller stehen zu lassen und sich mehr zu bewegen. An dem Training nahmen 15 Mädchen im Alter von fünf bis zehn Jahren teil; ihr Hausarzt hatte eine solche Maßnahme empfohlen. Die 15 Mutter-Kind-Paare wurden in drei Gruppen aufgeteilt. Zwei Gruppen erhielten eine Behandlung; die dritte diente als unbehandelte Kontrollgruppe.

Das zwölfwöchige Training basiert auf einem Therapievertrag zwischen dem Therapeuten und den Eltern. Der Therapievertrag macht sich die Prinzipien des Verstärkerentzugs zunutze und sieht folgendermaßen aus: Jede Mutter soll festlegen, wieviel ihre Tochter innerhalb einer Woche jeweils abnehmen soll (in der Regel ein oder zwei Pfund). Dann hinterlegt sie bei dem Therapeuten einen Geldbetrag, der je nach den finanziellen Möglichkeiten der Familie zwischen dreißig und achtzig Mark schwanken soll. Das hinterlegte Geld kann in zwölf wöchentlichen Raten zurückerworben werden, wenn die Mutter an den wöchentlichen Gruppensitzungen teilnimmt (25% des Betrages), wenn sie die erbetenen Aufzeichnungen über das Gewicht, das Eßverhalten und die sportlichen Aktivitäten des Kindes macht und mitbringt (25% des Betrages) und wenn das Kind die vereinbarte Anzahl an Pfunden abnimmt (50% des Betrages). Wenn irgendein Teil des Vertrages nicht erfüllt wird, wird der entsprechende Betrag nicht zurückerstattet; diese Geldbuße bildet den Verstärkerentzug. Alle sechs Wochen wird das hinterlegte Geld, das nicht zurückverdient wird, an die erfolgreichen Eltern verteilt. Der jeweilige Auszahlungsbetrag hängt davon ab, wie erfolgreich das Kind in den vergangenen Wochen Gewicht verloren hat.

Der Therapievertrag wird in beiden Gruppen abgeschlossen; sie unterscheiden sich nur hinsichtlich der zusätzlich eingesetzten positiven Verstärkung. Die Mütter in der Gruppe mit Verstärkerentzug und positiver Verstärkung werden durch gezielte Verstärkung angeleitet, das Eßverhalten ihres Kindes zu beeinflussen. Die Kinder können Punkte sammeln, Geld als Belohnung erhalten und werden gelobt, wenn sie ihre tägliche Kalorienaufnahme senken, mehr Sport treiben und Reizkontrolle befolgen (z.B. langsamer oder nur an einem bestimmten Platz essen). Die Mütter in der Gruppe, die nur mit Verstärkerentzug arbeitet, erhalten diese Hinweise und Erläuterungen nicht. Wie sich später herausstellt, belohnen auch in dieser Gruppe einige Mütter ihre Kinder, wenn sie abgenommen haben. Eine Mutter teilt das zurückerworbene Geld mit dem Kind; eine andere kauft ihrer Tochter neue Kleider, wenn sie Gewicht verliert.

Nach dem Training stellt sich heraus, daß die Kinder in der Gruppe, die mit Verstärkerentzug und positiver Verstärkung gearbeitet hat, durchschnittlich 11,3 Pfund abnahmen. Die Kinder aus der Gruppe, in der nur Verstärkerentzug praktiziert wurde, haben 9,5 Pfund verloren. Die Kinder in der Kontrollgruppe haben dagegen sogar noch durchschnittlich um 0,9 Pfund zugenommen. Da zwei Mütter aus der Gruppe mit Verstärkerentzug eigenständig auch positive Verstärkung eingesetzt haben, läßt sich der Unterschied zwischen den beiden Behandlungsgruppen nicht einfach mit der positiven Verstärkung in der anderen Trainingsgruppe erklären.

Acht Wochen nach Trainingsende wird noch einmal das Gewicht der Kinder erfaßt. Die Kinder in der Gruppe mit Verstärkerentzug und positiver Verstärkung wiegen immer noch 7,9 Pfund weniger als vor dem Training. Die andere Kindergruppe weist durchschnittlich noch fünf Pfund weniger als vor dem Training auf. Die Kinder der Kontrollgruppe haben jetzt schon 3,6 Pfund zugenommen. Diesen Ergebnissen zufolge schneidet die Gruppe mit Verstärkerentzug und positiver Verstärkung eindeutig am besten ab. 31 Wochen nach dem Training wird noch einmal gewogen. Die Kinder der Kontrollgruppe sind jetzt um 10,2 Pfund schwerer als vor dem Training. Die Kinder der Gruppe mit Verstärkerentzug und positiver Verstärkung wiegen jetzt etwa noch genau so viel wie bei Trainingsbeginn, während die andere Behandlungsgruppe jetzt im Schnitt 7,3 Pfund zugenommen hat.

Wenn wir die Ergebnisse dieser Studie auswerten, müssen wir in Rechnung stellen, daß die Kinder, die an dem Training teilnahmen, bis zu zehn Jahre alt waren. Es ist also zu erwarten, daß sie im Laufe ihrer körperlichen Entwicklung ganz natürlich an Gewicht zunehmen. Da *Aragona* et al. sich immer auf das Gewicht bei Trainingsbeginn beziehen, ist es natürlich, daß über einen Zeitraum von fast einem Jahr das ursprüngliche Gewicht aufgrund des Körperwachstums allmählich wieder erreicht wird. Leider haben die Autoren die Gewichtsveränderungen der behandelten Kinder nicht mit der normalen Gewichtszunahme aufgrund des Körperwachstums in Beziehung gesetzt. In ihrem Bericht heben die Autoren hervor, daß die Kinder in der Gruppe mit Verstärkerentzug und positiver Verstärkung ihr Gewicht langsamer erhöhten als die Gruppe, die ausschließlich Verstärkerentzug einsetzte. Sie mutmaßen, daß die Mütter in der Gruppe mit zusätzlicher positiver Verstärkung auch über das Behandlungsende hinaus noch fortfuhren, ihre Kinder bei angemessenem Eßverhalten zu bekräftigen. Sie fügen hinzu, daß vielleicht »ein zusätzlicher Therapievertrag nach Trainingsende den Gewichtsverlust, der während der Behandlung erzielt werden konnte, langfristig noch besser hätte stabilisieren können. Das Verfahren läßt sich sinnvoll weiterführen« (S. 276).

Vielleicht ist Übergewicht deshalb so schwer zu beeinflussen, weil die Nahrungsaufnahme eine eindeutige und unmittelbare Verstärkung darstellt. Die verschiedenen Trainings zur Gewichtskontrolle helfen zwar zunächst; das eigentliche Problem stellt sich aber meistens erst, wenn es darauf ankommt, das reduzierte Gewicht zu halten. Gewichtskontrollprogramme für Kinder müssen so gestaltet werden, daß sie den einmal erzielten Fortschritt absichern. Hierzu muß das Programm ganz individuell auf das einzelne Kind hin abgestimmt werden. Obwohl die Kontrolle des Therapieerfolges im Einzelfall sehr schwierig ist (vgl. *Petermann,* 1982), ist ein solches auf die individuellen Gegebenheiten abgestelltes Vorgehen für ein optimales Programm erforderlich. Einen solchen Weg beschritten *Wheeler* u. *Hess* (1976) in ihrer Studie, der wir uns jetzt zuwenden.

9.4.3 Individuelle Trainings des Eßverhaltens

Wheeler u. *Hess* (1976) behandelten vierzig übergewichtige Kinder im Alter von zwei bis elf Jahren, wobei das Vorgehen individuell auf das einzelne Kind abgestimmt wurde. Die Kinder waren ihnen von Kinderärzten überwiesen worden. Vierzehn dieser Kinder blieben zunächst ohne Behandlung und bildeten eine Kontrollgruppe. Ihr Gewicht wurde jedoch weiterhin erfaßt. Von den 26 verbleibenden brachen noch einmal zwölf Kinder im Laufe der ersten Sitzungen die Therapie ab. Auch die Entwicklung ihres Gewichtes wurde weiter beobachtet; sie bildeten eine zweite Kontrollgruppe.

Die Therapie mit den restlichen 14 Kindern erfolgt in halbstündigen Treffen, an denen Mutter und Kind gemeinsam teilnehmen. Zu Beginn finden diese Treffen alle zwei Wochen statt, danach werden – bei entsprechenden Behandlungsfortschritten – die Intervalle zwischen den Sitzungen nach und nach verlängert. Dieses Vorgehen soll die Eltern dazu ermutigen, mit ihren Kindern unabhängig vom Therapeuten zu arbeiten und sich nur dann mit dem Therapeuten zu verabreden, wenn konkrete Unterstützung notwendig ist.

Wheeler u. *Hess* versuchen auf zwei Wegen, die Eßgewohnheiten der Kinder zu ändern: Sie trainieren die Eltern und verändern diejenigen Verhaltensweisen des Kindes, die zu übermäßigem Essen führen. Aus diesem Grund analysieren sie exakt die Bedingungen, die dem Essen jeweils vorausgehen bzw. folgen. Im nächsten Schritt versuchen sie, diese Bedingungen, die das problematische Eßverhalten steuern, unter Kontrolle zu bringen. Um die wichtigen Ereignisse und Situationen herauszufinden, die normalerweise das Essen begleiten, fordern sie die Mutter und das Kind auf, eine »Essenstabelle« zu führen. In diese Tabelle wird eingetragen, wieviel von welchen Speisen wann und in welchem Kontext gegessen wird. In den Behandlungssitzungen bespricht man die Ergebnisse dieser Tabelle, und der Therapeut gibt Empfehlungen und Verhaltensanleitungen an Mutter und Kind.

Die Autoren nennen acht der häufigsten Probleme, die beim übermäßigen Essen auftreten, und zeigen Wege auf, wie man ihnen begegnen kann. So findet man oft Kinder, die unkontrolliert Süßigkeiten, Kekse und Eiskrem zu Hause verschlingen. Solche Auswüchse kann man verhindern, wenn man solche Nahrungsmittel aus dem Haushalt verbannt.

Im Elterntraining werden die Mütter darin unterwiesen, Speisen in kleine Mengen abzupacken, um genaue Anhaltspunkte darüber zu bekommen, wieviel verspeist wird. Kalorienreiche Süßigkeiten sollen durch kalorienarme ersetzt werden. Manche Kinder essen bei einer Mahlzeit zu große Mengen; andere Kinder bewegen sich nicht genug, treiben zu wenig Sport und haben dadurch keinen Ausgleich zu ihrer hohen Kalorienaufnahme. In all diesen Fällen werden konkrete Vorschläge unterbreitet. Diese können darauf beruhen, daß ungünstige Bedingungen, die Eßverhalten auslösen, beseitigt oder kontrolliert werden; dementsprechend kann man förderliche Bedingungen aufbauen oder sich entwickelnde angemessene Eßgewohnheiten bekräftigen.

Die Ergebnisse dieser Studie belegen, daß das therapeutische Vorgehen sich an der spezifischen Situation des Kindes oder Jugendlichen orientieren sollte. Zur Erfolgskontrolle beschreiben *Wheeler* u. *Hess* einen interessanten Weg: Sie setzen die Gewichtsveränderungen zu der durchschnittlich zu erwartenden Gewichtszunahme eines jeden Kindes in Beziehung, wobei diese von Körpergröße, Geschlecht und Alter abhängt. Sie vergleichen jeweils das tatsächliche Körpergewicht mit demjenigen, das bei jedem Kind im Normalfall zu erwarten ist. Von den 14 behandelten Kindern nähern sich zehn durch die Behandlung ihrem zu erwartenden Normalgewicht. Die vier anderen werden noch übergewichtiger. Während die Gruppe am Anfang durchschnittlich über 48 Prozent Übergewicht hat, so weist die behandelte Gruppe nach der Therapie noch knapp 35 Prozent auf. Die Gruppe der Therapieabbrecher hat dagegen ihr Gewicht im Schnitt noch um drei Prozent und die eigentliche Kontrollgruppe ihres sogar um sechs Prozent erhöht. Auch die Kinder, die die Therapie abbrachen (also maximal an vier Therapiesitzungen teilnahmen), konnten im Vergleich zu der Kontrollgruppe schon von dieser bescheidenen therapeutischen Maßnahme profitieren. Ihre Mütter haben unter Umständen Anregungen des Therapeuten auch über den Therapieabbruch hinaus beherzigt.

Wheeler u. *Hess* orientierten sich eng an den Eßgewohnheiten des Kindes, anstatt nur die Kalorienaufnahme zu überwachen oder eine Diät anzuwenden. Kinder essen meist im Familienverband. Ihre Essensgewohnheiten stehen daher in Zusammenhang mit dem Lebensstil ihrer Familie. Wenn man die Eßgewohnheiten verändern will, muß man daher oft auch den Lebensstil der Familie ändern. Aus diesem Grund betonen *Wheeler* u. *Hess,* wie wichtig es ist, mit Mutter und Kind gemeinsam zu arbeiten.

Viele Fehlverhaltensweisen der Eltern übernehmen die Kinder. So nehmen die Eltern oft Süßigkeiten und anderes Naschwerk zwischen den Mahlzeiten zu sich und teilen diese mit den Kindern. Um den Kindern die Kontrolle ihres Eßverhaltens zu erleichtern, werden die Eltern angewiesen, ihr eigenes unvernünftiges Eßverhalten - wenn sie es nicht aufgeben wollen - auf den außerhäuslichen Bereich zu beschränken. Diese familiären Eßgewohnheiten erklären, warum wir oft einen Zusammenhang zwischen Übergewicht bei Eltern und Übergewicht bei ihren Kindern vorfinden. Interessant dabei ist, daß genau die Kinder die Therapie vorzeitig abbrachen, die auch übergewichtige Eltern hatten. Obwohl die Studie von *Wheeler* u. *Hess* nicht über langfristige Erfolge der Behandlung berichtet, so läßt doch eine Therapie, die an den Eßgewohnheiten des Kindes bzw. der Familie ansetzt, eine gute Langzeitwirkung erwarten. Gelingt es, die stabilen ungünstigen Verhaltensmuster in einer Familie umzugestalten, wird man mehr erreichen als durch eine kurzfristig angelegte Diät. Eine Diät kann zwar sehr rasch zu einer drastischen Gewichtsverringerung führen, danach können aber leicht alte Eßgewohnheiten wieder hervorbrechen und zu einer erneuten Gewichtszunahme führen. Zweifellos ist es mühseliger, das Eßverhalten einer Familie umzustellen als ein übergewichtiges Kind auf Diät zu setzen. Die Arbeiten von *Wheeler* u. *Hess* liefern einen vielsprechenden Ansatz, langfristige Gewichtskontrollen bei Kindern zu erreichen, indem man verhaltenstherapeutisch die Eßgewohnheiten des Kindes und eventuell die der ganzen Familie umstellt.

9.4.4 Übergewicht bei Jugendlichen

Führt man mit Jugendlichen ein Programm zur Gewichtsreduktion durch, ist die Teilnahme anderer Familienmitglieder nicht immer vonnöten. Dies wurde jedenfalls in einer Studie von *Weiss* (1977) deutlich, der 46 Jugendliche (Durchschnittsalter 13,5 Jahre) behandelte. Diese Jugendlichen hatten hinsichtlich Alter, Körpergröße und Geschlecht durchschnittlich ein Übergewicht von 42 Pfund. Sie wurden fünf Gruppen mit unterschiedlichen Behandlungsformen zugewiesen. Alle Gruppen waren hinsichtlich Geschlecht, Alter, Gewicht und prozentualem Übergewicht der Mitglieder gleich zusammengesetzt. Eine Gruppe diente als Kontrollgruppe. *Weiss* beschreibt die verschiedenen Behandlungen der übrigen vier Gruppen folgendermaßen:

(1) *Diätgruppe ohne Bekräftigung.* Die Teilnehmer dieser Gruppe sollen einen Diätplan nach *Stuart* u. *Davis* (1972) befolgen. Sie können Punkte sammeln, wenn sie die Diät einhalten. Die Punkte können nicht gegen echte Belohnungen eingetauscht werden.

(2) *Diätgruppe mit Bekräftigung.* Hier können die gesammelten Punkte gegen echte Belohnungen (z.B. Fernsehen) eingetauscht werden.

(3) *Gruppe mit Reizkontrolle.* Die Jugendlichen sollen die Situationen besser kontrollieren lernen, in denen sie normalerweise zum Essen »verführt« werden (Reizkontrolle). So sollen sie nur in einem bestimmten Zimmer im Haus essen und etwa bei den Mahlzeiten jeden Bissen lange durchkauen. Auch sie können sich Punkte verdienen und diese gegen echte Belohnungen einlösen.

(4) *Diätgruppe mit Reizkontrolle und mit Bekräftigung.* Diese Gruppe vereinigt in sich die Bedingungen der Diätgruppe mit Bekräftigung und der Gruppe mit Reizkontrolle.

In allen vier Behandlungsgruppen ist der Jugendliche allein für das Programm verantwortlich. Die Eltern sollen sich vollkommen aus dem Training heraushalten. Jeder Teilnehmer kommt zur Einzelsitzung, die jeweils (mit Ausnahme der ersten Sitzung) nur 10 bis 15 Minuten dauert. Man fordert die Jugendlichen auf, sich sportlich zu betätigen und außerdem tägliche Aufzeichnungen über das eigene Eßverhalten zu machen, die regelmäßig zu den Therapiesitzungen mitzubringen sind. Es wird dabei nicht überprüft, ob die Jugendlichen das Programm wirklich einhalten. Den Jugendlichen obliegt es auch, sich selbst zu verstärken.

Zu Behandlungsbeginn wogen die Jugendlichen im Schnitt in allen Gruppen 154 Pfund, was einem Übergewicht von 42,6 Prozent entspricht. Nach zwölf Wochen hat die Kontrollgruppe nochmals um 4,2 Prozent zugenommen; alle Behandlungsgruppen dagegen haben abgenommen. Die geringste Gewichtsabnahme finden wir in der Diätgruppe ohne Bekräftigung, die größte in der Diätgruppe mit Reizkontrolle und mit Bekräftigung.

Um die Langzeitwirkung des Programms zu erfassen, führte *Weiss* ein Jahr nach Trainingsbeginn eine Nachkontrolle durch. Die Kontrollgruppe liegt zu diesem Zeitpunkt 59,5 Prozent (vorher: 52,1 Prozent) über ihrem Normalgewicht. Alle behandelten Gruppen erreichen bessere Resultate. Ein leichter Behandlungserfolg liegt bei der Diätgruppe ohne Bekräftigung vor, es folgt die Diätgruppe mit Bekräftigung. Die besten Ergebnisse erbringen die Gruppen, bei deren Training großer Wert auf die Veränderung der Eßgewohnheiten gelegt wurde, also die Gruppe mit Reizkontrolle bzw. die Gruppe mit Reizkontrolle und Bekräftigung. Diese beiden Gruppen konnten auch nach der Behandlung ihr Körpergewicht weiter senken, und zwar um 9 bzw. 10,5 Prozent. Es zeigte sich also nicht nur ein bedeutsamer Unterschied zu der unbehandelten Kontrollgruppe, sondern auch zu den beiden Diätgruppen.

Die Ergebnisse weisen die Reizkontrolle als die beste Hilfe für Jugendliche aus. Besonders wenn wir an einer langfristigen Gewichtsabnahme interessiert sind, bietet sich die Reizkontrolle an. Mit Hilfe der Reizkontrolle kann man langfristig die Eßgewohnheiten ändern, was wohl ausschlaggebend für deren Erfolg ist. Wenn Reizkontrolle und Diät kombiniert werden, so fällt die anfängliche Gewichtsabnahme noch drastischer aus. Langfristig besteht jedoch kein Unterschied zu einer reinen Anwendung der Reizkontrolle. *Weiss* berichtet, daß die Jugendlichen in der Gruppe mit Reizkontrolle häufig wissen wollten, was sie essen sollen und was nicht. Sie gingen davon aus, daß ein Programm zur Gewichtsabnahme eine Diät einschließt. Auf diesem Hintergrund hält *Weiss* eine Kombination von Reizkontrolle (Veränderung der Eßgewohnheiten), Diät und Selbstbekräftigung für optimal.

Warum kann man eigentlich durch Reizkontrolle Gewicht so nachhaltig und langfristig senken? Was ist so wirkungsvoll daran, nur in einem Zimmer des Hauses etwas zu essen, nichts anderes während des Essens zu tun, jeden Bissen gründlich zu kauen, kleinere Teller zu benutzen, etwas Essen auf dem Teller stehenzulassen, eine halbe Stunde zu warten, bis man den Nachtisch zu sich nimmt? Eine mögliche Antwort auf diese Fragen finden wir, wenn wir uns das Essen aus der Perspektive des operanten Konditionierens anschauen. Essen ist ein Verhalten, das sich selbst aufrechterhält. Essen bildet eine unmittelbare, primäre Verstärkung über die Nahrungsaufnahme. Welches sind die diskriminativen Reize, in deren Gegenwart wir diese Verstärkung erleben? Und welche diskriminativen Reize sind auf lange Sicht geeignet, unser Eßverhalten auszulösen und zu steuern? Bei vielen Menschen, die große Probleme damit haben, abzunehmen oder wenigstens nicht dicker zu werden, finden wir viele, das Eßverhalten kontrollierende, Hinweisreize. Typische Situationen, die Essen fördern, sind beispielsweise: fernsehen, im Kino sitzen, im Bett liegen und lesen. Aber auch nur der Anblick eines Kühlschranks mag ausreichen, um uns zum Essen zu ermuntern. All diese Hinweisreize sind mehr oder weniger daran beteiligt, wenn genußvolles Essen verstärkt wird. Die Reizkontrolle versucht deshalb, die Anzahl der Hinweisreize, die zum Essen verführen, möglichst gering zu halten. Wenn nur ein einziges Zimmer im Haus (die Küche oder das Eßzimmer) einen zum Essen verleitet, dann dürfte man auf lange Sicht im Wohnzimmer »keinen Hunger mehr bekommen«. Wenn der Anblick eines kleinen Essensrestes auf dem Teller nicht länger bewirkt, alles zu »verputzen«, so kann man eher mit dem Essen aufhören. In der Studie von *Weiss* haben die Jugendlichen diese Bedingungen (nach einer Anleitung) selbständig umgeändert. Wir können dieses Training also auch als *Selbstkontrollprogramm* verstehen.

Selbstkontrolle in dieser systematischen Form ist normalerweise erfolgreicher und angenehmer als das, was man landläufig unter Selbstkontrolle versteht (sich auf die Zähne beißen und zu sich sagen »Ich darf nicht essen, ich darf nicht essen!«). Der Erfolg der systematischen Selbstkontrolle rührt daher, daß man seine äußere Umgebung so umgestaltet, daß man sich nicht den Reizen aussetzt, die einen leicht zum Essen verführen können.

9.5 Asthma und Atembeschwerden

Die Atembeschwerden, die beim Asthma auftreten, galten lange Zeit als ein klassisches Beispiel für eine psychosomatische Störung, bei der psychische und körperliche Faktoren beteiligt sind. Neben Asthma im engeren Sinne kennen wir einige weitere Störungen beim Einatmen und Ausatmen. Asthmatische Atembeschwerden sind begleitet von einer Anspannung der Brust und giemenden Geräuschen während des Ausatmens. Die Behinderung des Atemflusses geht auf ein Anschwellen der Schleimhäute in der Luftröhre oder den Bronchien bzw. in beiden zurück. Diese Beschwerden können durch eine Vielzahl unterschiedlicher Allergene hervorgerufen werden, etwa durch Blütenpollen, Staub oder Tierhaare. Sie werden oft durch physischen oder psychischen Streß verstärkt. Wie weit körperliche oder psychische Faktoren in jedem Fall beteiligt sind, variiert von Patient zu Patient.

Die oft zitierte Studie von *Purcell* et al. (1969) weist nach, daß wir bei asthmatischen Kindern zumindest zwei Unterformen unterscheiden können. Im einen Fall geht einem Asthmaanfall fast immer eine emotionale Erregung (Ärger, Traurigkeit, Angst) voraus; im anderen sind solche emotionalen Auslöser nicht auszumachen. Trennt man Kinder der ersten Gruppe eine gewisse Zeit von ihren Familien, dann treten Verbesserungen ein. Diese Beobachtung legt nahe, daß zwischenmenschliche, innerfamiliäre Konflikte asthmatische Beschwerden verstärken können. Bei den Kindern dieser Gruppe sind psychologische Maßnahmen sicherlich wirkungsvoller als bei den Kindern, bei denen psychische oder emotionale Auslöser nicht ausgemacht werden können. Man bräuchte demzufolge differentialdiagnostische Verfahren, mit denen man Unterformen unterscheiden kann (*Knapp* u. *Wells,* 1978). Für psychologische Maßnahmen könnte man dann angeben, wann sie geeignet sind und wie ihre Erfolgschancen sind. Vorläufig können wir nur etwas aus der Ernsthaftigkeit der Symptome schließen. In weniger bedrohlichen Fällen können psychologische Maßnahmen normalerweise die Krankheit lindern *(Alexander,* 1972). Schwerwiegende Fälle scheinen auf psychologische Maßnahmen dagegen kaum anzusprechen *(Alexander* et al., 1979).

Knapp u. *Wells* (1978) empfehlen, asthmatischen Kindern die progressive Muskelentspannung nach *Jacobson* beizubringen; sie normalisiert die Atmung der Kinder *(Alexander* et al., 1972; *Davis* et al., 1973). Kinder, die die progressive Muskelentspannung beherrschen, können schneller und tiefer ausatmen, wenn sie vorher aufgefordert wurden, ihre Lungen ganz mit Luft zu füllen. *Alexander* et al. (1979) bezweifeln die Bedeutung der progressiven Muskelentspannung im Rahmen der Behandlung kindlicher Atembeschwerden. Die Autoren können bei großen Atembeschwerden keine Belege für die Erfolge der Entspannungsmethoden finden. Sie gestehen aber zu, daß Entspannungsverfahren sinnvoll sind, wenn man sie im Kontext einer systematischen Desensibilisierung bei Kindern einbringt. Man kann den Kindern so die Angst vor erneuten Asthmaanfällen nehmen, wobei man zugleich einen entscheidenden Auslöser für die Anfälle beseitigt.

Nach *Davis* et al. (1973) muß man die Wirkung der Entspannungstechniken differenziert betrachten. In leichten Fällen, in denen keine Medikamente gegeben werden, können sie das Ausatmen positiv beeinflussen; sie bleiben jedoch ohne Wirkung in schweren Fällen, die einen dauernden Einsatz von Medikamenten erfordern. *Davis* et al. haben deshalb eine andere Methode vorgestellt, die mit elektromyographischer Rückmeldung arbeitet. Der Therapeut vermittelt dem Patienten über visuelle und/oder akustische Signale andauernd Informationen über seine muskuläre Anspannung bzw. Entspannung. Dabei werden Elektroden auf der Haut angebracht, die die muskuläre Aktivität aufzeichnen. Es handelt sich um eine *Biofeedback*-Methode, die die Fähigkeit des Patienten erhöht, willentliche Kontrolle über Körperfunktionen zu erlangen, die primär über das autonome Nervensystem gesteuert werden (z.B. Herzschlagrate, Blutdruck). Ohne die elektronisch verstärkte Rückmeldung ist es schwierig, diese Körperfunktionen bewußt und willentlich zu steuern.

Wie können wir uns diese Fähigkeit erklären, willentlich Körperfunktionen beeinflussen zu können, die wesentlich durch das autonome Nervensystem reguliert werden? Begreifen wir die Biofeedback-Methode als ein operantes Vorgehen, dann interessiert uns der Zusammenhang zwischen einem verdeckten Verhalten (z.B. die Verlangsamung des Herzschlags) und beobachtbarer Veränderung des Biofeedback-

Signals. Tritt eine Veränderung des Signals in die gewünschte Richtung auf, dann fühlen sich Erwachsene und Jugendliche verstärkt. Bei jüngeren Kindern kann man daraus ein Spiel machen, bei dem Punkte oder Belohnungen gesammelt werden können, wenn das Biofeedback-Signal in einem bestimmten Bereich gehalten werden kann.

Das Biofeedback ist jedoch nicht das einzige operante Vorgehen, das bei Asthma angewendet werden kann. *Creer* (1970) beispielsweise gelang es, die Häufigkeit und Dauer von Klinikaufenthalten von zwei zehnjährigen Jungen, die unter Asthma litten, zu vermindern, indem er während des Klinikaufenthaltes die Verstärkungsmöglichkeiten (z.B. Spielzeuge und häufige Besuche der Mütter) einschränkte. Erstaunlicherweise standen bei beiden Kindern ernsthafte asthmatische Anfälle, die eine Kliniküberweisung erforderlich machten, tatsächlich unter der Kontrolle solcher Verstärker. Der Entzug dieser Verstärker erwies sich folglich als wirksame Behandlungsmethode. Ein ähnliches Vorgehen wurde von *Neisworth* u. *Moore* (1972) bei einem siebenjährigen Jungen gewählt, dessen asthmatischen Anfälle besonders stark auftraten, wenn er abends zu Bett gehen sollte. Eine Verhaltensanalyse ließ vermuten, daß die Eltern die Beschwerden durch ihre besorgte Aufmerksamkeit während dieser Attacken aufrechterhielten.

Die Eltern wurden von den Therapeuten aufgefordert, dem Jungen anzubieten, daß er sich Geld verdienen könne, wenn er die Zeitspanne verringern könne, die er abends hustete. Das Vorgehen zeigte unmittelbare Wirkung. Zu Beginn stieg die Zeit, die der Junge abends hustete, kurzfristig stark an; dieses plötzliche Ansteigen ist jedoch charakteristisch für ein Verhalten, das plötzlich nicht mehr verstärkt wird. Bald verringerte sich jedoch die Zeitspanne des Hustens drastisch. Nach zehn Monaten war der Behandlungserfolg nicht nur noch stabil, sondern die Symptomatik hatte weiter nachgelassen. Nachdem sich die Eltern über die Zusammenhänge zwischen ihrem Verhalten und der Symptomatik ihres Kindes im klaren waren, konnten sie eigenständig die asthmatischen Beschwerden ihres Kindes unter Kontrolle halten.

Die Diagnose »Asthma« steht für viele Atembeschwerden. Gelegentlich wird sie auch gestellt, um dadurch Zugang zu einer spezialisierten Behandlungseinrichtung zu erhalten. Dies schien bei einem fünfzehnjährigen Jungen der Fall zu sein, den *Alexander* et al. (1973) behandelten. Bei dem Jungen trat nicht das für Asthmatiker typische giemende Geräusch bei Atemnot auf. Der Junge entwickelte einen trockenen Husten, der so ernsthaft war, daß er achtmal auf Intensivstationen eingeliefert wurde, 25 Kliniküberweisungen und 113 Fehltage in der Schule aufwies. Mehrere Male waren die Hustenanfälle derart schlimm, daß der Junge das Bewußtsein verlor. Die Störung konnte durch verschiedene Behandlungsversuche nicht geheilt werden. Schließlich titulierte der Hausarzt des Jungen die Hustenanfälle als Asthma, damit er ihn in eine bekannte Asthma-Klinik überweisen konnte, die auf die Behandlung von Kindern spezialisiert war. Dort stellte man fest, daß der Husten offensichtlich keine organische Grundlage hatte und daß es keine begründeten Hinweise für eine asthmatische Erkrankung gab. Man entdeckte, daß bestimmte Reize (der Geruch von Speck, Shampoo, Haarspray, Seife) den Husten auslösen können und der Husten anscheinend durch die beständige Zuwendung aufrechterhalten wird. Die Kommunikation in der Familie kreiste mittlerweile fast ausschließlich um die Symptomatik des Jungen. Diese Tatsache hätte eigentlich eine sanftere Behandlungsform nahegelegt, als *Alexander* et al. schließlich wählten. Man hätte die Bedingungen ändern müssen, die den Husten immer wieder verstärkten. *Alexander* et al. entschieden sich stattdessen für ein Verfahren, das auf dem Vermeidungslernen aufbaut. Sie arbeiteten mit Strafreizen, die durch Elektroschocks hervorgerufen wurden.

Den Einsatz von Strafreizen kann man nur dann rechtfertigen, wenn ohne eine solche Behandlung anhaltende Schmerzen oder gar der Tod des Patienten zu befürchten sind. Man sollte jedoch immer auf eine weniger belastende Therapiemethode zurückgreifen, wenn auch diese schnell die Beschwerden lindert. Die Situation des Jungen war sicherlich sehr kritisch; *Alexander* et al. können jedoch nicht überzeugend darlegen, warum das Bestrafungsverfahren nicht zu umgehen war. Ihr Vorgehen ist somit keinesfalls nachahmenswert; dennoch lohnt es sich, es detaillierter vorzustellen, weil es eines der wenigen Beispiele der Kinderverhaltenstherapie darstellt, das mit Bestrafung und Vermeidungslernen operiert.

Zunächst beginnen *Alexander* et al. (1973) mit einer einfachen Bestrafungsform. Man läßt den Jungen an einer Shampooflasche riechen, was in der Regel sofort einen Hustenanfall auslöst. Auf das Husten hin erhält der Junge einen Schock von fünf Milliampere und einer Sekunde Dauer auf seinen rechten Unterarm. Durch diese Behandlung steigt der Husten stark über das übliche Maß hinaus an. Der Junge drückt (verständlicherweise) seinen Unmut darüber aus, daß man erst seinen Husten hervorruft und dann bestraft. Im nächsten Schritt soll der Junge lernen, den Husten zu vermeiden. Hierzu wird der Junge jetzt nicht jedesmal »geschockt«, wenn er hustet, sondern er kann den Schock vermeiden, wenn er seinen Husten für eine gewisse Zeit zurückhalten kann. Die hustenfreien Zeitabstände, die man von ihm erwartet, werden schrittweise verlängert. Wenn der Junge in einem Durchgang vor Ablauf des Zeitintervalls hustet, bekommt er wieder einen kleinen Stromstoß; wenn nicht, so verlängert man wieder das Zeitintervall.

Vor der Behandlung lagen im Durchschnitt sechs Sekunden zwischen dem Riechen an der Flasche und dem Ausbruch des Hustens. Von diesen sechs Sekunden wird in der ersten Trainingseinheit ausgegangen. Wenn der Junge noch innerhalb des Intervalls zu husten beginnt, wird er »geschockt« und beim nächsten Durchgang wird noch einmal die gleiche Sekundenanzahl zugrundegelegt. Nach insgesamt 75 Durchgängen tritt kein Husten mehr auf, wenn der Junge an der Shampooflasche riecht; 24 mal wurde dabei mit Schocks gearbeitet. Mit dem gleichen Erfolg wurde das Husten bei anderen Reizstoffen (Fett, Seife, Haarspray etc.) beseitigt. Bei einer Nachkontrolle nach 18 Monaten leidet der Junge nicht mehr unter seinem Husten; manchmal tritt ein Husten kurz auf, wenn er unvermutet einem der Reizstoffe ausgesetzt ist. Andere, neue Probleme traten bei dem Jungen nicht auf. Des weiteren ist die Familie beraten worden, wie sie dem Jungen durch andere Dinge Aufmerksamkeit und Zuwendung zeigen kann. Der Junge entwickelte sich normal weiter, und es ist eindeutig, daß dieser Husten operant bedingt war und durch die Zuwendung der Familie aufrechterhalten wurde. Sicherlich handelte es sich dabei nicht um Asthma.

9.6 Anfallsleiden

Epileptische Anfälle gehen auf eine plötzliche und extreme Energieentladung des Gehirns zurück. Sie treten häufig bei Personen auf, die unter einer nachweisbaren Schädigung des Hirns leiden, die sich in einem veränderten EEG niederschlägt. Die Anfälle sind eindeutig neurologisch bedingt; bei manchen Patienten sind jedoch Umweltfaktoren (z.B Streß oder Müdigkeit) als Auslöser beteiligt. Wie wir sehen werden, können verhaltenstherapeutische Maßnahmen dazu beitragen, das Auftreten solcher Anfälle zu vermeiden; auf jeden Fall kann die Häufigkeit solcher Anfälle erheblich verringert werden.

Viele Epileptiker haben Vorahnungen darüber, wann ein Anfall eintritt. Diese *Prodrome* können sich als Kopfschmerzen, Ohrgeräusche, übermäßiger Durst oder lokale Krämpfe äußern. *Zlutnik* et al. (1975) fassen Anfälle, die sich durch solche Prodrome ankündigen, als letztes Glied einer Verhaltenskette auf. Sie vermuten, daß ein Anfall frühzeitig verhindert werden kann, wenn es gelingt, die Verhaltenskette in einem frühen Stadium zu unterbrechen. Sie arbeiteten mit fünf Kindern, bei denen diese Symptome, die einem Anfall vorausgehen, verläßlich identifiziert werden konnten; ihre Erfahrungen stützen ihre These. Bei vier Kindern unterbrach man die Verhaltenskette durch ein laut und scharf gerufenes »Nein«, sobald die ersten Anzeichen eines Anfalls auftraten. Gleichzeitig faßte man das Kind mit beiden Händen an den Schultern und schüttelte es einmal kräftig. Den Personen, die sich oft in der Nähe der Kinder aufhielten, wurde diese Methode beigebracht (Pflegepersonal, Eltern, Lehrer und auch andere Kinder). Bei dem fünften Kind setzte man differentielle Verstärkung ein, um die Verhaltenskette zu unterbrechen.

Die Methode, »Nein« zu rufen und das Kind zu schütteln, hatte bei einem siebenjährigen Jungen den größten Erfolg, dessen Anfallsleiden bereits seit dem zweiten Lebensjahr auftrat. Er war zwar nicht als »Epileptiker« diagnostiziert worden, erhielt aber Antikonvulsiva (krampflindernde Mittel). Trotzdem erlitt er im Durchschnitt zwölf Anfälle täglich. Seine Anfälle verlaufen dabei regelmäßig in drei unterscheidbaren Phasen. Sie beginnen damit, daß der Junge einen starren Blick bekommt; dann wird sein Körper starr, er bekommt klonische Muskelkrämpfe und schüttelt sich heftig und stürzt schließlich zu Boden. Es konnte kein Anfall beobachtet werden, dem nicht der starre Blick voranging. Daher wählten *Zlutnik* et al. (1975) dieses Verhalten als Ansatzpunkt für ihr Vorgehen.

Zu Beginn der Behandlung konnten täglich ca. zwölf Anfälle beobachtet werden. Als man die Anfälle nach dem eben vorgestellten Vorgehen unterbrach, sank die Anfallsrate sofort auf einen oder zwei Anfälle pro Tag. Nach acht Wochen traten keine Anfälle mehr auf; man behandelte noch drei weitere Wochen weiter. Bei einer Nachkontrolle nach sechs Monaten ist der Junge vollkommen anfallsfrei, abgesehen von einem schwer einschätzbaren Vorfall, bei dem der Junge auf dem Spielplatz gestürzt ist. Parallel zu den verhaltenstherapeutischen Maßnahmen verringerte man systematisch die Medikamente zur Epilepsiebehandlung, bis sie schließlich vollkommen abgesetzt waren. Um zu prüfen, ob wirklich die verhaltenstherapeutischen Maßnahmen wirkten, unterließen die Autoren für einen halben Tag ihre Hilfestellung; in der Tat kam es zu sechs schweren Anfällen innerhalb von drei Stunden. Als man nachmittags wieder wie beschrieben intervenierte, trat kein Anfall mehr auf. Damit ist klar, daß das therapeutische Vorgehen entscheidend daran beteiligt war, die Anfälle zu verhindern. Mit dem Vorgehen verschwanden nicht nur die Anfälle, sondern mit der Zeit auch der starre Blick des Jungen. Bei anderen Kindern, die ähnlich behandelt wurden, deren Prodrome jedoch nicht nachließen, verringerte sich auch die Anfallsrate nicht so schnell wie bei diesem Jungen.

Zlutnik et al. verstärkten möglichst früh ein Verhalten des Kindes, das mit der Anfallssymptomatik nicht vereinbar war. Hierzu ein Beispiel: Bei einer siebzehnjährigen geistigbehinderten Epileptikerin spielen sich Anfälle folgendermaßen ab: ihr Körper wird starr und spannt sich an, sie ballt ihre Fäuste, streckt ihre Arme vom Körper weg, ihr Kopf zuckt nach hinten weg und sie beginnt zu grimassieren. Dann kommt es zu einem vollständigen, den ganzen Körper erfassenden Anfall. Man kann dabei beobachten, daß das Armstrecken am regelmäßigsten dem Anfall vorausgeht und ihn mit großer Sicherheit ankündigt. Folglich setzt dort die Intervention an. Sobald das Mädchen ihre Arme ausstreckt, nimmt eine andere Person sie bei den Armen und führt diese zum Körper zurück. Man wartet fünf Sekunden, lobt sie dann überschwenglich dafür, daß sie ihre Arme gesenkt hält, und schenkt ihr eine Süßigkeit. Dieses Vorgehen wird zunächst von den Autoren und dem Personal der klinischen Einrichtung durchgeführt. Allmählich werden weitere Personen mit dieser Aufgabe betreut. Während der anfänglichen Beobachtung traten durchschnittlich 16 Anfälle pro Tag auf. Nachdem man das mit den Anfällen unvereinbare Verhalten gezielt verstärkt, verschwinden die Anfälle sehr schnell. Als man nach etwa zwei Monaten dieses Vorgehen beendet, treten sofort wieder ca. sechs Anfälle täglich auf. Die Anfälle verschwinden jedoch sofort wieder, als man die ursprüngliche Behandlung wieder aktiviert. Die Anfälle des Mädchens treten nur dann in der Folgezeit auf, wenn man es versäumt, ihr in der kritischen Phase die Arme wieder an den Körper zu führen.

Nicht bei allen Kindern, bei denen *Zlutnik* et al. in der beschriebenen Weise vorging, verlief die Behandlung so erfolgreich wie in den beiden beschriebenen Fällen. Bei einem vierjährigen hirngeschädigten Jungen konnte beispielsweise nur vorübergehend die Häufigkeit der Anfälle verringert werden. Dieser Junge bekam leichte Krämpfe an den Armen und am Kopf oder starrte für einige Momente mit einem leeren Blick vor sich hin und erbrach sich dann. Man intervenierte bei ihm ebenfalls in der Weise, daß man ihn laut anrief und schüttelte. Der Hauptunterschied zu den früher diskutierten Fällen lag darin, daß seine Anfälle durch ein vermindertes Aktivitätsniveau angekündigt wurden, eine Veränderung also, die weitaus schwerer zu bemerken ist als das Armstrecken. Wollte man zu dem Zeitpunkt, bei dem das Kind starrte und sich erbrach, den Anfall verhindern, war dieser schon nicht mehr aufzuhalten. Die Verhaltenskette konnte daher nicht jedesmal, sondern nur intermittierend gestoppt werden. Offensichtlich ist es für den Erfolg der Maßnahme entscheidend, daß der Therapeut den gesamten Anfallsverlauf beobachten und damit den eigentlichen Anfall früh genug vorhersehen kann, um die *Verhaltenskette* noch *rechtzeitig zu unterbrechen.* Die Unterbrechung sollte immer in der gleichen Weise erfolgen. Sie kann dabei bestrafend wirken, wie in dem Fall, bei dem der Therapeut das Kind scharf anspricht und schüttelt. Sie kann auch durch die gezielte Verstärkung eines mit dem Anfall unvereinbaren Verhaltens erfolgen (z.B. ausgestreckte Arme wieder an den Körper führen und danach belohnen). Die Autoren halten ihren Ansatz für die Behandlung einiger Formen von Epilepsie für vielversprechend, sind allerdings der Ansicht, daß es noch weiterer Forschung bedarf, bis wir die Prozesse verstehen, auf denen der Erfolg dieser Maßnahmen basiert.

Wir können bei der Untersuchung von *Zlutnik* et al. (1975) nicht einschätzen, wie verläßlich die Angaben über die aufgetretenen Anfälle sind. Verständlicherweise kann man nur diejenigen Anfälle erfassen, die beobachtet werden. Man kann damit nicht ausschließen, daß es außerhalb des Beobachtungszeitraumes zu Anfällen gekommen ist. Um verläßliche Daten zu erhalten, wäre man gezwungen, ein Kind rund um die Uhr zu beobachten. Da man ein Kind nicht total überwachen kann, ist es denkbar, daß Verfahren und besonders Bestrafungsverfahren, die sich auf die Unterbrechung des Anfallsverlaufs stützen, Anfälle nur in der Situation vermeiden können, in denen ein Beobachter anwesend ist, der gegebenenfalls eingreift. Wenn das Kind alleine ist, treten vielleicht unverändert viele Anfälle auf. Mit anderen Worten, die Person, die das Kind beobachtet und, falls nötig, den Anfall unterbricht, wird möglicherweise zum Hinweisreiz, Anfälle zu vermeiden. Diese Annahme ließe sich überprüfen, wenn man die Rolle des Beobachters und Therapeuten trennt. Dazu läßt sich ein elektronisches Gerät verwenden, das auftretende Anfälle registriert. Das Kind müßte es den ganzen Tag und eventuell auch bei Nacht bei sich tragen. Man erhielte so Angaben über die Anfallshäufigkeit auch zu den Zeiten, wenn niemand bei einem Anfall eingreift.

Ähnliche Registrierprobleme ergaben sich für *Balaschak* (1976), der den Lehrer eines elfjährigen epileptischen Mädchens anleitete, wie er anfallsfreie Perioden bei dem Mädchen verstärken konnte. Den Daten zufolge verringerten sich die Anfälle von drei auf einen pro Woche. Der Lehrer führte eine Liste, in die alle anfallsfreien Zeiten eingetragen wurden. Nach Ablauf der Woche erhielt das Mädchen eine Belohnung. Parallel dazu belohnte auch die Mutter das Kind, wenn zu Hause keine Anfälle auftraten. Leider waren weder der Lehrer noch die Mutter nachhaltig davon überzeugt, daß das Belohnungssystem die Zahl der Anfälle verringern könne. Sie kündigten ihre Mitarbeit auf, worauf die Anfälle sofort wieder die ursprüngliche Häufigkeit erreichten. Diese Tatsache belegt die Wirksamkeit des Vorgehens. Bedauerlicherweise konnten die therapeutischen Möglichkeiten, die in diesem vielversprechenden Ansatz liegen, nicht tiefergehend aufgeklärt werden. Leider werden häufig die Chancen, ein Kind optimal zu fördern, durch die mangelhafte Mitarbeit der Bezugsperson (z.B. Eltern, Lehrer) zunichte gemacht. Auch der eben berichtete Fall muß so bewertet werden.

Auf diesem Hindergrund sind Vorgehensweisen attraktiver, bei denen man in nicht so hohem Maße auf die Mitarbeit der Bezugspersonen angewiesen ist. Ein idealer Zugang liegt in Verfahren der Selbstkontrolle, bei denen das Kind lernt, das Auftreten von Anfällen willentlich zu steuern. *Ince* (1976) berichtet, wie ein zwölfjähriger epileptischer Junge lernte, seine Anfälle zu kontrollieren. Der Therapeut brachte dem Jungen ein Entspannungsverfahren bei, das dieser so erfolgreich einsetzen konnte, daß er damit sich anbahnende Anfälle verhindern konnte. Zunächst zielte die Behandlung darauf, die Angst des Jungen vor neuen Anfällen zu vermindern, da die Anfälle zunehmend mit Angst besetzt waren. *Ince* (1976) versuchte die Angst des Jungen mit einer systematischen Desensibilisierung, die auch ein Entspannungstraining umfaßte, zu verringern. Der Junge lernte zunächst, seinen Körper zu entspannen. Diese neue Fähigkeit sollte in einem nächsten Schritt unmittelbar gegen das Auftreten der Anfälle selbst eingesetzt werden. Der Therapeut brachte dem Jungen in wiederholten Übungen bei, das Wort »Entspannung« mit einem entspannten körperlichen Zustand zu verknüpfen. Das Wort wurde für den Jungen zu einem konditionierten Reiz, der sofort Entspannung hervorrufen konnte.

Wenn er einen sich anbahnenden Anfall spürte, sagte er sich dieses Wort und wurde so fähig, weitere Anfälle zu verhindern. Vor der Behandlung hatte er wöchentlich etwa neun bis zehn grand-mal- und etwa 25 petit-mal-Anfälle durchstehen müssen. Mit Hilfe des Entspannungsverfahrens, das hier als Selbstkontrollverfahren wirkte *(Goldfried,* 1971), konnte er neue Anfälle vollständig ausschließen.

9.7 Zusammenfassung und weiterführende Literatur

Bei der Behandlung körperlicher Störungen ist die Zusammenarbeit von Medizinern und Verhaltenstherapeuten nützlich. Wie im Fall der Magersucht (Anorexia nervosa) läßt sich oft kaum entscheiden, ob psychische oder organische Faktoren die Störung auslösten und sie aufrechterhalten. Bei der Magersucht haben sich verhaltenstherapeutische Verfahren als sehr nützlich erwiesen. Wir dürfen jedoch nicht von den Erfolgen dieses Ansatzes unmittelbare Schlüsse auf die Ätiologie der Magersucht ziehen. Wie Magersucht entsteht, ist noch weitgehend ungeklärt.

Ernährungsstörungen (Nahrungsverweigerung, Erbrechen und Übergewicht) lassen sich oft erfolgreich angehen, wenn man die gewohnten Konsequenzen des problematischen Verhaltens verändert. Man muß dabei sowohl die nachfolgenden als auch die vorausgehenden Bedingungen im Auge haben. Oft bieten sich Methoden der Reizkontrolle an. Besonders bei jungen Kindern ist das Essen in das familiäre Leben eingebettet. Veränderungen des Eßverhaltens setzen daher manchmal voraus, daß sich familiäre Interaktionsmuster und Lebensgewohnheiten ändern. Auf die Mitarbeit der Eltern kann man deshalb selten verzichten. Dies gilt genauso für die Behandlung von asthmatischen Störungen bei Kindern, da die Beschwerden zwangsläufig zu Zuwendungen durch die Bezugspersonen führen, die das Verhalten eventuell aufrechterhalten.

Um die Häufigkeit von epileptischen Anfällen zu verringern, hat es sich als sinnvoll erwiesen, die gesamte Anfallsabfolge als Verhaltenskette zu begreifen, die man in einem möglichst frühen Stadium unterbrechen muß. Besonders wenn man nicht von einer ausreichenden Mitarbeit der Bezugspersonen ausgehen kann, bieten Verfahren der Selbstkontrolle dem Kind die Chance, eigenständig Anfälle zu verhindern.

Anhand dieser ausgewählten körperlichen Störungen läßt sich leicht nachweisen, daß die Verhaltenstherapie auch einen wertvollen Beitrag zur Behandlung dieser Störungen leisten kann. So haben auch die historisch bedingten Zweifel und die Skepsis der Ärzte an der Brauchbarkeit psychologischer Verfahren nachgelassen und machen zunehmend einer Bereitschaft zur Zusammenarbeit Platz, aus der mittlerweile die hoffnungsvolle Disziplin der Verhaltensmedizin erwachsen ist. – Deutschsprachige Einführungen in diesem Bereich liegen von *Melamed* u. *Siegel* (1983), *Miltner* et al. (1986), *Schmidt* u. *Esser* (1985) und *Steinhausen* (1981) vor.

10 Chronische Krankheiten im Kindes- und Jugendalter

10.1 Was versteht man unter chronischen Krankheiten?

Im letzten Kapitel haben wir bereits verschiedene chronische Krankheiten, wie Anfallsleiden und Asthma, kennengelernt. Diese Erkrankungen verweisen jedoch eindeutig auf mitbeteiligte oder bedingende psychische Ursachen, so daß sie deutlich von den im folgenden dargestellten chronischen Krankheiten mit körperlichen Ursachen zu unterscheiden sind. Konsequenterweise wird es in diesem Kapitel nicht darum gehen, die Krankheiten selbst unmittelbar zu beeinflussen. Dieses Kapitel widmet sich vielmehr den *psychosozialen Folgen* körperlicher Erkrankungen. Wir wollen uns zunächst kurz mit dem Begriff »chronische Krankheit« auseinandersetzen.

Chronische Krankheiten sind *langfristige oder lebenslange Erkrankungen,* die – neben ihren körperlichen Folgen – auch den Lebensstil des Erkrankten und seiner Angehörigen nachhaltig beeinflussen und einen langfristig auf den Patienten und seine Familie einwirkenden Streß bedeuten *(vgl. Schwarzer,* 1981). Diese in den letzten Jahren immer stärker in den Blickpunkt rückenden psychosozialen Folgen körperlicher Erkrankungen wurden erst durch den großen Fortschritt in der medizinischen Behandlung augenfällig. In diesem Kapitel sollen diese Folgen am Beispiel des Diabetes mellitus und der Krebserkrankung im Kindes- und Jugendalter kurz verdeutlicht werden. Folgen und Begleiterscheinungen körperlicher Erkrankungen lassen sich durch verhaltenstherapeutische Maßnahmen verringern. Die hierfür notwendige Beratung und Behandlung erfolgt in der Regel durch eine aus Ärzten, Psychologen und Pädagogen bestehenden Arbeitsgruppe an einer Kinderklinik.

Die zentralen psychosozialen Probleme chronischer Erkrankungen im Kindes- und Jugendalter gleichen sich sehr, wobei die Form und das Ausmaß, in dem die Lebensführung eingeschränkt ist, erheblich variiert. Folgende Schwierigkeiten lassen sich benennen:

(1) *Kooperationsprobleme der Kinder* (z.B. überangepaßte Haltung, sozialer Rückzug und Passivität, aggressives Verhalten; *Haynes* et al., 1982);

(2) *Vermeidungsverhalten aufgrund von Behandlungsängsten* (z.B. Angst vor Injektionen, Punktionen oder Operationen);

(3) *Vermehrtes Bedürfnis des Kindes nach Aufmerksamkeit und Fürsorge,* das oft zu einer Überversorgung durch die Familie und zu starker Passivität – aber auch großer Aggressivität – des Kindes führt;

(4) *Massive Belastungen der gesamten Familie* durch die chronische Erkrankung eines Familienmitgliedes (z.B. Eheprobleme, Geschwisterrivalität);

(5) *Einschränkung gewöhnlicher Lebenserfahrungen* durch die chronische Erkrankung des Kindes (z.B. beim Sport, Probleme bei der Berufswahl oder der Gestaltung von Freund- und Partnerschaften).

Selbstverständlich können solche massiven Beeinträchtigungen auch schon bei akuten Krankheiten auftreten. In diesem Zusammenhang wurden besonders Klinikaufenthalte und ihr Einfluß auf die Entwicklung des Kindes untersucht. So weist *Melamed* (1985) darauf hin, daß in den USA ungefähr 45 Prozent aller Kinder über sieben Jahre bereits in einer Klinik waren; bei einem Drittel davon - so schätzt die Autorin - treten als Folgen übermäßige Abhängigkeit, Ängste, Schlaf-und Eßstörungen oder Verhaltensstörungen auf. In diesem Kontext dürfte die Bereitschaft des Kindes gering sein, zukünftig ärztliche Hilfe frühzeitig aufzusuchen. Man verbaut damit die Chance, durch ein vertrauensvolles Verhalten gegenüber dem Arzt gemeinsam und frühzeitig Gesundheitsprobleme anzugehen.

10.2 Diabetes mellitus

Nach der immer noch aktuellen Studie von *Jochmus* (1971) sind 65 Prozent der Mütter bei Eröffnung der Diagnose »Diabetes mellitus« völlig verzweifelt und 45 Prozent haben Angst und Zweifel daran, ob ihr Kind die Erkrankung überhaupt überlebt. Im Erziehungsverhalten sind 41 Prozent der Mütter eher dominierend, einengend, 20 Prozent ängstlich und 30 Prozent übermäßig verwöhnend und nachsichtig, nur 9 Prozent tolerant und konsequent. Von den Kindern sind 22 Prozent unauffällig, 38 Prozent ungeduldig und aufbrausend mit gelegentlichen Wutanfällen, 20 Prozent eher ängstlich, überängstlich, empfindsam und bedrückt; 19 Prozent weisen massiv aggressives Verhalten auf *(Jochmus,* 1971, S. 51). Zu ähnlichen Ergebnissen kommen auch *Laron* (1977), *Steinhausen* u. *Börner* (1978) und *White* et al. (1984). *White* et al. zeigen weiterhin auf, inwieweit psychisch belastende Faktoren im Familiären den Krankheitsverlauf von Diabetes bestimmen. Diese Autoren belegen im Rahmen einer retrospektiven Analyse anhand von 30 Krankengeschichten bei Kindern und Jugendlichen mit extrem schlechter Stoffwechselkontrolle in 80 Prozent der Fälle ein unangemessenes Erziehungsverhalten, Partnerkonflikte und finanzielle Probleme in der Familie. Die Hälfte der Familien beteiligte sich nicht oder nur unzureichend an der Diabetes-Behandlung des Kindes.

Genauso gefährlich wie die von *White* et al. herausgefundene mangelhafte Unterstützung des diabetischen Kindes in desolaten Familien kann die häufig vorfindbare starke Verwöhnung des Kindes sein. So berichten *Bäck* et al. (1984), daß vor allem vier- bis siebenjährige Kinder durch das überfürsorgliche Erziehungsverhalten ihrer Mütter gefährdet sind. Generell fanden *Bäck* et al., daß die Mütter der unbefriedigend kontrollierten Diabetiker mehr Zuwendung geben als diejenigen, deren Kinder ihren Diabetes gut bis befriedigend kontrollieren. Es läßt sich bei dieser Studie nicht entscheiden, ob diese vermehrte Zuwendung durch den schwieriger zu kontrollierenden Diabetes der Kinder verursacht wurde oder die Zuwendung so ungezielt erfolgte, daß das diabetische Kind lediglich Nachteile daraus zog und dies die Probleme begünstigte. Eine verhaltensmedizinische Beratung müßte auf jeden Fall darauf hinwirken, daß die Zuwendung gezielt, d. h. für Bemühungen gegeben wird, die die diabetische Kontrolle verbessern. Diese Maßnahmen sind auch deshalb so bedeutsam, weil naturgemäß die Diabeteskontrolle in der Pubertät besonders unbefriedigend ausgeprägt ist (vgl. *Bäck* et al., 1984) und sich darüber hinaus erhebliche Berufsfindungsprobleme für diese Altersgruppe ergeben.

Auf den letzten Punkt weist besonders *Gutezeit* (1982; 1984) hin; er konnte anhand einer Befragung von 300 Arbeitgebern die Vorbehalte gegenüber jungen Diabetikern bestätigen.

Ob ein Kind seine chronische Erkrankung annehmen kann oder nicht, hängt von verschiedenen Aspekten ab, so von:

- der Informationsvermittlung durch den behandelnden Arzt,
- der Unterstützung durch die Familie,
- der Einstellung des Kindes zur Erkrankung sowie
- dem Ausmaß der an den Tag gelegten Selbstkontrolle.

Alle diese Punkte bestimmen darüber, ob eine angemessene, dem Krankheitszustand entsprechende Lebensführung gelingt. Eine ungünstige Lebensführung (falsche Insulindosen, kein Befolgen der Diät) hat nicht nur gesteigerte Blutzuckerwerte zur Folge, sondern erhöht auch ihre Variabilität; unter anderem nimmt der Cholesteringehalt des Blutes zu.

Für eine angemessene Lebensführung ist nicht das Wissen über den Diabetes selbst, sondern die Vermittlung dieses Wissens von entscheidender Bedeutung (vgl. *Petermann,* 1984; *Hürter,* 1982). Aspekte, die dabei Beachtung finden sollten, sind

- medizinische Grundfragen (Zuckerstoffwechsel, Bauchspeicheldrüse, Hormonsystem, Blut- und Urinzucker),
- Notwendigkeit einer optimalen Insulinsubstitution,
- kontrollierte, mit den Insulingaben abgestimmte Ernährung,
- Stoffwechselkontrolle einschließlich der Anzeichen für einen Arztbesuch (Urinzuckermessung, Blutzucker- und Ketonkörperbestimmung),
- spezielle Unterweisungen (z.B. in der Injektionstechnik),
- körperliche Folgen (Unterzuckerung, Überinsulierung usw.).
- psychische Folgen (Sorgen, Ängste, Verhaltenseinengung durch die geregelte Lebensführung) und
- Freizeitbereich (Notwendigkeit von Sport, Umgang mit Freunden, Freizeitgestaltung).

Die Vielzahl dieser Informationen muß schrittweise und mit Hilfe attraktiver Materialien, wie sie von *Travis* u. *Hürter* (1982) vorgelegt wurden, vermittelt werden. Eine solche gezielte Informationsvermittlung wäre durch aktive Übungen und Verhaltenshinweise von seiten des Kinderarztes und der Familienmitglieder zu ergänzen.

Ein Beispiel über ein aktives Einüben stellt die verhaltenstherapeutische Behandlung einer *Injektionsphobie* dar. Wir haben es mit einem Vermeidungsverhalten zu tun, das bei verschiedenen medizinischen Behandlungen auftreten kann. Bei einem lerntheoretisch begründeten Vorgehen kann man verschiedene Prinzipien, wie Modellernen, Biofeedback- und Selbstkontrollverfahren kombinieren. Wir berichten im folgenden über das Vorgehen, das von *Melamed* (1985) bei einer Injektionsphobie empfohlen wird.

Zunächst soll das Kind lernen, *kontrollierter zu atmen;* dies sollte dem Kind besonders genau gezeigt werden. Dazu sind umfassende Übungen erforderlich. Im nächsten Schritt lernt das Kind, wie es *ablenkende Vorstellungsbilder* benutzen kann, um die Ängste zu mindern; diese Bilder werden dabei durch Selbstinstruktionen vermittelt und unterstützt. Daran anschließend wird dem Kind durch einen Videofilm ein lebensnahes Modell vorgestellt, das allmählich seine Angst in den Griff bekommt. Bei der Darbietung des Filmes erhalten die Kinder eine *klare Anweisung* in folgender Form: »Dieser Film wird dir helfen, mit deiner Angst besser umzugehen.« In weiteren Schritten müssen dann die Filminhalte *aktiv eingeübt* werden.

Mit Hilfe von *Selbstkontrolle* gelang es den meisten Kindern in kritischen Situationen, solche Verhaltensweisen zu aktivieren, die *mit Angst unvereinbar* sind (z.B. angenehme, entspannende Vorstellungsbilder). Gelang es zudem der Mutter, sich ruhiger und ausgeglichener zu verhalten, dann sank auch die Behandlungsangst des Kindes innerhalb kurzer Zeit. Verhaltenstherapeutische Maßnahmen, wie »Vertragsabschluß«, konsequenter Umgang mit Verhaltensregeln, Selbstkontrollverfahren, können grundsätzlich das Verpflichtungsgefühl seitens des Kindes stärken und das Arzt-Patient-Verhältnis verbessern *(vgl. Watts,* 1980; *Petermann* 1985a). Alle diese Maßnahmen tragen auch dazu bei, daß das diabetische Kind bzw. der Jugendliche nicht in eine Sonderrolle schlüpft.

10.3 Krebserkrankungen

Krebserkrankungen sind sicherlich sehr angstbesetzte und bedrohliche Krankheiten, besonders wenn sie bei Kindern und Jugendlichen auftreten. Welche Probleme bezogen auf die einzelnen Stadien der Erkrankung, auftreten, ist noch weitgehend unklar (vgl. *Christ* u. *Adams,* 1984; *Eiser,* 1985; *Schmitt,* 1986). Traumatisch dürfte der Tag der Diagnoseeröffnung sein; deshalb sind die ersten Wochen nach diesem Ereignis für psychologische Hilfen von zentraler Bedeutung *(Hersh,* 1980; *Levine* u. *Hersh,* 1982). Besonders bei der Beratung Krebskranker sind Vorahnungen von Kindern und deren Eltern besonders zu beachten (z.B. Todesahnungen). In Gesprächen sind Sachinformationen zu vertiefen (vgl. *Bode* u. *Schmalenbach,* 1984), und Eltern und Kindern sollte eine angemessene Ruhe vermittelt werden, die eine wichtige Voraussetzung für die medizinische Behandlung bildet. Man wird kaum umhin können, in dieser belastenden Zeit mehrere Beratungsgespräche anzubieten.

Besondere Probleme können oppositionelles und aggressives Verhalten des Kindes gegenüber Eltern, Geschwistern, Krankenschwestern, Ärzten und Medikamenten mit sich bringen. In diesen Fällen ist zu klären, inwieweit die Wünsche des Kindes erfüllt werden können und wo Grenzen gesetzt werden müssen. Hierbei ist eine konsequente Erziehungshaltung vonnöten, damit das krebskranke Kind nicht übermäßige Vergünstigungen aus der Krankenrolle zieht. Genau diese Vergünstigungen können die Ursache für aggressive »Machtkämpfe« zwischen Geschwistern, Kind-Eltern oder Kind-Pflegepersonal sein (vgl. *Petermann,* 1986).

Bei Jugendlichen muß die spezifische Lage dieses Entwicklungsabschnittes (Pubertät, Rollenfindungsprobleme) Beachtung finden. Die Krankheit erschwert den Kontakt zu Gleichaltrigen, wodurch oft das Selbstvertrauen und das Selbstwertgefühl der Jugendlichen leidet. Ist das Selbstwertgefühl stark bedroht, dann verweigern Jugendliche häufig die Therapiemitarbeit (vgl. *Ebeling* u. *Wallis,* 1981).

Die oft radikale medizinische Behandlung bringt starke Veränderungen des Körpers mit sich (z.B. Haarausfall durch Chemotherapie, Verlust von Gliedmaßen durch Amputation), die ebenfalls das Selbstwertgefühl der Kinder und Jugendlichen ins Wanken bringen; zudem erzeugen solche schnell ablaufenden körperlichen Veränderungen große Ängste. Auch schmerzhafte medizinische Eingriffe (z.B. Punktionen) stellen weiterhin spezifische Probleme dar, die verhaltenstherapeutisch angegangen werden können. Wir haben es bei der Krebserkrankung - im Gegensatz zum Diabetes mellitus - mit einer sichtbaren Erkrankung zu tun. Diese Tatsache bewirkt zweifelsohne besonders starke Veränderungen bei allen Betroffenen.

Generell kann man davon ausgehen, daß die Ängste krebskranker Kinder und Jugendlicher vor Punktionen, Spritzen, Blutabnahme und Bestrahlungen weitaus größer sind als die Eltern vermuten (vgl. *Ebeling* u. *Wallis,* 1981). Bei vielen dieser Behandlungsängste wird sicher der Verhaltenstherapeut eine Reihe von Fragen stellen müssen, z.B.:

- Wie lange muß ein Kind im Rahmen einer schmerzhaften Behandlung still sitzen?
- Ist eine Ablenkung des Kindes dabei möglich?
- Soll man sich darauf beschränken, die Selbstkontrollfähigkeit des Kindes (z.B. durch eine bestimmte Atemtechnik) zu erhöhen?

Immer wird sich der Verhaltenstherapeut darum bemühen, daß das Kind das Bewältigungsverhalten aktiv einübt; er muß das Kind auch auf die Hinweisreize aufmerksam machen, die es ihm erlauben, das Bewältigungsverhalten gezielt einzusetzen.

Eine häufig vorkommende, massive Angst krebskranker Kinder und Jugendlicher bezieht sich auf chirurgische Eingriffe. Solche Ängste kann man durch ein verhaltenstherapeutisches Vorgehen nach *Melamed* u. *Siegel* (1983) verringern. Auch hier arbeiten die Autoren wieder mit einem Videofilm, in dem gezeigt wird, wie die Angst eines Jungen reduziert wurde, »wenn er abgelenkt wurde, wenn der Arzt ihm etwas erklärte und wenn er mit Kindern spielte, die diese Operation bereits hinter sich hatten« *(Melamed,* 1985, S.371). Auf diese Weise vorbereitete Kinder hatten weniger Angst vor der Operation, brauchten weniger Schmerz- und Beruhigungsmittel und konnten schneller wieder die Klinik verlassen. Der Videofilm (Modellfilm) ist dann besonders wirksam, wenn die Kinder noch keine Vorerfahrungen mit Operationen hatten und schon etwas älter waren (über acht Jahre). Bei Kindern unter acht Jahren kann man nicht ausschließen, daß durch diesen Videofilm Ängste aktualisiert werden. Dies trifft jedoch nur auf Kinder zu, die bereits operiert wurden und deren Operation sich nach dem dritten Lebensjahr ereignete. Der Videofilm ist besonders zur Operationsvorbereitung geeignet, wenn er unmittelbar, d.h. am Abend vor der Operation gezeigt wird. Er stellt somit eine schrittweise Annäherung an den angstauslösenden Reiz (die Operation) dar und macht mit der unbekannten Situation vertraut. Nach *Melamed* u. *Siegel* kann ein solches Vorgehen sogar vorbereitende Gespräche von seiten des Personals ersetzen und zeigt im Vergleich zu diesen eine weitaus größere angstabbauende Wirkung.

Bei massiven chirurgischen Eingriffen im Jugendalter, wie sie häufig bei Knochentumoren in Form von Amputationen von Gliedmaßen notwendig sind, wären weitere abgestufte Annäherungen an die Operation gemäß einer *systematischen Desensibilisierung* angebracht. So wären Gespräche zwischen amputierten und zur Amputation anstehenden Jugendlichen ein weiterer Schritt, um Angst abzubauen. Weitere Schritte einer Annäherung können in Informationen über Rehabilitationsmaßnahmen oder der Besichtigung des Operationssaales bestehen. Nur durch ein behutsames Vorgehen und kleine Schritte der Annäherung wird es dem Verhaltenstherapeuten gelingen, diese Ängste abzubauen. Dieses systematisch herbeigeführte vorherige Erleben der Operation verhindert, daß sich ungünstige Phantasievorstellungen der Kinder – z.B. über die körperliche Verstümmelung – entwickeln.

Viele Behandlungsängste resultieren aus dem Verhalten des Arztes oder der Mutter. Ignoriert z.B. die Mutter während der ärztlichen Untersuchung das Anklammerungsverhalten des Kindes, dann tritt ängstliches, aber auch aggressives Verhalten besonders stark auf. Für den Arzt oder das Pflegepersonal wäre es also sehr wichtig, schon im Vorfeld der medizinischen Behandlung die Qualität der Eltern-Kind-Beziehung zu erkennen, um den beschriebenen Problemen des Kindes im Rahmen eines Klinikaufenthaltes oder bei chirurgischen Eingriffen entgegenzuwirken. Aber auch das Verhalten selbst bedarf oft einer Änderung. So sollte der Arzt folgende Verhaltensrichtlinien im Kontakt mit dem Kind beachten:

(1) Das *Kind braucht Kooperationsangebote* des Arztes, damit es sich überhaupt ein Lob »verdienen« kann.

(2) Kooperatives Verhalten des Kindes *unmittelbar loben.*

(3) Mangelnde Kooperation und Störverhalten des Kindes *sofort durch ein Eingreifen des Arztes korrigieren.*

(4) Dem Kind von seiten des Arztes Gelegenheit geben, die Behandlung zu unterstützen (z.B. indem es Instrumente halten darf); hierdurch kann das *Kind ein Gefühl entwickeln, über die Situation Kontrolle zu haben.*

Verhaltenstherapeutische Maßnahmen sind auch geeignet, bestimmte Folgen der Krebserkrankung zu lindern. Solche Folgen können etwa in massiven Verhaltens- und Eßstörungen des krebskranken Kindes bestehen. Zum Abbau dieser Störungen kann auf die in diesem Buch berichteten Maßnahmen zurückgegriffen werden; in vielen Fällen muß man auch die Gesprächsfähigkeit in der Familie verbessern, was im letzten Kapitel dieses Buches behandelt wird.

Noch eine abschließende Bemerkung: Chronische Krankheiten sind in der Regel lebensverkürzend oder haben sogar einen schnellen Tod zur Folge. Obwohl diese Perspektive belastend ist, sollten alle Beteiligten (Ärzte, Verhaltenstherapeuten und die Familie) die Krebserkrankung als eine Herausforderung ansehen, der man aktiv begegnen sollte. Diese Haltung bewirkt für die meisten Familien, daß sie die Erkrankung ihres Kindes gut bewältigen (vgl. *Petermann,* 1987). Für die Familien sind realistische Informationen über Krankheitszustand und möglichen Verlauf erforderlich, um oft aufkommenden Schuldgefühlen vorzubeugen. Diese aktive und optimistische Haltung gegenüber sehr schwierigen Problemen stellt ein wichtiges Mosaik im Menschenbild des Verhaltenstherapeuten dar.

10.4 Zusammenfassung und weiterführende Literatur

Ein in den 80er Jahren immer wichtiger gewordenes Arbeitsfeld von Verhaltenstherapeuten läßt sich mit dem Stichwort »Klinische Psychologie und körperliche Krankheit« umschreiben (vgl. *Basler* u. *Florin,* 1985). Wichtige, durch verhaltenstherapeutische Maßnahmen angehbare Probleme sind

- Kooperationsmangel von Patienten,
- Vermeidungsverhalten aufgrund von Behandlungsängsten (z.B. Operationsängste),
- Verhaltens- und psychosomatische Störungen bei Kindern und Jugendlichen als Folge einer chronischen Krankheit und
- psychische Beeinträchtigungen des gesamten Familienverbandes.

Am Beispiel des Diabetes mellitus und von Krebserkrankungen im Kindes- und Jugendalter wurden zunächst die psychosozialen Beeinträchtigungen solcher körperlichen Krankheiten aufgezeigt. Als Medien dieser verhaltenstherapeutischen Arbeit lernten wir die geeignete Wissensdarbietung, den Einsatz von Modellfilmen, die systematische Desensibilisierung sowie Verhaltensratschläge für Ärzte und Eltern kennen. Verhaltenstherapeuten bemühen sich so darum, die Folgen körperlicher Erkrankungen zu lindern. – Deutschsprachige Arbeiten zu Grundlagen und Anwendung verhaltenstherapeutischer Maßnahmen in diesem Bereich liegen von *Melamed* (1985), *Melamed* u. *Siegel* (1983), *Miltner* et al. (1986) und *Steinhausen* (1984) vor.

11 Verhaltenstherapeutische Ansätze in der Arbeit mit Familien

Die größte Herausforderung der Kinder- und Jugendlichenpsychotherapeuten der letzten zehn Jahre stellt zweifellos die Familientherapie dar, die besonders in der Bundesrepublik Deutschland eine große Anhängerschaft unter Psychologen und Angehörigen anderer Sozialberufe gefunden hat. Leider besitzen viele Ansätze der Familientherapie keine empirische Basis und niemand hat Kenntnis darüber, was sich im einzelnen ereignet und welche Effekte solche globalen Therapien bewirken. So ist »Familientherapie« heute vielfach eine »Ummäntelung« für wenig präzise Vorstellungen über psychische Störungen bei Kindern und Jugendlichen; ebenso wenig deutlich ist das konkrete Vorgehen vieler Familientherapeuten in der Praxis. Wir brauchen uns deshalb nicht zu wundern, wenn es eine besonders starke Spannung zwischen Ansätzen der Familientherapie und denen der Verhaltenstherapie gibt.

Wir werden in diesem Kapitel diskutieren, ob eine komplexe Analyse von Familien mittels der Annahmen der Lerntheorie möglich ist. Wir werden die Gründe anführen, die für eine familienbezogene Betrachtung sprechen, und die Bemühungen der Verhaltenstherapeuten in dieser Richtung zusammenstellen. Abschließend soll auf die Praxis familienbezogener Arbeit eingegangen werden, wie sie sich als Vorgehen bei aggressiven Kindern bewährt hat (vgl. *Petermann* u. *Petermann,* 1984).

11.1 Gründe für eine familienbezogene Arbeit

Der Leser hat sicherlich in verschiedenen Kapiteln des Buches bemerkt, daß Verhaltenstherapeuten schon lange versuchen, die Familie mit in die Behandlung einzubeziehen. Wir hatten für diese Bemühungen den Begriff »Therapiehelfer« geprägt. Eltern und Geschwister, aber auch Gleichaltrige außerhalb der Familie und Lehrer wurden als Therapiehelfer vorgestellt. Solche *Therapiehelfer* wurden vom Verhaltenstherapeuten angeleitet, und ihre Mitarbeit bewirkte, daß erreichte Erfolge nicht auf die Therapiesituation beschränkt blieben, sondern sich auch als langfristig stabile Veränderungen im Alltag zeigten. Das Konzept der Therapiehelfer besitzt eine gute Tradition und hat im deutschen Sprachraum unter dem Begriff »Eltern- und Mediatorentraining« weite Verbreitung gefunden. Die erzielten Effekte sind dabei beachtlich, wie *Perrez* et al. (1985) belegen können.

Am weitesten verbreitet sind Elterntrainings, wie sie *Adesso* u. *Lipson* (1981) beschrieben. Hierbei werden Eltern in wöchentlichen Sitzungen von zwei bis zweieinhalb Stunden in die Grundlagen der Lerntheorie und Verhaltensänderung eingeführt. Bei *Adesso* u. *Lipson* sollten dadurch Streit zwischen Geschwistern, Wutausbrüche, Nörgeln, Schreien und Eßprobleme bei zwei- bis zehnjährigen Kindern behoben werden. Auch diese Autoren konnten belegen, daß solche Trainings, auch wenn nur der Vater oder die Mutter daran teilnahmen, zu nachhaltigen und stabilen Verhaltensänderungen beim Kind führten. Noch günstiger waren allerdings die Ergebnisse, wenn das Elternpaar gemeinsam am Training teilnahm.

Elterntrainings dürfen nicht mit einer familientherapeutischen Arbeit verwechselt werden, da lediglich eine »Erziehungsschulung« der Eltern erfolgt und die Eltern »Hilfstruppen« des Verhaltenstherapeuten sind (vgl. *Heekerens,* 1986). Dies mindert jedoch nicht den Wert solcher Ansätze, da sie eine klare Hilfe für Eltern und deren Kinder darstellen. Im Vergleich dazu möchten Familientherapeuten unmittelbar komplexere Beziehungen in Familien ändern, indem sie die wechselseitigen Einflüsse der Familienmitglieder aufdecken. Aufgrund dieser Information glaubt man die Familie und die jeweilige Symptomatik (des Kindes) besser verstehen zu können. Man begrenzt sich also nicht nur auf die Beziehung zwischen Mutter und Kind, sondern bedenkt auch die Veränderungen, die die übrigen Familienmitglieder durch eine enge Mutter-Kind-Beziehung erfahren. So wird die Mutter, die sich Tag und Nacht um ihr krebskrankes Kind in der Klinik kümmert, sich stark an dieses Kind gebunden fühlen; *zugleich* kann dadurch ihr Verhältnis zu ihrem Ehemann distanziert werden. Der Ehemann wird sich – da er nach wie vor in seinem Beruf eingespannt ist – ausgeschlossen fühlen und sich hilflos dem veränderten Familienleben fügen. In dieser Situation kann das Engagement der Verwandten (z.B. Großeltern) eine entscheidende Rolle spielen. Solche komplexen Verknüpfungen sind bedeutsam, wenn die psychosozialen Belastungen einer Familie, wie sie durch die Krebserkrankung eines Kindes gegeben sind, gemildert werden sollen. Als Folge einer solchen Verstrickung können wir auf der Ebene der kindlichen Symptombildung oft folgendes beobachten: Das krebskranke Kind wird in der Klinik und zu Hause immer aggressiver, obwohl die medizinische Behandlung abgeschlossen ist und an der völligen Gesundung des Kindes kein Zweifel mehr besteht.

In Fällen wie dem eben berichteten werden wir uns fragen müssen, ob eine Analyse der Bedingungen des kindlichen Verhaltens ausreicht, um das aggressive Verhalten des Kindes einzuordnen. Offensichtlich ist, daß das Kind umso aggressiver wird, je mehr es durch alltägliche Forderungen (wie den regelmäßigen Schulbesuch) gezwungen wird, seine Sonderrolle als krebskrankes Kind zu verlassen. In dieser Situation wird sich die Mutter wieder verstärkt ihrem Ehemann und den übrigen Kindern zuwenden. Welche Rolle komplexere Familienbeziehungen dabei spielen können, versucht die »funktionale Familientherapie«, ein Ansatz verhaltenstherapeutischer Familientherapie, zu ergründen (vgl. Kap. 11.4). Die Einflüsse von Außenkontakten auf das Familienleben werden in Kapitel 11.3 ausgeführt; wieweit ein Verstärkungsansatz Familienprozesse aufschlüsseln kann, zeigt der jetzt folgende Abschnitt. Alle Studien und Ansätze beschäftigen sich mit der Entstehung bzw. dem Abbau aggressiven, dissozialen oder delinquenten Verhaltens bei Kindern und Jugendlichen. Die familienbezogenen Maßnahmen in der Verhaltenstherapie wurzeln in diesem Symptombereich und sind auch mit unseren eigenen Erfahrungen mit Familien deckungsgleich, die wir abschließend in Kapitel 11.5 ausführlich darstellen.

11.2 »Erpresserspiele« in Familien – ein Verstärkungsansatz

Die Arbeitsgruppe von *Patterson* (1982) beschäftigte sich in den letzten knapp 20 Jahren mit der Entstehung und dem Abbau von aggressivem Verhalten bei Kindern. In den letzten Jahren untersuchte *Patterson* dabei genauer, auf welchen Wegen Aggresssion in der Familie eskalieren kann. Er zeigt ungünstige Interaktionsformen auf, die dadurch gekennzeichnet sind, daß es Kindern gelingt, ihre Eltern zu erpressen. Viele aggressive Kinder betreiben diese »Erpresserspiele« so perfekt, daß die Reaktionen der Erwachsenen auf die Herausforderung immer massiver und aggressiver werden und damit zu einer *Eskalation von Familienkonflikten* führen. Die »Erpresserspiele« beginnen im kleinen und basieren sowohl auf negativer als auch auf positiver Verstärkung. Hierzu ein kleines Beispiel:
Frau *S.* besteht bei ihrer Tochter *Dorothee* darauf, daß sie die Hausaufgaben unmittelbar nach der Schule erledigt, da sie am Abend oft vom Herumtoben so »aufgewühlt« ist, daß sie sich nicht mehr konzentrieren kann. *Dorothee* quengelt jedoch solange nach dem Mittagessen, bis sie ihren Wunsch durchgesetzt hat, oder sie macht die Hausaufgaben so unordentlich, daß die Mutter spätestens dann resigniert und von ihrer Forderung abläßt. *Dorothee* setzt sich damit durch (=positive Verstärkung), und die Mutter gibt nach und geht von ihrer Forderung ab (=negative Verstärkung). Wir stehen hier am Anfang des »Erpesserspiels«.

Patterson (1982) beobachtete im Rahmen von Längsschnittstudien an 600 Familien, daß vor allem die negative Verstärkung – also z.B. der Wegfall einer unangenehmen Forderung – das aggressive Verhalten auf einem hohen Niveau hält. Ein langandauerndes »Erpresserspiel« in der Familie wird zur Folge haben, daß sich bei dem Kind keine differenzierten Verhaltensformen ausbilden können und somit auch Konflikte mit Gleichaltrigen in der Schule und Freizeit ebenfalls aggressiv gelöst werden.

Die ausgeführte innerfamiliäre Betrachtung ist jedoch nach *Patterson* (1982) nur eine Seite der Entstehung von kindlicher Aggression. Auch *außerfamiliäre Ereignisse* bewirken, daß Eltern für die Verhaltensprobleme ihrer Kinder sensibler werden und sie schneller mit Verboten reagieren. Solche außerfamiliären Ereignisse wären Kritik und Streit mit der Nachbarschaft, Druck der Schule, Arbeitslosigkeit des Vaters oder auch die Abwesenheit des Vaters aufgrund ständiger beruflicher Überlastung. Alle außerfamiliären Belastungen schlagen dann voll zu Buche, wenn es der Familie nicht gelingt, sich gegenseitig zu unterstützen. Diese familiäre Unterstützung kann das Ausmaß der Verunsicherung in der Familie verringern und neue konsequentere Erziehungsziele erst in den Bereich des Möglichen rücken. In vielen Fällen ist dies auch die Basis, die negative Haltung der Familie gegenüber dem aggressiven Kind abzubauen. Außeneinflüsse auf die Familie und die Art der familiären Unterstützung sind Vorbedingungen kindlicher Aggressivität, und dieses wiederum eine Ausdrucksform für das Ausmaß, inwieweit familiäre Erziehungspraktiken gestört sind (vgl. Abb. 8).

Wenden wir uns nun wieder dem familiären Geschehen – dem »Erpresserspiel« – zu. Das aggressive Verhalten des Kindes zeigt Erfolge und tritt intensiver auf, und die Eltern greifen allmählich zu härteren Maßnahmen, um dieser Aggression Herr zu werden. So erfährt der Vater, daß einschneidende Maßnahmen, wie das Kind bei Streitigkeiten zu schlagen, die kindliche Aggression unterbindet. Häufig wird diese

Eskalation der Eltern mit noch stärkeren Maßnahmen des Kindes beantwortet, was wiederum noch drastischere Handlungen der Eltern zur Folge haben kann, die bis zur körperlichen Mißhandlung reichen (vgl. *Patterson* u. *Hautzinger,* 1983). Die Eskalation schreitet soweit voran, daß sich die Fronten verhärten, negatives Verhalten sich einschleift und diesbezüglich den Boden für weitere Eskalationen bereitet. Im weiteren wird das aggressive Kind immer stärker abgelehnt, als sozial abweichend und hoffnungslos verloren beschrieben (vgl. Abb. 8).

Betrachten wir uns nun die Familien genauer, in denen sich solche Entwicklungen ereignen. *Patterson* (1982) konnte bei Familien mit *gestörten familiären Erziehungspraktiken* einige soziale und innerfamiliäre Kennzeichen finden, die beachtenswert sind. Die sozialen Aspekte wurden schon teilweise genannt: zu ihnen gehören die Arbeitslosigkeit und berufliche Überforderung, aber auch Drogen- und Alkoholmißbrauch, Ehekonflikte bzw. Ehescheidung sowie psychische Störungen bei den Eltern. Für einen Verhaltenstherapeuten sind vor allem die innerfamiliären Kennzeichen bedeutsam; *Patterson* nennt vier Aspekte:

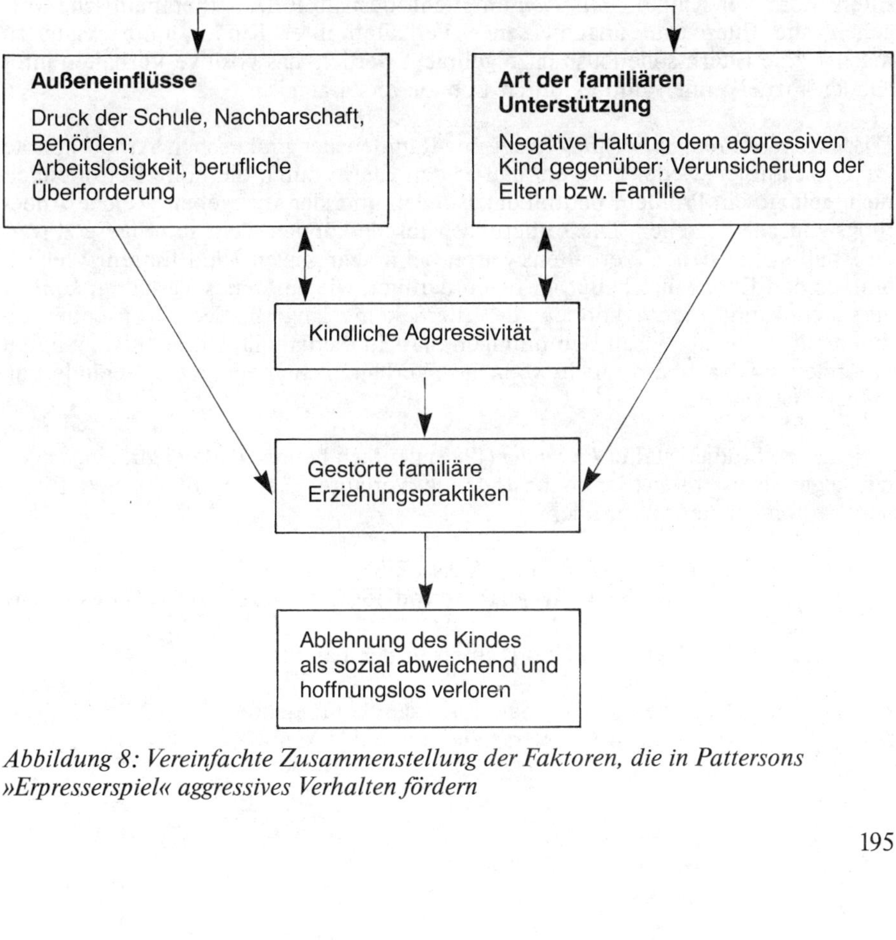

Abbildung 8: Vereinfachte Zusammenstellung der Faktoren, die in Pattersons »Erpresserspiel« aggressives Verhalten fördern

(1) *Familienregeln.* Solche Regeln beziehen sich auf den Familienalltag, sie prägen die Erziehungspraktiken und geben an, welches Verhalten akzeptabel ist. Familienregeln spezifizieren auch die Grenzen, die festlegen, wann ein Verhalten bestraft wird. In den von *Patterson* untersuchten Familien fehlten solche Regeln weitgehend, was erklärt, daß sich seine therapeutischen Bemühungen zunächst darauf richten, den Familien einige Grundregeln zu empfehlen; mit der Zeit werden diese Regeln dann komplexer.

(2) *Informationen über das Kind. Patterson* versteht hierunter die Informiertheit der Eltern darüber, was ihre Kinder machen. Es handelt sich um alltägliche Informationen, z.B. wann die Kinder von der Schule nach Hause kommen. Die Eltern aggressiver Kinder haben oft sehr wenige solcher Informationen, allein schon deshalb, weil sie eine Konfrontation mit dem Kind fürchten (z.B. »Du hättest doch um 12 Uhr von der Schule kommen müssen!«). Die Eltern halten sich damit die Möglichkeit offen, das eindeutig aggressive oder gar delinquente Verhalten ihrer Kinder zu leugnen.

(3) *Einsatz von Verstärkung und Bestrafung.* Durch das »Erpresserspiel« sind die Eltern offensichtlich so stark irritiert, daß sie kaum noch kontingent auf angemessenes Verhalten ihrer Kinder reagieren. Solche Eltern bestrafen außerdem öfter als die Eltern normaler Kinder. *Patterson* empfiehlt deshalb für das therapeutische Vorgehen, die Eltern auf angemessenes Verhalten ihrer Kinder aufmerksam zu machen; die Eltern sollen also dazu gebracht werden, das positive Verhalten ihrer Kinder anzuerkennen und es durch Lob zu verstärken.

(4)*Mangelnde Problemlösefähigkeiten.* Im Rahmen der praktischen Arbeit konnte *Patterson* immer wieder belegen, daß es den Eltern durch die hohe Betroffenheit nicht gelingt, ein Problem neutral darzustellen und klar anzugeben, welche Änderungswünsche bestehen. Die Änderungswünsche können nicht so umgesetzt werden, daß sie zu neuen Verhaltensweisen beim aggressiven Kind führen. Vielfach fehlt es den Eltern überhaupt an Ideen darüber, wie ein neues Verhalten *konkret* aussehen kann; zudem können die Eltern keine längerfristigen Konsequenzen durchhalten. Bei all diesen Bemühungen braucht die Familie Unterstützung durch Freunde und Nachbarn, auch wenn der Verhaltenstherapeut eine Veränderung initiiert hat.

In seinen Studien stellte *Patterson* (1982) deutlich heraus, daß bei gut eingespielten aggressiven Interaktionen bestrafende Verfahren den nachhaltigsten Effekt hervorrufen. Er nennt vor allem:

- Time-out-Verfahren (also sozialen Ausschluß),
- Verstärkerentzug, wobei die Wegnahme von positiven Verstärkern als Bestrafung wirkt und
- Verlust von Privilegien und Vorrechten in der Familie.

Patterson belegte eindeutig, daß man durch den kontingenten Einsatz solcher Verfahren Eskalationen im »Erpresserspiel« vermeiden kann.

11.3 Außeneinflüsse auf Familie und Kindererziehung

Ein interessantes verhaltenstherapeutisches Vorgehen stellt *Wahler* vor. Schon 1980 beschäftigte er sich ausführlich damit, wie sich das Ausmaß der Sozialkontakte der Mutter auf die Kindererziehung auswirkt. Unter Sozialkontakt wird dabei der Austausch mit Verwandten, Nachbarn usw. verstanden, aber auch der mit professionellen Helfern. *Wahler* geht der Frage nach, ob die soziale Isolation einer Mutter sich ungünstig auf das Kind auswirkt. Im Gegensatz zum operanten Vorgehen betrachtet *Wahler* - ebenso wie *Patterson* - größere Zusammenhänge im Rahmen der Entstehung kindlicher Aggression. So beschäftigt er sich mit zeitlich und räumlich weit auseinanderliegenden Ereignissen und begnügt sich mit einer Beschreibung von familiären Einflußfaktoren. *Wahler* verläßt den Rahmen des operanten Vorgehens, indem er sich nicht mehr auf die Analyse von unmittelbar vorausgehenden und nachfolgenden Bedingungen bei einem beschriebenen Konflikt beschränkt.

Die *Wahler*-Gruppe geht der Annahme nach, ob Mütter mit wenigen bzw. negativen Sozialkontakten ihr Kind eher oder häufiger strafen und zurechtweisen und damit das aggressive Verhalten ihrer Kinder ansteigt. Von der *Wahler*-Gruppe wird nur ein Teil der Familie - die Mutter-Kind-Beziehung nämlich - und ihre Abhängigkeit von Sozialkontakt betrachtet. So ist dieses Vorgehen zwar systematisch zu nennen, jedoch nicht familientherapeutisch, da alle weiteren Familienmitglieder ausgeklammert bleiben (vgl. *Heekerens,* 1986).

Um die Außeneinflüsse auf die Familie abzuschätzen, unterteilt *Wahler* in hoch- und niedrig-gefährdete Mütter. Die hoch-gefährdeten hatten wenige Sozialkontakte, die sie zudem selten selbst anbahnten; hierunter waren kaum Kontakte zu Freunden, eher zu Verwandten und professionellen Helfern, die wiederum eher unangenehme Forderungen an die Mütter stellten oder sie sogar nachhaltig kritisierten. Diese Mütter tendierten im Umgang mit ihrem Kind dazu, dieses bereits bei geringen Verhaltensabweichungen zu bestrafen und zu korrigieren. Offensichtlich übertragen diese Mütter ihre schlechten Erfahrungen im Sozialkontakt auf den Umgang mit ihrem Kind. *Wahler* u. *Graves* (1983) stellen dies wie folgt graphisch dar:

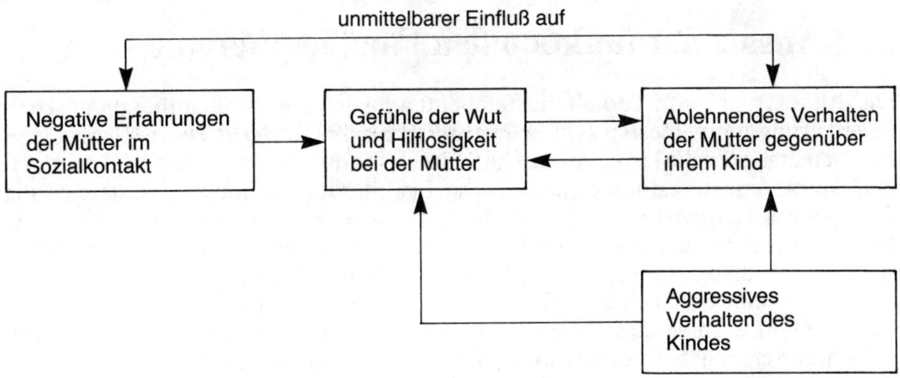

Abbildung 9: Vereinfachte Darstellung der Wechselwirkung zwischen Sozialkontakten außerhalb der Familie, dem Verhalten der Mutter in der Familie und der kindlichen Aggressivität

Wahler et al. schlagen ein mehrstufiges Vorgehen vor, bei dem zunächst ein problemklärendes und beziehungsaufbauendes Gespräch angestrebt wird. In diesem Gespräch sollen zunächst die unangenehmen Erlebnisse der Mutter bewußt gemacht werden. Bei den wöchentlich stattfindenden einstündigen Gesprächen ist es besonders wichtig, eine positive Beziehung zur Mutter aufzubauen, da ihr eine Behörde (Schule oder soziale Dienste) diese Beratung sehr nachdrücklich nahegelegt hat. Allerdings kann man nicht bei dem Beziehungsaufbau stehenbleiben, sondern muß sie in einem nächsten Schritt um zweierlei bitten:

(1) Die Mutter soll detaillierte Angaben zu spezifischen Problemen sammeln. Also *nicht:* »Mich ärgert es halt, daß mein Sohn so unordentlich ist!« *sondern* »Am Montag war ich sehr sauer, als mein Sohn schon in der Diele Schultasche und Jacke auf den Boden warf!«

(2) Die Mutter soll erkennen, ob die Art der Auseinandersetzung mit ihrem Kind durch Konflikte mit anderen Personen beeinflußt wird. Etwa in der Form: »Ich war am Montag eh' schon völlig geschafft, da meine Mutter mich wegen Kleinigkeiten ständig belästigte, als mein Sohn schon in der Diele Schultasche und Jacke auf den Boden warf!«

Durch dieses Vorgehen konnten die Mütter schon nach sechs Wochen das Familiengeschehen genauer beobachten und die komplexen Zusammenhänge in ihrer Reaktion einordnen. Die Mütter durchliefen damit einen Prozeß des Diskriminationslernens, der es ihnen gestattete, zwischen außerfamiliär und innerfamiliär verursachten Konflikten zu unterscheiden. In weiteren Schritten wurde den Müttern ihr Verhalten noch weiter erklärt und sie in den Umgang mit Münzverstärkung und Time-out-Verfahren eingewiesen. Auf diese Weise konnten die Mütter bei stark ausgeprägten aggressiven Verhaltensweisen der Kinder erfahren, daß sie dieser Aggression nicht hilflos ausgeliefert sind. In diesen Empfehlungen gleicht das Vorgehen der *Wahler*-Gruppe dem von *Patterson* (1982) vorgeschlagenen.

11.4 Ansatz der funktionalen Familientherapie

Die dritte Gruppe von Verhaltenstherapeuten folgte einer familientherapeutischen Orientierung am weitesten (vgl. *Alexander* et al., 1983; *Morris* et al., 1986). Diese Autoren ergänzen die lerntheoretische Sichtweise von Problemen in Familien durch eine kommunikationstheoretische. Diese Erweiterung ist notwendig, da sich die Gruppe um *Alexander* nicht nur um die *Funktion* eines Verhaltens in einer Familie bemüht, sondern auch an der *Bedeutung* dieses Verhaltens für die Familie interessiert ist und diese ergründen will. Schon die Funktion eines Verhaltens für eine Familie ist keine beobachtbare Größe, sondern eine Annahme darüber, wie wir ein Verhalten erklären wollen. So kann etwa »Weinen« in verschiedenen Beziehungen ganz unterschiedlich aufgefaßt werden. Deutlich erkennt man dies am Effekt, der durch das Weinen ausgelöst wird: Der eine Partner nimmt den Weinenden in den Arm, der andere läuft vor Schreck davon. Selbst bei *einer* Person kann es – je nach Situation – zu solch unterschiedlichen Reaktionen kommen. Die Funktionen von Verhalten sind also immer *kontextabhängig.*

Da sich die Funktion eines Verhaltens nur aus dem Kontext einer Zweierbeziehung ergibt, muß man solche Beziehungen näher beschreiben; hierzu bieten sich Begriffe wie »Distanz« und »Nähe« an. Unter »Distanz« versteht man dabei oft die Unabhängigkeit bzw. das Abgetrenntsein einer Person von einer anderen. Nähe läßt sich durch Formen der Intimität oder des »Verschmelzens« zweier Partner illustrieren.

In der klinischen Praxis genügt es nun nicht, sich auf die Analyse von Zweierbeziehungen zu beschränken. Ein Familienmitglied geht oft mehrere Zweierbeziehungen gleichzeitig ein, wenn es handelt. So trägt eine Mutter, die ihren aggressiven Sohn in Schutz nimmt, zugleich dazu bei, daß ihre Tochter, die unter den aggressiven Angriffen ihres Bruders leidet, sich hilflos und verlassen vorkommt. Diese gleichzeitige Analyse von Zweierbeziehungen geht ebenfalls über den operanten Ansatz hinaus. Für *Alexander* et al. (1983) bedeutet dies, daß sie nicht das einzelne Verhalten und die unmittelbaren Konsequenzen in den Mittelpunkt ihrer Betrachtung stellen, sondern sich ganze Verhaltensabfolgen und ihre Auswirkungen anschauen. Hierfür wieder ein *Beispiel,* das in Anlehnung an *Heekerens* (1986) formuliert ist:
Um 17 Uhr kommt Tochter *Sandra* nach Hause und will nach dem Umkleiden entgegen der Absprache mit der Mutter sofort wieder gehen. Ein sich zwischen Mutter und Tochter entwickelnder Streit eskaliert schnell und endet damit, daß die Mutter die Tochter ohrfeigt und diese aus dem Haus stürzt. Dem um 19 Uhr heimkehrenden Vater erzählt die Mutter das Ganze und setzt ihm – indem sie ihm ein schlechtes Gewissen einflößt und Andeutungen macht, die Tochter drohe zu verwahrlosen – so zu, daß er aufgebracht wartet, bis *Sandra* um 23 Uhr nach Hause kommt. Die »Erziehungsversuche« des Vaters gegenüber der »pampig« auftretenden *Sandra* enden im Ohrfeigen der Tochter, die dann schluchzend in ihr Zimmer rennt. Der Vater ist als Folge seines Auftritts erleichtert, daß seine Frau jetzt nicht mehr meint, er drücke sich vor Erziehungsaufgaben; die Mutter ist über das Eingreifen ihres Ehemannes erfreut und anschließend klagen beide einander ihr Leid, das sie aufgrund ihrer mißratenen Tochter zu tragen haben.

Wir sehen in diesem Beispiel die Verstrickungen über das konkrete Problem von *Sandra* hinaus und erkennen, daß die Mutter die Situation zum Anlaß nimmt, Druck auf den Vater auszuüben. Dem Vater wird von seiten der Mutter die Rolle der »letzten Autorität« in der Familie zugeschoben, und dies bedeutet für die Mutter zugleich Entlastung und Erleben von ehelicher Gemeinsamkeit. Verhaltenstherapeutisch könnte man *Sandra* dadurch helfen, daß man mit ihr einen Vertrag über Rechte und Pflichten in der Familie schließt und anhand dieser Regeln die Distanz zu den Eltern festlegt. *Morris* et al. (1986) weisen auch darauf hin, daß es oft erforderlich ist, die gewählten Distanzierungsversuche von Jugendlichen zu verändern. Ein ungünstiger Distanzierungsversuch stellt das Auf-Trebe-Gehen von Jugendlichen dar, das oft mit der Gefahr verbunden ist, delinquent oder sogar kriminell zu werden (z.B. aufgrund des Geldmangels). Bessere Distanzierungsversuche wären z.B. die Mitarbeit in einer Jugendgruppe, Engagement für einen sozialen Belang. Bei allen Distanzierungsversuchen interagieren die Eltern mit den Jugendlichen gleich wenig, jedoch ist die zweite Form sozial akzeptiert; sie bewirkt eine entspanntere Familienatmosphäre und wirkt somit wieder günstig auf den Jugendlichen zurück.

Das angedeutete Vorgehen der *Alexander*-Gruppe ist kennzeichnend für einen Verhaltenstherapeuten: Die Funktionen eines Verhaltens für bzw. in der Familie sollen durch Regeln oder alternative Verhaltensweisen geändert werden. Diese Änderungen können in wenigen Sitzungen erzielt werden; so weisen *Morris* et al. darauf hin, daß mit fünf oder sechs Familiensitzungen nachhaltige und langfristige Erfolge erzielt werden können.

Wir haben bislang nur die Funktion des Verhaltens für eine Familie angesprochen und den zweiten Aspekt – ihre Bedeutung – ausgeklammert. Die funktionale Familientherapie empfiehlt, auf drei Ebenen Umdeutungen des Verhaltens vorzunehmen: Auf der *emotionalen Ebene,* der *Handlungsebene* und der *Ebene von Familienbeziehungen.* Im Vorgehen gleicht dieser Ansatz an diesem Punkt der strukturellen Familientherapie, die versucht, durch Umdeuten positive Aspekte einer Problematik bzw. Familienkrise darzulegen. Oft geht es darum, ungünstige Erziehungshaltungen (z.B. der Vater fühlt sich für Erziehungsfragen nicht zuständig) zu ändern, wobei man hierzu verschiedene Vorgehensweisen aus der sogenannten »rational-emotiven Therapie« von *Ellis* (vgl. *Keßler* u. *Hoellen,* 1982) oder der kognitiven Verhaltenstherapie (vgl. *Lazarus,* 1980) heranziehen kann. Wir werden in Kapitel 11.5.4 Beispiele dazu anführen. Zur Illustration der unterschiedlichen Ebenen und möglicher Umdeutungsversuche kann auch Abbildung 10 erste Anregungen geben.

Abbildung 10: Ebenen und Beispiele des Umdeutens in der funktionalen Familientherapie der Alexander-Gruppe; die Beispiele auf der Handlungsebene und der Ebene der Familienbeziehungen wurden aus Heekerens (1986) entnommen

Emotionale Ebene

(z. B. das Thema »Der Vater fühlt sich für die Erziehung nicht zuständig«)

Beispiel des Umdeutens: »Also, die Mutter versucht den Vater, wenn er völlig entmutigt ist und vor Verzweiflung das Geschirr an die Wand wirft, zu beruhigen, indem sie den Raum verläßt. Was machen die Kinder, während sich dies abspielt?«

Handlungsebene

(z. B. das Thema »Familienkrach«)

Beispiel des Umdeutens: »Also Frau S., ich erkenne, daß Sie sich von Ihrem Mann in der Erziehung alleingelassen fühlen; aus diesem, Sie belastenden Gefühl heraus handeln Sie einfach, wobei Ihr Mann dadurch immer wieder erfährt, daß er wirklich nicht gebraucht wird!«

Ebene der Familienbeziehungen

(z. B. das Thema »Jeder will beachtet werden«)

Beispiel des Umdeutens: »Aus verschiedenen Gründen scheinen Sie alle, wenn auch auf verschiedene Weise, förmlich nach Aufmerksamkeit zu schreien. Der Vater zieht sich ins Arbeitszimmer zurück und hofft insgeheim, einer würde kommen und ihn fragen, warum er ärgerlich ist. Die Mutter bittet um Aufmerksamkeit, indem sie herumerzählt, wie alleingelassen sie sich fühlt, wenn die anderen ihre kleinen Pflichten im Haushalt vergessen. Und der Sohn signalisiert den Eltern, daß er Aufmerksamkeit braucht, indem er Probleme in der Schule hat.«

11.5 Familienbezogene Arbeit in der Praxis

Die bisherigen Ausführungen verdeutlichen, welche Anstrengungen verschiedene Arbeitsgruppen unternommen haben, um Konflikte in Familien zu verringern und dadurch den Anteil an angemessenen Interaktionen zwischen Familienmitgliedern zu steigern. Es wurden auch Vorstellungen über die Ursachen von Konflikten in Familien angesprochen und aufgezeigt, daß die Sozialkontakte der Mutter, die psychische Befindlichkeit der Eltern, Ehekonflikte oder auch unrealistische Erwartungen an das Kind Einflüsse auf die Interaktionen in der Familie haben. Viele Beispiele bezogen sich auf aggressives Verhalten von Kindern und Jugendlichen. Im weiteren wollen wir bei dieser Symptomatik bleiben und unsere Arbeitsweise mit Familien verdeutlichen, die eine Beratung wegen ihres aggressiven Kindes aufsuchen. Wir greifen dabei teilweise auf eine frühere Veröffentlichung zurück (vgl. *Petermann* u. *Petermann,* 1984, Kap. 7).

11.5.1 Verknüpfung von familienbezogener Arbeit und Kinderverhaltenstherapie

Nur in wenigen Fällen wird man bei einer erheblichen Beeinträchtigung des Kindes *allein* mit einer familienbezogenen Arbeit Erfolge erzielen. Solche erheblichen Beeinträchtigungen des Kindes liegen zum Beispiel bei einer Phobie, massiven Verhaltensstörungen, einer Sprachentwicklungsstörung oder einem psychosomatischen Leiden vor. Es ist sogar zu befürchten, daß ein Beharren auf diesem Zugang eine längerfristige Elternmitarbeit verhindert, da für die Eltern die Störung in erster Linie beim Kind liegt. Eltern bzw. Familien sind weitaus aufgeschlossener, wenn man ihnen eine zweigleisige therapeutische Vorgehensweise unterbreitet, die die Mängel beim Kind gezielt abbaut und zugleich durch Veränderungen in der Familie den Boden dafür schafft, daß solche oder ähnliche Probleme nicht mehr auftreten können. Diese *Zweigleisigkeit* ist jedoch kein »fauler« Kompromiß des Verhaltenstherapeuten, um die Eltern bei der »Stange« zu halten.

Wir werden verdeutlichen, daß der Verhaltenstherapeut die Pflicht hat, in angemessener, aber klarer Weise negative Entwicklungen in der Familie anzusprechen und zu verändern: eine Verpflichtung, die sich aus der Sorge um das Wohl des Kindes und die Rechte des Kindes in der Therapie ableitet (vgl. auch Kap. 1). Unser Buch machte immer wieder deutlich, daß die Eltern die Bezugspersonen sind, mit denen ein Kind die meiste Zeit verbringt – Eltern prägen ihr Kind am nachhaltigsten. Schon aus diesem Grund muß jede Verhaltenstherapie für Kinder und Jugendliche mit einer familienbezogenen Arbeit verknüpft sein. Eltern sollten damit nicht nur Therapiehelfer sein, wie die Verhaltenstherapeuten in den 70er Jahren propagierten, sondern mit dem Problemkind zusammen lernen, ihr Verhalten so zu verändern, daß psychische Beeinträchtigungen einzelner Familienmitglieder behoben und zukünftig vermieden werden. Hiermit ist eine deutliche Umorientierung auf dem *Weg zu einer familienbezogenen Suche nach den Ursachen kindlicher Störungen* vollzogen. Dies setzt nicht nur komplexere Annahmen hinsichtlich der Ursachen von psychischen Störungen voraus, sondern auch ein umfassendes Vorgehen, das sowohl kind- als auch familienbezogene Ursachen beheben kann. In der Regel wird es nötig sein, mehrere verhaltenstherapeutische Ansätze zu verbinden, um dieser Aufgabe effektiv nachzukommen.

Bevor wir das konkrete Vorgehen erläutern werden, sollen noch die *Rahmenbedingungen der familienbezogenen Arbeit* ausgeführt werden. Die Familien haben die Wahl, zur Beratung in die Klinik bzw. Beratungsstelle zu kommen oder einen Hausbesuch in Anspruch zu nehmen. Nach unserer Erfahrung wird in dieser Situation in 90 Prozent der Fälle ein Hausbesuch gewünscht. Die familienbezogene Arbeit wird von zwei Beratern durchgeführt und beträgt pro Sitzung jeweils 90 Minuten bis maximal zwei Stunden. Dabei werden eine Reihe von Materialien eingesetzt, und das Vorgehen für die beteiligten Familienmitglieder wird so durchschaubar wie möglich gemacht. Das praktizierte Vorgehen wird ausschnitthaft beschrieben und in grundlegenden Prinzipien erläutert.

Vor der Beschreibung einiger wichtiger Vorgehensweisen soll auf die vier *Vorteile des Hausbesuches* eingegangen werden:

- Die Familie fühlt sich durch das »Auf-sie-Zugehen« *anerkannt.*

- Die Familienmitglieder befinden sich offensichtlich in der Gastgeberrolle und leiten daraus *Sicherheit* ab.

- Der Hausbesuch garantiert in höherem Maße als die Arbeit in einer Beratungsstelle die *Mitarbeit der Familie.* Oft ist es durch diesen Schritt erst möglich, den Vater kontinuierlich in die Arbeit mit einzubeziehen.

- Als Folge dieser Vorteile zeichnet sich diese Arbeitsform durch eine sehr *geringe Abbruchquote* aus, die bei 10 Prozent liegt.

11.5.2 Gesprächsführung in Familien

Der Gesprächsstil ist eher direktiv und verfolgt das Ziel, Leitlinien und Ansatzpunkte im Gesprächsverlauf nicht aus den Augen zu verlieren. Beim Nachfragen – auch bei heiklen Punkten – sollte bei den Beratern nie die Befürchtung entstehen, daß sie ihren persönlichen Kredit in den Augen der Eltern verlieren. In diesem Zusammenhang ist zu beachten, daß ein Wechsel von einem weichen Fragestil zu einem hartnäckigen Nachfragen vorher angezeigt werden muß. Dieses Anzeigen kann durch einen sprachlichen Hinweis (z.B. »Das interessiert uns etwas genauer!«) erfolgen.

Bei den Familiengesprächen sollte darauf geachtet werden, daß die Beteiligten sich aktiv einer Problemlösung zuwenden und diese vorantreiben. Zur Strukturierung einer solchen Problemdiskussion lassen sich einige Richtlinien herausarbeiten, die generell für Familiengespräche Gültigkeit besitzen. Im einzelnen lassen sich im Rahmen der Problemdiskussion zumindest sieben Schritte unterscheiden:

- Herstellen von Betroffenheit
- Konfliktstrukturierung
- Einbeziehen realer Lebenssituationen
- Einblenden der Kinderperspektive
- Ursachenanalyse
- Problemlösung
- Absprachen

Der erste Aspekt soll näher ausgeführt werden und damit die Form der Gesprächsführung vertiefend erläutert werden. Die Gesamtstrategie kann in *Petermann* u. *Petermann* (1984, Kap. 7) nachgelesen werden.

Die Alltagserfahrung zeigt, daß man bei Problemen erst dann aktiv wird, wenn man selbst davon betroffen ist. Diese Erkenntnis soll in der Familienberatung nutzbar gemacht werden. Für ein effektvolles Beratungsgespräch ist es weder sinnvoll, wenn das Gespräch fast ohne Problemthematisierung dahinplätschert, noch wenn zu viele Konflikte unstrukturiert auf einmal angeschnitten werden und dies unter Umständen lediglich der Entlastung der Familie dient. Um die Familie zu motivieren, sich mit einem Konflikt auseinanderzusetzen und dies auch als ihre Aufgabe zu begreifen, soll in einem ersten Schritt *gefühlsmäßige Betroffenheit* ausgelöst werden. Die Betroffenheit darf nicht zu stark sein, um keine Abwehrhaltung zu erzeugen, aber auch nicht zu schwach, um eine ausreichende Motivation bei den Beteiligten aufzubauen. Deshalb gilt es für die Berater - aufgrund der Information aus früheren Kontakten (z.B. dem Diagnosegespräch) -, gezielt und schrittweise problematische Punkte anzusprechen. Es kann sich dabei darum handeln, den Beteiligten zu verdeutlichen, daß das aggressive Verhalten des Problemkindes teilweise ihre eigene Angelegenheit ist, auch wenn es nicht zu Hause auftritt, oder daß ihr Verhalten das Handeln des Kindes verursacht bzw. zumindest aufrechterhält.

Eine solche Betroffenheit kann aufgrund gegensätzlicher Problembewertungen einzelner Familienmitglieder oder inkonsequenten Elternverhaltens gegenüber dem Problemkind ausgelöst werden. Folgende Formulierung ist denkbar: »Im letzten Gespräch fiel uns auf, daß Sie Ihrem Sohn heimlich doch Wünsche erfüllen, gegen die sich Ihr Mann ausgesprochen hat!« Um die erzeugte Betroffenheit aufzufangen, ist es günstig, bei den weiteren Ausführungen die Konflikte durch lebensnahe Bilder zu kennzeichnen *(vgl. auch Lazarus,* 1980). Die dabei verfolgte Absicht ist, die Eltern deutlich und einprägsam, jedoch nicht verletzend auf die Problemlage der Familie hinzuweisen. Sehr wirkungsvoll sind zum Beispiel *Bilder* der folgenden Art:

Wellensalat:
Wenn zwei Sender auf der gleichen Wellenlänge senden, so ergibt dies beim Empfänger Wellensalat. Dies wird als Ausdruck für Kommunikationsstörungen verwendet, durch die das Kind aufgrund der unterschiedlichen Mitteilungen von Vater und Mutter - z.B. wegen unterschiedlicher Erziehungsstile - keine eindeutige Botschaft erfährt.

Solche Bilder ergeben sich aus Alltagserfahrungen bzw. Redewendungen und können gegebenenfalls leicht verfremdet werden; sie müssen aber in ihrer Aussage unmißverständlich ausfallen. Zuerst sollen die Beteiligten das Bild selbst deuten. Anschließend wird gemeinsam über das Bild und das damit angesprochene Verhalten diskutiert. Das Verhalten wird konkretisiert, um falsche bzw. einseitige Interpretationen der verwendeten Bilder zu verhindern. Diese Ausarbeitungen sind für die folgenden Lösungsversuche unerläßlich.

11.5.3 Motivierung von Familien

Eine Vielzahl von Gründen läßt sich benennen, warum viele Familien - vor allem bei aggressivem Verhalten eines Kindes - unzureichend motiviert sind. Zum Aufbau einer verbesserten Motivationslage sind folgende Prinzipien zu beachten:

(1) *Sich mit den Problemen der Familie solidarisieren.* Eine zentrale Ursache für Skepsis oder sogar Ablehnung gegenüber familienbezogener Arbeit liegt in der Angst, daß sich die Familie eine Blöße gibt und die Schuld für das Verhalten des Problemkindes zugeschoben bekommt. Aus diesem Grund müssen zwischen den Beratern und der Familie Gemeinsamkeiten aufgebaut werden, die wechselseitiges Vertrauen ermöglichen.
In einem ersten Schritt sollen sich deshalb die Berater mit den Problemen der Familie solidarisieren und die Bedürfnislage der Familie damit akzeptieren. Dies geschieht, indem sie ihnen signalisieren, daß sie mit den Problemen nicht alleingelassen werden und diese behebbar sind. Die positiven Seiten einer Veränderung können dabei beschrieben werden. Der Familie wird damit eine neue Sicht des Problems nahegelegt und das Gefühl der Hilflosigkeit verringert.

(2) *Aufmerksamkeitszuwendung.* Bei den Problemschilderungen der Familie treten oft Widersprüche auf. Ein Beweis für die Aufmerksamkeitszuwendung seitens der Berater kann sich neben Zuhören, Nachfragen und Erinnern auch dadurch ausdrücken, daß sie solche Widersprüche in diesen Schilderungen ansprechen. Aufmerksamkeitszuwendung dieser Art drückt nicht nur Interesse an den Problemen der Familie aus, sondern verdeutlicht auch das Engagement der Berater. Die aufgezeigten Widersprüche machen die Beteiligten betroffen und zwingen sie, über Geschehnisse innerhalb der Familie nachzudenken und zuverlässigere Auskünfte zu erteilen.

(3) *Kompetenzen zuweisen.* Die Beteiligten werden als Experten von den Beratern beschrieben, die aus erster Hand die Entwicklung des Problemkindes kennen und darüber am besten Auskunft geben können. In der Regel sollte der Rolle des Vaters - sofern er in der Familie lebt - besonderes Gewicht gegeben werden, um sein Engagement und seine Verantwortungsbereitschaft zu erhöhen.
Wichtig ist, allen Beteiligten von Anfang an den Eindruck zu vermitteln, daß sie etwas zur Problemlösung beitragen können. Die Familie soll sich für das Problemkind verantwortlich fühlen. Es darf nicht der Eindruck aufkommen, wenn ein Fachmann sich mit dem Problem auseinandersetze, reiche dies zur Bewältigung aus. Deshalb müssen die Möglichkeiten der Familie hervorgehoben und die Grenzen professioneller Hilfe verdeutlicht werden. Die Familie soll zwar aktiv und weitgehend selbständig ihre Probleme angehen, sie wird jedoch durch die professionelle Hilfe in Krisen entlastet.

(4) *Ein klares und überschaubares Hilfeangebot formulieren.* Die Familie erwartet konkrete Hilfe, die auch für Laien umsetzbar ist. Deshalb wird einfach und im Detail beschrieben, was kind- und familienbezogen in Angriff genommen wird. Der Familie müssen die Schritte in ihrer Abfolge klar nachvollziehbar und für sie akzeptabel erscheinen. Die Verzahnung zwischen Kindertraining und Familienberatung ist als tragende Säule zu verdeutlichen.

Im Verlauf der Familiengespräche ist immer auf die Durchschaubarkeit der Aktivitäten zu achten. Dies verringert das Gefühl der Hilflosigkeit und motiviert die Beteiligten, sich zu engagieren. Ein Hilfeangebot für die Familie liegt vor, wenn ein Problem in kleine, überschaubare Teilprobleme gegliedert und konkrete Handlungsmöglichkeiten besprochen werden.

(5) *Erwartungen genau abklären.* Die Erwartungen der Familie an die kindbezogene Arbeit und Beratung muß immer wieder angesprochen werden. In den Erwartungen der Familie drücken sich oft deren Sorgen und Probleme aus, genauso auch deren Wünsche. So ist abzuklären, welche Ziele sinnvoll sind und wie sie erreicht werden können. Hierbei sind oft die Berater Anwalt des Kindes; immer wieder müssen sie überhöhte Erwartungen der Familienmitglieder abbauen.

11.5.4 Verhaltenstherapeutische Vorgehensweisen

Im folgenden können nur einige Vorgehensweisen verdeutlicht werden; es sollen hier auch nur drei Beispiele angeführt werden, die das Prinzip der Arbeitsweise illustrieren. Dabei handelt es sich um:

- Vertrautmachen mit Verstärkerprinzipien
- Ungünstige Erziehungshaltungen und Rollenverteilungen in der Familie
- Finden positiver Konfliktlösungen

11.5.4.1 Vertrautmachen mit Verstärkerprinzipien

Es ist notwendig, bei den Familienmitgliedern ein Verständnis für Verhaltenszusammenhänge zu schaffen. Aus diesem Grund wird erläutert, wie Verhalten gelernt und aufrechterhalten wird. Die Wirkung von Modellen, stellvertretende und selbst verabreichte Verstärkung bei der Entstehung von Verhalten bleiben vorerst unberücksichtigt, da die Familie damit überfordert wäre. Für die Familie ist es schon ein Gewinn, wenn sie erfährt, wie über die *Art der Zuwendung* ein Problemverhalten zu beeinflussen ist. Sie erhält dabei auch einen Einblick, wie das Problemkind über verschiedene Aktivitäten die Familie steuern kann. Um die Erklärung zu verdeutlichen werden Arbeitsblätter eingesetzt, die auf S. 209f. abgedruckt sind.

Zuerst wird klargestellt, welche Verhaltensweisen beim Kind durch Zuwendung unmerklich hervorgerufen werden. Es wird besprochen, wie durch die Art der Zuwendung, also durch *positive, negative* und *keine* Zuwendung ein Verhalten verstärkt wird. Als Hilfe wird das Arbeitsblatt »Arten der Zuwendung« herangezogen. Zu jeder Zuwendungsart werden gemeinsam aus der Familie Beispiele gesucht.

Anhand des Arbeitsblattes »Wie belohne/bestrafe ich richtig?« wird genauer auf die Möglichkeiten eingegangen. Den Beteiligten müssen die verschiedenen Ebenen, auf denen sie belohnen und bestrafen können, einsichtig werden. Es handelt sich um *soziale, materielle* und *Münzverstärkung.* Für diese Ebenen werden Beispiele genannt, die am Familienalltag verdeutlicht werden.

Wichtig ist, darauf hinzuweisen, daß die Eltern oft nicht konsequent oder überhaupt nicht loben. So schenken sie dem Problemkind einmal für ein positives Verhalten Aufmerksamkeit und loben es, ein anderes Mal beachten sie es bei dem gleichen Verhalten gar nicht. Viele Dinge betrachten die Eltern auch als selbstverständlich, ohne das Kind dafür zu loben oder sich bei ihm für Hilfestellungen im Alltag zu bedanken. Besonders inkonsequent können Eltern auch bei materieller Verstärkung handeln. Bei vielen Gelegenheiten bekommt das Kind etwas geschenkt, was in keinem Zusammenhang mit einem bestimmten Verhalten steht. Manchmal bekommt das Kind sogar solche Belohnungen, wenn es aggressiv ist. Damit nehmen sich Eltern jegliche Möglichkeit, ihr Kind für ein angemessenes Verhalten zu motivieren oder überhaupt zu beeinflussen.

Den Beteiligten muß aber auch erklärt werden, warum materielle Verstärker nur bei besonderen Anlässen Verwendung finden können und zeitlich begrenzt werden sollten. Kinder müssen im Laufe der Zeit dazu befähigt werden, selbstkontrolliert zu handeln und dabei Selbstinstruktionen (z.B. Vorsätze) und Selbstverstärkung (wie Selbstlob) einzusetzen.

Nicht nur durch Belohnen, sondern auch durch Bestrafen kann Verhalten gesteuert werden. Dabei ist wichtig, unangebrachte Strafaktionen, die oft nichts am Problemverhalten ändern, und angemessenes Strafverhalten auseinanderzuhalten. Angemessene Bestrafung bedeutet dabei, daß ein Kind Konsequenzen aus seinem Verhalten erfährt, die im Sinne einer *natürlichen Folge* zur Handlung passen. Wirft ein Kind in Wut Geschirr kaputt, dann besteht ein unangebrachtes Bestrafen darin, dem Kind eine Ohrfeige zu geben. Eine solche Handlung ändert die Situation nicht und trägt nur zu noch größeren Wutgefühlen bei. Eine angemessene Bestrafung im Sinne einer natürlichen Folge ist, auf Schadensbehebung zu bestehen, indem das Kind von seinem Geld Ersatz beschafft. Dies soll dem Kind ohne Schimpfen und Schreien ruhig mitgeteilt werden. Den Beteiligten wird erklärt, worin richtiges Bestrafen besteht und mit welchem Sinn es verbunden sein soll.

Ebenso wie Belohnen kann eine Strafe auf drei Ebenen erfolgen: Die im Arbeitsblatt aufgeführten Punkte unter »soziale Dinge« beziehen sich auf *Ignorieren* von unangebrachtem Verhalten, um es damit zu löschen. Bei starker Aggression, die man nicht ignorieren kann, ist beispielsweise *sozialer Ausschluß* angezeigt – und zwar vor allem im Sinne einer Reizkontrolle. Das bedeutet, die Beteiligten müssen unterscheiden lernen, daß es hierbei um keinen langandauernden Liebesentzug geht, sondern um Maßnahmen, die dem Kind einerseits Grenzen und Signale setzen und andererseits Hilfestellung für ein anderes positives Verhalten geben. Sozialer Ausschluß (ein Kind wird z.B. bei einem Wutanfall in sein Kinderzimmer gebracht) soll also nicht einen Tag lang praktiziert werden. Vielmehr wird dem Kind mitgeteilt, daß es wiederkommen kann, wenn seine Wut vorüber ist. Auch Ignorieren bedeutet nicht, das Kind generell für einen längeren Zeitraum nicht zu beachten. Es meint, daß nur das aggressive Verhalten nicht mit Aufmerksamkeit in Form von Worten, Gesten, Mimik und gemeinsamen Aktivitäten bedacht werden soll. Dieses richtige Strafverhalten ist identisch mit dem Punkt »Keine Zuwendung« des Arbeitsblattes »Arten der Zuwendung«. Zeigt das Kind jedoch, kurz nachdem man sein unangemessenes Verhalten ignoriert hat, positives Verhalten, dann muß der Erwachsene sofort darauf reagieren und das Kind dafür verstärken.

Bestrafungen bezüglich »materieller Dinge« beziehen sich auf den *Entzug von bevorstehenden Belohnungen, Privilegien und vor allem auf die Behebung eines Schadens,* den das Kind angerichtet hat. Die Schadensbehebung muß den Möglichkeiten des Kindes angepaßt sein. Beispielsweise sollte eine »Geldstrafe«, damit ein beschädigter Gegenstand instandgesetzt wird, nicht im Entzug des gesamten Taschengeldes für mehrere Monate bestehen, sondern nur einen Teil des Taschengeldes betreffen. Ist der Schaden sehr groß, so daß das Kind ihn sowieso nicht ganz von seinem Geld bezahlen kann, sollte die »Schadensregulierung« in kombinierter Form erfolgen (z.B. teilweise über Geld teilweise über Arbeitsleistungen), die, wenn möglich, im Zusammenhang mit der Wiederherstellung des Gegenstandes stehen sollte.

Um den Beteiligten einprägsam zu verdeutlichen, wie sich richtiges Strafverhalten von falschem abhebt, werden ebenfalls Beispiele besprochen sowie die langfristigen negativen Folgen von falschem Strafen für das Kind aufgezeigt. Diese Information erhalten die Beteiligten auch schriftlich auf dem Arbeitsblatt über richtiges Belohnen und Bestrafen. Den Eltern soll verdeutlicht werden, daß falsches Bestrafen etwas mit den negativen Zuwendungen aus dem Arbeitsblatt »Arten der Zuwendung« zu tun hat und daß dieses nicht dazu beiträgt, aggressives Verhalten abzubauen, sondern es sogar unterstützt. Die Beteiligten müssen lernen, daß Art und Ausmaß von Strafen in einem sinnvollen Zusammenhang mit dem Verhalten des Kindes stehen müssen. So ist es wenig einsichtig, schon bei geringem unerwünschten Verhalten mit hohen Strafen zu drohen, zumal man dann bei starkem unangemessenen Verhalten kaum noch Steigerungsmöglichkeiten besitzt. Dieser Sachverhalt sowie die aus elterlicher Wut unüberlegt ausgesprochenen Strafen tragen dazu bei, daß Strafen nicht konsequent durchhaltbar sind. Sie sind dann oft unrealistisch hoch formuliert und deshalb kaum durchführbar oder die Realisierung ist nur schwer kontrollierbar. Wenn der Vater in seiner Wut eine Woche Hausarrest und Fernsehverbot verhängt, kann das Kind zum Teil mit Ausreden und Lügen den Hausarrest umgehen. Möglicherweise läuft es manchmal einfach weg. Fernsehen schaut es bis kurz bevor der Vater abends nach Hause kommt, da die Mutter nachgiebig und dadurch inkonsequent ist.

Neben diesen zu beachtenden Punkten soll ein Strafverhalten nicht um der Strafe selbst geschehen. Das bedeutet, das Kind muß einen Zusammenhang und eine *Gleichwertigkeit* von *seinem Handeln* und der *Strafe* erkennen können. Hilft beispielsweise ein Kind an einem Samstagnachmittag nicht wie die gesamte Familie bei der Wohnungssäuberung und Gartenpflege, sondern »drückt es sich«, dann hat es auch nicht das Recht, am Abend beim Grillen im Garten anwesend zu sein, sondern muß den Abend allein in seinem Zimmer verbringen. Das Kind wird vom Vergnügen ausgeschlossen, da es sich von den Pflichten ausschließt.

Arten der Zuwendung

Durch Zuwendung verstärken wir oft das Verhalten eines anderen. Verstärken bedeutet, daß man aus einem kleinen, nebensächlichen Verhalten durch Beachtung ein deutliches und im Vordergrund stehendes Verhalten macht. Zuwendung erfolgt in unterschiedlicher Weise.

● Positive Zuwendung

Durch Anblicken, Kopf-nicken, Lächeln, Zuhören, Streicheln, In-den-Arm-nehmen, Fragen-stellen, Loben, Belohnung-ankündigen u.a.

Mit all dem trägt man dazu bei, daß das vorausgehende Verhalten verstärkt, d.h. besonders hervorgehoben und gefördert wird!

● Negative Zuwendung

Durch mehrmaliges Auffordern, Ermahnen, Tadeln, Nörgeln, Schimpfen, Belehren, Vergleichen, Schreien, Drohen, Vorwürfe-machen, mit »Scharfer-Stimme-reden«, Streng-anblicken u.a.

Damit tragen wir dazu bei, daß das Verhalten, das wir verhindern wollen, stärker ausgeprägt wird!

● Keine Zuwendung

Durch Vermeiden von Blickkontakt, körperliche Distanz, Sich-abwenden, Aus-dem-Zimmer-gehen, Keine-Antwort-geben, Keine-Miene-verziehen, Kein-Wort-sagen u.a.

Ohne Zuwendung rückt ein Verhalten in den Hintergrund und verschwindet!

Arbeitsblatt »Arten der Zuwendung« aus: *Petermann* u. *Petermann,* 1984

Wie belohne ich richtig?

- Soziale Dinge: Etwas gemeinsam machen, umarmen, anlächeln, einen Kuß geben, spazierengehen, Fußball spielen, grillen usw.
- Materielle Dinge: Belohnung durch Geschenke oder Geld.
- Punktevergabe: Aufschub von Belohnung, Punkte sammeln und Umtauschen gegen eine Belohnung ab einer bestimmten Punktezahl.

Wie bestrafe ich richtig?

- Soziale Dinge: Unangebrachtes Verhalten nicht beachten, Wiedergutmachungsleistungen fordern.
- Materielle Dinge: Belohnungen und Privilegien entziehen, an Schadensbehebung in angemessenem Umfang beteiligen.
- Punktevergabe: Punkte nicht vergeben und abziehen.

Wie bestrafe ich falsch?

- Strafen ohne Zusammenhang: Für kleinste Anlässe, z.B. Widersprechen, werden ebenso gewaltige Strafen verhängt wie für »große Taten«, z.B. einen parkenden PKW beschädigen.
- Inkonsequentes Strafen: Strafen werden angekündigt, aber nicht durchgeführt. Strafmaßnahmen können nicht durchgehalten werden, da sie unsinnig und schwer durchführbar sind, wie beispielsweise drei Wochen Hausarrest.
- Strafen ohne Lernmöglichkeit: Strafen können unangemessen sein, wie z.B. schimpfen, schreien, schlagen, das Kind einen halben Tag ins Bett schicken u.a. Solche Strafen ermöglichen kein erwünschtes Verhalten des Kindes, wie Wiedergutmachung und Schadensersatz!

Was kommt dabei heraus?

1. Mit Strafe lernt man keine neuen und erwünschten Dinge.
2. Bestrafung führt zur Flucht und Vermeidung.
3. Strafe kann Angst und Unsicherheit erzeugen.
4. Bestrafung kann zu erneuter Aggression führen.
5. Durch Strafe ist man kein gutes Vorbild.
6. Wer bestraft wird, straft andere wieder.

Arbeitsblatt »Wie belohne/bestrafe ich richtig?« aus: *Petermann* u. *Petermann,* 1984

11.5.4.2 Ungünstige Erziehungshaltungen und Rollenverteilungen in der Familie

In den Erziehungshaltungen spiegeln sich oft die eigenen Kindheitserlebnisse und Wunschvorstellungen der Eltern wider. Diese Haltungen äußern sich in den vielfach bekannten Sätzen: »Mein Kind soll es besser haben als wir!« oder »So streng, wie ich erzogen wurde, das mute ich meinen Kindern nicht zu!« Die Tendenz, einen bestimmten Fehler zu vermeiden, führt zu anderen, ebenso folgenreichen Fehlern, wie auch die unvoreingenommene Übernahme selbsterlebter Erziehungspraktiken. Solche Handlungen erzeugen entweder Nachgiebigkeit und dadurch Inkonsequenz oder unangemessene Strenge dem Kind gegenüber. Falsch verstandene Sorge und Unterstützung kann zu Verwöhnung des Kindes führen und ihm dann die Notwendigkeit von Verzicht, das Verhältnis von Pflichten und Rechten sowie das Einfühlen in andere überflüssig erscheinen lassen. Werden dem Kind die Wünsche von den Augen abgelesen, sieht dieses sich nicht veranlaßt, Fertigkeiten zu entwickeln, die eine konfliktfreie Erfüllung seiner eigenen Bedürfnisse gestatten. Übermäßige Strenge gegenüber dem Kind ruft hingegen Angst oder Wut bei ihm hervor; zudem wirkt das Erziehungsverhalten als ungünstiges Modell für aggressives Verhalten. Diese ungünstigen und zum Teil irrationalen Haltungen müssen angesprochen und auf ihre möglichen negativen Folgen für das Kind überprüft werden. Es muß verdeutlicht werden, daß diese Einstellungen das familiäre Handeln bestimmen. Wie dies das Kind nachteilig beeinflußt, kann anhand der vorher erklärten Verstärkungsprinzipien gezeigt werden.

Oft stehen Erziehungshaltungen mit der Rollenverteilung und diese wiederum mit der *Aufgabenverteilung* in der Familie in Beziehung. So kann die Mutter den nachgiebigen, emotionalen und der Vater den strengen, strafenden Teil der Erziehung übernehmen. Schnell erhält die jüngere Schwester des aggressiven Kindes die Rolle des braven Lieblingskindes oder der ältere Bruder die Rolle des guten Vorbildes. Um Konflikte zu vermeiden, kommt es vor, daß die Mutter dann möglichst allen Familienmitgliedern die Schandtaten des Problemkindes verheimlicht. Der Vater sieht seine Aufgabe folglich darin, die Nachgiebigkeit seiner Frau durch übergroße Strenge ausgleichen zu müssen. Das kann zur Folge haben, daß die Mutter von ihrem Kind immer wieder »ausgetrickst« wird, da sie inkonsequent ist, und der Vater vom Kind eher als angstauslösend erlebt wird. Bei den Eltern können als Folge davon Gefühle der Hilflosigkeit, des »schlechten Gewissens« oder der Wut oder gegenseitige Vorwürfe auftreten. Ein ungünstiger Kreislauf beginnt.

In anderen Familien treten ähnlich folgenschwere Rollenverteilungen auf. So fühlt sich die Mutter zwar für die Erziehung verantwortlich, sie ist aber durch zusätzliche Berufstätigkeit oder die Versorgung kranker Familienmitglieder *überfordert.* Bei Problemen droht sie Strafe an, verweist aber mit deren Ausführung auf den am Abend heimkommenden Vater. Dieser kennt die Zusammenhänge und Ursachen der Konfliktentstehung nicht genau und fühlt sich deshalb mit der Strafausführung überfordert, was zu passivem und scheinbar strafendem Verhalten führen kann.

Solche Rollenaufteilungen halten das aggressive Verhalten aufrecht. Da nämlich die Rollenaufteilung bei so ungleichen Rollen starr festliegt, kann ein aggressives Kind die Folgen seines Verhaltens gut absehen und so gezielt die Familienmitglieder gegeneinander ausspielen und unter Druck setzen. Die Rollenaufteilung mit dem inkonsequenten, gegenläufigen Erziehungsverhalten muß angesprochen, auf ihre Notwendigkeit überprüft und durch Regeln aufgefangen werden. Die Regeln sollen bewirken, daß das Erziehungsverhalten der Eltern einander angenähert wird. Eine Regel für das eben beschriebene, entgegengesetzte Erziehungsverhalten (Nachgiebigkeit vs. Strenge) kann sein, daß sich die Eltern immer erst absprechen (z.B. bei Konflikten). Sie müssen versuchen, zu einer für beide Teile akzeptablen Lösung zu kommen, damit der zu nachgiebigen Mutter konsequentes Verhalten leichter fällt und der Vater nichts durch Überstrenge ausgleichen muß.

Gegebenenfalls können im Rollenspiel die Beteiligten aus unterschiedlicher Perspektive die Auswirkungen einer einseitigen, starren und extremen Rollenverteilung erleben *(vgl. Peterander,* 1985). Dies kann zu Einstellungs- und Verhaltensänderungen motivieren. Es muß jedoch darauf hingewiesen werden, daß Rollenspiele nur auf Wunsch der Familie in Angriff genommen werden, um starke Verunsicherungen zu vermeiden.

11.5.4.3 Finden positiver Konfliktlösungen

Konfliktlösungen bestehen oft in einem Kompromiß, der dann befriedigend ausfällt, wenn alle Familienmitglieder ihre Wünsche hinsichtlich ihres Zusammenlebens aussprechen. Oft behindern nämlich unausgesprochene Wunschvorstellungen die positive Konfliktlösung. Diese Wünsche münden häufig in konkrete Forderungen, beispielsweise nach gemeinsamen Familienaktivitäten von seiten der Kinder oder nach Ruhe, Entlastung und geteilter Erziehungsverantwortung von seiten der Mutter. So wird es wichtig sein, festzustellen, wie sich das Bedürfnis der Mutter nach Entlastung und Teilen der Erziehungsverantwortung mit dem Vater auswirkt. Sie könnte »beide Augen zudrücken«, um größerer Belastung aus dem Wege zu gehen, oder chaotisch, gereizt und nervös reagieren. Die Mutter wird sich dann dem Haushalt nicht gewachsen fühlen und die Kinder unbeherrscht und ungerechtfertigt bei geringsten Anlässen anschreien.

Die bisherigen Darstellungen machen deutlich, daß in einer solchen Situation eine Veränderung der familiären Rollen- und Aufgabenverteilung notwendig ist. So ist unter anderem zu überlegen, ob die Rollenverteilung nicht in der Weise geändert werden sollte, daß die Mutter in ihren Erziehungsaufgaben durch den Vater entlastet wird, indem dieser mehr an gemeinsamen Familienaktivitäten teilnimmt, oder die Mutter einmal im Monat einen »familienfreien« Tag hat, an dem sie unabhängig von der Familie etwas unternehmen kann, weil der Vater sich um die Kinder kümmert. Um die Wunschvorstellungen umfassend zusammenzutragen, kann man die Familienmitglieder bitten, bis zur nächsten Stunde weitere zu sammeln und in die Sitzung einzubringen. Mit diesem Schritt gibt man den Familien auch eine gute Möglichkeit der Selbstdarstellung.

11.5.5 Kritische Situationen mit Familien

Das strukturierte Beratungsangebot für Familien muß so aufgebaut sein, daß es auch Hinweise darüber enthält, in welcher Form auftretende Probleme im Kontakt mit der Familie abgebaut werden können. In unserer familienbezogenen Arbeit lassen sich solche Probleme einerseits nach dem Zeitpunkt des Kontaktes (Erstkontakt vs. Folgekontakt) und andererseits nach dem Therapeutenverhalten gliedern. Typische, oft von Problemen behaftete therapeutische Verhaltensweisen sind:

- Anforderungen setzen,
- Lenken von Kommunikationsabläufen sowie
- Thematisieren problematischer Haltungen und Verhaltensweisen.

Für die aus diesen verhaltenstherapeutischen Strategien resultierenden Motivationsprobleme lassen sich jedoch Lösungsvorschläge finden, wie wir sie an anderer Stelle zusammengestellt haben (vgl. *Petermann* u. *Petermann,* 1984; *Alexander* et al., 1983).

Die seit 1977 durchgeführten Effektkontrollen an über 130 Familien belegen eindeutig, daß die Kombination von kind- und familienbezogener Arbeit bei aggressiven Kindern der Altersgruppe von sieben bis dreizehn Jahren positive und langfristig stabile Erfolge bringt. Hierbei liegen Nachkontrollen für Zeiträume von drei bis vierundzwanzig Monaten nach Behandlungsende vor.

11.6 Zusammenfassung und weiterführende Literatur

In diesem abschließenden Kapitel des Buches haben wir drei Konzepte einer lerntheoretisch begründeten familienbezogenen Arbeit kennengelernt. Wir betonten dabei den Begriff »familienbezogen«, da der Ausdruck »familientherapeutisch« nur auf das Konzept der funktionalen Familientherapie (vgl. *Alexander* et al., 1983) zutrifft. Wir beschäftigten uns mit:

- dem *Erpresserspiel* nach *Patterson* (1982), der mit einem sehr sparsamen Verstärkungsansatz das Aufschaukeln von aggressiven Konflikten in Familien sehr gut erklären kann;
- dem *Einfluß von Sozialkontakten auf das Erziehungsverhalten der Mütter* und belegten anhand der Befunde der *Wahler*-Gruppe, daß Familien (vor allem Mütter) erheblich durch diese Einflüsse geprägt werden. Die Problemwahrnehmung der Mütter und ihr Umgang mit der Verhaltensstörung ihres Kindes wird davon geprägt. Die Befunde der *Wahler*-Gruppe ermöglichen einen Brückenschlag zu gemeindepsychologischen Konzepten, die sich mit dem Zusammenwirken von Umwelt, Familie und kindlicher Störung beschäftigen.
- der *funktionalen Familientherapie* der Gruppe von *Alexander* et al. (1983), wobei diese Autoren zwischen der Funktion und der Bedeutung von Verhalten für die Familie unterscheiden. Dieser Ansatz umfaßt sowohl direkte Verhaltensänderungen als auch gezielte Umdeutungen von Verhalten.

Die Überlegungen zur familienbezogenen Arbeit in der Praxis gehen von einer Verknüpfung von Familienberatung und Verhaltenstherapie für Kinder aus und betonen die Effektivität eines zweigleisigen Vorgehens. Im einzelnen werden praktische Vorschläge zur Gesprächsführung bzw. Motivierung von Familien unterbreitet. Weiterhin wurden einige verhaltenstherapeutische Vorgehensweisen ausführlicher erläutert und auf kritische Situationen im Umgang mit Familien hingewiesen. Man muß sich dabei verdeutlichen, daß die hohe Effektivität dieses Ansatzes auf der Verknüpfung von familienbezogener Beratung und Kinderverhaltenstherapie basiert. – Deutschsprachige Ausführungen zu diesem Themengebiet liegen nur sehr wenige vor; so können wir lediglich auf Übersichtsarbeiten von *Heekerens* (1986) und *Peterander* (1985) sowie auf unsere eigenen praktischen Ausführungen *(Petermann* u. *Petermann,* 1984) verweisen.

Literatur

Adams, M.J. & Shepp, B.E.: Selective attention and the breadth of learning: A developmental study. Journal of Experimental Child Psychology (1975) 20, 168–180

Adesso, U.J. & Lipson, J. W.: Group training of parents as therapists of their children. Behavior Therapy (1981) 12, 625–633

Agras, W. S., Barlow, T.H., Chapin, H.N., Abel, G. G. & Leitenberg, H.: Behavior modification of anorexia nervosa. Archives of General Psychiatry, (1974), 30, 343–352

Alexander, A. B.: Systematic relaxation and flow rates in asthmatic children: Relationship to emotional precipitants and anxiety. Journal of Psychosomatic Research (1972) 16, 405–410

Alexander, A. B., Chai, H., Creer, T. L., Miklich, D.R., Renne, C.M. & Cardoso, R.R. de A.: The elimination of chronic cough by response suppression shaping. Journal of Behavior Therapy and Experimental Psychiatry (1973) 4, 75–80

Alexander, A.B., Cropp, G.J.A. & Chai, H.: Effects of relaxation training on pulmonary mechanics in children with asthma. Journal of Applied Behavior Analysis (1979) 12, 27–35

Alexander, A.B., Miklich, D.R. & Hershkoff, H.: The immediate effects of systematic relaxation training on peak expiratory flow rates in asthmatic children. Psychosomatic Medicine (1972) 34, 388–394

Alexander, I. F., Barton, C., Waldron, H. & Mas, C.M.: Beyond the technology of family therapy: The anatomy of intervention model. In: Advances in clinical behavior therapy, hrsg. von *K.D. Craig & R.I. McMahon.* Brunner & Mazel, New York 1983

Allen, K.E. & Harris, F.R.: Elimination of a child's excessive scratching by training the mother in reinforcement procedures. Behaviour Research and Therapy (1966) 4, 79–84

Aragona, J., Cassady, J. & Drabman, R.S.: Treating overweight children through parental training and contingency contracting. Journal of Applied Behavior Analysis (1975) 8, 269–278

Ayllon, T., Garber, S. & Pisor, K.: The elimination of discipline problems through a combined school-home motivation system. Behavior Therapy (1975) 6, 616–626

Ayllon, T., Layman, D. & Kandel, H.J.: A behavioral-educational alternative to drug control of hyperactive children. Journal of Applied Behavior Analysis (1975) 8, 137–146

Ayllon, T., Simon, S.J. & Wildman, R.W. II.: Instructions and reinforcement in the elimination of encopresis: A case study. Journal of Behavior Therapy and Experimental Psychiatry (1975) 6, 235–238

Azrin, N.H. & Foxx, R.M.: Toilet training in less than a day. Simon & Schuster, New York 1974

Azrin, N.H., Hontos, P.T. & Besalel-Azrin, V.: Elimination of enuresis without a conditioning apparatus: An extension by office instruction of the child and parents. Behavior Therapy (1979) 10, 14–19

Azrin, N.H. & Thienes, P.M.: Rapid elimination of enuresis by intensive learning without a conditioning apparatus. Behavior Therapy (1978) 9, 342–354

Baade, F.-W., Borck, I., Koebe, S. & Zumvenne, G.: Theorien und Methoden der Verhaltenstherapie. 7. Aufl. DGVT, Tübingen 1983

Bach, R. & Moylan, J.J.: Parents administered behavior therapy for inappropriate urination and encopresis: A case study. Journal of Behavior Therapy and Experimental Psychiatry, (1975) 6, 239–241

Bäck, M., Otto, S., Borkenstein, H. & Huber, H.P.: Psychologische Aspekte der Stoffwechseleinstellung bei juvenilen Diabetikern. Zeitschrift für Klinische Psychologie (1984) 13, 263–275

Baer, D.M. & Guess, D.: Receptive training of adjectival inflections in mental retardates. Journal of Applied Behavior Analysis (1971) 4, 129–139

Baker, B.L.: Symptom treatment and symptom substitution in enuresis. Journal of Abnormal Psychology (1969) 74, 42–49

Balaschak, B.A.: Teacher-implemented behavior modification in a case of organically based epilepsy. Journal of Consulting and Clinical Psychology (1976) 44, 218–223

Bandura, A.: Psychotherapy as a learning process. Psychological Bulletin (1961) 58, 143–159

Bandura, A.: Vicarious and self-reinforcement processes. In: The nature of reinforcement, hrsg. von R. Glaser. Academic Press, New York 1971

Bandura, A.: Sozial-kognitive Lerntheorie. Klett-Cotta, Stuttgart 1979

Bandura, A., Grusec, J.E. & Menlove, F.L.: Vicarious extinction of avoidance behavior. Journal of Personality and Social Psychology (1967) 5, 16–23

Bandura, A., Ross, D. & Ross, S.A.: Stellvertretende Bekräftigung und Imitationslernen. In: Pädagogische Psychologie, Bd. 2, hrsg. von *M. Hofer & F.E. Weinert.* Fischer, Frankfurt/Main 1973

Baron, R.A.: The control of human aggression: A strategy based on incompatible responses. In: Aggression, Bd. 2, hrsg. von *R.G. Green & E.I. Donnerstein.* Academic Press, New York 1983

Bartling, G., Fiegenbaum, W. & Krause, R.: Reizüberflutung. Theorie und Praxis. Kohlhammer, Stuttgart 1980

Basler, H.-D. & Florin, I. (Hrsg.): Klinische Psychologie und körperliche Krankheit. Kohlhammer, Stutttgart 1985

Bauermeister, J.J. & Jemail, J.A.: Modification of »elective mutism« in the classroom setting: A case study. Behavior Therapy (1975) 6, 246–250

Baum, M.: Extinction of avoidance responding through response prevention (flooding). Psychological Bulletin (1970) 74, 276–284

Begelman, D.A. & Hersen, M.: Critique of Obler and Terwilliger's »Systematic desensitization with neurologically impaired children with phobic disorders«. Journal of Consulting and Clinical Psychology (1971) 37, 10–13

Bemis, K.M.: Current approaches to the etiology and treatment of anorexia nervosa. Psychological Bulletin (1978) 85, 593–617

Berger, E., Friedrich, M.H. & Schuch, B.: Verhaltensbeurteilung bei Kindern und Jugendlichen. Thieme, Stuttgart 1985

Bhanji, S. & Thompson, J.: Operant conditioning in the treatment of anorexia nervosa: A review and retrospective study of 11 cases. British Journal of Psychiatry (1974) 124, 166–172

Block, J., Block, J.H. & Harrington, D.M.: Some misgivings about the Matching Familiar Figures Test as a measure of reflection-impulsivity. Developmental Psychology (1974) 10, 611–632

Bode, G. & Schmalenbach, U.: Unser Kind hat Krebs. Nietsch, Dreieich 1984

Bollard, J. & Nettelbeck, T.: A comparison of dry-bed training and standard urine-alarm conditioning treatment of childhood bedwetting. Behaviour Research and Therapy (1981) 19, 215–226

Bollard, R.J. & Woodroffe, P.: The effect of parent-administered dry-bed training on nocturnal enuresis in children. Behaviour Research and Therapy (1977) 15, 159–165

Borden, M., Hall, R.V. & Mitts, B.: The effect of self-recording on the classroom behavior of two eighth-grade students. Journal of Applied Behavior Analysis (1971) 4, 191–199

Bower, G.H. & Hilgard, E.R.: Theorien des Lernens, Teil 1. 5. Aufl., Klett-Cotta, Stuttgart 1983

Bower, G.H. & Hilgard, E.R.: Theorien des Lernens, Teil 2, 3. Aufl., Klett-Cotta, Stuttgart 1984

Brack, U.B.: Psychologische Untersuchungsmethoden. In: Methoden zur Untersuchung der Sprache, des Sprechens und der Stimme. Sprach-, Sprech- und Stimmstörungen, Bd. 1, hrsg. von *G. Böhme.* Fischer, Stuttgart 1978

Brack, U.B.: Leitsymptom: Kommunikationsstörungen. In: Frühdiagnostik und Frühtherapie, hrsg. von *U.B. Brack.* Urban & Schwarzenberg, München 1986a

Brack, U.B.: Rückstand der Sprachentwicklung. In: Frühdiagnostik und Frühtherapie, hrsg. von *U.B. Brack.* Urban & Schwarzenberg, München 1986b

Brownell, K.D., Kelman, I.H. & Stunkard, A.J.: Treatment of obese children with and without their mothers. Changes in weight and blood pressure. Pediatrics (1983) 71, 515–523

Butler, J.F.: Treatment of encopresis by overcorrection. Psychological Reports (1977) 40, 639–646

Camp, B.W. & Bash, M.A.: Think aloud program. Research Press, Champaign, 1981

Carr, E.G., Schreibman, L. & Lovaas, O.I.: Control of echolalic speech in psychotic children. Journal of Abnormal Child Psychology (1975) 3, 331–351

Chomsky, N.: Aspects of the theory of syntax. M.I.T. Press, Cambridge 1965

Christ, G. & Adams, M.A.: Therapeutic strategies at psychosocial crisis points in the treatment of childhood cancer. In: Childhood cancer. Impact on the family, hrsg. von *A.E. Christ & K. Flomenhaft.* Plenum Press, New York 1984

Clifton, C. & Bogartz, R.: Selective attention during dichotic listening by pre-school children. Journal of Experimental Child Psychology (1968) 6,483–491

Collins, R.W.: Importance of the bladder-cue buzzer contingency in the conditioning treatment for enuresis. Journal of Abnormal Psychology (1973), 82, 299–308

Comptom, R.D.: Changes in enuretics accompanying treatment by the conditioned response technique. Dissertation Abstracts (1968) 28 (7-A), 2549

Conroy, R. L. & Weener, P.: The development of visual and auditory selective attention using the central-incidental paradigm. Journal of Experimental Child Psychology (1976) 22, 400–407

Crane, N. L. & Ross, L. E.: A developmental study of attention to cue redundancy introduced following discrimination learning. Journal of Experimental Child Psychology (1967) 5, 1–15

Creer, T. L.: The use of time-out from positive reinforcement procedure with asthmatic children. Journal of Psychosomatic Research (1970) 14, 117–120

Croghan, L. & Musante, G. J.: The elimination of a boy's high-building phobia by in vivo desensitization and game playing. Journal of Behavior Therapy and Experimental Psychiatry (1975) 6, 87–88

Crowley, C. P. & Armstrong, P. M.: Positive practice, overcorrection and behavior rehearsal in the treatment of three cases of encopresis. Journal of Behavior Therapy and Experimental Psychiatry (1977) 8, 411–416

Davis, M. H., Saunders, D. R., Creer, T. L. & Chai, H.: Relaxation training facilitated by biofeedback apparatus as a supplemental treatment of bronchial asthma. Journal of Psychosomatic Research (1973) 17, 121–128

Davison, G. C.: Homosexuality: The ethical challenge. Journal of Consulting and Clinical Psychology (1976) 44, 157–162

Davison, G. C. & Wilson, G. T.: Processes of fear-reduction in systematic desensitization: Cognitive and social reinforcement factors in humans. Behavior Therapy (1973) 4, 1–21

DeLeon, G. & Mandell, W.: A comparison of conditioning and psychotherapy in the treatment of functional enuresis. Journal of Clinical Psychology (1966) 22, 326–330

DeLeon, G. & Sacks, S.: Conditioning functional enuresis: A four year follow-up. Journal of Consulting and Clinical Psychology (1972) 39, 299–300

De Villiers, J. G. & Naughton, J. M.: Teaching a symbol language to autistic children. Journal of Consulting and Clinical Psychology (1974) 42, 111–117

Dodge, K. A.: Attributional bias in aggressive children. In: Advances in cognitive-behavioral research and therapy, Vol. 4, hrsg. von *P. C. Kendall.* Academic Press, Orlando 1985

Dodge, K. A. & Frame, C. C.: Social cognitive biases and deficits in aggressive boys. Child Development (1982) 53, 620–635

Döpfner, M.: Soziale Kompetenztrainings bei selbstunsicheren Kindern. In: Kindertherapie, hrsg. von *O. Speck, F. Peterander & P. Innerhofer,* Reinhardt, München 1986

Döpfner, M., Schlüter, S. & Rey, E.-R.: Evaluation eines sozialen Kompetenztrainings für selbstunsichere Kinder im Alter von 9–12 Jahren – ein Therapievergleich. Zeitschrift für Kinder- und Jugendpsychiatrie (1981) 9, 233–252

Doleys, D. M.: Behavioral treatments for nocturnal enuresis in children: A review of the recent literature. Psychological Bulletin (1977) 84, 30–54

Doleys, D. M., Ciminero, A. R., Tollison, J. W., Williams, C. L. & Wells, K. C.: Drybed training and retention control training: A comparison. Behavior Therapy (1977) 8, 541–548

Douglas, V. I.: Stop, look and listen: The problem of sustained attention and impulse control in hyperactive and normal children. Canadian Journal of Behavioral Science (1972) 4, 259–281

Dublin, J., Elton, C. & Berzins, J.: Some personalty and aptitudinal correlates of the »A-B« therapist scale. Journal of Consulting and Clinical Psychology (1969) 33, 739–745

Dusek, J. B.: The effects of labeling and pointing on children's selective attention. Developmental Psychology (1978) 14, 115–116

Dutschmann, A.: Aggressivität bei Kindern. Handbuch für die pädagogische Praxis. Verlag modernes Leben, Dortmund 1982

Ebeling, A. & Wallis, H.: Die Situation leukämiekranker Kinder und ihrer Familien. Monatsschrift für Kinderheilkunde (1981) 129, 34–37

Edelman, R. I.: Operant conditioning treatment of encopresis. Journal of Behavior Therapy and Experimental Psychiatry (1971) 2, 71–73

Egeland, B.: Effects of errorless training on teaching children to discriminate letters of the alphabet. Journal of Applied Psychology (1975) 60, 533–536

Egeland, B. & Winer, K.: Teaching children to discriminate letters of the alphabet through errorless discrimination training. Journal of Reading Behavior (1974) 6, 142–150

Eiser, Ch.: The psychology of childhood illness. Springer, New York 1985

Eisert, H. G.: Sozial-kognitive Interventionen bei aggressiven Kindern – Eine Übersicht. Heilpädagogische Forschung (1986) 13, Heft 1

Eisert, M. & Eisert, H. G.: Zur Wirksamkeitseinschätzung eines integrierten Behandlungsprogramms für hyperaktive Kinder. In: Psychotherapie mit Kindern, Jugendlichen und Familien, hrsg. von *H. Remschmidt,* Enke, Stuttgart 1984

Eisert, M. & Eisert, H. G.: Hyperkinetisches Syndrom des Kindesalters. In: Therapieevaluation in der Kinder- und Jugendpsychiatrie, hrsg. von *H. Remschmidt & M. H. Schmidt,* Enke, Stuttgart 1986

Eysenck, H.J.: The dynamics of anxiety and hysteria. Praeger, New York 1957

Ferster, C.B. & DeMyer, M.K.: A method for the experimental analysis of behavior of autistic children. American Journal of Orthopsychiatry (1962) 32, 89–98

Fiedler, P. & Standop, R.: Stottern. Ätiologie. Diagnose, Behandlung. 2. Aufl., Urban & Schwarzenberg, München 1986

Finley, W.W., Besserman, R.L., Bennett, L.F., Clapp, R.K. & Finley, P.M.: The effect of continuous, intermittent, and »placebo« reinforcement on the effectiveness of the conditioning treatment for enuresis nocturna. Behaviour Research and Therapy (1973) 11, 289–297

Finley, W. W., Wansley, R. A. & Blenkarn, M. M.: Conditioning treatment of enuresis using a 70% intermittent reinforcement schedule. Behaviour Research and Therapy (1977) 15, 419–427

Fliegel, St., Groeger, W.M., Künzel, R., Schulte, D. & Sorgatz, H.: Verhaltenstherapeutische Standardmethoden. Ein Übungsbuch. Urban & Schwarzenberg, München 1981

Foxx, R.M. & Azrin, N.H.: The elimination of autistic self-stimulatory behavior by overcorrection. Journal of Applied Behavior Analysis (1973) 6, 1–14

Frankel, F. & Simmons, I.Q., III: Behavioral treatment approaches to pathological unsocialized physical aggression in young children. Journal of Child Psychology and Psychiatry (1985) 26, 525–551

Fricke, R.: Lernziel: »Konfliktbewältigung« – Training mit aggressiven Kindern. Psychologie in Erziehung und Unterricht (1983) 30, 122–128

Geffen, G. & Sexton, M.A.: The development of auditory strategies of attention. Developmental Psychology (1978) 14, 11–17

Gelber, H. & Meyer, V.: Behavior therapy and encopresis: The complexities involved in treatment. Behaviour Research and Therapy (1965) 2, 227–231

Gelfand, D.M. & Hartmann, D.P.: Behavior therapy with children: A review and evaluation of research methodology. Psychological Bulletin (1968) 69, 204–215

Gesell, A.: The conditioned reflex and the psychiatry of infancy. American Journal of Orthopsychiatry (1938) 8, 19–29

Gibson, E.: Principles of perceptual learning and development. Appleton-Century-Crofts, New York 1969

Gibson, E.J.: The ontogeny of reading. American Psychologist (1970) 25, 136–143

Gibson, E.J.: Trends in perceptual development: Implications for the reading process. In: Minnesota symposia on child psychology, Bd. 8, hrsg. von *A.D. Pick.* University of Minnesota Press, Minneapolis 1975

Gibson, E.J. & Levin, H.: The psychology of reading. MIT Press, Cambridge, MA 1975

Goldfried, M.R.: Systematic desensitization as training in self-control. Journal of Consulting and Clinical Psychology (1971) 37, 228–234

Goldfried, M.R. & Davison, G.C.: Clinical behavior therapy. Holt, Rinehart & Winston, New York 1976

Gordon, N. & McKinlay, I. (Hrsg.): Das ungeschickte Kind. Fachlicher Rat für behandelnde Ärzte und Eltern. Hippokrates, Stuttgart 1985

Goren, E.R., Romanczyk, R.G. & Harris, S.L.: A functional analysis of echololic speech. Behavior Modification (1977) 1, 481–498

Gottman, J., Gonso, J. & Rasmussen, B.: Social interaction, social competence and friendship in children. Child Development (1975) 46, 708–718

Gottman, J., Gonso, J. & Schuler, P.: Teaching social skills to isolated children. Journal of Abnormal Child Psychology (1976) 4, 179–197

Gray, J.S.: A biological view of behavior modification. Journal of Educational Psychology (1932) 23, 611–620

Graziano, A.M.: Behavior therapy. In: Handbook of treatment of mental disorders in childhood and adolescence, hrsg. von *B.B. Wolman, J. Egan & A. Ross.* Prentice-Hall, Englewood-Cliffs, N.J. 1978

Graziano, A.M., Mooney, K.C., Huber, C. & Ignasiak, D.: Self-control instruction for children's fear-reduction. Journal of Behavior Therapy and Experimental Psychiatry (1979) 10, 221–227

Grimm, H.: Sprachentwicklung: Voraussetzungen, Phasen und theoretische Interpretationen. In: Entwicklungspsychologie, hrsg. von *R. Oerter & L. Montada.* 2. Aufl., Urban & Schwarzenberg, München 1986

Grosse, S.: Bettnässen. Diagnostik und Therapie. Urban & Schwarzenberg, München 1986

Gutezeit, G.: Zur Frage der beruflichen Integration diabetischer Jugendlicher. Sozialpädiatrie (1982) 4, 486–492

Gutezeit, G.: Erhebungen zur beruflichen Integration diabetischer Jugendlicher. Sozialpädiatrie (1984) 6, 71–78

Hagen, J. W. & Hale, G. A.: The development of attention in children. In: Minnesota symposia on child psychology, Bd. 7, hrsg. von *A. D. Pick.* University of Minnesota Press, Minneapolis 1973

Hale, G. A. & Taweel, S. S.: Age differences in children's performance on measures of component selection and incidental learning. Journal of Experimental Child Psychology (1974) 18, 107–116

Hallahan, D. P. & Kauffman, J. M.: Introduction to learning disabilities: A psychobehavioral approach. Prentice-Hall, Englewood Cliffs, N. J. 1976

Hallahan, D. P., Kauffman, J. M. & Ball, D. W.: Developmental trends in recall of central and incidental auditory material. Journal of Experimental Child Psychology (1974) 17, 409–421

Hallsten, E. A., Jr.: Adolescent anorexia nervosa treated by desensitization. Behaviour Research and Therapy (1965) 3, 87–91

Halmie, K. A., Powers, P. & Cunningham, S.: Treatment of anorexia nervosa with behavior modification. Archives of General Psychiatry (1975) 32, 93–95

Harris, B.: Whatever happened to Little Albert? American Psychologist (1979) 34, 151–160

Harris, L. S. & Purohit, A. P.: Bladder training and enuresis: A controlled trial. Behaviour Research and Therapy (1977) 15, 485–490

Harris, S. L.: Teaching language to nonverbal children – with emphasis on problems of generalization. Psychological Bulletin (1975) 82, 565–580

Hatzenbuehler, L. C. & Schroeder, H. E.: Desensitization procedures in the treatment of childhood disorders. Psychological Bulletin (1978) 85, 831–844

Haynes, R. B., Taylor, D. W. & Sackett, D. L. (Hrsg.): Compliance Handbuch. Oldenbourg, München 1982

Heekerens, H.-P.: Systemisch-behaviorale Ansätze in der Arbeit mit Familien. Verhaltenstherapie und psychosoziale Praxis, (1986) 18 (zur Publikation eingereicht)

Heiman, J. R., Fischer, M. J. & Ross, A. O.: A supplementary behavioral program to improve deficient reading performance. Journal of Abnormal Child Psychology (1973) 1, 390–399

Henderson, I. Q.: A behavioral approach to stealing: A proposal for treatment based on ten cases. Journal of Behaviour Therapy and Experimental Psychiatry (1981) 12, 231–236

Hendrikson, J. M., Strain, P. S., Tromblay, A. & Shores, R. E.: Interactions of behaviorally handicapped children: Functional effects of peer social interaction. Behavior modification (1982) 6, 323–353

Henek, T. & Miller, L. K.: The effects of display conditions upon developmental trends in incidental learning. Child Development (1976) 47, 1214–1218

Hersen, M.: Behavior modification approach to a school-phobia case. Journal of Clinical Psychology (1970) 20, 395–402

Hersen, M. & Bellack, A. (Hrsg.): Behavioral assessment: A practical handbook. Pergamon, Elmsford, N. Y. 1976

Hersh, S. P.: Views on the psychosocial dimension of cancer and cancer treatment. In: Towards a new definition of health, hrsg. von *P. T. Ahmed & G. M. Coelho.* Free Press, New York 1980

Huesmann, L. R., Eron, L. D., Lefkowitz, M. M. & Walder, L. O.: Stability of aggression overtime and generations. Developmental Psychology (1984) 20, 1120–1134

Hürter, P.: Diabetes bei Kindern und Jugendlichen. Springer, Berlin 1982

Iannotti, R. J.: Effect of role-taking experiences on roletaking, empathy, altruism, and aggression. Developmental Psychology (1978) 14, 119–124

Ince, L. P.: The use of relaxation training and a conditioned stimulus in the elimination of epileptic seizures in a child: A case study. Journal of Behavior Therapy and Experimental Psychiatry (1976) 7, 39–42

Ingersoll, B. & Curry, F.: Rapid treatment of persistent vomiting in a 14-year-old female by shaping and time-out. Journal of Behavior Therapy and Experimental Psychiatry (1977) 8, 305–307

Jakibchuk, Z. & Smeriglio, V. L.: The influence of symbolic modeling on the social behavior of preschool children with low levels of social responsiveness. Child Development (1976) 47, 838–841

James, L. E. & Foreman, M. E.: A–B status of behavior therapy technicians as related to success of Mowrer's conditioning treatment for enuresis. Journal of Consulting and Clinical Psychology (1973) 41, 224–229

Jehu, D., Morgan, R.T.T., Turner, R.K. & Jones, A.: A controlled trial of treatment of nocturnal enuresis in residential homes for children. Behaviour Research and Therapy (1977) 15, 1–16

Jenkins, W.O. & Stanley, J.C., Jr.: Partial reinforcement: A review and critique. Psychological Bulletin (1950) 47, 193–234

Jochmus, I.: Die psychische Entwicklung diabetischer Kinder und Jugendlicher. Beiheft zum Archiv für Kinderheilkunde, Supplement 66. Enke, Stuttgart 1971

Jones, H.G.: The behavioural treatment of enuresis nocturna. In: Behaviour therapy and the neuroses, hrsg. von *H.J. Eysenck*. Pergamon, London 1960

Jones, M.C.: A laboratory study for fear: The case of Peter. Pedagogical Seminary (1924a) 31, 308–315

Jones, M.C.: The elimination of children's fears. Journal of Experimental Psychology (1924b) 7, 383–390

Junglas, J.: Training zum Abbau aggressiven Verhaltens bei Patienten einer Kinder- und Jugendpsychiatrischen Klinik. Heilpädagogische Forschung (1986) 13, Heft 1

Kagan, J.: Reflection-impulsivity: The generality of conceptual tempo. Journal of Abnormal Psychology (1966) 71, 17–24

Kanfer, F.H., Karoly, P. & Newman, A.: Reduction of children's fear of the dark by competence-related and situational threat-related verbal cues. Journal of Consulting and Clinical Psychology (1975) 43, 251–258

Kendall, P.C. & Braswell, L.: Cognitive-behavioral self-control therapy for children: A components analysis. Journal of Consulting and Clinical Psychology (1982) 50, 672–689

Kendall, P.C. & Finch, A.J., Jr.; A cognitive-behavioral treatment for impulsivity: A group comparison study. Journal of Consulting and Clinical Psychology (1978) 46, 110–118

Kennedy, W.A.: School phobia: Rapid treatment of fifty cases. Journal of Abnormal Psychology (1965) 70, 285–289

Kerr, M.M., Strain, P.S. & Ragland, E.V.: Teacher-mediated peer feedback treatment of behaviorally handicapped children: An analysis of effects on positive and negative interactions. Behavior modification (1982) 6, 277–290

Keßler, B.H. & Hoellen, B.: Rational-emotive Therapie in der Klinischen Praxis. Beltz, Weinheim 1982

Kimmel, H.D. & Kimmel, E.: An instrumental conditioning method for the treatment of enuresis. Journal of Behavior Therapy and Experimental Psychiatry (1970) 1, 121–122

Kingsley, R.G. & Shapiro, J.: A comparison of three behavioral programs for the control of obesity in children. Behavior Therapy (1977) 8, 30–36

Knapp, T.J.: The Premack Principle in human experimental and applied settings. Behaviour Research and Therapy (1976) 14, 133–147

Knapp, T.J. & Wells, L.A.: Behavior therapy for asthma. A review. Behaviour Research and Therapy (1978) 16, 103–115

Koegel, R.L. & Schreibman, L.: Teaching autistic children to respond to simultaneous multiple cues. Journal of Experimental Child Psychology (1977) 24, 299–311

Koegel, P.L. & Wilhelm, H.: Selective responding to the components of multiple visual cues by autistic children. Journal of Experimental Child Psychology (1973) 15, 442–453

Koenigsberg, R.S.: An evaluation of visual versus sensorimotor methods for improving orientation discrimination for letter reversal by preschool children. Child Development (1973) 44, 764–769

Kohlenberg, R.J.: The punishment of persistent vomiting. Journal of Applied Behavior Analysis (1970) 3, 241–245

Kohlenberg, R.J.: Operant conditioning of human anal sphincter pressure. Journal of Applied Behavior Analysis (1973) 6, 201–208

Kornhaber, R.C. & Schroeder, H.E.: Importance of model similarity on extinction of avoidance behavior in children. Journal of Consulting and Clinical Psychology (1975) 43, 601–607

Krisch, K.: Enkopresis. Ursachen und Behandlung des Einkotens. Huber, Bern 1985

Kruse, W.: Einführung in das autogene Training mit Kindern. Deutscher Ärzte-Verlag, Köln 1980

Kury, H. & Lerchenmüller, H. (Hrsg.): Prävention abweichenden Verhaltens – Maßnahmen der Vorbeugung und Nachbetreuung. Heymanns, Köln 1983

Lahey, B.B., Stempniak, M., Robinson, E.J. & Tyroler, M.J.: Hyperactivity and learning disabilities as independent dimensions of child behavior problems. Journal of Abnormal Psychology (1978) 87, 333–340

Lang, P.J. & Melamed, B.G.: Avoidance conditioning therapy of an infant with chronic ruminative vomiting: Case report. Journal of Abnormal Psychology (1969) 74, 1–8

Laron, Z. (Hrsg.): Psychological aspects of balance of diabetes in juveniles. Pediatric and adolescent endocrinology, Bd. 3. Karger, Basel 1977

Lauth, G.: Verhaltensstörungen im Kindesalter. Kohlhammer, Stuttgart 1983

Lazarus, A. A.: The elimination of children's phobias by deconditioning. Medical Proceedings of South Africa (1959) 5, 261–265

Lazarus, A. A.: Innenbilder. Imagination in der Therapie und als Selbsthilfe. Pfeiffer, München 1980

Lazarus, A. A. & Abramovitz, A.: The use of »emotive imagery« in the treatment of children's phobias. In: Case Studies in Behavoir Modification, hrsg. von *L. P. Ullmann & I. Krasner.* Holt, New York 1965

Lazarus, A. A., Davison, G. C. & Polefka, D. A.: Classical and operant factors in the treatment of a school phobia. Journal of Abnormal Psychology (1965) 70, 225–229

Ledwidge, B.: Cognitive behavior modification: A step in the wrong direction? Psychological Bulletin (1978) 85, 353–375

Leitenberg, H.: Behavioral approaches to treatment of neuroses. In: Handbook of behavior modification and behavior therapy, hrsg. von *H. Leitenberg.* Prentice-Hall, Englewood Cliffs, N. J. 1976

Leitenberg, H., Agras, S. & Thompson, L. E.: A sequential analysis of the effect of selective positive reinforcement in modifying anorexia nervosa. Behaviour Research and Therapy (1968) 6, 211–218

Leitenberg, H. & Callahan, E. J.: Reinforced practice and reduction of different kinds of fears in adults and children. Behaviour Research and Therapy (1973) 11, 19–30

Levine, A. S. & Hersh, S. P.: The psychosocial concomitants of cancer in young patients. In: Cancer in the young, hrsg. von *A. S. Levine.* Masson, Philadelphia 1982

Levine, F. M. & Fasnacht, G.: Token rewards may lead to token learning. American Psychologist (1974) 29, 816–820

Lewis, C. C.: The effects of parental firm control. Psychological Bulletin (1981) 90, 547–563

Lichstein, K. L. & Schreibman, L.: Employing electric shock with autistic children. Journal of Autism and Childhood Schizophrenia (1976) 6, 163–174

Lochman, I. E.: Psychological characteristics and assessment of aggressive adolescents. In: Aggression in adoloscents, hrsg. von *C. Keith.* Free Press, New York 1984

Loeber, R.: The stability of antisocial and delinquent child behavior: A review. Child Development (1982) 53, 1431–1446

Lovaas, O. I.: The autistic child: Language development through behavior modification. Irvington, New York 1977

Lovaas, O. I., Koegel, R., Simmons, J. Q. & Long, J. S.: Some generalization and follow-up measures on autistic children in behavior therapy. Journal of Applied Behavior Analysis (1973) 6, 131–166

Lovaas, O. I., Litrownik, A. & Mann, R.: Response latencies to auditory stimuli in autistic children engaged in self-stimulatory behavior. Behaviour Research and Therapy (1971) 9, 39–49

Lovaas, O. I. & Schreibmann, L.: Stimulus overselectivity of autistic children in a two stimulus situation. Behaviour Research and Therapy (1971) 9, 305–310

Lovaas, O. I., Schreibman, L., Koegel, R. & Rehm, R.: Selective responding by autistic children to multiple sensory input. Journal of Abnormal Psychology (1971) 77, 211–222

Lovaas, O. I., Young, D. B. & Newsom, C. D.: Childhood psychosis: Behavioral treatment. In: Handbook of treatment of mental disorders in childhood and adolescence, hrsg. von *B. B. Wolman, J. Egan & A. O. Ross.* Prentice-Hall, Englewood Cliffs, N. J. 1978

Lovibond, S. H.: Conditioning and enuresis. Pergamon, Oxford 1964

Lovibond, S. H.: Critique of Turner, Young and Rachman's conditioning treatment of enuresis. Behaviour Research and Therapy (1972) 10, 287–289

MacDonald, M. L.: Multiple impact behavior therapy in a child's dog phobia. Journal of Behavior Therapy and Experimental Psychiatry (1975) 6, 317–322

Matthaei, R.: Verhaltenstherapie in der Kinderheilkunde. Monatsschrift für Kinderheilkunde (1984) 132, 825–841

Meichenbaum, D.: Kognitive Verhaltensmodifikation. Urban & Schwarzenberg, München 1979

Meichenbaum, D. & Asarnow, J.: Cognitive-behavior modification and metacognitive development: Implications for the classroom. In: Cognitive-behavioral interventions: Theory, research, and procedures, hrsg. von *P. Kendall & S. Hollon.* Academic Press, New York 1979

Meichenbaum, D. & Goodman, J.: Training impulsive children to talk to themselves: A means of developing self-control. Journal of Abnormal Psychology (1971) 77, 115–126

Melamed, B. G.: Psychologische Operationsvorbereitung bei Kindern. Monatsschrift für Kinderheilkunde (1985) 133, 371–374

Melamed, B. G. & Siegel, L. J.: Lehrbuch der Verhaltensmedizin. Kohlhammer, Stuttgart 1983

Miltner, W., Birbaumer, N. & Gerber, W.-D.: Verhaltensmedizin. Springer, Berlin 1986

Morgan, J. & O'Brien, J. S.: The counterconditioning of a vomiting habit by sips of gingerale. Journal of Behavior Therapy and Experimental Psychiatry (1972) 3, 135–137

Morgan, R.T.T.: Relapse and therapeutic response in the conditioning treatment of enuresis: A review of recent findings on intermittent reinforcement, overlearning and stimulus intensity. Behaviour Research and Therapy (1978) 16, 273–279

Morgan, R.T.T. & Young, G. C.: Parental attitudes and the conditioning treatment of childhood enuresis. Behaviour Research and Therapy (1975) 13, 197–199

Morris, St.B., Alexander, I.F. & Wandron, H.: Functional family therapy: Issues in clinical practice. In: Handbook of behavioral therapy, hrsg. von *R.H.Falloon.* Guilford, New York 1986

Mowrer, O.H. & Mowrer, W.M.: Enuresis – A method for its study and treatment. American Journal of Orthopsychiatry (1938) 8, 436–459

Muellner, S. R.: Development of urinary control in children: A new concept in cause, prevention, and treatment of primary enuresis. Journal of Urology (1960) 84, 714–716

Neisworth, J. T. & Moore, F: Operant treatment of asthmatic responding with the parent as therapist. Behavior Therapy (1972) 3, 95–99

Nordquist, V.M.: The modification of a child's enuresis: Some response-response relationships. Journal of Applied Behavior Analysis (1971) 4, 241–247

Nordyke, N.S., Baer, D.M., Etzel, B.C. & LeBlanc, J.M.: Implications of the stereotyping and modification of sex role. Journal of Applied Behavior Analysis (1977) 10, 553–557

Novick, J.: Symptomatic treatment of acquired and persistent enuresis. Journal of Abnormal Psychology (1966) 71, 363–368

Obler, M. & Terwilliger, R.F.: Pilot study of the effectiveness of systematic desensitization with neurologically impaired children with phobic disorders. Journal of Consulting and Clinical Psychology (1970) 34, 314–318

O'Connor, R.D.: Modification of social withdrawal through symbolic modeling. Journal of Applied Behavior Analysis (1969) 2, 15–22

O'Connor, R.D.: Relative efficacy of modeling, shaping, and the combined procedures for modification of social withdrawal. Journal of Abnormal Psychology (1972) 79, 327–334

Odom, S.L. & Strain, P.S.: Peer-mediated approaches to promoting children's social interaction: A review. American Journal of Orthopsychiatry (1984) 54, 544–557

O'Leary, K.D., Pelham, W.E., Rosenbaum A. & Price, G.H.: Behavioral treatment of hyperkinetic children: An experimental evaluation of its usefulness. Clinical Pediatrics (1976) 15, 510–515

O'Leary, K.D. & Wilson, G.T.: Behavior Therapy: Application and Outcome. Prentice-Hall, Englewood Cliffs, N.J. 1975

O'Leary, S. G. & O'Leary, K.D.: Behavior modification in the school. In: Handbook of behavior modification and behavior therapy, hrsg. von *H. Leitenberg.* Prentice-Hall, Englewood Cliffs, N.J. 1976

Palkes, H., Stewart, M. A. & Freedman, J.: Improvement in maze performance of hyperactive boys as a function of verbal-training procedures. Journal of Special Education (1971) 5, 337–342

Palkes, H., Stewart, M. & Kahana, B.: Porteus maze performance of hyperactive boys after training in self-directed verbalcommands. Child Development (1968) 39, 817–829

Paschalis, A.Ph., Kimmel, H.D. & Kimmel, E.: Further study of diurnal instrumental conditioning in the treatment of enuresis nocturna. Journal of Behavior Therapy and Experimental Psychiatry (1972) 3, 253–256

Patterson, G.R.: Coercive family process. Castalia, Eugene 1982

Patterson, G.R. & Hautzinger, Ch.: Aggressives und antisoziales Verhalten bei Kindern. Zeitschrift für personenzentrierte Psychologie und Psychotherapie (1983) 2, 187–194

Patterson, G.R., Jones, R., Whittier, J. & Wright, M.A.: A behavior modification technique for the hyperactive child. Behaviour Research and Therapy (1965) 2, 217–226

Pelham, W.E.: Behavioral treatment of hyperkinesis. American Journal of Diseases of Children (1976) 130, 565

Pelham, W.E. & Ross, A. O.: Selective attention in children with reading problems: A developmental study of incidental learning. Journal of Abnormal Child Psychology (1977) 5, 1–8

Perrez, M., Büchel, F., Ischi, N., Patry, I.-L. & Thommen, B.: Erziehungspsychologische Beratung und Intervention als Hilfe zur Selbsthilfe in Familie und Schule. Huber, Bern 1985

Peterander, F.: Diagnose und Therapie kindlicher Störungen in der Familie. In: Psychosomatische Störungen bei Kindern und Jugendlichen, hrsg. von *H.-P. Klug & F. Specht.* Vandenhoeck & Ruprecht, Göttingen 1985

Petermann, F.: Einzelfalldiagnose und klinische Praxis. Kohlhammer, Stuttgart 1982

Petermann, F.: Psychosoziale Faktoren der Bewältigung von Diabetes im Kindes- und Jugendalter. Der Kinderarzt (1984) 15, 185–188

Petermann, F.: Psychologie des Vertrauens. Müller, Salzburg 1985a

Petermann, F.: Beratungsarbeit mit Jugendlichen. In: Erziehungs- und Familienberatung: Aufgaben und Ziele, hrsg. von *H.P. Klug & F. Specht.* Vandenhoeck & Ruprecht, Göttingen 1985b

Petermann, F.: Psychische Reaktionen von Geschwistern krebskranker Kinder: Eine Literaturübersicht. Sozialpädiatrie, (1986) 8, Heft 6

Petermann, F.: Psychosoziale Folgen der Krebserkrankung im Kindes- und Jugendalter: Retro- und prospektive Daten. In: Bericht über den Kongreß der Deutschen Gesellschaft für Psychologie, hrsg. von *M. Amelang.* Hogrefe, Göttingen 1987

Petermann, F. & Petermann, U.: Erfassungsbogen für aggressives Verhalten in konkreten Situationen (EAS-J, EAS-M). Westermann, Braunschweig 1980

Petermann, F. & Petermann, U.: Training mit aggressiven Kindern. 2., völlig veränderte Aufl., Urban & Schwarzenberg, München 1984

Petermann, U.: Kinder und Jugendliche besser verstehen. Kösel, München 1985

Petermann, U.: Training mit sozial unsicheren Kindern. 2. erweiterte Aufl., Urban & Schwarzenberg, München 1986

Pick, A.D., Frankel, D.G. & Hess, V.L.: Children's attention: The development of selectivity. University of Chicago Press, Chicago 1975

Pielmaier, H. (Hrsg.): Training sozialer Verhaltensweisen. Ein Programm für die Arbeit mit dissozialen Jugendlichen. Kösel, München 1980

Plachetta, K.E.: Encopresis: A case study utilizing contracting, scheduling, and self-charting. Journal of Behavior Therapy and Experimental Psychiatry (1976) 7, 195–196

Pomerantz, P.B., Peterson, N.T., Marholin, D. II & Stern, S.: Bath time for Ben: The in vivo elimination of a childhood phobia by a paraprofessional at home. Journal of Behavior Therapy and Experimental Psychiatry (1977) 8, 417–421

Premack, D.A.: Toward empirical behavior laws: 1. Positive reinforcement. Psychological Review (1959) 66, 219–233

Purcell, K., Brady, K., Chai, H., Muser, J., Molk, L., Gordon, N. & Means, J.: The effect on asthma in children of experimental separation from the family. Psychosomatic Medicine (1969) 31, 144–164

Redlin, W.: Explorationsschema für die Darstellung kindlicher Verhaltensstörungen im funktionalen Modell. Der Kinderarzt (1975) 6, 853–854

Reinecker, H. (Hrsg.): Bestrafung. Müller, Salzburg 1980

Rekers, G.A.: Stimulus control over sex-typed play in cross-gender identified boys. Journal of Experimental Child Psychology (1975) 20, 136–148

Rekers, G.A.: A typical gender development and psychosocial adjustment. Journal of Applied Behavior Analysis (1977) 10, 559–571

Rekers, G.A. & Lovaas, O.I.: Behavioral treatment of deviant sex-role behaviors in a male child. Journal of Applied Behavior Analysis (1974) 7, 173–190

Rekers, G.A., Lovaas, O.I. & Low, B.: The behavioral treatment of a »transsexual« preadolescent boy. Journal of Abnormal Child Psychology (1974) 2, 99–116

Rekers, G.A. & Varni, J.W.: Self-monitoring and self-reinforcement processes in a pre-transsexual boy. Behaviour Research and Therapy (1977a) 15, 177–180

Rekers, G.A. & Varni, J.W.: Self-regulation of gender-role behaviors: A case study. Journal of Behavior Therapy and Experimental Psychiatry (1977b) 8, 427–432

Reynolds, B.S., Newsom, C.D. & Lovaas, O.I.: Auditory overselectivity in autistic children. Journal of Abnormal Child Psychology (1974) 2, 253–263

Rincover, A. & Koegel, R.L.: Research on the education of autistic children: Recent advances and future directions. In: Advances in child clinical psychology, hrsg. von *B. Lahey & A. Kazdin.* Plenum, New York 1977

Risley, T. & Wolf, M.: Establishing functional speech in echolalic children. Behaviour Research and Therapy (1967) 5, 73–88

Romanczyk, R.G. & Goren, E.: Severe self-injurious behavior: The problem of clinical control. Journal of Consulting and Clinical Psychology (1975) 43, 730–739

Rosenbaum, A., O'Leary, K.D. & Jacob, R.G.: Behavior intervention with hyperactive children: Group consequences as a supplement to individual contingencies. Behavior Therapy (1975) 6, 315–323

Ross, A.O.: The practice of clinical psychology. Grune & Stratton, New York 1959

Ross, A.O.: Learning theory and therapy with children. Psychotherapy: Theory, research and practice (1964) 1, 102–108

Ross, A.O.: The rights of children as psychotherapy patients. In: Children's rights and the psychologist's role. Symposium presented at the meeting of the American Psychological Association, hrsg. von *G.P. Koocher.* Louisiana, New Orleans 1974

Ross, A.O.: Psychological aspects of learning disabilities and reading disorders. McGraw-Hill, New York 1976

Ross, A.O.: Psychische Störungen bei Kindern. Hippokrates, Stuttgart 1982

Sajwaj, T., Libet, J. & Agras, S.: Lemon-juice therapy: The control of life-threatening rumination in a six-month-old infant. Journal of Applied Behavior Analysis (1974) 7, 557–563

Salter, A.: Conditioned reflex therapy. Farrar, Straus & Giroux, New York 1949

Sanok, R.L. & Ascione, F.R.: Behavioral interventions for childhood elective mutism: An evaluative review. Child Behavior Therapy (1979) 1, 49–68

Santofestano, S. & Rieder, C.: Cognitive controls and aggression in children: The concept of cognitive-affective balance. Journal of Consulting and Clinical Psychology (1984) 52, 46–56

Schaefer, Ch.E. & Millman, H.L.: Kompendium der Psychotherapie in Kindheit und Pubertät. Fachbuchhandlung für Psychologie, Frankfurt 1984

Schaller, S. & Schmitke, A.: Verhaltenstherapie bei mutistischen Störungen. In: Kindertherapie, hrsg. von *O. Speck, F. Peterander & P. Innerhofer.* Reinhardt, München 1986

Schlottke, P.F. & Lauth, G.: Training mit hyperaktiven und unaufmerksamen Kindern. Urban & Schwarzenberg, München 1987, in Druck

Schmidt, M.H. & Esser, G.: Psychologie für Kinderärzte. Enke, Stuttgart 1985

Schmidt, M.H. & Esser, G.: Verhaltenstherapeutische Prinzipien bei Anorexia Nervosa. In: Kindertherapie, hrsg. von *O. Speck, F. Peterander & P. Innerhofer.* Reinhardt, München 1986

Schmidt, N.J. & Esser, G.: Einflüsse auf die Effizienz der verhaltenstherapeutischen Behandlung der Enuresis. Zeitschrift für Kinder- und Jugendpsychiatrie (1981) 9, 217–232

Schmitt, G.M.: Die Lebenssituation des krebskranken Kindes. In: Rehabilitationspsychologie, hrsg. von *K.H. Wiedl.* Kohlhammer, Stuttgart 1986

Schover, L.R. & Newsom, C.D.: Overselectivity, developmental level, and overtraining in autistic and normal children. Journal of Abnormal Child Psychology (1976) 4, 289–298

Schreibman, L.: Effects of within-stimulus and extra-stimulus prompting on discrimination learning in autistic children. Journal of Abnormal Behavior Analysis (1975) 8, 91–112

Schreibman, L. & Carr, E.G.: Elimination of echolalic responding to questions through the training of generalized verbal response. Journal of Applied Behavior Analysis (1978) 11, 453–463

Schreibman, L., Koegel, R.L. & Craig, M.S.: Reducing stimulus overselectivity in autistic children. Journal of Abnormal Child Psychology (1977) 5, 425–436

Schreibman, L. & Lovaas, O.I.: Overselective response to social stimuli by autistic children. Journal of Abnormal Child Psychology (1973) 1, 152–168

Schröder, G.: Verhaltenstherapie mit Kindern und Jugendlichen. Pfeiffer, München 1977

Schulte, D. (Hrsg.): Diagnostik in der Verhaltenstherapie. Urban & Schwarzenberg, München 1974

Schumaker, J. & Sherman, J.A.: Training generative verb usage by imitation and reinforcement procedures. Journal of Applied Behavior Analysis (1970) 3, 273–287

Schwarzer, R.: Streß, Angst und Hilflosigkeit. Kohlhammer, Stuttgart 1981

Shafto, F. & Sulzbacher, S.: Comparing treatment tactics with a hyperactive preschool child: Stimulant medication and programmed teacher intervention. Journal of Applied Behavior Analysis (1977) 10, 13–20

Shapiro, D. & Surwit, R.S.: Learned control of physiological function and disease. In: Handbook of behavior modification and behavior therapy, hrsg. von *H. Leitenberg.* Prentice-Hall, Englewood Cliffs, N.J. 1976

Shepp, B.E. & Swartz, K.B.: Selective attention and the processing of integral and nonintegral dimensions: A developmental study. Journal of Experimental Child Psychology (1976) 22, 73–85

Siegel, A.W.: Variables affecting incidental learning in children. Child Development (1968) 39, 957–968

Skinner, B.F.: The behavior of organisms: An experimental analysis. Appleton-Century-Crofts, New York 1938

Skinner, B.F.: Science and human behavior. Macmillan, New York 1953

Skinner, B.F.: Verbal behavior. Appleton-Century-Crofts, New York 1957

Smith, L.B., Kemler, D.G. & Aronfreed, J.: Developmental trends in voluntary selective attention: Differential effects of source distinctness. Journal of Experimental Child Psychology (1975) 20, 352–362

Smith, R.E. & Sharpe, T.M.: Treatment of a school phobia with implosive therapy. Journal of Consulting and Clinical Psychology (1970) 35, 239–243

Solomon, R.L. & Brush, E.S.: Experimentally derived conceptions of anxiety and aversion. In: Nebraska symposium on motivation, hrsg. von *M.R. Jones.* University of Nebraska Press, Lincoln 1956

Spates, C.R. & Kanfer, F.H.: Self-monitoring, self-evaluation and self-reinforcement in children's learning: A test of a multi-stage self-regulation model. Behavior Therapy (1977) 8, 9–16

Sprague, R.L. & Sleator, E.K.: Methylphenidate in hyperkinetic children: Differences in dose effects on learning and social behavior. Science (1977) 198, 1274–1276

Stampfl, G. & Levis, D.J.: Essentials of implosive therapy: A learning-theory-based psychodynamic behavioral therapy. Journal of Abnormal Psychology (1967) 72, 496–503

Starfield, B. & Mellits, E.D.: Increase in functional bladder capacity and improvement in enuresis. Journal of Pediatrics (1968) 72, 483–487

Stegat, H.: Enuresis. In: Handbuch der Psychologie. Klinische Psychologie, Bd. 2, hrsg. von *L. Pongratz.* Hogrefe, Göttingen 1978

Stein, A.: Mein Kind hat Angst. Kösel, München 1982

Steinhausen, H.-C. (Hrsg.): Psychosomatische Störungen und Krankheiten bei Kindern und Jugendlichen. Kohlhammer, Stuttgart 1981

Steinhausen, H.-C. (Hrsg.): Das konzentrationsgestörte und hyperaktive Kind. Kohlhammer, Stuttgart 1982

Steinhausen, H.-C.: Chronisch kranke Kinder und Jugendliche. In: Risikokinder. Ergebnisse der Kinderpsychiatrie und -psychologie, hrsg. von *H.C. Steinhausen.* Kohlhammer, Stuttgart 1984

Steinhausen, H.-C. & Börner, S.: Kinder und Jugendliche mit Diabetes. Psychologie einer chronischen Krankheit. Vandenhoek & Ruprecht, Göttingen 1978

Steinhausen, H.-C., Kreuzer, E.-M., Göbel, D. & Romahn, G.: Lernen und Aufmerksamkeit unter Methylphenidat. In: Das konzentrationsgestörte und hyperaktive Kind, hrsg. von H.-C. Steinhausen. Kohlhammer, Stuttgart 1982

Steinke, Th.: Einführung verhaltenstheoretisch-orientierter Therapieverfahren in die Heimerziehung. Heilpädagogische Forschung (1986) 13, Heft 1

Stokes, T.F., Baer, D.M. & Jackson, R.L.: Programming the generalization of a greeting response in four retarded children. Journal of Applied Behavior Analysis (1974) 7, 599–610

Strain, P.S.: An experimental analysis of peer social initiations on the behavior of withdrawn preschool children: Some training and generalization effects. Journal of Abnormal Child Psychology (1977) 5, 445–455

Strain, P.S., Shores, R.E. & Timm, M.A.: Effects of peer social initiation on the behavior of withdrawn preschool children. Journal of Applied Behavior Analysis (1977) 10, 289–298

Strain, P.S. & Timm, M.A.: An experimental analysis of social interaction between a behaviorally disordered preschool child and her classroom peers. Journal of Applied Behavior Analysis (1974) 7, 583–590

Stuart, R.B. & Davis, B.: Slim chance in a fat world: Behavioral control of obesity. Research Press, Champaign, IL 1972

Stunkard, A.J. & Mahoney, M.J.: Behavioral treatment of eating disorders. In: Handbook of behavior modification and behavior therapy, hrsg. von *H. Leitenberg.* Prentice-Hall, Englewood Cliffs, N.J. 1976

Tarver, S.G., Hallahan, D.P., Kauffman, J.M. & Ball, D.W.: Verbal rehearsal and selective attention in children with learning disabilities: A developmental lag. Journal of Experimental Child Psychology (1976) 22, 375–385

Tasto, D.L.: Systematic desensitization, muscle relaxation and visual imagery in the counterconditioning of a four-year-old phobic child. Behaviour Research and Therapy (1969) 7, 409–411

Taylor, P.D. & Turner, R.K.: A clinical trial of continous, intermittent and overlearning »bell and pad« treatments for nocturnal enuresis. Behaviour Research and Therapy (1975) 13, 281–293

Teegen, F., Grundmann, A. & Röhrs, A.: Sich ändern lernen. Rowohlt, Hamburg 1985

Terwilliger, R.F. & Obler, M.: Comment on research in behavior therapy. Journal of Consulting and Clinical Psychology (1971) 37, 14–15

Thoresen, C.E. & Mahoney, M.J.: Behavioral self-control. Holt, Rinehart & Winston, New York 1974

Tomlinson, A.: The treatment of bowel retention by operant procedures: A case study. Journal of Behavior Therapy and Experimental Psychiatry (1970) 1, 83–85

Torgesen, J. & Goldman, T.: Verbal rehearsal and short-term memory in reading-disabled children. Child Development (1977) 48, 56–60

Travis, L.B. & Hürter, P.: Einführungskurs für Kinder und Jugendliche mit Diabetes mellitus. 2., erweitertete Aufl., Gerhards, Frankfurt 1982

Tucker, G.H., O'Dell, S.L. & Suib, M.R.: Control of selective echolalia via the instatement of a general alternative response. Behaviour Research and Therapy (1978) 16, 302–306

Turner, R.K.: Conditioning treatment of nocturnal enuresis. In: Bladder control and enuresis, hrsg. von *I. Kolvin, R.C. MacKeith & S.R. Meadow.* Philadelphia, Lippincott 1973

Turner, R.K., Rachman, S. & Young, G.: Conditioning treatment of enuresis: A rejoinder to Lovibond. Behaviour Research and Therapy (1972) 10, 291–292

Turner, R.K., Young, G.C. & Rachman, S.: Treatment of nocturnal enuresis by conditioning techniques. Behaviour Research and Therapy (1970) 8, 367–381

Urbain, E.S. & Kendall, P.C.: Review of social-cognitive problem-solving interventions with children. Psychological Bulletin (1980) 88, 109–143

Wagner, I.: Aufmerksamkeitstraining mit impulsiven Kindern. Klett, Stuttgart 1976

Wahler, R.G.: The insular mother: Her problems in parent-child treatment. Journal of Applied Behavior Analysis (1980) 13, 207–219

Wahler, R.G. & Graves, M.G.: Setting events in social networks: Ally or enemy in child behavior therapy? Behavior Therapy (1983) 14, 19–36

Watson, J.B. & Rayner, R.: Conditioned emotional reactions. Journal of Experimental Psychology (1920) 3, 1–14

Watts, F.N.: Behavioural aspects of the management of diabetes mellitus: Education, self-care and metabolic control. Behavior Research and Therapy (1980) 18, 171–180

Weinrott, M.R., Corson, J.A. & Wilchesky, M.: Teacher-mediated treatment of social withdrawal. Behavior Therapy (1979) 10, 281–294

Weiss, A.R.: A behavioral approach to the treatment of adolescent obesity. Behavior Therapy (1977) 8, 720–726

Werry, J.S., Weiss, G. & Douglas, V.: Studies on the hyperactive child: I. Some preliminary findings. Canadian Psychiatric Association Journal (1964) 9, 120–130

Wheeler, A.J. & Sulzer, B.: Operant training and generalization of a verbal response form in a speech deficient child. Journal of Applied Behavior Analysis (1970) 3, 139–147

Wheeler, M.E. & Hess, K.W.: Treatment of juvenile obesity by successive approximation control of eating. Journal of Behavior Therapy and Experimental Psychiatry (1976) 7, 235–241

White, K., Kolman, M.L., Wexler, P., Polin, G. & Winter, R.J.: Unstable diabetes and unstable families: A psychosocial evaluation of diabetic children with recument ketoacidosis. Pediatrics (1984) 73, 749–755

Wilhelm, H. & Lovaas, O.I.: Stimulus overselectivity: A common feature in autism and mental retardation. American Journal of Mental Deficiency (1976) 81, 26–31

Williams, C.L., Doleys, D.M. & Ciminero, A.R.: A two-year follow-up of enuretic children treated with dry bed training. Journal of Behavior Therapy and Experimental Psychiatry (1978) 9, 285–286

Winett, R.A. & Winkler, R.C.: Current behavior modification in the classroom: Be still, be quiet, be docile. Journal of Applied Behavior Analysis (1972) 5, 499–504

Winkler, R.C.: What types of sex-role behavior should behavior modifiers promote? Journal of Abnormal Behavior Analysis (1977) 10, 549–552

Wish, P.A., Hasazi, J.E & Jurgela, A.R.: Automated direct deconditioning of a childhood phobia. Journal of Behavior Therapy and Experimental Psychiatry (1973) 4, 279–283

Witmer, L.: Clinical psychology. The Psychological Clinic (1907) 1, 1–9

Wolpe, J.: Psychotherapy by reciprocal inhibition. Stanford University Press, Stanford, CA 1958

Wolpe, J.: The practice of behavior therapy. Pergamon, New York 1969

Wright, L. & Walker, C.E.: A simple behavioral treatment program for psychogenic encopresis. Behaviour Research and Therapy (1978) 16, 209–212

Wulbert, M. & Dries, R.: The relative efficacy of methylphenidate (Ritalin) and behavior-modification techniques in the treatment of a hyperactive child. Journal of Applied Behavior Analysis (1977) 10, 21–31

Wulbert, M., Nyman, B. A., Snow, D. & Owen, Y.: The efficacy of stimulus fading and contingency management in the treatment of elective mutism: A case study. Journal of Applied Behavior Analysis (1973) 6, 435–441

Young, G. C.: The treatment of childhood encopresis by conditioned gastro-ileal reflex training. Behaviour Research and Therapy (1973) 11, 499–503

Young, G. C. & Morgan, R. T. T.: Overlearning in the conditioning treatment of enuresis. Behaviour Research and Therapy (1972) 10, 147–151

Yule, W., Sacks, B. & Hersov, L.: Successful flooding treatment of a noise phobia in an eleven-year-old. Journal of Behavior Therapy and Experimental Psychiatry (1974) 5, 209–211

Zelniker, T. & Oppenheimer, L.: Effect of different training methods on perceptual learning in impulsive children. Child Development (1976) 47, 492–497

Zlutnik, S., Mayville, W. J. & Moffat, S.: Modification of seizure disorders: The interruption of behavioral chains. Journal of Applied Behavior Analysis (1975) 8, 1–12

Zumkley, H.: Aggressionskontrolle – Implikationen lerntheoretischer Konzepte aggressiven Verhaltens. Zeitschrift für personenzentrierte Psychologie und Psychotherapie (1983) 2, 153–169

Zumkley, H.: Einflüsse von individuellen Differenzen der Aggressivität bei kausaler Ambiguität. Zeitschrift für Differentielle und Diagnostische Psychologie (1984) 5, 131–140

Sachregister